우리 시대의
그리스도교 사상가들 II
대화와 소통의 사유

우리 시대의 그리스도교 사상가들 II
: 대화와 소통의 사유

2022년 8월 29일 초판 발행

지은이 김동규, 김승환, 김연희, 김학봉, 손민석, 신현광, 안규식, 최경환, 최우혁
펴낸이 김지호

도서출판 100
전 화 070-4078-6078
팩 스 050-4373-1873
소재지 경기도 파주시 아동동
이메일 100@100book.co.kr
홈페이지 www.100book.co.kr
등록번호 제2022-000075호

ISBN 979-11-89092-29-0 93230

차례

2022년 지금 우리는 인문학 위기를 넘어, 인문학 종언을 향해 가는 시대를 살고 있다. 연구자들은 설 자리를 잃고, 시간과 수고를 들여야 하는 인문학적 수련보다는 일회성 흥미를 유발하는 콘텐츠가 더 각광받고 있다. 특별히 깊은 사유의 기반이 되는 독서의 영역이 좁아지고 있는 현상은 현재 표면적으로 일고 있는 인문학 열풍과는 달리, 실제로는 위기에 처한 인문학의 현주소를 보여 주는 사례라고 할 수 있다. 이러한 위기는 신학에도 비슷하게 도래하고 있다. 시대의 위기를 극복하기 위해 지혜를 키워 가야 할 신학마저도 절대자를 위시한 고유한 진리에의 열망, 인문학자들마저 매료시킬 역사적 원천에 대한 탐구, 인간과 신의 화해를 향한 자유로운 사유의 실험보다는 실용적인 교회성장이나 교파주의를 강화하기 위한 방편으로 활용되는 경우가 많다.

이러한 위기 가운데, 인문학&신학연구소 에라스무스와 도서출판 100은 신학과 대화하는 인문학, 인문학과 대화하는 신학, 더 나아가서는 양자가 서로를 비판하고 전유하는 사유의 모험을 보여 주는 일련의 실험들을 〈에라스무스 총서〉라는 이름 아래 선보이고자 한다. 르네상스 인문주의를 대표하고, 종교개혁에도 지대한 영향을 미친 데시데리우스 에라스무스는 탄탄한 인문학적 사유를 기반으로 삼아 성서와 전통에 대한 풍요로운 이해를 보여 주었고, 교회를 존중하면서도 교회에 대한 신랄한 비판을 서슴없이 할 줄 알았던 세계인이었다. 그에게 철학을 비롯한 인문학은 일부 중세인들이 간주했던 것처럼 신학의 시녀가 아니었고, 일부 종교개혁의 후예들이 폄훼한 것처럼 신학의 장애물도 아니었다. 오히려 그는 탄탄한 인문학적 훈련과 사유를 겸비한 사람이었고, 그 속에서 성서 이해와 신학이 풍요롭게 발전할 수 있음을 알았으며, 이러한 인문주의적 신학을 그의 생애 동안 몸소 보여 주었다.

〈에라스무스 총서〉가 지향하는 바도 큰 틀에서 탁월한 인문주의자 에라스무스가 시도했던 모험을 따른다. 우리는 성서와 전통에 대한 협소한 교파주의적 이해나 일부 인문학자들이 보여 주는 신학 자체에 대한 무시 내지 몰이해를 넘어, 양자 간 자유로운 대화와 비판적 전유를 보여 주는 탁월한 연구자들의 성과를 총서 기획 속에 편입시켜 세상에 선보이고자 한다. 여기에는 저명한 외국 학자들의 작품은 물론이고 참신한 생각을 가진 국내 학자들의 성과가 함께 들어갈 것이며, 인문학적 사유가 탄탄하게 배어 있는 전문 학술서부터 독자들이 다소간 접근하기 쉬운 대중적인 학술서에 이르는 다양한 형태의 연구 성과들이 포함될 것이다. 이러한 시도는 인문학과 신학의 위기 속에서도 학문적 상상력과 인내 어린 성찰을 지속하려는 사람들의 작은 소망을 지켜 나가는 운동이 될 것이다. 인문학&신학연구소 에라스무스와 도서출판 100의 우정의 연대를 통해 시작한 이러한 기획이 꾸준하게 결실을 맺음으로써, 한국 사회와 교회 안에 새로운 이론적 성찰의 가능성을 제안하기를 간절히 염원한다.

인문학&신학연구소 에라스무스

도서출판 100

들어가는 말

대화의 사유를 실천한 우리 시대의 그리스도교 사상가들

20세기와 21세기 초반 거인의 발자국을 남긴 우리 시대의 그리스도
교 사상가들은 급변하는 지금을 사는 우리에게 무엇을 말하고 싶었
을까? 역사의 진보와 완성 같은 거대한 이념이 탈신화화된 '우리 시
대'를 관통하는 하나의 주제 의식을 발견하기란 쉬운 일이 아니다.
더군다나 다양한 사상가들의 문제의식을 하나로 모아 내기는 더더
욱 어렵다. 하지만 우리에게 심원한 메시지를 던져 준 각 사상가들
의 사유의 핵을 명쾌하게 파헤쳐 보고자 노력한 각 저자들의 노고
를 검토하면서 그들 사이를 가로지르는 사유의 맥을 발견했는데,
그것은 다름 아닌 '대화'였다.

　우리 시대 가장 탁월한 사목자요 신학자 중 한 사람이라 해도 좋
을 프란치스코 교황은 비교적 근래 발간한 가톨릭 주교대의원회의
범 아마존 특별 회의 후속 권고 「사랑하는 아마존」(*Querida Amazo-nia*)에서 교회와 인류의 지속 가능한 미래를 내다보기 위해 '대화'의
자리에 나서자고 촉구한다.[1] "우리의 뿌리에서 시작하여, 함께 나누
는 희망과 대화의 자리인 공동의 식탁에 둘러앉읍시다. … 정체성

과 대화는 상치되는 것이 아닙니다. 다른 이들과의 대화를 통하여 우리의 문화적 정체성은 굳건해지고 풍요로워집니다"(37항). 이 권고는 비단 우리 시대에 소외된 지역이자 다양한 생태종 보존의 보루 역할을 하는 아마존만을 향한 것이 아니라 교회와 우리 사회를 향한 목소리이기도 하다.

혹자는 전대미문의 팬데믹 상황에서 한가하게 대화를 나누기보다 실제적인 생존 전략을 곧장 내놓아야 하지 않느냐고 반문할 수 있다. 하지만 프란치스코 교황은 여러 가지 유의미한 제안을 하면서도 무엇보다 이 대화의 능력에 신뢰를 표하면서, 지금이 그 어느 때보다 소통과 공유의 정신을 실현해야 할 시기임을 강조한다. 그가 강조하는 대화는 한편으로 교회의 정체성을 재형성하는 대화다. "늘 새롭게 케리그마를 선포하는 교회는 아마존 지역에서도 성장해야 합니다. 그렇게 함으로써, 교회는 이 땅의 사람들과 그 현실과 역사에 귀 기울이고 대화하면서 교회의 고유한 정체성을 계속 재형성해 나갑니다"(66항). 또한 그 대화는 소외된 이들의 번영을 위한 대화이자 종교적 타자와도 더 깊이 소통하면서 함께 공동선을 추구하는 대화다. "… 믿는 이들은 공동선과 가난한 이들의 발전을 위하여 함께 대화하고 행동할 수 있는 자리를 모색할 필요가 있습니다"(106항). "… 대화를 나누고자 하는 진심 어린 마음이 있다면 다른 이가 말하고 행동하는 것을 비록 우리의 고유의 믿음으로 받

---

1   이하 인용은 다음 문헌의 번역을 따른다. 『사랑하는 아마존』, 한국천주교주교회의 옮김 (서울: 한국천주교중앙협의회, 2020).

아들일 수 없어도 그 의미를 이해할 수 있는 역량이 길러집니다. 그렇게 할 때, 우리의 믿음에 대하여 열린 마음으로 진솔하게 끊임없이 대화하며 공통점을 찾아가고, 특히 아마존 지역의 선익을 위하여 함께 일하고 헌신할 수 있습니다"(108항).

인류를 위기에 빠트린 팬데믹 상황, 생태계 위기, 게다가 신냉전이란 용어가 나올 정도로 생명과 인간성을 파괴하는 정치적 충돌과 전쟁의 소용돌이를 겪고 있는 '우리 시대'를 돌아볼 때, 사실 우리는 그동안 얼마나 열린 마음으로 대화에 나섰는지 돌아봐야 한다. 따지고 보면 우리 시대는 대화와 소통의 힘을 잃어가고 있으며, 혹은 대화의 허울을 쓰기는 했으나 대결과 혐오를 부추기는 기만적 레토릭을 구사하면서 타자의 비판이나 도움의 요청을 막고 공동의 선을 향한 갈망과 위기 상황을 극복하기 위한 지혜도 함께 길어 내지 못하고 있다. 이런 점에서 우리는 다른 어느 때보다도 개인 간, 교회 간, 종파 간, 진영 간 대화에 적극적으로 참여해야 하고, 이 대화를 기반으로 삼을 때 비로소 타자를 향한 온전한 사랑과 공동의 번영을 추구하는 그리스도교를 모색할 수 있을 것이다.

이런 맥락에서 저자들은, 비록 정도의 차이는 있지만 본서에 수록된 사상가들이 '대화'와 '소통'과 '나눔'의 사상가들이었음을 명확하게 밝힘으로써, 우리 시대의 그리스도교 사상가들이 일찌감치 바람직한 그리스도교 재형성과 현재의 위기 타파를 위해 대화의 이념을 자기 사상에 깊이 내재시킨 사상가들이었음을 강조한다.

최근 다석 유영모를 연구하여 박사학위를 받은 신진 학자 안규식은 다석의 사상이 단순히 신비적 사상이 아니라 없이 계신 분과의 소통을 기반으로 삼아 타자와 민중의 고난과 아픔을 듣고 이에 응답하여 그 고난에 동참하는 삶으로 구원과 생명의 신비를 이루려는 시도였음을 명확하게 밝히고 있다. 이 글을 통해 독자들은 이 경이로운 한국 사상가의 숨과 결에 새겨진 타자를 향한 개방성을 엿볼 수 있을 것이다.

국내의 몇 안 되는 에디트 슈타인 전공자인 최우혁은 그리스도교 사상가로서의 슈타인의 전모를 드러내면서 그가 참된 대화와 소통의 근간인 공감의 의미를 깊이 파헤친 사상가라는 점을 강조한다. 신이 없는 것 같은 위기의 공황을 드리운 제2차 세계대전이라는 심대한 사건 속에서도 슈타인은 신과의 대화와 소통이 인간의 인간다움을 밝혀 줄 계기임을 현상학과 신비신학을 통해 보여준다. 저자는 슈타인의 공감적 대화의 이념이 인간 내면에서 바깥으로 향하는 초월의 운동을 통해 이루어진다는 점을 강조하고 있으며, 이런 신비적 공감이 그리스도교 순교자이자 선구적 여성신학자로서의 슈타인의 삶과 사상을 추동했음을 밝히고 있다.

국내에서 거의 유일무이하게 데이비드 트레이시 연구를 일찌감치 수행한 김연희는 트레이시의 전-후기 사유를 일목요연하게 그려 낸다. 특별히 이 글에서 저자는 학제 간 대화를 신학의 필수 요소로 설정한 해석학적 신학을 개진한 선구적 사상가로서의 트레이시의 면모를 명쾌하게 해명한다. 특별히 김연희의 글은 지금까지 국내에서 한 번도 다뤄지지 않은 트레이시의 해석학적 신 이해를 그의 최근 저술을 토대로 해명한다는 점에서 독보적인 성격을 갖는다.

대중적인 서평과 저술로 많은 이들과 친근하게 소통하는 공공신학자 최경환은 우리 시대의 탁월한 분석철학적 종교철학자 리처드 스윈번의 사상을 다룬다. 저자에 의하면, 스윈번은 영국 교회의 목회자들이 근대과학, 윤리학, 철학과의 대화를 시도하지 않고 그저 신앙의 문제를 내적인 믿음으로만 해결하려는 태도에서 문제의식을 갖게 되고, 이에 현대 분석철학과 과학철학의 방법론과 통찰을 수용하는 가운데 그리스도교 신앙을 철학적으로 변증하는 성과를 일구어 낸 학자다. 독자들은 이 글에서 제시하는 스윈번의 철학을 통해 현대인들에게 자신이 믿는 바를 효과적으로 변증하는 한 가지 유의미한 사유의 길을 안내받을 수 있을 것이다.

우리 학계에서 몇 안 되는 엔리께 두셀 연구자인 신현광은 전 세계적으로 큰 영향을 미친 해방철학자이자 그리스도교 사상가인 엔리께 두셀 사상의 전모를 포괄적으로 전달한다. 파라과이 선교사인 신현광은 두셀이 모어인 스페인어로 쓴 1차 저작에 대한 꼼꼼하고 포괄적인 독해를 통해 그의 사상 전반을 소개한다. 저자에 의하면, 두셀은 히브리인과 야훼의 대화는 그 어떤 대화보다도 실존적이며, 역사적이고 구체적인 나-너의 대화다. 이러한 대화를 통해 형성된 상호주관성이 신과 인간 타자가 함께 미래를 열어 가는 계기가 되며, 이를 통해 타자가 나의 이웃으로, 나의 연대를 기다리는 민중으로 재형성된다. 독자들은 이 글을 통해 억압받는 이들의 해방을 꾀하는 중요한 신학적 기획과 마주하는 경험을 하게 될 것이다.

우리에게 꼭 필요하지만 잘 연구되지 않고 있는 도시신학 분야 및 공공신학 영역에서 두각을 나타내고 있는 저자 김승환은 공공신학의 선구자 중 한 사람인 던칸 포레스터의 사상을 차분하고 명쾌한 언어로 안내한다. 포레스터는 공공신학자답게 공적 이슈를 자신의 과제로 여기며, 우리 시대의 교회가 공적 대화에 적극적으로 참여하는 공적 교회가 되어야 함을 역설한 학자다. 저자는 공적 대화로의 참여를 신앙과 분리된 영역으로 삼지 않고 그러한 참여의 제자도를 신앙에 내재화하려는 포레스터의 이론적 시도를 잘 그려내고 있다.

최근 토마스 토렌스에 대한 다양한 연구를 쏟아내고 있는 김학봉은 이 다재다능한 사목적 신학자의 사상을 일목요연하게 안내한다. 영어권 칼 바르트 연구에 지대하게 공헌한 토렌스의 바르트 수용부터 토렌스 신학의 핵심인 그리스도론과 과학신학 분야에 이르기까지 방대한 토렌스의 작업을 짧은 지면 속에 매우 알차게 담아냈다. 이 글을 통해 독자들은 개신교 목사, 신학자, 교수, 교회 활동가로서 활동하며 삶 전체에서 열정적이고 포용적인 대화를 실천한 토렌스의 도전적 행적을 명쾌하게 이해할 수 있을 것이다.

유럽대륙철학과 종교철학 연구자 김동규는 21세기 들어 유럽대륙종교철학 분야의 대가로 인정받아 온 메롤드 웨스트폴의 사유세계로 독자를 초대한다. 저자는 복음주의적이고 개혁주의적인 신앙의 영향 아래 성장한 웨스트폴이 어떻게 현대철학의 최전선에 들어갔으며, 그의 포스트모더니즘과 해석학이 교회와 신학에 어떤 메시지를 던질 수 있는지 일목요연하게 안내한다. 특별히 이 글에서 독자들은 포스트모더니즘이 단순히 교회의 적이 아니라 우리의 귀가 어두워져 듣지 못하는 신의 음성을 대신 들려줄 수 있는 예언적 목소리일 수 있음을 이해하게 될 것이다.

정치철학과 정치신학 분야에서 활발한 연구 활동을 하고 있는 손민석은 최근 정치신학 분야에서 크게 각광 받는 학자 윌리엄 캐버너의 사상을 파고들어 그 맥을 명쾌하게 짚는다. 특별히 캐버너의 초기 주저인『고문과 성찬례』부터 비교적 최근 작업인『야전병원』에 이르기까지 그의 주요 작업을 차근차근 파헤치면서, 캐버너의 정치신학이 구체적인 사회적 실존과 상황 속에서 어떻게 가톨릭 신학의 고유한 정신을 녹여 내는지 오롯이 해명한다. 독자들은 이 글을 통해 캐버너에 대한 이해는 물론이고, 교회의 전례가 어떤 식으로 정치적일 수 있으며 정치적 삶의 현장에 대안적 시공간을 창출해 낼 수 있는지를 엿볼 수 있을 것이다.

이 시리즈 1권에 해당하는『우리 시대의 그리스도교 사상가들: 철학과 신학의 경계에서』에서 여덟 명, 여기서는 그보다 한 사람 더 많은 아홉 명의 사상가를 다루었음에도 여전히 부족한 대목이 눈에 들어온다. 아직 제대로 소개되지 못한 여성신학자나 여성철학자의 사상을 더 담지 못했고, 흑인신학과 같이 소외된 인종에 주목하는 사상가나 우리 시대 위기의 큰 단면 중 하나인 기후위기나 생태계 파괴 문제를 직접적으로 다루는 환경·생태신학 사상가도 다루지 못했다. 더 나아가 퀴어신학을 필두로 소수자성 문제에 천착하는 사상가들도 포함하지 못했다. 기획 역량이 부족하고 시야가 협소했음을 절감하면서, 부차적으로는 우리 학계에 이러한 사상을 다루는 학자들이 그리 많지 않다는 사실을 체감했다. 혹시라도 3권을 낸다면 훌륭한 저자들을 발굴하여 이 책에 담아내지 못한 사상가들을 다룰 수 있기를 희망한다.

이 책이 나오기까지 여러 사람의 도움이 있었다. 책을 교정하고 편집하는 과정에서 인문학&신학연구소 에라스무스의 설요한, 윤동민, 이민희 연구원이 많이 수고해 주었다. 이들 덕분에 책이 더 정돈된 형태로 나올 수 있었다. 또한 이 책의 일부 꼭지는 2020년 하반기부터 2021년 초까지 연재된 뉴스앤조이의 〈우리 시대의 그리스도교 사상가들〉을 기반으로 삼고 있다. 물론 이 책에 실린 글 가운데 절반 이상이 당시 기획과는 무관하고 원래 연재에 실렸던 글도 내용을 더 심화하고 표현을 가다듬어 완성도를 높였다. 그렇지만 해당 연재가 이 책의 출간에 큰 기폭제 역할을 했음은 두말할 나위 없다. 이 지면을 빌려 기획 연재의 길을 열어 주고 해당 기사를 자유롭게 사용할 수 있게 해 준 뉴스앤조이에 감사드린다.

마지막으로 인문학&신학연구소 에라스무스의 연구원들과 후원자들에게 감사의 마음을 전한다. 1권에서도 이야기했듯이 외롭고 힘든 길을 갈 때 익명의 친구가 건네는 물 한잔은 얼마나 상쾌하고 시원한가! 이 친구들의 도움 덕분에 본서가 빛을 볼 수 있었다. 친구들의 이 모든 우정에 깊은 감사의 말을 전한다. 그 스스로 대화의 삶을 실천하려고 애쓴 그리스도교 사상가이자 자유인이었던 에라스무스는 우리 앞에 놓인 위기의 바위를 뚫을 힘은 큰 권력을 가진 개인이나 집단의 카리스마가 아니라 작고 여린 물방울에서 나온다고 한 고전적 지혜를 일찌감치 되새긴 바 있다. 나날이 각박해지고 대화보다는 대결에 익숙해지는 이 시대 속에서 함께 대화의 사유를 모색하는 연구자들과 후원자들, 그리고 이 책을 읽게 될 독자들이 서로 친구가 되어 더 나은 삶과 지속 가능한 공존의 미래를 함께 열어 가는 물방울로 모이길 간절히 소망한다.

Assidua stilla saxum excavat (끊임없는 물방울이 바위를 뚫는다).

― 에라스무스, 『격언집』 중에서

2022년 8월 10일

다른 저자들을 대신하여 김동규 씀

1. 비움과 어둠의 아름다움을 추구한 통전적 그리스도교 사상가

다석 유영모

안규식

I. 생애와 저술[1]

어떤 위인 혹은 비범한 인물을 소개할 때, 일반적으로 그의 탄생에 초점을 맞추어 이야기한다. 하지만 다석을 소개할 때, 그의 탄생보다 그의 삶을 둘러싸 왔던 죽음에 초점을 두고 이야기하는 편이 더 적절할 것이다. 다석 유영모(多夕 柳永模, 1890-1981)는 1890년 3월 13일 서울 옛 남대문의 수각교(水閣橋) 근처에서 태어났다. 허약한 체질로 태어나 죽을 고비를 넘겼던 다석은 어린 시절부터 죽을 때까지 평생 죽음의 문제를 끌어안고 살았다.

다석은 어릴 적부터 한학을 배우다 1905년 YMCA 초대 총무였던 김정식을 통해서 그리스도교 신앙을 접하게 된다. 이때 그리스

---

[1] 이 글의 1장 생애와 저술 부분은 필자가 뉴스앤조이에 기고한 다음 글을 수정·보완·확장한 것이다. 안규식, 「저녁夕의 그리스도교 사상가, 다석多夕 유영모」[우리 시대의 그리스도교 사상가들④] 유영모 – 치열한 수행과 독창적 사유를 통해 발견한 '체험적 진리'의 신앙, https://www.newsnjoy.or.kr/news/articleView.html?idxno=301612(접속일: 2022. 4. 9.).

도교 신앙에 입문했을 뿐 아니라 경성일어학당과 경신학교에서 근대적 교육을 받는다. 이후 1910년 남강 이승훈의 권유로 평북 정주에 있던 오산학교 교사로 부임한다. 긴 시간은 아니지만 다석은 소위 '정통적' 그리스도교 신앙 방식을 열심히 따랐고, 오산학교 시절인 1910년부터는 그리스도교 신앙에서 점점 멀어진다. 결국 1912년 이후 다석은 정통 그리스도교 신앙 방식을 버리고 '비정통적' 그리스도교 신앙으로 전향한다. 비정통 자각 신앙으로 돌아선 다석은 비슷한 시기에 아우 유영묵의 죽음으로 큰 충격을 받고 오랜 시간 『화엄경』(華嚴經)과 『도덕경』(道德經) 같은 종교 경전을 연구하면서 죽음과 삶에 대한 깊은 성찰에 들어간다.

박재순에 따르면, 이 시간들은 다석이 그리스도교의 울타리를 넘어가는 시기일 뿐 아니라 삶과 죽음에 대한 실존적인 성찰 그리고 이러한 성찰을 통해 깨달은 '오늘 여기'에서의 생명에 대한 동양 철학적 이해를 깊게 하기 시작한 시기이기도 하다. 이후 다석은 1918년 1월 13일부터 자신이 살아온 날수를 셈하기 시작하고 '오늘살이'에 들어간다. 그리고 1928년부터 1963년까지 YMCA 연경반에서 성경과 동양경전을 연구하면서 가르치고, 50살이 되는 해까지 교리적인 타율적 정통 신앙의 울타리를 훌쩍 넘는다. 그렇지만 다석은 자각적이면서 수행적인 그리스도교 신앙을 핵심으로 삼아 유교, 불교, 도교의 지평을 융합하고 확장하여 오늘 여기의 삶에 대한 보편적인 생명철학으로 발전시켜 나간다. 이 시기에 다석에게 중요했던 것은 그리스도교뿐 아니라 모든 종교가 지향하는 통전적인 생명과 그 생명을 추구하는 '오늘의 삶'이었다. 그리고 그 삶이란 사람의 마음속에 있는 영원한 생명의 본성인 씨앗을 키워서 다시 하나님과 하나가 되는 것, 곧 생명의 완성이었다.[2] 예수는 바로 이 생명완성을 위해 온 스승이다. 예수를 따르는 자들은 생명완성의 사명을 갖는다. 훗날 다석은 1955년 6월 3일 일지에 이렇게 기록한다.

> 예수 오시기 전에 人間欲望인간욕망은 그리스도엿습니다. 예수가 오셔서 우리가 본(앞) 그리스도는, 生命願誠생명원성으로 보인 것입니다. 예수가 하늘로 도라가신 뒤에, 信者신자들은 다시 各自欲望각자욕망의 主주로 다시 오시기를 바란다 흐니 生命願誠생명원성은 發心발심도 못하는 것 같다.[3]

다석은 얼 생명이 없는 타율적인 교리를 버렸을 뿐이지 예수를 따르는 신앙 자체를 버린 것은 아니었다. 그의 사유를 시기적 변화[4]

---

2   박재순, 『다석 유영모』(서울: 홍성사, 2017), 56-61.

3   유영모, 『多夕日誌 1』(서울: 홍익재, 1990), 25. 이 글을 김흥호는 다음과 같이 풀이한다. "예수가 오기 전에는 예수만 오면 다 될 줄로 알았다. 그런데 예수는 왔다. 와서 보여 주신 것은 생명의 완성이다. 예수는 갔다. 갔으면 예수가 보여 주신 대로 각자 생명의 완성을 하면 된다. 그런데 사람들은 생명의 완성은 할 생각을 안 하고, 또 예수가 오기를 바란다고 한다. 그러니 생명 완성은 시작도 못하고 있다." 김흥호, 『다석일지 공부 1』(서울: 솔출판사, 2001), 61.

4   이 글에서 다석의 시기적 변화에 대한 내용들은 박재순의 시기 구분에 근거했다. 박재순은 다석 사상의 시기적 구분을 크게 넷으로 나누는데, 첫 번째는 다석이 서구 신식 교육과 함께 그리스도교 신앙을 갖게 된 1890년부터 1913년까지, 두 번째는 보편 종교의 관점에서 오늘에 충실한 생명에 몰입한 1914년부터 1939년까지, 숨과 그리스도교 신앙

로 이해할 때, 그 전에 보편 종교의 관점에서 생명을 추구하던 다석의 사유는 1941년 이후에 그리스도교 신앙의 중심성이 다시 강해진다. 박재순에 따르면, 다석은 지금까지 자신이 추구해왔던 동양철학과 서구사상에 대한 자신의 연구와 통찰은 물론 자신의 삶으로 치열하게 추구했던 수행적인 삶에 한계를 느꼈고, 이 한계를 극복할 영적이고 정신적인 체험과 함께 이를 담아낼 사상과 철학을 추구한다. 이런 이유로 다석은 그가 52살이 되던 해인 1941년 2월 17일, 하루에 저녁 한 끼만 먹는 일일일식(一日一食)을 시작하고, 그 다음 날 아내와의 일체 성적인 관계를 끊는 해혼(解婚)을 선언한다. 그리고 다석은 잣나무 널빤지 위에서 잠을 자는 수행을 시작했다. 그러던 중 1942년 1월 4일, 치통으로 괴로워하는 아내를 위해 기도하다가 깊은 영적 체험과 함께 깨달음을 경험한다.[5] 다석은 이 체험이후에 자신이 가진 그리스도교 중심적 신앙을 동일한 해에 『성서조선』에서 이렇게 표현한다.

多夕生^{다석생}의 萬八千日^{만팔천일}을 생각해 보시려면 몇몇 兄姊^{형자}께 먼저 간증해야 할 것은 생이 그때 분명 말씀하기를 「내게 實踐力^{실천력}을 주는 이가 있으면 그가 곧 나의 救主^{구주}시다.」 했습니다. 「내가

중심성이 드러나는 1939년부터 1943년까지, 그리고 1943년 천지인 합일 체험 이후 동양문명과 서양문명이 다석 안에서 완숙하게 융합된 1943년에서 그가 사망한 1981년까지이다. 박재순, 『다석 유영모』, 55-101.

5   박재순, 『다석 유영모』, 61-63.

예수를 따르되 實行力^{실행력}이 예수께로부터 親授^{친수}되지 않는 限^한
예수만 바라는 것이 아니라」뜻의 內包^{내포}된 말이었습니다. 生^생이
重生^{중생}한 오늘에 證據^{증거}할 말슴은 「예수의 이름은 오늘도 眞理^{진리}
의 聖神^{성신}으로 生命力^{생명력}을 豊盛^{풍성}하게 나리신다」입니다.[6]

위 진술을 보면 다석의 그리스도교 신앙에 대한 강조가 보인다. 다
석은 자신의 거듭남 곧 "重生"(중생)을 이야기한다. 그리스도교 신
앙에서 이야기하는 일종의 회심 체험처럼 다석에게도 그런 변화가
찾아왔던 것이다. 이 체험 이전에 다석은 예수를 자신의 구주로 고
백할 수 없었다. 하지만 체험 후에는 예수를 구주로 고백할 수 있었
는데, 그 근거는 실천력 혹은 실행력이었다. 이 실천력은 앞서 제시
했던 생명완성을 위한 실천력이자 생명력이다. 그 생명의 실천력은
예수의 이름으로 진리의 성령을 통해서 다석에게 풍성하게 내려왔
다. 다석이 추구한 예수의 생명력의 내용은 그가 마태복음에 나온
주기도문을 풀이한 것을 통해서 드러난다. 그것은 거짓에서 벗어나
참삶에 들어가는 것, 그리고 온 세상이 서로 사랑으로 '하나'가 되는
것이었다. 신과 나의 하나 됨, 나와 세계의 하나 됨. 이 하나 됨과 하
나 됨을 추구하는 구도자적 삶은 다석의 생애 전체를 관통하는 중
요한 주제가 된다. 다석은 1942년 2월 4일에 쓴 글에서 이렇게 기
록한다. "아바지와 주께서 하나이되사 영삶에 계신것처럼 우리들

---

6 유영모, 「부르신지 三十八年만에 믿음에 드러감」, 『聖書朝鮮』 157(1942), 11.

도 서로 하나이될수있는 사랑을 갖고 참말삶에 들어가게하여주시옵소서 아멘"[7].

박재순에 따르면, 다석은 1941년부터 자신의 아호를 '다석재'(多夕齋)로 사용하기 시작한다. 다석이란 호는 많은 저녁을 가리킨다. 지금껏 다석이 빛으로 또 낮으로 표현할 수 있는 그런 생명을 철저히 추구하는 삶을 살았다면, 이제 다석은 무한한 우주에 비해 자기 자신은 무(無)에 지나지 않음을, 자신은 시간과 공간의 주인이 될 수 없는 그런 어둠과 '저녁'의 차원을 처절히 깨달은 것이다. 다석은 빛보다 큰 어둠, 아침보다 먼저 있었던 저녁을, 사유의 차원을 넘어서 이젠 체험적 진리로 깨닫는다.[8]

다석에게 빛은 물질세계와 이성을, 어둠은 정신세계와 신비를 의미했다. 따라서 빛이 꺼지면 '어둠'과 '빔'과 '없음'이 찾아온다. 그 빔과 어둠 속에서 절대자가 드러나는 것이다. 그래서 다석에게 하나님은 '없이-계신 이'였다. 이후로 다석은 이전에도 그랬지만 '영원한 저녁' 되신 하나님을 더욱 그리워하는 삶을 산다. 그리고 저녁의 어둠 속에서 티끌 같은 하나의 점에 불과한 자신을 깨닫고, 우주의 시간과 공간, 그리고 나를 하나의 점으로 만들어 부정하여 하나님과 소통하고 일치하는 삶을 평생 추구했다. 이러한 삶을 다석은 '가온 찍기'(`ㄱ·ㄴ`)[9]라 불렀다. 다석은 그렇게 많은 저녁을 그리워하며

---

7   유영모, 「이것이主의祈禱요, 나의所願이다」, 『聖書朝鮮』158 (1942), 62.

8   박재순, 『다석 유영모』, 63-66.

9   가온찍기(`ㄱ·ㄴ`)란 하늘을 상징하는 'ㄱ'과 땅을 상징하는 'ㄴ' 사이에 인간을 상징하는 '·'

무한한 우주와 영원한 시간 속에 자신을 하나의 점으로 만들어 사유한 그리스도교 사상가였다.

다석의 생애에서 사상의 가장 완숙함을 보여 주는 시기는 1943년 천지인(天地人) 합일 체험 이후부터 그가 사망한 1981년까지다. 박재순에 따르면, 다석은 1943년 2월 5일 북악산에서 하늘과 땅과 자신이 하나로 뚫리는 천지인(天地人) 합일 체험을 한다. 동시에, 이 체험 이후 다석의 글에는 그리스도만을 강조하는 신앙은 나타나지 않는다. 이후 쓴 다석의 글로는 1955년 『새벽』 7월 호에 실린 '제소리', 1956년 10월 17일부터 1957년 9월 13일까지 거의 1년간 다석이 전달한 연경반 강의의 속기록을 기초로 한 『다석강의』, 무엇보다 1955년부터 1975년까지 다석이 직접 일지에 기록한 『다석일지』가 있다.[10]

천지인의 신앙적 체험 이후 점점 다석의 사유에서 그리스도교의 정체성의 특징은 약화되고 동서양 종교의 합일의 특징이 두드러지는 변화가 나타난다. 이것은 다석 후기 사상의 특징으로 아마도 다석이 천지인 합일체험 이후에 한글의 천지인 철학과 대종교의 삼일철학을 연구하면서 그리스도교 신앙과 서구 근대 철학뿐 아니라 한글의 천지인 사상, 동양 철학을 '하나'로 통합하는 사유를 더욱 심

태극점으로 천지인(天地人)이 합일하는 '나'의 자리라는 의미를 형상화한 다석의 표현으로 "유영모의 핵심적인 관계론적 실존사상"으로 "우주 속에서 내 자리를 찾아서, 나의 궁극적 주체를 실현하는 것"을 말한다. 김흡영, 『가온찍기: 다석 유영모의 글로벌 한국신학 서설』(서울: 도서출판 동연, 2016), 35.

10   박재순, 『다석 유영모』, 74.

화 발전시켰기 때문으로 보인다. 비록 본질적으로 성경과 그리스도교 신앙에는 충실했으나 그리스도교의 우위는 사라지고 동양과 서양의 종합을 추구했다.[11] 다석은 이를 "동양문명의 뼈에 서양문명의 골수를 넣는다"[12]고 표현한다. 이러한 이유로 다석은 동서고금을 회통하고 융합하여 새로운 지평을 제시하는 사상가로 평가된다.

평생 죽음을 생각하며 참 생명을 살아내려 했던 다석은 1981년 2월 3일 그토록 바라던 '영원한 저녁'으로 들어간다. 썩어 없어질 육신에 아무 미련이 없었던 그는 화장을 원했지만 유족들은 그의 시신을 그의 아내 김효정의 묘에 합장했다. 다석이 그토록 원했던 영원한 저녁에 들어가기 전 가족의 품에서 마지막 숨을 내쉬며 했던 말은 바로 '아바디'였다. "'아'는 감탄사, '바'는 밝다는 빛의 구현이며, '디'는 디딘다는 실천의 삶을 의미하는 것"[13]이었다. 다석의 마지막 말은 평생 그가 걸었던 길이 무엇이었는지 말해준다. 저녁의 어둠과 빔(空) 속에서 나타나는 없이-계신 '아바디'를 그리워하며 쫓았던 다석의 삶은 역설적이게도 그가 어둠을 통해 '빛'을 보았던 삶으로 우리의 기억에 남게 되었다. 다석 유영모가 저녁의 그리스도교 사상가인 것은 그가 진리에 방해가 되는 빛을 꺼서 '어둠'에 이르는 치열한 신앙 수행과, 자기 안으로 뚫고 또 뚫어 더 이상 남김이

11   앞의 책, 75-101.

12   앞의 책, 75.

13   김흥호, 「유영모, 기독교의 동양적 이해」, 『다석 유영모의 동양사상과 신학』, 김흥호·이정배 편(서울: 솔출판사, 2002), 12.

없는 '빔'에 이르는 체험적 사유로 그 어떤 외부적 권위와 틀로도 담아낼 수 없는, 심지어 그리스도교라는 그 틀조차도 담아낼 수 없는 그 무한한 하나님과의 합일을 통한 '체험적 진리'로 신앙하도록 우리를 초대하기 때문이다. 경험적이고 주체적인 진리가 아닌 외부적인 권위에만 기대는 신앙이 보여 주는 한계가 극명해진 오늘을 사는 우리가 다석을 요청하는 이유는 바로 여기에 있을 것이다.

II. 존재와 비존재를 통합시킨 통전적 그리스도교 사상가

다석은 생명과 죽음, 존재와 비존재, '있음'과' 없음', 일(一)과 다(多) 등 다양한 혹은 상반되어 보이는 존재론적 양극을 포함하고 초월하여 통전성(wholeness)[14]으로 나아간 사상가다. 다석은 동서양 종교 경전의 "끊임없는 교차 읽기를 통해서 자신의 종교 사상을 통합적으로 정립해 나갔다는 점"[15]에서 통전적으로 신학함을 보여 준

---

14 피터 C. 하지슨은 인간 앎의 범주에 있어서 유한한 경험의 인식 범주를 뛰어넘는 범주를 표현할 용어로 무한성(infinitude)이나 총체성(totality)이라는 용어 대신에 통전성을 제시한다. 통전성은 "다양성-속의-일치, 곧 하나님을 추구하는 것"이라 말할 수 있다. 피터 C. 하지슨, 『기독교 구성 신학』(손원영·손호현·김영선 공역, 서울: 은성, 2000), 207. 필자는 무한한 개방성 안에서 존재와 비존재를 포월하는 신을 설명하는 용어로 통전성을 제시하고자 한다. 이런 맥락에서 다석은 존재뿐 아니라 비존재까지도 포함시켜 사유하는 통전적 사상가라 말할 수 있다.

15 백소영, 「근대 전환기 식민 경험과 다석 류영모의 '탈'(脫)의 정체성」, 『한국기독교신학 논총』 86(2013), 190.

한국의 대표적 그리스도교 사상가라 할 수 있다. 무엇보다 통전성은 "개방적이고 계시적인 궁극적 실재에 관한 신학적 진술"을 위한 신학방법론의 핵심이다. 통전성은 다양성 속에서 일치를 지속적으로 완성해 나가지만, 무한함과 풍부함으로서 궁극적 실재는 여전히 불가능의 가능성으로 남는다는 사실을 알려준다. 따라서 통전성은 "폐쇄의 행위가 아니라 무한한 풍부성에 자신을 개방하고 미래를 결정되지 않은 채 남겨 두는 행위"로 이해된다.[16]

필자는 통전성을 한국신학이 갖추어야 할 중요한 요소로 이해한다. 한국 고유의 본래적 사상을 가정한다면, 가장 대표적인 것은 풍류도(風流道)일 것이다. 소금 유동식(素琴 柳東植, 1922-)은 풍류도를 "유·불·선 삼교의 본질을 속에 담은 포월적(包越的) 사상이며, 민중에 접해서는 이들을 교화하여 본연의 사람이 되게 하는 도리(道理)"[17]라고 정의한다. 이는 한국인 심성의 깊은 층위에 유, 불, 선 등 다양한 종교와 사상을 융합시켜 이를 세계의 변화와 인간성 회복을 위한 창조적 생명으로 승화시키는 통전적 역동성이 흐르고 있음을 의미한다. 따라서, "한국신학이란 여러 종교들과의 융합 속에서 초월적이면서 내재적인 동시에 인격적인 신과의 합일을 이루고, 그러한 합일을 통해서 발현되는 자유와 아름다움의 총체적 삶을

---

16   피터. C. 하지슨, 『기독교 구성 신학』, 497.

17   유동식, 「한국신학의 광맥」, 『소금 유동식 전집 제4권: 신학사』, 소금 유동식전집간행위원회 편집(서울: 한들출판사, 2009) 25.

추구하는 통전적 신학"[18]이라 할 수 있다.

　존재론적 측면에서 볼 때, 통전성을 추구함은 그동안 반쪽짜리 존재론적 사유—이성 중심, 남성 중심, 서구 중심, 존재자 중심적 사유 등—에 의해 배제되어 왔던 그리고 엄연히 존재하지만 존재하지 않는 것처럼 여겨져야 했던 '비존재들'—죽음, 무(無), 공(空), 허(虛), 무의식, 고난, 민중 등—의 목소리를 무한하고 개방적인 궁극적 실재 안에서 되살려 내는 신학적 복구 작업이다. 이로써, 비존재들은 새롭게 존재론적 위상을 되찾는다. 예컨대, 죽음은 모든 것을 소멸시키는 심연이 아닌 얼의 영원한 생명으로 도약하는 존재론적 변화로 부각되어 전체 생명의 자리에서 존재론적 지위를 되찾는다. 무와 공은 자기 비움을 통해 세계에 온전히 내재하면서 초월하는 신의 존재 양식으로 드러난다. 고난은 인간과 세계가 신과 합일하기 위한 주체의 변형이자 역사의 구원을 위한 대속으로, 무의식은 신과 소통하는 정신적 '밤'의 신적 언어가 되고, 민중은 역사 주변부의 비존재가 아닌 역사의 주체로 드러난다. 이러한 측면들이 다석 안에서 한국신학의 모습으로 제시된다. 이와 같은 통전성의 요소들을 다석의 삶과 사유 안에서 요약해 보자면 다음과 같다.

　첫째, 다석은 죽음과 삶을 포월(包越)하여 얼 생명이라는 통전성으로 나아간다. 다석에게 죽음은 신학적 주제였다. 다석이 살던 시대에는 많은 이가 태어나자마자 병으로 죽었는데, 다석의 형제들

18　안규식, 「후기-그리스도교 신학으로서 다석 유영모 신학 연구」(연세대학교 박사학위 논문, 2022), 7.

역시 그랬다. 원래 다석의 형제자매는 13명이었는데 다석을 포함해 둘만 남고 모두 스무 살을 넘기지 못해 죽었다. 체구가 왜소했던 아버지 유명근을 닮아 다석 역시 몸이 작고 허약했으며, 일곱 살 때는 콜레라로 죽을 고비를 넘기기도 했다. 의사는 그가 서른을 넘기지 못할 것이라고 말했다. 죽음이라는 "존재론적 충격"(ontological shock)[19] 때문인지, 다석은 평생 죽음을 극복하려 했고, 더 나아가 죽음을 지향했다. 죽음에 대한 극복과 지향은 그의 사상 곳곳에 나타난다. 그의 글에서는 인간의 원초적 생명과 관련된 식욕과 성욕의 제나[20]를 '죽이는' 육체적 금욕 수행에 대한 주장과, 자신의 근원으로 되돌아가는 죽음을 지향하는 표현이 뚜렷하게 나타난다. 하지만 역설적이게도 그는 스무 살 전후로 해서 냉수마찰과 요가체조 등을 꾸준히 하면서 누구보다도 건강한 삶을 살았다. 무엇보다 다석에게 몸은 얼 생명을 키우는 신앙적 수행에서 중요한 출발점이었다. 다석이 "몸성히, 맘놓이, 뜻태우"[21]의 수행을 이야기할 때, 그

---

19 김경재, 『틸리히 신학 되새김』(서울: 여해와함께, 2018), 110. 김경재는 '존재론적 충격' 중에 가장 강한 충격이 죽음이라고 말한다. 타인의 죽음과 그에 따른 결과들은 인간에게 '존재론적 충격'을 전달한다. 갑작스럽게 죽음을 목격함으로써 비존재(non-being)의 불안과 위협 앞에 노출되는 것이다. 이렇게 인간은 허무와 무(無)라는 심연 앞에 선다.

20 다석은 인간을 존재론적으로 둘로 보았는데 제나와 참나이다. 제나는 인간이 부모로부터 물려받은 몸(몸나)과 마음(맘나)으로 구성된 탐(貪), 진(嗔), 치(恥)에 이끌리는 거짓 자아이고, 참나는 천명(天命)으로 인간이 부여받은 얼 생명으로서 수행을 통해 갈고 닦음을 통해서 드러나는 참 생명의 참 자아이다. 다석은 제나의 '죽음'이 참나의 생명을 가져온다고 보았다. 제나의 죽음은 자기를 부인하는 수행과 경전 읽기, 그리고 세계를 탐구하면서 참을 좇는 존재론적 생각을 통해서 이루어진다.

21 유영모, 「몸성히, 맘놓이, 뜻태우」, 『多夕日誌』4(서울: 홍익재, 1990), 409-410. 몸성히

출발점은 바로 몸이었다. 몸은 성해야 한다.[22] "이 몸은 내 정신을 담는 그릇"[23]이기에 몸을 통해 마음 역시 온전해지기 때문이다.

다석은 평생 죽음을 앞두고 심지어 죽음을 간절히 기다리며 또 죽음을 연습하며 살았다. 다석은 죽음을 이렇게 말한다. "종교의 핵심은 죽음이다. 죽는 연습이 철학이요 죽음을 이기자는 것이 종교이다."[24] 다석은 죽음에 삼켜지지 않고, 죽음과 분리되지 않으면서, 죽음을 포월하고자 했다. 죽음을 자신의 삶 안으로 포함시키면서 초월하는 포월적 사유 방식은 존재와 비존재의 구분을 넘어서는 더 큰 궁극적 실재가 드러내는 통전성을 향해 나아갔다.

둘째, 다석은 죽음에 대해서만이 아니라 궁극적 실재 곧 신에 대한 사유에서도 '있음'(有)과 '없음'(無), 존재와 비존재를 양립시켜 통전성을 이루는 신론을 제시한다. 다석은 이러한 신을 "없이 계신 님"[25]이라 불렀다. 신은 있으면서도 없다. 신은 '있음' 그 자체이지만 동시에 '없음' 곧 무(無)이고 공(空)이며 허(虛)다.

는 탐욕(식욕)을 버림을, 맘놓이는 치정(색욕)을 끊음을, 뜻태우는 몸성히와 맘놓이를 통해 주어지는 지혜의 광명을 의미한다.

22 다석이 주장한 몸이 성함 곧 온전함은 장애인들에 대한 차별이나 신체에 대한 정상성과 비정상성으로 구분하는 논리로 이어지지 않는다. 다석이 주장한 '몸성히'는 무절제한 욕망의 추동을 거부하고 금욕을 통해서 온전한 몸의 상태를 유지하는 것을 말한다.

23 박영호 엮음, 『多夕 柳永模 어록』(서울: 도서출판 두레, 2002), 304.

24 앞의 책, 180.

25 유영모, 『多夕日誌 1』, 26.

하느님이 없다면 어떠한가. 하느님은 없이 계시는 분이다. 몬(물질)
으로는 없고 얼(성령)과 빔(허공)으로 계시기 때문에 없이 계신다.[26]

위 진술을 보면, 다석에게 없이 계신 하나님은 두 가지 이유에서 없
이 계신다. 하나는 물질로서 없기 때문이며, 다른 하나는 얼과 빔으
로 계시기 때문이다. 물질로서 없다는 것은 단순히 신이 물질처럼
눈에 보이는 존재가 아니라는 의미보다, 인간의 인식과 감각으로
만 그 존재를 인정받는 존재자 중심의 사유로는 포획할 수 없는 신
이 곧 '없음'의 신이라는 의미이다. 구체적으로 말해, 존재자 중심의
사유란 이기상의 표현을 빌리자면 "인간 중심적, 이성 중심적, 존재
중심적 사유"[27]이다. 지금껏 존재자 중심의 사유에 의해서 배제되
고 '없는 것'처럼 취급을 당했던 것이 '없음'이며, 신은 인간이 경계
지은 틀로 포획되지 않기에 '없음'으로 드러난다. 여기서 '없음'이란
인간이 궁극적인 것으로 여기는 '실체'라 불리는 것이 사실상 존재
하지 않는다는 깨달음을 통해 직면하는 실체 너머의 존재다. 이 '없
음'을 대면할 때 진정한 '있음'을 발견하는데 그렇게 드러난 신이 바
로 없이 계신 하나님이다. 없이 계신 하나님은 인간의 제한적인 인
식적 틀을 넘는 영(靈) 곧 얼의 자유와 신비 속에서 텅빔과 초월적
인 개방성으로 자신을 드러낸다.

셋째, 다석의 통전적 사유는 동양의 정신적 뼈에 서양 문명과 그

---

26   박영호 엮음, 『多夕 柳永模 어록』, 56.
27   이기상, 『다석과 함께 여는 우리말 철학』(서울: 지식산업사, 2008), 427.

리스도교라는 골수를 집어넣는 방식으로 형성되었으며, 얼 생명을 지향한다. 다석 사상의 뼈대는 유교, 불교, 도가사상, 대종교 등 동양 종교 사상이다. 어린 나이의 다석은 15살 이전까지 그 당시 전통 사회 지식인처럼 한학을 배웠다. 5살 때 이미 천자문을 떼고 15살 정도에 『맹자(孟子)』에 깊이 심취했던 다석이기에 동양의 종교 경전으로부터 받은 영향도 깊고 컸음을 알 수 있다. 이렇게 다석이 자연스레 익힌 유교, 불교, 도교 등의 동양 종교의 사유 체계는 다석이 서구 문명과 그리스도교 신앙을 수용하여 '제소리'로 구체화시키는 뼈대가 된다. 훗날 다석은 그의 『다석일지』에 이렇게 기록했다. "나의 정신은 모세와 예수, 그리고 공자와 맹자로 영향된 것입니다."[28]

다석 사상의 뼈대가 동양 종교 사상이라면, 다석 사상의 골수는 민주주의 정신과 근대 과학 문명으로 표상되는 서구 사상과 그리스도교다. 다석은 YMCA 초대 총무인 김정식 선생의 권유로 연동교회와 YMCA에 다니게 된다. 다석은 그리스도교에 심취하였고 그 시절을 이렇게 회고한다. "일요일 오전에는 연동교회에서 예배를 보고 오후에는 승동교회에서 연합 예배를 보았어요. 그리고 밤에는 새문안교회에서 밤 예배를 보았어요."[29]

다석은 그리스도교 신앙과 함께 서구의 근현대 학문과 시대정신을 배우는데, 스무 살 때부터 오산학교에서 교사로 학생들을 가르치면서, 여러 동양 경전과 함께 서양 철학과 과학을 포함한 근대 서

---

28 박영호, 『다석전기: 류영모와 그의 시대』(서울: 교양인, 2012), 61.

29 앞의 책, 80.

구 학문을 섭렵한다. 이 시기에 "서양문명과 문화의 골수를 동쪽의 문명과 문화"[30]에 집어넣어 현재와 과거, 동양과 서양을 포함하고 모두 한 정신으로 녹여내는 "현구동서"(現舊東西)[31]의 통전적 다석 사상의 맹아가 싹텄다.

다석의 통전적 사유는 그리스도교까지도 포월한다. 다석의 생애에서 큰 변화 중 하나는 그가 정통 그리스도교 신앙에서 떠나 비정통 신앙으로 전향한 일이다. 그리스도교 정통 신앙의 울타리 안에 있던 다석은 23살 즈음에 그 울타리를 넘어 정통 신앙에서 비정통 신앙으로 전향한다. 박영호에 의하면, 다석이 비정통 신앙으로 전향한 이유로 몇 가지를 들 수 있는데, 모교회인 연동교회의 내분과 분열, 톨스토이로부터 받은 영향, 그리고 21살이 되던 해 일어난 2살 터울 아우 유영묵의 죽음 등이다. 아마 결정적인 동기는 톨스토이 때문인 것으로 보인다.[32]

톨스토이는 교회의 교리와 예수의 가르침이 다르다고 보았다. 톨스토이에게 그리스도교의 본질은 예수가 가르친 인간 영혼에 대한 관심, 사랑과 겸손, 자기희생과 용서지 삼위일체나 동정녀 탄생과 같은 교리가 아니었다. 톨스토이에 따르면, "예수는 외형에만 치우친 예식은 모두 해롭고 교회의 그러한 전통 자체가 나쁜 것이라고 가르친 것이다. 교회의 전통이 사랑의 가장 중요한 행위를 못하

---

30 다석 류영모 강의, 『다석 강의』, 다석학회 엮음(서울: 교양인, 2017), 318.

31 앞의 책, 318.

32 박영호, 『다석전기: 류영모와 그의 시대』, 141-143.

게 방해한다는 것이었다."[33] 따라서, 톨스토이에게 흔히 사도신경과 같은 '신조'로 표현되는 교리는 예수의 본래 가르침에서 벗어난 것 그 이상도 이하도 아니었고 이는 당시 톨스토이를 사숙한 다석에게도 마찬가지였다. 다석에게 남들 따라 입으로 외는 교리보다 더 중요한 것은 그리스도의 '얼 생명'이었다. 톨스토이의 영향을 받아들인 다석이 보기에 교리는 타율적 신앙의 방편일 뿐 "맘속의 영원한 생명인 얼나로 맘속이 깨끗하고 거룩하게 됨"[34]의 본질은 아니었다. 다석에게 중요한 것은 신앙의 본질이 되는 얼 생명과 그 생명을 구현하는 삶이었다. 따라서 다석이 교리적인 정통 그리스도교에서 떠난 것은 그리스도교 자체에 대한 거부감이 아닌 얼 생명을 위해 그 울타리를 벗어난 것으로 이해할 수 있다.[35]

다석의 신앙적 전향을 단순히 정통에서 비정통으로의 변화로만 보아서는 안 된다. 다석의 신앙적 전향에는 두 가지 중요한 요소가 있는데, 하나는 신 앞에서 단독자로 서는 주체성이고, 다른 하나는 신 앞에 주체적으로 섬으로써 주어지는 체험적 진리의 내용인 참 생명이다. 다석은 교리적인 정통 그리스도교 신앙에서 떠난 것이 아니라, 그것 너머에 있는 그리고 그것이 가리키는 더욱 통전적인 궁극적 실재의 참된 얼 생명으로 향하고자 한 것이다. 다석이

---

33 톨스토이, 『톨스토이 복음서』, 이동진 옮김(서울: 해누리, 2020), 47.

34 류영모, 『다석 마지막 강의』, 박영호 풀이(서울: 교양인, 2011), 381.

35 안규식, 「저녁夕의 그리스도교 사상가, 다석多夕 유영모 [우리 시대의 그리스도교 사상가들④] 유영모 – 치열한 수행과 독창적 사유를 통해 발견한 '체험적 진리'의 신앙」.

추구한 스스로—그리고 스스로를—깨닫는 자각적 신앙과 스스로 하나님 앞에 선다는 단독자로서의 삶에서 '나'가 가진 중요성은 매우 크다. 여기서 다석의 '나'란 인간의 진정한 자아인 참나를 말한다. 다석은 인간을 식욕과 성욕의 왜곡된 육체적 욕망의 몸 생명이자 거짓 자아인 제나와 하나님의 영원한 생명이라 할 수 있는 참자아인 얼 혹은 참나로 구분한다. 다석은 몸의 수행을 통해 삼독(三毒) 곧 탐욕(貪), 성냄(嗔), 어리석음(恥)의 제나를 죽여 참나—다석의 제자 박영호는 "얼나"라는 표현을 사용한다—를 만나고 깨닫는 것이 영생이자 구원이라 말한다.[36]

하느님 앞에 서는데 누가 서야 합니까? 내가 서야 합니다. 아버지에 대해서만은 대신이 없습니다. 아버지를 대하는 것은 다 내가 하는 거예요. 나! 내가 얼나를 믿음(깨달음)으로 얼나로는 멸망하지 않고 영생에 들어갑니다.[37]

III. 무(無)와 공(空)의 없이 계신 하나님

다석은 무와 공이라는 동양 전통 사상을 전유하여 자신의 그리스도

---

36 안규식, 「저녁夕의 그리스도교 사상가, 다석多夕 유영모 [우리 시대의 그리스도교 사상가들④] 유영모 - 치열한 수행과 독창적 사유를 통해 발견한 '체험적 진리'의 신앙」.

37 류영모, 『다석 마지막 강의』, 126.

교 신앙을 이해함으로써 신에 대한 더욱 통전적인 진술로 나아간다. 다석의 제자이자 감리교 목사였던 김흥호는 다석의 그리스도교 이해를 "기독교의 동양적 이해"[38]라 표현했다. 유교, 불교, 도교, 대종교 등을 두루 섭렵했던 다석은 자신의 그리스도교 신앙을 동양종교 사상의 틀로 구성했다고 볼 수 있다. 다석이 궁극적 실재를 표현한 진술 가운데 가장 독특한 신학적 개념들은 신론[39]이라 할 수 있는 신에 대한 진술에서 가장 뚜렷이 드러난다.

다석의 신론에 드러나는 동양 종교 개념의 가장 대표적 예는 '없음' 곧 무(無)와 공(空)[40]이다. 우선, '없음'은 '있음'을 포함하면서 초월하는 포월적이고 근원적인 궁극적 실재를 의미한다. 김흡영에 의하면, 다석의 무 개념이 가장 선명하게 드러나는 부분은 신론이다. 여기서 '없음'이란 '있음'을 부정하는 개념이 아니라 '있음'을 더욱 폭넓게 이해하는 개념이라 할 수 있다. 이런 맥락에서 '없음'은 '있

---

38 김흥호, 「유영모, 기독교의 동양적 이해」, 『다석 유영모의 동양사상과 신학』, 11.

39 신론을 영어로 표기하자면, 'the doctrine of God'이다. 다석은 그리스도교 신앙이 교리(doctrine)로 환원되는 것을 거부하고 '비정통 신앙'으로 전향했다. 따라서 다석의 '신론'이라 표기하는 것은 부적절해 보이지만, 필자의 입장에서 다석의 신에 대한 진술들의 구성적이고 체계적인 이해라는 측면에서 다석의 '신론'으로 표기하고자 한다.

40 동양 종교 전통에서 무(無)와 공(空)은 각각 다음과 같은 전거들을 통해서 제시된다. 무는 『도덕경(道德經)』의 이름 없음 곧 '없음'(無)로부터 '있음'(有)이 비롯되었고, 이름 있음이 곧 만물의 어머니라는 진술(無名, 天地之始, 有名, 萬物之母.)에서 볼 수 있다. 공은 『반야심경』에서 색(色)은 공(空)과 다르지 않고, 공은 색과 다르지 않으며, 색이 곧 공이고, 공이 곧 색인데, 물질적 현상과 정신적 현상인 수, 상, 행, 식이 모두 공이라는 진술(舍利子 色不異空 空不異色 色卽是空 空卽是色 受想行識 亦復如是.)에서 확인할 수 있다.

음'을 포함하는 전체이자 '있음'의 근원이 된다.[41] 이런 의미에서 '없음' 곧 무와 공은 '있음'과의 관계에서 '있음'을 포월하며 근원이 되는 궁극적 실재를 가리킨다.

다른 한편으로, '없음'은 "되어감"의 현상에 드러나는 우주 생명의 본질로 설명된다. 이기상에 따르면, 한국 전통 사상에서 끊임없이 생성하고 변화하고 소멸하는 우주 생명의 현상을 통해 드러나는 것은 고정적인 '있음'이 아닌 비움과 사라짐의 무와 공 곧 '없음'이다. "있음이란 없음과 없음을 잇고 있는 순간적인 연결고리일 뿐" 모든 것은 무로부터 와서 무로 사라진다. 이런 맥락에서 허공(虛空) 곧 무와 공은 없지만 분명 있는 것이고, 우주 생명의 본질은 '있음'이 아닌 '없음'에 있다는 것이다.[42]

다석은 이러한 무와 공 곧 '없음'이 곧 "참이고 하느님"이며 우주가 존재하는 근본이라 말한다.

그 맘이 첨모절대공(瞻慕絶大空)입니다. 절대공(絶大空)이란 비교할 데 없는 큰 공(空)입니다. 아주 빈 것을 사모합니다. 죽으면 어떻게 됩니까? 아무것도 없습니다. 아무것도 없는 허공이어야 참이 될 수 있습니다. 무서운 것은 허공입니다. 이것이 참입니다. 이것이 하느님입니다. 허공은 참이고 하느님입니다. 허공 없이 실존이고 진실이 어디 있습니까? 우주가 허공 없이 어떻게 존재합니

---

41   김흡영, 『가온찍기』, 83-84.

42   이기상, 『다석과 함께 여는 우리말 철학』, 105-106.

까? 허공 없이 존재하는 것은 아무것도 없습니다.[43]

　다석의 무와 공의 하나님 신론을 살펴보면, '없음'은 '있음'과 상반되는 개념이 아니라 모든 것을 담아내는 커다람이자 가득채운 충만함이다. 다석에게 "빔(空)은 아무것도 없다는 것과는 다르다. 태공(太空)이다. 일체가 태공에 담겨 있다. 모든 게 허공에 담겨 있다"[44]고 말할 수 있다. 더 나아가, 다석은 무와 공 곧 '없음'의 하나님이 참으로 계시다는 뜻에서 "없이계심"이라 말한다. 다음은 다석이 1963년 11월 6일에 기록한 일지를 김흥호가 옮기고 풀이한 것이다.

　　잘잘있 없않 찰찰찰 올참

　　있밖이 없않이자 뜻밖에도 없이녁임받
　　섣부른 있에맘부치다들말않됀 없잔친
　　네뜻않 없않그대로 없이계심 모신곧
　　万万有空中 充滿滿在義

　만유萬有의 외곽外廓이 허공인데 사람들은 의외로 허공을 무시한다. 섣불리 유有에 집착하다가 말 안 되게 멸망하는 사람도 없지 않다. 네 뜻의 않이 없의 않이나 같다. 마음속이나 허공 속이나 같다. 우

43　　다석 류영모 강의, 『다석 강의』, 465.

44　　박영호 엮음, 『多夕 柳永模 어록』, 218.

리의 마음은 없이 계신 아버지를 모신 곳이다. 허공에는 만유가 가득 차고 마음속에는 하나님이 충만하고 성신이 충만하고 …[45]

위 진술에서 다석은 허공, 하나님, 충만을 이야기하고 있다. 다석이 제시하는 없이 계신 하나님은 무엇이 참으로 '있음'인지를 묻는다. 인간 인식과 감각으로만 '보이는' 존재자들만 '있음'으로 여길 뿐 그 존재자들을 포함하고 초월해 있어 '보이지 않는' 허공 곧 '없음'을 무시했던 현대 사회의 문명은 근대 이후 가속화된 세속화의 흐름과 맞물려 초월과 내재, 신앙과 이성, 신과 세계 사이에 날카로운 분리, 더 나아가 대립이라는 결과를 가져온다. 이로써 존재자들 뒤에 숨은 바탕이자 그 윤곽을 드러내는, 보이지 않는 배경이라 할 '없음'을 배제한 인간과 그 문명은 자신의 근거와 목적과 의미의 토대를 상실하게 된다. 따라서, 오늘날 존재 의미 상실, 인간 문명의 파괴적 양상들은 이러한 이분법적 분리에서 그 원인을 진단할 수 있다.

다석은 이러한 분리를 없이 계신 하나님과의 '하나 됨'으로 극복하고자 한다. 무와 공의 없이 계신 하나님은 자신을 비움으로 세계와 끊임없이 합일한다. 또한 인간의 마음은 허공이신 하나님의 자리일 뿐 아니라 하나님과 하나이기에 허공 그 자체이다. 이런 맥락에서 다석의 없이 계신 하나님은 초월과 내재, 신과 세계의 분리나 대립이 아닌 합일을 말하고 있다. 없이 계신 하나님 안에 신과 인간

45　　김흥호, 『다석일지 공부』 4, 467-468.

뿐 아니라 세계 곧 만유(萬有) 역시 충만하다. 충만함은 곧 합일이다. 신과 세계의 합일은 비움과 '없음'의 신이 자신의 자신을 비우되 철저하게 비워 스스로를 무화(無化)시킴, 다시 말해 없이 계신 신이 자신의 주체성까지 비우는 활동으로 설명된다.[46] 신의 자기 비움으로써 주체와 객체, 주관과 객관의 이분법적 분별과 구별이 사라져 신은 세계와 온전히 하나가 된다. 그리고 인간 역시 자신을 비움으로써 자신 안의 속알 곧 바탈을 갈고 닦는 수행(修行)을 통해 신을 현실화함으로써 신인합일을 이룬다. 다석은 신과 세계의 동일성 곧 무차별을 아래와 같이 진술한다.

> 절대자 하느님을 아버지로 인정해야 할 우리들이다. 아버지가 아들을 잊을래야 잊을 수가 없다. 아들인 우리는 아버지를 부른다. 조급한 것이 하나 없다. 아버지와 아들은 나눌래야 나눌 수가 없고 쪼갤래야 쪼갤 수가 없다. 차별이 있는 것 같으나 떨어지지 않는다.[47]

또한 "다석의 '없이 계신'의 의미는 물질과 비물질, 존재와 비존재 모두를 담아내는 무차별적 포월이자 동일성의 신을 표현하는

---

46 자기 비움의 해체적 합일을 이루는 없이 계신 하나님에 대한 연구는 필자의 논문, 안규식, 「다석 유영모의 없이 계신 하나님 연구 – 개방성과 무규정성, 생성과 비시원성의 비실체론적 자기 계시로서의 신론」, 『신학사상』 제197집(2022년 여름호), 145-176.을 참조하라.

47 박영호 엮음, 『多夕 柳永模 어록』, 52.

말로 이해된다."[48] 없이 계신 하나님은 물질을 포함하나 물질이 아니다. 모든 것을 비운 신에게 자신과 세계의 구별이 없다. 그러나 세계를 포월하면서도 세계가 귀일할 대상이 된다.

> 하느님은 없이 계시므로 언제나 시원하다. 하느님은 물질을 지녔으나 물질이 아니다. 하느님은 모든 물질을 이룬 얼이요 모든 물질을 담은 빔이다. 모든 물질을 거둘 빔이다.[49]

결론적으로, 다석의 없이 계신 하나님은 신과 세계의 하나 됨을 설명하는 신론이라 말할 수 있다. 없이 계신 하나님은 자신을 철저히 비워 냄으로써 무와 공으로 이 세계에 내재하면서 초월한다. 그리스도교에서 말하는 신의 자기 비움인 케노시스(Kenosis)가 신의 창조와 성육신, 더 나아가 그리스도의 수난을 통한 신의 창조와 구속의 사랑을 가리키듯, 다석의 무와 공의 없이 계신 하나님 역시 세계와 하나가 되는 신의 사랑과 구속을 설명한다. 하지만, 다석의 사유가 돋보이는 지점은 수행의 중요성 곧 그의 신론이 수행론과 연결되어 세계 안에서 신의 자기 현실화를 설명한다는 점이다. 다석의 없이 계신 하나님은 인간에게도 자기 비움을 요청한다. 수행은 단순한 프락시스가 아닌 신적 진리에까지 주체를 변형시키는 과정이다. 동시에 이 과정은 신적 진리에까지 변형된 주체를 통해서 신

---

48 안규식, 「후기-그리스도교 신학으로서 다석 유영모 신학 연구」, 75.

49 박영호 엮음, 『多夕 柳永模 어록』, 56.

이 이 세계에 현실화되게 한다. 없이 계신 하나님은 인간의 비움의 수행을 통해 자신의 비움을 이 세계에 현실화한다. "따라서 신적 진리에 주체를 변형시키는 다석의 수행은 신과 인간 사이에서 어떤 매개(medium)처럼 작용한다. 만약 수행이 없다면 인간의 편에서는 신적 진리를 받아들일 수 없으며, 신의 편에서는 자신을 현실화할 수 없다."[50] 다석의 삶은 없이 계신 하나님이 현실화된 수행적 삶이라 할 수 있다.

IV. 가온찍기의 수행적 삶

다석의 수행을 가장 잘 설명해 주는 용어는 가온찍기(ᄀ)다. 박재순에 의하면, 가온이라는 말은 가운데(中)를 가리키는데, 공간적 의미에서 가온찍기는 하늘을 가리키는 'ㄱ'과 땅을 의미하는 'ㄴ' 사이에 점(·)을 찍는다는 뜻으로 'ᄀ'이라 표기하고, 이는 하늘과 땅과 '나'가 하나가 되어 진리를 깨달아 영원한 삶에 이른다는 것을 뜻한다. 시간적 의미에서 가온찍기는 무한한 시간의 한가운데에서 점을 찍는다는 뜻으로 'ᄀ온'이라 표기하며, "찰나 속에 영원을 보는 것"을 의미한다.[51] 다석의 자료에서 가온찍기라는 용어가 처음 등장한 것은 1955년 9월 22일 일지다.[52] 이 일지에 적힌 "直上一點心"(직상일

---

50   안규식, 「후기-그리스도교 신학으로서 다석 유영모 신학 연구」, 40.

51   박재순, 『다석 유영모』, 166-167.

52   『다석일지』에 나타난 가온찍기의 용례는 다음과 같다. ᄀ 찌기(1955년 9월 22일), ᄀ온

1. 비움과 어둠의 아름다움을 추구한 통전적 그리스도교 사상가 | 39

점심)[53]이라는 어구는 가온찍기의 의미를 함축적으로 잘 설명한다. 그것은 곧게 위로 솟는 한 점의 마음이다.

다석의 가온찍기는 인간 주체에 대한 그의 이해와 관련되어 있다. 다석은 점(·)의 메타포를 통해서 인간 주체 곧 '나'에 관한 기하학적 존재론과 이에 기초한 수행의 의미를 제시한다. 다음은 1941년 10월『성서조선』에 기고한 글인 '消息'(소식)이다.

> 연내年來에 '나'를 무엇에다 비할까 하고 퍽 찾았었다. 나는 무無다. 하나님께서 있으라 하시고 자리를 갖게 하셨으나 일호一毫도 소유는 없다. 위이무位而無다. 강비強比하려면 점點이다. 좌座뿐이요 실대實大는 없다. 무無인 나에게는 시간의 실장實長이나 공간의 실적實積이 또한 없다. 시간이나 공간도 내 맘대로 쓰게는 안 된다. 시간, 공간도 '내' 앞에 '이제'(今), '여기'(玆)란 점으로 찍히는 듯 알른알른 하고 만다. 점에는 점으로의 접촉 외에는 없을 것이 진리다.[54]

위 진술을 통해 볼 때, 다석은 은유적으로 인간을 하나의 점(·)으로 이해하는 기하학적 존재론을 다음과 같이 제시한다. 첫째, 다석은 무한과 영원으로서의 우주를 상정하고 '나'를 포함한 모든 존

찌기(1956년 1월 17일), ㄱ.ㄴ 찌기(1956년 1월 19일), ㄱ.ㄴ 찌기(1956년 12월 12일), 그온 찍기(1968년 12월 9일) 등. 박재순,『다석 유영모』, 166.

53 유영모,『多夕日誌 1』, 66.

54 김흥호,『제소리』, 341. 유영모,「消息」,『성서조선』154(1941), 251 재인용.

재자를 하나의 점으로 환원한다. 둘째, 다석은 무한과 영원에 비해 '나'는 '0'(零)으로서 비어있는 공(空)이자 무(無)라고 규정하고 실체로서의 존재를 부정한다. 셋째, 다석에게 주체인 '나'는 점으로서의 좌표만 있을 뿐 어떤 것도 소유하고 있지 않으며, 그렇게 할 수도 없고, 그래서도 안 된다. 오로지 무소유의 수행만 남는다. 요약하자면, "시간이 하나의 점임을 확인한 다석은 '나의 존재'가 '영'(零)이고 '무'(無)이며 자리만 있을 뿐 없는 존재(位而無)라고 보았다. '나'는 시간과 공간 안에서 아무런 소유도 권리도 없는 존재다."[55] 오로지 곧게 '위'에 계신 하나님을 향하는 좌표 위에 점이다.

다석은 이와 같은 점의 기하학적 존재론으로부터 가온찍기의 수행을 도출한다. 하루에 한 끼를 먹고, 일체의 성적 관계를 끊으며, 늘 곧은 자세를 유지하는 등의 금욕적인 다석의 수행은 점심(點心) 수행이라 표현할 수 있는데, "욕심을 줄여서 한 점을 만드는 것이 점심"[56]이라는 뜻이다. 하늘과 땅 사이에, 영원의 시간 한가운데 점을 찍듯 자신을 무와 공의 좌표인 점으로 만드는 가온찍기는 이 세계의 사물(事物)에 마음이 머물지 않도록 하는 '응무소주이생기심'의 불교적 금욕과 '떠남'[57]을 통해서 구체화된다. 다석은 이 세계의

55   박재순, 『다석 유영모』, 168.

56   유영모, 『多夕日誌 4』, 412.

57   응무소주이생기심(應無所住而生其心)이란 마땅히 머무는 바가 없이 마음(생각)을 내어야 한다는 뜻으로 다석은 물건을 보면 마음이 동하는 것이 인간이라 보고 견물생심을 경계한다는 뜻에서 이렇게 말한다. "응무소주(應無所住)로써 색심(色心)이나 소리나 향기나 맛이나 보들보들한 촉감은 물론이고 심지어는 법(法)에도 마음이 살아나면

존재자들, 그것이 사람이든 사물이든 관념이든 그 어느 것에도 마음이 머무름 없이 떠나는 데서 얼 생명 곧 참 '나'가 드러나고 거기에 구원이 있다고 믿었다.

얼(나)밖에 정신이 만족할 만한 것이라고는 상대세계에는 없다. 그러므로 상대세계에 한눈팔 겨를이 없다. 그래서 응무소주이생기심(應無所住而生其心)이다. 이 상대세계에는 맘 붙일 데가 없다는 참 좋은 말이다. 그리하여 이 상대세계에 머무르지 않는 참나인 얼나에 맘을 내라는 것이다. '응무소주이생기심(應無所住而生其心)' 이 말 한마디만 잘 알면 해탈할 수 있고 구원받을 지경에 갈 수 있다.[58]

식욕과 성욕처럼 인간의 가장 기본적인 욕구마저 하나의 점으로 축소시키는 가온찍기의 수행은 신과 인간, 영원과 찰나가 만나는 내재적 초월 혹은 초월적 내재가 발생하는 신적 장소(locus)이다. 마치 0차원인 무(無)의 점에서 1차원인 선이 나오고, 1차원인 선에서 2차원인 면이 나와, 결국 3차원의 입체가 되듯, 실체가 없는 무아(無我)이자 얼로서의 점은 가온찍기의 수행을 통해서 선(善)의 1차원과 미(美)의 2차원을 거쳐서 3차원인 거룩한 실체이자 장소가 된다.

안 됩니다. 법에 생심(生心)하면 안 된다는 것은 진리에도 생심하면 안 된다는 말입니다." 다석 류영모 강의, 『다석 강의』, 485.

58 박영호 엮음, 『多夕 柳永模 어록』, 126.

서로 마음속 깊이 통한 곳에서 얼(靈)이란 한 긋의 나 곧 얼나(靈我)에서 만난다. 이 가온찍기(군)의 한 긋만이 진실한 점(點)이다. 이 점(얼)에서 착한(善) 선(線)이 나오고 아름다운(美) 면(面)이 나오고 거룩한(聖) 체(體)가 생긴다.[59]

다석에게 수행이 중요한 이유는 단지 종교적인 프락시스나 경건 때문만이 아니라 말씀(言)이 이루어지는(成) 정성스러움 곧 성(誠)의 계시적 현존이 있기 때문이다. 『중용』에 따르면, 유교에서 "성誠은 자기 자신을 이루는 것이고 … 물物의 처음부터 끝까지를 유지하는 원동력이다. 성誠하지 않으면 물物이 없다."[60] 다석은 유교적 성(誠)의 개념을 신의 계시적 현존과 연결시킨다. 다석에게 수행적 성(誠)은 신의 현존을 이어 주는 매개와 같다. 윤성범(海天 尹聖範, 1916-1980)은 한국신학에서 성이 말씀(言)의 이루어짐(成) 곧 성육신의 로고스에 해당하며 서구 그리스도교의 계시 개념과 동등하다고 보았다.[61] 이런 맥락에서 다석의 수행이 가진 정성스러움의 계시적 차원은 신을 깊이 추념(追念)[62]하는 '생각'에서 뚜렷이 드러난다. 특히,

---

59 박영호 엮음, 『多夕 柳永模 어록』, 83.

60 誠者는 自成也이오 而道는 自道也니라 誠者는 物之終始니 不誠이면 無物이라. 이기동 역해, 『대학·중용강설』(서울: 성균관대학교 출판부, 2020), 224.

61 윤남옥 엮음, 『誠의 신학자 윤성범의 삶과 신학』(서울: 한들출판사, 2017), 248-249.

62 다석은 증자를 인용하면서 생각의 대상이 생각하는 주체 안에서 현존할 수 있음을 주장하면서 '추념'이라는 용어를 사용한다. "증자는 무슨 귀신이 따로 있는 것이 아니라 지극히 섬기는 맘으로 돌아가신 분을 추념(追念)하면 그분이 추념하는 사람의 맘속에 살아 있는 것이라고 했습니다." 다석 류영모 강의, 『다석 강의』, 94.

"가온 찍기는 이 살아 있는 '나'의 불꽃(생각)을 자꾸 태워 나감으로써 '나'를 새롭게"[63] 하는 생각 수행이라 할 수 있다. 다석은 데카르트의 코기토 명제(*Cogito ergo sum*, "나는 생각한다. 그러므로 나는 존재한다.")[64]를 전유하여 그의 계시론과 신론에 적용한다. 데카르트가 주체의 확실성에서 신 존재의 확실성을 추론했다면, 다석은 생각 자체에서 신 존재의 확실성을 주장했다. 다석은 생각하는 곳에 신이 있다고 말한다. 다석의 신은 염재신재(念在神在)의 신이다.

> 사람이 생각하는 것은 신(神)이 있어서 생각하는 것입니다. 신과 연락하는 것, 곧 신이 건네주는 것이 생각이라고 할 수 있습니다. … 이 사람의 신관이 염재신재(念在神在)입니다. 생각이 있는 곳에 곧 신이 있습니다.[65]

다석의 생각은 주체와 객체의 구분을 통해 객체를 대상화하여 '객관적' 지식에 도달하는 근대적 인식론과 다르다. 다석의 생각은 주체와 객체가 합일하여 존재론적 일치를 통해 주어지는 물아일체(物我一體)적 앎을 뜻한다. 다석은 신을 깊이 추념하는 생각의 수행

---

63   박재순, 『다석 유영모』, 167.

64   "나는 생각한다, 그러므로 나는 존재한다는 이 진리는 너무나 확고하고 너무나 확실해서, 회의주의자들의 가장 과도한 모든 억측들도 흔들 수 없다는 것을 알아차리면서, 나는 그것을 주저 없이 내가 찾고 있던 철학의 제일원리로 받아들일 수 있다고 판단했다." 르네 데카르트, 『방법서설』, 이현복 옮김(서울: 문예출판사, 2019), 179.

65   다석 류영모 강의, 『다석 강의』, 99.

을 통해서 신을 생각하는 주체 안에 신이 현존하여 주체와 객체가 분리되지 않고 합일할 수 있다고 보았다. 다석의 '생각'의 수행은 신에 대한 인식과 자기 존재를 분리시키는 대상화가 아니라 신과 자기 존재가 합일함에서 오는 신적 현존의 온전한 앎을 추구한다. 가온찍기 수행, 특히 '생각'은 말씀이 육신이 되는 성육신적인 신적 현존의 발생 장소다.[66]

다석의 수행은 오늘날 신앙 혹은 신학의 대상화에 머물러 피상적 '인식'에 만족하는 그리스도교를 향해 주체와 객체의 구분을 무너뜨려 온전한 합일의 경지에서 주어지는 존재론적 '앎'이라는 새로운 지평을 선사한다. 그리스도교 신학의 출발점은 대상화된 지식이 아니라 자기 비움의 몸과 숨의 수행을 통해 주어지는 신의 현존 곧 신과 '나'의 합일적 경험이다. 하늘과 땅 사이에서, 그리고 영원의 한복판에서 하나의 점을 찍는 가온찍기의 수행적 삶은 이와 같은 신과의 합일이 이루어지는 하나의 장소를 보여 주는 예라 할 수 있다.

V. 비존재들의 구원 그리고 아름다움

다석은 무와 공과 같은 형이상학적 비존재를 다시 부각했을 뿐 아니라 역사에서 주체로 여겨지기보다 늘 주변부로 밀려나 비존재처

---

66   안규식, 「후기-그리스도교 신학으로서 다석 유영모 신학 연구」, 326.

럼 여겨졌던 민초들 곧 '씨알 민중'[67]을 역사의 주체로 끌어올린다. 다석은 민중에게 씨알이라는 명칭을 붙인다. 씨알이라는 은유는 변화의 가능성을 가진 주체를 상정한다. "씨알은 모든 변화를 안고 있어서 거기에서부터 변화가 전개되어 나오는 모든 시작의 발원처"[68]라는 의미를 갖는다. 다석에 민중인 씨알은 역사적 변화와 전개를 이끌어 가는 가능성을 지닌 역사의 주체다.

그러나 역사의 현실 속에서 씨알 민중은 고난당한다. 경제적 가난과 삶의 고단함, 정체성과 정상성이라는 명목으로 소수자와 약자에게 가해지는 온갖 차별과 배제, 잔혹한 국가권력의 정치적 탄압 등 이 세계의 불의함에 의해 씨알 민중은 억울하게 희생당한다. 하지만 다석은 고난당하는 씨알 민중이 세상의 구원을 위해 대속하는 자라 주장한다. 심지어 다석은 "남을 위해서 살고 죽는 사람, 억울하게 죽은 사람, 마땅히 받아야 할 대우를 못 받고 핍박을 받아 죽은 사람, 이들은 전부 예수가 흘린 피에 못지않은 대속을 하고 죽어 간 사람들"[69]이라 말한다. 요컨대 역사 속에서 예수처럼 세상을 대속하고 구원하는 자는 바로 고난당하는 자다. 이들의 대속은 예수의 대속 못지않다. 다석은 세상을 구속하기 위해 고난받는 하나

---

67 다석은 '씨알 민중'이라는 용어를 직접적으로 언급하지 않았다. 다만, 다석은 '씨알'이라는 용어만 언급할 뿐이다. 씨알 민중은 씨알과 민중의 상호보완적 조어로 이해할 수 있는데, 씨알은 민중의 존재론적 측면을, 민중은 씨알의 사회정치적 측면을 보여 준다. 안규식, 「후기-그리스도교 신학으로서 다석 유영모 신학 연구」, 331.

68 이기상, 『다석과 함께 여는 우리말 철학』, 201.

69 다석 류영모 강의, 『다석 강의』, 759.

님의 종 곧 메시아에 대한 예언으로 해석되는 이사야 52장 4절을 다음과 같이 강의했다.

> 이것은 우리가 그냥 듣거나 읽을 내용이 아닙니다. 이름 없고 무식한 동포, 가난한 동포, 밥 못 먹고 고생하는 동포, 그 가운데 하느님의 종이 많은 것입니다. 행세 못하고 이름 없고 모두에게 무시당하고 촌놈이라고 놀림당하고 서울 구경도 한 번 못한 이들, 대접받지 못한 이들 중에 하느님의 종은 많습니다. 가난하고 남에게 무시당하지만 끝에 가서는 다른 사람의 질고(疾苦)와 괴로움을 대신해줍니다. … 못나서가 아닙니다. 우리의 어려움과 가난함과 괴로움을 대신 짊어진 것입니다.[70]

다석은 타자의 고난을 나 자신이 받아야 할 고난에 대한 대속으로 이해했다. 타자의 고난은 나의 고난에 대한 동참이고, 나의 고난 역시 누군가의 고난에 대한 동참이 된다. 이렇게 세상은 고난을 통해서 하나가 되고 구원에 도달한다. 통전적 그리스도교 사상가인 다석 안에서 타자의 고난과 나의 고난은 온 세상의 구원을 가져오는 대속으로 '합일'된다. 더 나아가 우리 역사 속에서 씨알 민중의 고난은 민족을 위한 대속이 된다. 다석은 4.19혁명 가운데 독재에 항거하다 목숨을 잃은 어린 학생들의 죽음을 우리 민족을 대속한

---

70   류영모, 『다석 강의』, 580.

희생 곧 '유월절'로 보았다. 다석은 이렇게 말했다. "4.19혁명은 우리 민족 역사상 하나의 유월절을 지낸 거예요. 어린양을 잡아서 바친 것입니다."[71] 다석은 고난당하는 민중 안에서 온 세상을 대속하는 그리스도의 현존을 본 것이다.[72]

더 나아가, 다석은 자기 비움과 고난을 신적 진리와 구원의 길로 봄과 동시에 아름다움으로 본다. 그러나 세상은 자기 욕망을 부정하는 수행적 자기 비움은 물론 가난과 고난 등 씨알 민중의 아픔을 아름다움으로 보지 않는다. 세상이 아름답다고 보는 것은 부요함과 자기 자랑의 영광이고 욕망의 끊임없는 만족이다. 그러나 씨알 민중의 고난을 구원의 아름다움으로 볼 수 있다면 그 아름다움은 가시관을 쓴 예수에게서 나타나는 "부서진 아름다움"[73]이자 이 세계의 왜곡된 아름다움의 허위를 폭로하고 이에 도전하는 전복적 아름다움일 것이다.[74] 다석은 하나님의 아름다움과 십자가, 씨알 민중의 아름다움을 1960년 2월 11일 일지에 다음과 같이 기록했다.

우리님
님을 니고 빔 치키티 피울럼 몇잘히 돌제,
김을 쉬고 긴밤 자라 꽃답 보름 설은날·달,

71   류영모, 『다석 씨알 강의』, 주규식 기록·박영호 풀이(서울: 교양인, 2015), 76.

72   안규식, 「후기-그리스도교 신학으로서 다석 유영모 신학 연구」, 194.

73   손호현, 『아름다움과 악: 제1권 신학적 미학 서설』(서울: 한들출판사, 2009), 17.

74   안규식, 「후기-그리스도교 신학으로서 다석 유영모 신학 연구」, 342-343.

한웋님 아름답잔가? 밧게 뭣뭣 깨칠 깨칠 꿈.

한웋에 님 맨꼭대기 골잘 씨알의 등걸을,
하늘 흔·열자 둥글 땅 받쳐 ㅡ 누리 ㅜ
이 말 슴 씨알에 맞혀 바탈마틈 뵙과져.[75]

이 일지를 풀이하자면 다음과 같다.

씨알은 우리 님 되신 하나님을 머리에 이고, 비움과 치오름과 키움
과 틔움으로 피어나는 꽃이다. 몇만 년 태양이 돌고 도는 장구한
역사의 시간 속에서, 씨알은 하나님의 생명의 숨인 '김'을 내쉬면서
어두운 '긴밤' 동안에 고난의 시간을 지나 꽃처럼 만개한다. 한웋님
의 아름다우심. 이것 외에 바랄 꿈이 또 무엇이 있는가? 하늘에 계
신 님이 맨 꼭대기에 계시고 씨알의 근원이 되셔서, 하늘을 크게
열고 둥근 땅을 받쳐주고 계신다. 그렇게 한웋님은 땅(ㅡ)과 하늘
(·), 그리고 세상(ㅜ)을 짊어지고 계신다. 이것이 씨알에게 주어진
말씀이니, 이 말씀으로 우리의 바탈을 완성해 보고자 한다.[76]

---

75 유영모, 『多夕日誌』2, 670.

76 안규식, 「후기-그리스도교 신학으로서 다석 유영모 신학 연구」, 343. 이 해석은 필자가
본문에 대한 김흥호의 풀이를 참고하여 재구성한 것이다. 김흥호, 『다석일지 공부 3』,
542-543.

비움의 하나님을 모시는 씨알 민중은 그 고난의 비움으로 얼을 키우고 틔움으로써 생명을 완성하는, 그렇게 피어나는 꽃처럼 아름다운 존재다. 고난의 시간 긴 어둠 동안 비존재로 여김을 받지만, 씨알 민중이 머리에 이고 모시는 하나님이 그들과 같은 없이 계신 모습으로 역사를 이고 짊어지고 계신다. 역사 속에서 씨알 민중과 하나님은 하나다. 이것이 씨알 민중에게 주어진 사명이자 말씀이고, 아름다움과 구원이다.[77]

V. 평가와 전망

그리스도교 사상가로서 다석 유영모 사상이 가진 중요한 함의 중 하나는 통전적 신앙과 신학함의 가능성일 것이다. 통전성이 지향하는 바는, 엄연히 존재하지만 암묵적으로 비존재로 배제되어온 것들의 위상을 회복시킴으로써 끊임없이 개방적인 궁극적 실재의 온전함을 구성함에 있다. 다석이 강조한 비움과 어둠, 무와 공 등의 개념은 지금껏 무엇이 존재하는 것이며, 무엇이 참이고 아름다운지를 결정하고 구분지었던 반쪽짜리 존재론적 사유—특히 이성 중심, 인간 중심, 서구 중심, 남성 중심의 사유체계—에 도전한다. 서구의 존재론적 사유의 틀에서 벗어나지 못한 하나님은 이원론의 세례를

---

77   안규식, 「후기-그리스도교 신학으로서 다석 유영모 신학 연구」, 343-344.

받아 존재를 완전한 실체와 불완전한 비실체로 나누어 세계와 간헐적으로 합일하는 신이다. 거룩하여 세계와 분리된 채로 하늘 위에만 거주하는 초월적 신이지만, 인간 이성과 감각의 한계에 갇힌 신이다. 영원하고 무소부재하다 하지만 서구 문화의 옷을 입지 않으면 자신을 드러내지 않는 신이다.

그러나 다석이 본 하나님은 '없음'으로 자신의 현존을 드러내는 없이 계신 하나님이다. 그동안 서구의 존재론적 틀에 의해 가려진 비존재들의 위상을 부각하여 궁극적 실재에 대한 더욱 통전적인 사유를 가능하게 한다. 동양적 사유의 무와 공이 신의 존재를 설명하는 또 다른 용어가 되고, 이성 중심적 사유가 열등한 것으로 여겼던 무의식, 몸, 숨, 기와 같은 범주들이 궁극적 실재를 만나고 표현하는 중요한 신학적 자료가 된다. 무엇보다 다석 유영모의 사상은 한국인이 궁극적 실재를 어떻게 만나고 이해했는지를 가장 뚜렷하게 보여 준다. 다석이 가진 그리스도교 신앙과 이를 담아낸 유교, 불교, 도가 사상, 대종교 등 다양한 동양 종교 전통의 만남과 통함은 '이 땅'에서 출발하는 신학에 대한 가능성의 지평을 보여 준다. 이는 단순히 서구 신학에 대항하고자 하는 반작용적이며 여전히 서구의 그림자에서 벗어나지 못한 오리엔탈리즘적 신학을 찾고자 함이 아니다. 자기 역사의 맥락에서, 자기 삶의 실존적 문제를 가지고, 자기의 신학적 자료를 통해서 궁극적 실재를 만나고 진술하는 '제소리'의 신학을 추구하는 것이다. 참으로 영원하고 무소부재한 하나님은 서양 선교사의 등에 업혀 조선 땅을 밟기 훨씬 이전부터 다양한 모습으로 그리고 지속적으로 스스로를 계시하고 구원했다. 한국신학은 여기서부터 그리스도를 발견한다. 다석은 이러한 자기 땅의 신학, 제소리의 신학을 위한 중요한 자료다.

비록 방대하다 할 수 없지만 다석 유영모에 관한 연구는 지속적으로 이루어져 왔다. 다석 연구 초기에는 박영호와 김흥호 같은 다석의 제자들이 주도해 왔는데, 다석 자신의 삶과 사상에 미친 실존적 영향을 출발점으로 하여 다석의 정신을 계승하려는 연구가 진행되었다. 다른 한편으로는 토착화 신학의 맥락에서 서구 중심의 신학에 맞서 주체적 신학을 꾀하고자 다석을 동서양 종교와 사상을 회통한 사상가로 연구하기도 했다. 하지만 필자의 관점에서 더욱 발전된 다석 연구로 두 가지 방향을 제시하고자 한다.

하나는 다석에 대한 '객관적' 연구다. 실존적 차원의 다석 사상 계승도, 신학적 기획 차원에서의 다석 연구도 다석 자료, 특히 1차 자료인『다석일지』와 다른 다석 자료에 대한 객관적 연구에 토대하고 있어야 한다. 다석 자료에 천착한 면밀한 연구가 없이는 다석 사상의 해석적 지평 역시 지엽적이고 그 근거가 빈약할 수밖에 없다. 따라서 다석 자료, 특히 다석의 한글 자료에 대한 면밀하고 광범위한 복원 및 해석적 연구가 필요하다. 또한 지금까지 연구는 주로 종교와 관련된 연구가 주를 이루는데, 객관적 다석 연구를 위해서는 종교학과 신학 분야뿐 아니라 역사학, 국문학, 도상학 등 간학문적 연구가 더욱 필요하다.[78]

다석 연구의 또 하나의 방향은 다석 사상에 대한 다양한 입각점을 가진 '다석학파'의 기획이다. 다석에 관한 객관적 연구는 다석 사상을 체계화한 뚜렷한 입각점을 만들 것이다. 다석 사상의 주제화된 다양한 입각점들은 다석 사상과 다른 사상과의 심도 있는 비판적 비교 연구를 가능하게 만들고, 창조적인 연구 결과를 가져올 것이다. 모델로 삼을 비슷한 예로, 선불교의 공(空)과 절대무(絶對無)를 입각점으로 하여 서구의 실체 중심의 논리를 비판한 일본의 교토학파(京都学派)를 들 수 있다. 다석 연구 역시 객관적 다석 연구를 토대로 포괄적이고 구체화된 연구로 나아가 뚜렷하고 다양한 입각점을 만들어야 한다. 그러한 입각점이 모여 다석학파를 구성할 것이다. 이러한 다석학파의 연구 결과를 통해서 유의미하고 생산적인 비교 연구가 가능해지고 세계의 다양한 사상가와 대화할 수 있는 장을 마련할 수 있을 것이다.[79]

---

78   안규식, 「후기-그리스도교 신학으로서 다석 유영모 신학 연구」, 386-387.

79   안규식, 「후기-그리스도교 신학으로서 다석 유영모 신학 연구」, 387.

더 읽을거리

『多夕日誌 1-4』(전4권)

• 유영모 지음, 서울: 홍익재, 1990.

다석 유영모 연구에서 가장 중요한 1차 자료다. 다석은 1955년 4월 26일 부터 1975년 1월 1일까지 자신의 생각을 일지의 형식으로 기록했다. 주로 우리말 시조, 한시 등으로 적힌 일지와 다석이 남긴 강의록, 원고, 경전 번역, 메모 등을 모아 총 4권의 영인본으로 구성했다. 1권부터 3권은 일지이고, 4권은 다석이 기고한 글들과 강의 원고, 메모들이다. 유일한 1차 자료이지만 다석의 진술 방식이 매우 함축적이고 난해하여 판독하는 것조차 어렵다.

『다석일지 공부 1-7』(전7권)

• 김흥호 지음, 서울: 솔출판사, 2001.

다석의 제자 현재 김흥호가 다석 유영모가 직접 기록한 1차 자료인 『다석일지』를 1권부터 3권까지 거의 그대로 옮기고 자신의 해석을 덧붙여 풀이한 책이다. 판독 자체가 어려운 『다석일지』를 판독하고 해석함으로써 다석 유영모 사상을 연구하는 데 가장 중요한 2차 자료라 할 수 있다. 다석 유영모의 제자이자, 감리교 목사인 김흥호는 다석의 사상과 삶이 그대로 담긴 『다석일지』를 자신의 그리스도교 신앙정체성을 통해서 재해석하면서도 다석 사상 본래의 내용을 잘 드러내 준다.

『다석전기 — 류영모와 그의 시대』

● 박영호 지음, 서울: 교양인, 2012.

다석 유영모의 제자로 다석과 그의 사상을 대중적으로 알리는 데 큰 공헌을 한 박영호가 저술한 다석의 전기다. 다석의 생애는 물론 그의 사상 형성에 영향을 준 여러 사상가와 다석의 정신을 이어받은 여러 인물의 삶, 그리고 다석 사상을 둘러싼 시대적 맥락을 총망라해서 자세히 설명한다. 다석 유영모의 삶과 사상을 접하기 위해 가장 먼저 접해야 할 다석의 전기적 연구 자료다.

『다석과 함께 여는 우리말 철학』

● 이기상 지음, 서울: 지식산업사, 2008.

독일 철학자 하이데거를 전공한 이기상이 다석을 연구한 책이다. 이 책에서 이기상은 오늘날 서구의 존재 중심적 사유의 한계에 다다른 우리가 추구해야 할 새로운 영성의 길로 무(無)의 경험과 같은 성스러움의 차원을 발견해야 함을 주장하면서 다석을 통해서 그 실마리를 찾고자 한다. 특히 이기상은 다석 사상 안에 제시된 우리말을 가지고 한국의 고유한 세계관과 영성을 재발견하고자 한다.

『가온찍기: 다석 유영모의 글로벌 한국신학 서설』

● 김흡영 지음, 서울: 도서출판 동연, 2016.

이 책은 글로벌 한국신학을 대표하는 한 예로 다석 유영모의 신학을 제시한다. 신학방법론, 신론, 그리스도론, 몸신학 등의 주제로 나누어 조직신학적 체계로 다석신학을 구성하였다. 김흡영은 다석신학을 서구의 로고스신학과 프락시스신학 모두를 극복할 지행합일의 도(道)의 신학으로 규정한다. 이 책에서 다석 유영모는 세계 신학 가운데 '제소리'를 내는 한국신학의 대표적 예이며, 몸과 숨의 영성을 통해 궁극적 실재에 도달하는 도의 신학자로 제시된다.

참고문헌

『도덕경』

『반야심경』

김경재.『틸리히 신학 되새김』. 서울: 여해와함께, 2018.

김흡영.『가온찍기: 다석 유영모의 글로벌 한국신학 서설』. 서울: 도서출판 동연, 2016.

김흥호·이정배 편.『다석 유영모의 동양사상과 신학』. 서울: 솔출판사, 2002.

_____.『다석일지 공부 1』. 서울: 솔출판사, 2001.

_____.『다석일지 공부 3』. 서울: 솔출판사, 2001.

_____.『다석일지 공부 4』. 서울: 솔출판사, 2001.

_____.『제소리-다석 유영모 강의록』. 서울: 솔출판사, 2001.

다석 유영모,『다석 강의』. 다석학회 엮음. 서울: 교양인, 2017.

_____. 강의/주규식 기록/박영호 풀이.『다석 씨알 강의』. 서울: 교양인, 2015.

_____. 강의/박영호 풀이.『다석 마지막 강의』. 서울: 교양인, 2011.

_____.『多夕日誌 1』. 서울: 홍익재, 1990.

_____.『多夕日誌 4』. 서울: 홍익재, 1990.

_____.「부르신지 三十八年만에 믿음에 드러감」. 聖書朝鮮 157 (1942).

_____.「이것이主의祈禱요, 나의所願이다」. 聖書朝鮮 158 (1942).

_____.「消息」. 聖書朝鮮 154 (1941).

박영호,『다석전기-류영모와 그의 시대』. 서울: 교양인, 2012.

박영호 엮음.『다석 류영모 어록』. 서울: 도서출판 두레, 2002.

박재순.『다석 유영모』. 서울: 홍성사, 2017.

백소영.「근대 전환기 식민 경험과 다석 류영모의 '탈'(脫)의 정체성」. 한국기독교신학논총 86 (2013).

손호현. 『아름다움과 악: 제1권 신학적 미학 서설』. 서울: 한들출판사, 2009.

안규식. 「후기-그리스도교 신학으로서 다석 유영모 신학 연구」. 연세대학교 박사학
　　　위논문, 2022.

＿＿＿. 「저녁夕의 그리스도교 사상가, 다석多夕 유영모 [우리 시대의 그리스도교
　　　사상가들④] 유영모 – 치열한 수행과 독창적 사유를 통해 발견한 '체험적
　　　진리'의 신앙」, https://www.newsnjoy.or.kr/news/articleView.html?idx-
　　　no=301612(접속일: 2022.4. 9.).

＿＿＿. 「다석 유영모의 없이 계신 하나님 연구 – 개방성과 무규정성, 생성과 비시
　　　원성의 비실체론적 자기 계시로서의 신론」, 『신학사상』, 제197집(2022년
　　　여름호), 145-176.

유동식. 「한국신학의 광맥」. 소금 유동식 전집 제4권: 신학사. 소금 유동식전집간행
　　　위원회 편집(서울: 한들출판사, 2009).

윤남옥 엮음. 『誠의 신학자 윤성범의 삶과 신학』. 서울: 한들출판사, 2017.

이기동 역해. 『대학·중용강설』. 서울: 성균관대학교 출판부, 2020.

이기상. 『다석과 함께 여는 우리말 철학』. 서울: 지식산업사, 2008.

Descartes, René. *Discours de la Méthode*. 1637. 국역본: 『방법서설』. 이현복 옮김.
　　　서울: 문예출판사, 2019.

Hodgson, Peter C. *Winds of the Spirit*. Louisville: Westminster John Know
　　　Press, 1994. 국역본: 『기독교 구성 신학』. 손원영·손호현·김영선 공역. 서
　　　울: 은성, 2000.

Tolstoy, Leo. *The Gospel in Brief*. 1902. 국역본: 『톨스토이 복음서』. 이동진 옮김.
　　　서울: 해누리, 2020.

2. 진리와 화해하는 인간 이해

에디트 슈타인

최우혁

I. 에디트 슈타인의 생애와 사상

1891년 10월 12일 유대교 '속죄의 날'(Yom Kippur), 현재는 폴란드 브로츠와프에 해당하는 독일 브레슬라우(Breslau)의 유대인 가정에 태어난 에디트 슈타인은 10대 후반에 유대교 신앙을 거부하고 무신론자로 20대를 보내며, 괴팅겐에서 현상학의 창시자인 후설의 제자로 공부한다. 그리고 1916년, '공감'의 문제를 주제로 삼아 프라이부르크 대학교에서 철학박사학위를 받는다. 무신론자를 자처하던 청소년기와 대학 시절 영세를 받기 직전까지 에디트 슈타인의 여성관에 큰 영향을 준 사람은 바로 그의 어머니 아우구스타 (Auguste Stein-Courant)였다. 아우구스타는 젊어서 남편을 잃고 일곱 남매를 혼자 힘으로 부양하고 교육한 전형적인 유대인으로, 에디트에게는 여성의 모델이었다. 어린 소녀 에디트 슈타인은 유대 전통 안에서 여성의 역할에 대한 이해를 토대로 여성으로서 정체성을 갖게 되었고, 어머니를 통하여 주체적인 여성상을 내면화할 수 있었다. 또한 유대교 신앙은 긴 불가지론의 시기를 거쳐 영세를 받은 이후 그리스도교 신앙과 자신의 뿌리를 이해할 수 있는 바탕이 되었다. 에디트는 그가 방황하던 시절 어머니가 해준 위로를 늘 기억하고 있었다. "네가 하려고 하는 것은 좋으신 하느님이 허락하시는 때에 이를 때 비로소 할 수 있게 된단다." 유대교 신앙심이 강했던 어머니는 막내딸 에디트의 신앙적 전환으로 강한 충격을 받았고, 봉쇄 수도원 가르멜의 수도자가 되기로 한 딸을 끝내 이해할 수 없었지만, 그리스도인이 된 막내딸이 유대교 회당에 함께 와서 기도하는 모습에서 깊은 감명을 받고 자랑스러워했다. 에디트는 그의 가족에 관해서 쓴『유대인 가족으로부터』(Aus dem Leben einer jüdischen Familie, ESGA 1, 1935)에서 어머니와 그 가계에 대한 기억을 비교적 자세히 기술하고 있다.

슈타인은 박사학위를 받은 다음 심리적, 학문적, 영적 방황을 거치며 예수의 데레사가 쓴 자서전을 읽고 그리스도교 신앙을 받아들인 후, 가르멜의 수도자가 되기를 희망하여 1922년 1월 1일, 가톨릭교회에서 영세를 받기에 이른다. 이에 슈타인은 대학교에서 연구하는 철학자의 삶을 포기하고 도미니코 선교 수녀회의 수녀들이 운영하는 여자고등학교에서 1923-1932년까지 가르치며, 토마스 아퀴나스의 철학과 신학에서부터 여성 교육론에 이르기까지 철학과 그리스도교 인간학 관련 주제를 연구하고 다수의 책을 써냈다. 1932년에는 뮌스터(Münster)에 소재한 초급사범대학에 초빙되었지만, 1933년 히틀러 정권이 유대인의 공직 활동 금지령을 발동하면서, 그는 모든 사회적 활동을 정리한 다음 유대교 신앙을 가진 가족들의 반대를 무릅쓰고 1933년 10월 14일, 독일 쾰른(Köln)에서 맨발 가르멜 수도회(Unbeschuhte Karmeliten)에 입회하였다.

가르멜의 영성 안에서 그의 학문적 성숙함은 인간학과 신비신학의 합치점에 이르고 1936년, 『영원한 존재와 유한한 존재』(Endlich-es und ewiges Sein, ESGA 11-12)라는 그리스도교 인간학의 정점을 이루는 작품을 탄생시켰다. 1938년 종신서원을 하고 히틀러 치하에서 나치의 압력을 피해 네덜란드의 에히트(Echt) 수녀원으로 옮겨서 수도 생활을 이어갔으며 1941년, 십자가의 요한 성인(St. Juan de la Cruz) 탄생 400주년을 맞이하여 그의 신비 사상을 재해석하는 작업을 시작하였다.

그런데 슈타인을 강제수용소로부터 구하기 위해 그를 피신시킨 네덜란드의 에히트에서 그의 봉헌(헌신)이 이루어졌다. 1942년 7월 26일 네덜란드의 가톨릭 주교회의는 네덜란드 전역에서 거행된 미사에서 독일 나치의 네덜란드 점령과 만행, 유대인들의 강제수용소 수용을 폭로하는 내용을 강론 시간에 발표하였고, 곧 이에 대한 보복으로 나치는 네덜란드 안에 거주하는 유대계 가톨릭 개종자 20명을 연행해서 이들을 모두 아우슈비츠(Auschwitz)의 가스실로 보냈다. 슈타인과 그의 언니 로사 슈타인(Rosa Stein)은 그중에 포함되어 1942년 8월 2일 수도원에 들이닥친 게슈타포에 의해 연행되었고, 8월 9일 아우슈비츠 비르케나우(Auschwitz Birkenau) 가스실에서 사망한 것으로 추정된다.

에디트 슈타인은 유대인과 그리스도교인이라는 이중정체성을 오랜 내적 갈등 끝에 가톨릭 신앙과 함께 자신의 마음 깊이 내면화하였으며,[1] 그의 마지막 작품인 『십자가의 신학』(*Kreuseswissenschaft. Studie über Johannes vom Kreuz*, ESGA 18)은 미완의 저술로 남아서 역설적으로 십자가의 영광을 향해 열린 그의 죽음을 조명하게 되었으며, 그리스도인들에 의해 자행된 유대인 에디트 슈타인의 죽음 또한 역설적으로 가톨릭교회에 의해 순교로 받아들여지게 된다.

그는 1998년 10월 11일 요한 바오로 2세에 의해 시성 되었으며, 1999년 10월 1일, 가톨릭교회는 스웨덴의 브리지다 성녀, 이태리의 카타리나 성녀와 함께 슈타인을 유럽의 수호성인으로 선포하였다.

에디트 슈타인의 작품과 사상을 이해하기 위해서는 우선 그가 겪은 역사적이고 문화적인 상황을 이해해야 할 것이다. 독일에서 태어나서 성장한 유대인으로서, 철학적으로는 토미즘에 주목한 현상학자로서, 유대인-무신론자-그리스도인으로 신앙의 전환을 이루어간 가톨릭 신자로서, 독일 나치정권의 지배 아래에서 가르멜에 입회한 수도자로서 살아간 그의 일생을 살펴보아야 한다.

특별히 그의 철학과 신학 연구는 여성으로서의 정체성을 가지고 진행되었으며, 몸과 마음과 영혼으로 이루어진 인간의 본질을 분석

---

1   유대교 신앙을 버렸던 에디트 슈타인은 그리스도교 신앙을 고백하면서 그 뿌리인 유대교를 새롭게 만나고 유대-그리스도교 신앙의 연계성 안에서 가톨릭 신앙인의 정체성을 갖게 되었다. Jean de Fabrègues, *La Conversion d'Edith Stein: Patronne de l' existentialisme*, collection Conversions célèbres, dirigée par Gilbert Ganne (Paris: Wesmael-Charlier, 1963), 52-64 참조.

하고, 가브리엘 천사의 방문을 받은 나자렛의 마리아가 성령이 그와 함께하신다는 선포를 마주하고, 그 상황에서 부르심에 응답(루카 1.26-38)한 것에 주목하였다. 즉, 에디트 슈타인은 나자렛의 마리아가 발설한 "말씀이 인간이 되게 하는 그 응답"을 따라 인간이 진리를 완성해나가는 응답(Fiat)의 차원과 의미를 현상학적으로 규명하고, 마리아가 하느님의 진리에 응답했듯이 그 자신도 진리를 따르는 삶을 살아갔다. 나사렛의 마리아는 에디트에게 보편적인 인간의 모델일 뿐만 아니라 새로운 인간을 대표하는 여성의 모델이 된 것이다.

II. 불변하는 진리를 찾는 철학도

1. 공감(Empathy)에 관한 에디트 슈타인의 현상학적 이해

현상학의 개념으로서 "공감"은 철학을 시행하는 주체의 지성을 기반으로 삼아 기억, 의지가 함께 어우러지는 맥락에서 접근할 수 있는 철학적 개념이다. 박사학위 논문 『공감의 문제』(*Zum Problem der Einfühlung*, ESGA 5)에서 에디트 슈타인은 'Fiat'(피아트. 공감에 기반한 자발적 긍정의 응답)가 주체의 의지적 결정의 근거이며, 전적으로 주체의 의지를 따라 실행된다고 본다.[2] 진리를 인식하는 방법론으로

---

2   라틴어의 Factus sum, fieri; 이탈리아어의 Devenire, Avvenire, Venire di risultare, Essere stimato molto, derivare의 의미 맥락에서 사용된다.

서 현상학에서 '선험적 존재'인 '나'는 자신의 고유함 안에서 공감의 활동을 통해 관계 안의 개별자로 존재한다. 에디트 슈타인은 스승인 후설(Edmund Husserl)의 현상학을 따라서 인식론의 방법론으로서 '공감'에 주목한다. 즉, 보이는 현상의 내면을 분석하기 위해서 판단중지(epoché)와 분석하는 대상을 그대로 보려는 공감의 방법론을 거론한다. 이 공감은 한 주체가 또 다른 주체인 대상에 주목하고 주체의 자율성과 자발성을 근거로 진행되는 의지의 실천으로, 가능성이 현실이 되는 운동의 과정에서 형성된다.

에디트 슈타인은 나아가 진리를 탐구하는 방법으로서 공감의 문제를 다룬다. '공감'은 다른 사람의 입장 안으로 들어가서 그 상황을 이해하는 능력이라고 할 수 있는데, 주체로서의 상호 관계성(Inter-Subjective Relationship) 안에서 인간은 비로소 내가 누구인지 상대방이 누구인지를 알 수 있고 인격과 인격 사이에 관계를 맺을 수 있게 된다. 즉, 상대방을 또 다른 주체로 체험하는 동시에 고유한 존재로 체험하게 된다. 나와 동일하게 주체인 또 다른 '나'인 상대방과 내면적으로 서로를 인식하고 관계를 맺을 때 '나'와 '너'는 인격적으로 대체될 수 없는 고유한 존재라는 것을 깨닫게 된다. 동시에 이 만남에서 인간의 영적인 차원이 드러난다. 왜냐하면 상대방을 인식한다는 사실 자체야말로 내가 나에게서 나오는 것을 전제하기 때문이다. 인간은 자기 자신을 넘어서고 자기 자신에게서 나올 때 비로소 자신과 통교하고 자신을 실현할 수 있다. 이렇게 고유하고 개별적인 존재인 각 사람은 '세상에 열린 존재인 나'의 고유한 체험을 통해서 자신의 세계를 구성하고 자신의 고유한 가치를 드러낸다.

'인간 존재의 진리란 무엇인가?'를 고민하고 그 존재를 분석한 에디트 슈타인은 이렇게 '공감'을 현상학적으로 해명하였다. 인간은 육체, 정신, 영혼으로 구성되었으며 그 존재의 특성에 의지하여 자신의 삶을 실현하는 존재이다. 즉, 영적인 존재로서의 인간은 주체적인 존재로서 공감 능력을 갖추고 있으며 이는 선험적 현상학의 중심개념이 된다. 두 주체 사이의 공감이 형성될 수 있는 것은 바로 두 주체가 각기 자신의 고유함을 근거로 만나기 때문이다. 살아있는 존재 안에 빛나고 있는 내면의 빛 혹은 힘은 순수한 주체 자신의 모습을 자신의 근원에서 인식할 수 있게 하며, 동시에 의식하고 있는 자신을 인식한다. 이 내면의 빛을 통하여 자신이 인식한 내용을 반성할 수 있으며, 이러한 의식의 지속적인 흐름을 통하여 경험한 대상을 그 자체로 인식할 수 있고 그 인식한 내용을 기억할 수 있게 된다.

작품 『심리학과 정신과학』(*Beiträge zur philosophischen Begründung der Psychologie und der Geisteswissenschaften*, ESGA 6)에서 'Fiat'(그렇게 되어야 하는 가능성이 실현되도록 하는 응답)는 '나'에게 명료한 것에 대해 긍정하는 것이다. 왜냐하면 나의 내면에서 '지금!'이라고 말하기 때문이다. Fiat의 실천은 계획에서 행동으로 옮겨지는 순간에 주목한다. 즉, '각각의 나'의 행동에서 그 시작점으로서 '할 수 있는 가능성'이 계획에서 실천으로 '옮겨져야 하는' 것이다. 이러한 자유로운 실천은 무엇보다 자발적인 입장에서 생겨난 '동기'(Motivation)와 연관된다.

자발적인 행동은 공동체적 경험을 지닌 개별자인 '나'의 의식의 흐름과 자발성으로부터 발생한다. 이렇게 자신의 자발성과 의지를 토대로 인식하는 '나'는 구체적인 몸을 통하여 살아가는 영적인 존재이다. 즉, 고유한 존재자로서 자유로운 의지에 근거하여 행동하며, 나아가 다른 주체적 존재자와 더불어 공동의 삶을 형성한다.

그의 논문 『공감의 문제』에서 볼 수 있듯이 에디트 슈타인은 인간의 존재 구성과 경험의 공유과정을 분석하면서 타인에게 열려 있고 타인의 경험에 공감할 수 있는 인간의 본질을 밝히는 것에 집중하였다. 현상학적 방법론, 특별히 현상학적 직관을 토대로 한 그의 '공감' 이해방식은 이후 삼위일체적 존재로서의 인간 이해와 신비신학의 방법론을 심화하는데 근간이 되었다. 후설과 현상학파의 계보를 살펴볼 때 에디트 슈타인은 그의 현상학적 신중함과 학문적 공헌을 고려하여 현상학자로서의 위치가 재평가되어야 할 것이다.

2. 진리를 향한 길에서 만난 철학적 현상학과 신학적 형이상학

1922년 1월 1일, 가톨릭교회에서 영세를 받은 이후, 에디트는 예수회 철학자인 에리히 프리츠바라(Erich Przywara, sj)의 권고로 토마스 아퀴나스(Thomas d'Aquino)의 『진리론』(*Questiones disputatae De Veritate*, 1256-1257)과 옥스포드 운동을 주도했던 헨리 뉴먼 추기경(Card. John Henry Newman)의 대학교육에 관한 논문과 서간들을 독

일어로 번역하면서 가톨릭 철학의 세계를 알게 되었다.[3]

에디트 슈타인은 슈피어(Speyer)의 여자사범고등학교에서 가르치면서 지낸 1923-1932의 기간 동안 진행한 연구에서, 이전의 현상학적 방법론을 통하여 인식한 진리에서 한 단계 진전하여 계시된 진리에 관한 가톨릭 철학의 전망을 현상학의 관점에서 수용하기에 이르렀다. 1929년 스승인 후설의 70번째 생일을 맞아 마르틴 하이데거(Martin Heidegger)가 주도하여 제자들이 함께 출판한 기념 논문집에 「후설의 현상학과 토마스 아퀴나스의 철학」을 발표하여 진리를 향한 정합성 안에서 철학적 현상학과 그리스도교 철학의 다른 성격을 성찰하고, 진리를 향한 지평 안에서 서로 다른 방법론을 관통하여 만나는 형이상학과 현상학의 만남을 시도하며, 그 다름과 그럼에도 형성될 수 있는 공감의 가능성을 규명하였다.[4]

영원한 철학(philosophia perennis)에 몰두했던 두 철학자가 중세와 현대라는 시차를 극복하고 나눌 수 있는 '진리에의 복무'라는 공통분모를 갖는 동시에 진리를 밝혀 나가는 방법론에서 차이를 보

---

3   Edith Stein, *Übersetzung von John Henry Newman, Brief und Texte zur ersten Lebenshälfte*, 1801-1846 [ESGA 22], Einführung, Bearbeitung und Anmerkungen von Hanna-Barbara Gerl Falkovitz (Freiburg-Basel-Wien: Herder, 2002), IX-XXVII. 또한 Wilfrid Ward, *William George Ward and The Oxford Movement* (London: Macmillan & Co., 1890), 371-415 참조.

4   Edith Stein, "Husserls Phänomenologie und die Philosophie des hl. Thomas von Aquino: Versuch einer Gegenüberstellung," *Festschrift Edmund Husserl zum 70. Geburtstag gewidmet. Jahrbuch für Philosophie und phänomenologische Forschung* (Tübingen: Max Niemeyer Verlag 1929; 2nd Ed. 1974), 315-338.

이는 이유와 그 다른 성격을 밝혀내는 것에서 작품의 역동성이 드러난다. 이렇게 다른 두 철학 전통의 만남을 시도한 것은 이후 현상학사에서 볼 수 있듯이 진리에 대한 관여로서 다른 학문들을 분석하고 그 본질을 밝혀내는 현상학 자체의 성격에 비추어 정당한 시도라고 할 수 있으며, 동시에 에디트 자신의 신앙적 결단과 그 때문에 감수해야만 했던 개인적 입장에 대한 변론으로 평가될 수 있을 것이다. 진리를 추구하는 현상학자로서의 태도를 포기하지 않았으며 가톨릭 철학을 통하여 계시된 진리를 만남으로써 오히려 진리에 대한 그의 지평이 확대되었음을 보여 준 것이다. 이 작품은 그의 첫 번째 사상적 융합의 지점을 밝히는 것이기도 하다.

III. 현상학과 신학적 형이상학을 넘어 신비신학으로

1. 예수의 데레사와 함께 예수 그리스도를 만남

에디트 슈타인의 전 생애를 통해서 가장 큰 영향을 준 이는 아빌라의 성녀 예수의 데레사(St. Teresa de Jesus)이다. 성녀의 자서전을 읽으면서 사백여 년을 건너는 만남이 시작되었고 데레사를 만남으로써 그의 생애는 철학적이고 절대적인 진리를 탐구하는 것에서 살아있는 인간 안에서 완성되는 영원한 진리를 따르는 삶으로 전환되었다. 예수 그리스도에서 인간의 존재가 신에서 시작됨과 그 진리가 역사적 역동성 안에서 구현되는 것을 알게 된 것이다. 맨발 가르멜회의 쾰른 수도원에서 에디트는 영적 어머니인 데레사의 세 작품을 각각 재해석하여 예수의 데레사를 현대의 언어로 재인식할 수 있는 계기를 마련하였다.

『자서전』(1562-1565), 『완덕의 길』(1566-1567), 『영혼의 성』(1577)은 각각 『사랑에 응답하는 사랑: 예수의 데레사의 생애』(1934),[5] 『교육과 수련의 스승: 예수의 데레사』(1935),[6] 『영혼의 성』(1936)[7]으로 재해석되어 출간되었고, 세 작품 모두 현상학적 읽기와 분석을 통한 재해석으로 마치 중세의 로맨스로 여겨지던 데레사의 작품에서 신과 인간의 만남과 그에 대한 식별이 어떤 층위와 함의를 가지고 영성 생활을 구성하는가를 선명하게 보여 준다. 또한 예수의 데레사의 작품들이 여성적 글쓰기의 전형적인 예라면, 에디트의 해석은 작품의 분석을 통해 그 여성성이 의미하는 것과 신비경험의 실체

5 Edith Stein, "Liebe um Liebe: Leben und Werke der Heiligen Teresa von Jesus," *Verborgenes Leben: Hagiographische Essays, Meditationen, geistliche Texte* [ESW 11], heraus-gegeben von Lucy Gelber und Michael Linssen (Freiburg/Basel/Wien: Herder, 1987), 40-88.

6 Edith Stein, "Eine Meisterin der Erziehungs und Bildungsarberit: Teresia von Jesus," *Bildung und Entfaltung der Individualität. Beiträge zum christlichen Erziehungs-auftrag* [ESGA 16], Einleitung von Beate Beckmann, Bearbeitet von Maria Amata Neyer OCD und Beate Beckmann (Freiburg/Basel/Wien: Herder, 2001), 91-113.

7 Edith Stein "Die Seelenburg (Anhang)," *Endliches und ewiges Sein* [ESGA 11, 12], *Versuch eines Aufstiegs zum Sinn des Seins*, Eingeführt und bearbeitet von Andreas Uwe Müller (Freiburg/Basel/Wien: Herder, 2006), 501-525.

를 드러내 보여 준다. 특별히 '영적 결혼'과 '영혼의 여성성' 개념을 통하여 예수 그리스도와 데레사의 만남에서 자유로운 두 주체인 신과 여성의 만남이 너-나의 관계 안에서 이루어지는 것에 주목했다. 즉, 신비신학의 맥을 따라 그 신비한 만남의 원천인 '응답의 여성', '해방된 인간'의 원형인 나자렛의 마리아에게 이르는 것이다.

특별히 『영혼의 성』은 당대의 철학자 하이데거의 뿌리 없이 던져진 유한한 삶에 대한 철학적 사유와 비교하여 삼위일체의 신성에 뿌리를 내리고 시작된 인간의 영원한 삶을 살아낸 예수의 데레사의 영적 완성을 보여준 탁월한 작품이다.

예수의 데레사의 주요한 세 작품은 그 당시 정황으로 보았을 때 예외적인 사건이었고 위험한 작업이었다. 여성으로서 자비로운 하느님을 인격적 관계에서 만난 신비적인 내용을 다루고 있으며, 기도의 형태로 설명되는 그 관계의 양상은 인간이 신의 신비에 공감할 수 있다는 점을 근거로 삼아 인간의 인식 수준에 따라 다양함을 보여 준다. 네 가지 방법으로 물을 가져와 영혼의 정원을 가꾸는 것이 바로 그것이다.

2. 공감(Einfühlung)의 지평 전환, 현상학에서 신비신학으로

에디트 슈타인의 철학과 신학의 성격은 '인간 존재의 진리'를 밝히고 그 진리에 대답하기 위한 노력을 멈추지 않는 것이다. 현상학자로서 그의 엄격한 태도는 스승인 후설에게서 배운 철학적 현상학의 실천적 방법론인 동시에, 이후 이루어진 Fiat로 실천하는 그의 신학적 연구의 방법론이 되었다. 그의 일생을 통해 이루어진 작품들 안에 나타나는 Fiat의 발설은 총 30여 회에 이르며, Fiat가 발설될 때 의미의 맥락이 전환되지는 않지만 그 의미의 내연은 연구의 폭이 확대되면서 함께 확대되는 것을 볼 수 있다. 이렇게 철학적 인식론의 개념은 그리스도의 육화된 진리에 '공감'(Einfühlung)하고 주저함 없이 '응답'(Fiat)하는 그의 삶과 신학을 이루었고, 아우슈비츠의 순교로 완성되었다.

공감이론은 자크 라캉(Jacques Lacan)의 거울이론과 함께 심리학분야에서 발전되었으며, 동시에 현상학에서도 주요한 철학적 개념으로 발전되어 오늘날, 사회학적 함의를 포함한 실천적 담론의 주제로 발전하고 있다.[8] 초월체험, 신비체험 등은 공감의 문제를 인간 사이의 차원을 넘어서 우주적 공감의 차원으로 재조명해 볼 수 있는 종교학의 영역으로 발전하였다. 종교학에서 '신비'는 '공감'과 연관된 주제로 종교를 가능하게 하는 핵심어이며, 이해할 수 없는 자연의 힘, 우주의 변화 등, 분명하게 이해할 수 없는 '초월적 신비'를 종교현상으로 받아들이고 공감하여 해명하는 것은 현대에 이르기까지 종교학의 주요한 영역이 되어왔다. 그러므로 '신비'로 남겨 두었던 종교현상, 혹 인간현상을 '공감'이라는 새로운 이해의 지평에서 이해하려는 시도는 종교학 연구에 새로운 관점을 제공하고 연

8　　제러미 리프킨, 『공감의 시대』, 이경남 옮김, 민음사, 2010, 19-20.

구 방법론의 확대를 요청하는 것이며, 나아가 종교적 신비현상을 현상학적 관심에서 분석하고 상징과 의미의 연관성을 신학적 기초 위에서 이해하는 신비주의 현상학은 21세기 신비신학의 주요한 방법론이자 영역이 되고 있다.[9]

공감이 이루어지는 맥락(Contenxt)과 그 주체들의 관계를 추적하면 공감은 선험적 존재(transcendental being)인 인간이 자신과 맺는 관계에서 시작하여 온 우주의 대상들, 나아가 초월자와 더불어 소통할 수 있는 인간 고유의 능력임을 알 수 있다. 인간이 순수 인식 안에서 신을 읽어낼 가능성을 자신의 본질적 고유함으로 갖는 것은 창조주가 'Fiat'(자신의 자발적 의지)로 인간을 창조하고, 그 인간이 창조주를 인식하도록 하였기 때문이다(창세 1:27-28). 이는 주체의 의식이 대상과 관계하고, 대상이 의식과 관계되는 상관관계에 있으므로 의식은 언제나 '무엇에 대한 의식'임을 뜻하는 의식의 지향성의 문제이기도 하다. 이렇듯 에디트 슈타인의 방법론인 'Fiat'는 가능성을 실현하는 것에서, 그에 선행하는 동기를 포함하고, 그 동기를 발생하도록 하는 의지로 그 지평이 확대되어 나간다.

상관관계의 분석과 공감은 후설의 선험적 현상학에서는 오로지 인식론적 시야에서 의식과 대상과의 관계이거나 자아 인식이라는 현상학의 범위에 한정되었으나, 에디트 슈타인의 신학적 인간학의

---

9   Angela Ales Bello, "Per un recupero della mistica nell'ambito fenomenologico: Gerda Walter e Edith Stein," *Esperienza mistica e pensiero filosofico: atti del Colloquio "Filosofia e mistica,"* (Città del Vaticano: Libreria Editrice Vaticana, 2003), 20-25.

전망에서는 인간과 초월적 존재의 소통구조를 밝히는 유력한 방법론이 되었다. 인간의 응답인 Fiat의 고백은 절대자의 우선적 Fiat에 대답하는 것으로, 초월자의 신비에 공감하는 것에서 시작하여 세상 안에서의 열림과 소통, 용서와 화해의 인식론적인 전환과 응답의 실천적 연계로 발전하는 존재의 새로운 지평을 여는 것으로 확대된다. 왜냐하면 인간은 초월적 신비인 하느님의 섭리를 신뢰하고 그에게 자신을 맡기고 그분이 '나'의 중심에 오셔서 선험적 대화를 통하여 '나'를 이끄시도록 스스로를 개방하고 대화에 참여할 수 있는 존재이며, 그리스도 예수를 모델로 따르는 Fiat의 실천을 통하여 개별자뿐 아니라 보편적 인간 실존의 토대를 마련할 수 있는 존재이기 때문이다.[10]

에디트 슈타인은 현상학의 관점에서 진리에 응답하는 주체가 갖추어야 하는 실존적 태도를 '그리스도의 신부'(*Sponsa Christi*)로서 갖추어야 하는 인격적 품위로 평가하고, 그리스도교 신앙에서 강조되어온 순결을 단지 여성과 수도자에게만 해당하는 육체적인 덕목이 아니라 영적 결혼을 지향하고 하느님의 신비와 더불어 살아가려는 인간이면 누구나 갖추어야 할 영혼의 통전성 안에서 해명되어야 하는 주제로 보았으며, 주체적인 개별자로서 결단을 요청하는

10   Patrizia Manganaro, *Verso l'Altro: L'esperienza mistica tra interiorità e trascendenza* (Rome: Città Nuova, 2002), 69; *Filosofia della mistica: Per una pratica non-egologica della ragione* (Città del Vaticano: Lateran University Press, 2008), 33.

신학적 인간학의 핵심 주제로 보았다.[11]

이렇듯 초월적 신비와 만나서 이루는 공감은 하느님의 섭리에 동의하여 그분의 계획이 인간의 인식 안에서, 나아가 인식의 수준을 넘는 지평 안에서 이루어지도록 나를 열고 헌신하는 기도의 형식으로 표현되며, Fiat의 응답은 '나'의 의지로 받아들여서 '나'의 영혼에서 이루어지는 신비한 결합, 즉 '영적 결혼'의 조건이 된다. 이는 처녀이신 마리아가 경험한 성육신 혹은 강생 사건, 즉 말씀이 사람이 되는 사건(루카 1,26-38)을 '내'가 맞이하여 끊임없이 이어지는 일상 안에서 그리스도를 영적으로 잉태하는 '하느님의 어머니'(Theotokos)가 되는 동시에, '내' 안에서 이루어지는 그의 탄생 안에서 '내'가 새로운 인간인 '아기 예수'로 태어나는 존재의 질적 전환을 이루어 내는 것을 의미한다.[12]

에디트 슈타인은 신비주의 현상학의 빛 아래에서 인간이 성육신 사건에 참여하는 것은 말씀이 인간이 되는 진리를 만나고, 그에게 Fiat로 응답하는 것이라고 보고, 그 일치와 공감의 과정을 분석하고 해명하였다. 또한 보편적, 혹은 객관적인 정언명령이 구체적인 생명현상으로 발아하여 시간과 공간의 한계 안에서 보편성과 구체성을 가진 실존을 획득하는 것에서 신비신학의 토대를 찾았다. 즉, 우

---

11   Edith Stein, *Die Frau: Reflexionen und Fragestellungen* [ESGA 13], Einleitung von Sophie Binggeli, bearbeitet von Maria Amata Neyer (Freiburg-Basel-Wien: Herder, 2000), 77-78.

12   최우혁, 「에디트 슈타인의 신학적 인간학에서 Fiat와 Theotokos의 관계」, 『종교연구』 60 (2010년 가을), 271-273 참조.

주적 진리는 구체적인 생명의 단위 안으로 자신을 축소시키는 동시에 실현된 실재 안에서 그 무한의 빛을 드러내 보이므로, 신비현상은 신적 신비를 본질로 하는 개별적인 인간을 존재론적 관점에서 이해하는 것을 필요로 한다. 그리고 그 과정은 그가 맺는 관계들과 소통을 통하여 자신의 가능성을 펼쳐내는 일상의 영역에서 이루어지는 신비한 만남들과 공감의 과정을 해명함으로써 이루어진다. 즉, 신비현상은 일상에 뿌리내린 구체적인 인간의 사건인 동시에 그 일상 안에서 자신의 뿌리인 신적 신비와 더불어 호흡하는 인간의 자기인식과 세계관의 지평융합이며, 신비신학은 이 사건을 다루는 것이라 하겠다.[13]

에디트 슈타인은 그 신비를 하느님을 친구로 경험한 데레사의 인격주의가 현대적 감각을 가진 영성임을, 신비경험은 복종이 아니라 신과 대등한 관계에서 만나는 인간의 자기 정체성을 바탕으로 이루어지는 것임을 알게 한다. 또한 요한의 십자가 신학이 죽음과 고통으로 점철되는 것이 아닌, 인간의 고통에 동반하는 신의 죽음을 통하여 부활의 영광에 동참하는 인간의 신비를 역설하는 신비의 지평임을 드러낸다. 나아가 가르멜 영성의 뿌리인 성모신앙이 새로운 인간을 대표하는 나자렛의 마리아에게서 인간신비의 지평을 드러내는 인간학과 함께 완성될 수 있음을 보여 준다.

---

13   Patrizia Manganaro, "Linee di fenomenologia della mistica in Edith Stein verso una teo-logica," *Il Percorso intellettuale di Edith Stein*, a cura di F. Alfieri e M.Shahid, Introduzione di Angela Ales Bello (Bari: Edizioni Giuseppe Laterza, 2009), 341-345.

이와 함께『영원한 존재와 유한한 존재』는 서양철학사의 현상학적 읽기를 통한 슈타인의 그리스도교 인간학으로 토마스의 신학대전에 비교할 수 있는 작품이며, 각 단원의 내용은 다음과 같이 서양철학사를 관통하며 그리스도교 철학을 현상학적 관점에서 재해석한다.

1. 존재의 문제: 본질, 존재, 현존, 그리스도교 철학의 가능성 – 토마스 아퀴나스
2. 존재의 형식으로서 가능태와 현실태 – 아리스토텔레스
3. 본질적 존재와 현실적 존재: 시간의 문제, 영원성 – 플라톤
4. 본질: 구성, 질료, 질료적 형상 – 토마스 아퀴나스
5. 물자체, 초월성, 진선미 – 아우구스티누스
6. 존재의 의미 온전한 충일함 – 토마스 아퀴나스
7. 창조 안의 삼위일체, 하느님의 모상인 인간 – 아우구스티누스, 둔스 스코투스
8. 개별자로 존재하는 것의 기반과 의미, 개별자인 인간 – 후설

IV. 경계를 허무는 여성신학자

에디트 슈타인의 철학과 신학은 자신이 여성임을 인식하고 그 정체성을 실현하려는 강한 동기에 의해서 성숙의 과정을 거쳤음을 드러낸다. 그는 그리스도인-유대인, 여성-학자의 자기 정체성을 전

제로 인간의 구조와 행동을 분석하고 '동기'의 기본원리를 개인과 공동체의 관계 안에서 이해하려고 하였다. 특별히 '주체'의 문제는 순수한 '나'와 순수 의식, 의식현상의 방법론으로서의 현상학, 존재의 구조 등 인식주체의 물리적 신체의 본성에 대한 생체심리와 심리학적 측면에서의 과학적 이해와 영적인 삶의 본질과 심리학적 요인들의 관계, 개별자의 문제를 다루는 정신현상학적 이해로 구분하였다. 동시에 인간을 개별자로 이해하였는데, 이는 각각의 인간이 인격적 주체로서 여러 종류의 공동체를 이루고 행위(인식, 판단…) 안에서 총체적인 삶의 성격을 규정한다는 것을 의미한다.

에디트의 신학적 인간의 모델은 그리스도인 예수이다. 이 삼위일체적인 인간은 자아의식을 가지며, 관계 안에서 열려있고, 관계 안에서 행동을 결정하며, 관계 안에서 지평을 확대한다. 그의 행동모델인 십자가형의 상하, 좌우의 관계는 '기도'와 '대화', 즉 신적 존재인 '너'와 소통(기도)하는 동시에 인간적 존재인 '너'와 소통(대화)하는 선험적 존재로서의 인간의 관계와 지평을 드러낸다.

이러한 신학적 인간의 존재론적 특징은 지속해서 성장하는 인간으로서 마치 씨앗이 나무가 되듯, 가능성을 현실로 자신의 질적 전환을 이루어 내는 것이 가능한 인간이며, 진리에 대답하는 인간, 영적인 강인함을 소유하여 고통 앞에서 포기하지 않는 인간이다. 나아가 강한 동기를 가지고 다른 모든 것을 희생하고 목표를 향해서 나아가는 주체적인 개별자로서 자아의식이 강한 사람이다. 동시에 인간적 가치를 넘어서는 영적, 초월적 가치 기준을 가지며, 철학하는 지성적 인간으로 '사랑'을 지성으로 이해할 수 있는 존재이다.

V. 십자가의 예수와 함께 역사의 밤을 걸어가는 가르멜의 신비가

가르멜의 수도자로서 에디트 슈타인 십자가의 데레사 베네딕다의 그리스도교 여성신학은 여성의 영성을 근간으로 발전되었으며 그의 그리스도교 인간론은 실존적이고 마리아론적인 지평을 얻게 되었다. 그가 겪은 고통의 경험들과 성찰은 그 자신이 영적인 결혼에 이르는 기반이 되었다. 나자렛의 마리아를 모델로 삼고 그리스도의 신부로 준비되는 여정이었다. 그리고 그의 성혼은 십자가 위의 신랑과 더불어 완전하게 치뤄졌다.

나자렛의 마리아를 신적 신부가 되도록 한 그 Fiat의 영성으로 준비된 신부, 에디트 슈타인 십자가의 데레사 베네딕다는 이제 그토록 그리던 가르멜의 그 달콤한 정원에 들어섰다. 오랜 준비는 이제 때에 이르렀다. 하느님 역시 오래 기다린 그 준비된 신부를 꽃이 가득한 정원으로 부르시고 완전한 결혼을 성사시킬 것이다. *Fiat voluntas tua! - Fiat mihi secundum verbum tuum*(당신의 뜻이 이루어지기를! - 당신의 말씀에 따라서 제게서 이루어지기를!) 수도자로서 에디트 슈타인은 일상 안에서 기쁘게 그리스도의 신부가 되기로 결정했다. 그것은 그리스도의 생명으로 영혼을 채우는 것이고, 사랑으로 헌신하는 것이다. 자신의 바람을 십자가에 내려놓듯이 포기하고 순종하는 것이며, 여기에서 또 다른 정의가 실현된다.

십자가의 데레사 베네딕다라는 이름으로 가르멜의 수도자가 된 에디트 슈타인은 1939년 성 토요일에 자신의 동족인 유대인과 또 지상의 평화를 위하여 속죄물로 자신을 봉헌할 허락을 청했다. 그의 유언에서 예수 그리스도의 십자가를 따르는 그의 영적 성숙을 볼 수 있다. 또한 1942년 맨발 가르멜회의 사부인 십자가의 요한 탄생 사백주년을 기념하기 위해서 집필한 『십자가 학문』에서는 그 시대의 밤과 죽음을 상징하는 십자가를 아가서의 전통을 따르는 가르멜영성의 신비신학의 입장에서 재해석한다.

예수 그리스도의 신부인 에디트, 그에게 십자가는 부활을 향한 길일뿐만 아니라 그 깊은 밤에 십자가 위의 신랑과 더불어 사랑을 나누는 아가서의 생명의 나무를 의미했다. 십자가 아래의 영적인 약혼은 신비의 한 상징인 반면, 신비적 결혼은 너그러운 영혼 가운데서 이루어지고 그 평화는 깊이 지속된다. 하느님과 더불어 사는 영혼은 그 내적이고 영적인 건드림을 알아챔으로 하느님 안에서 쉼을 얻으며 그의 인간적 약함은 신적인 강인함 안에서 변화된다.

아들 예수의 십자가 아래에서 고통받는 어머니 마리아보다 더 그 십자가의 고통을 이해할 이가 없다. 이 십자가의 고통 안에서 어머니 마리아에게 드리는 에디트 슈타인의 사랑 어린 호소는 하늘에 계신 어머니에게 이르도록 간절하다.

마리아에 관한 에디트 슈타인의 작품들은 주로 가르멜의 수도자 십자가의 데레사 베네딕다의 입장에서 탄생하였으며, 인간학적 관점과 함께 신심이 강한 신학적 관점이 어우러지고 있다. 『교회의 기도』(1936), 『평화의 어머니』(1937), 『성녀 아기 예수의 데레사의 미리암의 첫 서원에 즈음하여』(1940), 『십자가의 신학』(1941-1942) 등이 그리스도교 여성성에 바탕하며 육체적, 정신적, 영적인 차원에 함께 주의를 기울이는 그의 현상학적 마리아론을 드러내 보인다.

VI. 에디트 슈타인의 철학적 지평의 확대

스승인 후설의 70회 생일을 맞아 마르틴 하이데거가 주도하여 제자들이 함께 출판한 기념 논문집에 실린 「후설의 현상학과 토마스 아퀴나스의 철학」은 진리를 향한 정합성 안에서 철학적 현상학과 그리스도교 철학의 다른 성격을 성찰하고, 진리를 향한 지평 안에서 서로 다른 방법론을 관통하여 만나는 형이상학과 현상학의 만남을 시도한 작품이다.

　20세기 초에 갓 태어난 현상학이 아직 철학으로서 정착하지 못했고, 그리스도교 철학 전통과의 만남조차 제대로 시작되지 않은 상태에서 다른 개별 학문에 대한 보편학인 철학으로서, 또 현상학 고유의 방법론에 의지하여 만남을 시도한 것은 논문이 갖는 철학사적 의미라고 하겠다. 영원한 진리에 관하여 두 스승—엄밀한 학문으로서의 현상학을 통하여 철학하는 스승 후설과, 아리스토텔레스의 철학을 수용하여 가톨릭철학의 전통을 확립한 그의 새로운 스승 토마스 아퀴나스—의 만남을 통하여 자신이 수용한 새로운 진리의 전망과 정합성을 보여주려는 것이 바로 이 논문을 쓴 의도라고 할 수 있겠다.

에디트 슈타인이 원래 의도했던 것은 연극의 한 장면처럼 육백여 년의 시차를 뛰어넘어 두 철학자가 만나 철학적 토론을 하는 장면을 연출하는 것이었다. 영원한 철학에 관해 몰두했던 두 철학자가 중세와 현대라는 시차를 극복하고 나눌 수 있는 철학에 복무하는 것의 공통분모와 또한 진리를 밝혀 나가는 방법론에서 차이를 보이는 이유와 그 다른 성격을 밝혀내는 것에서 작품이 갖는 역동성이 드러난다. 그는 진리를 추구하는 현상학자로서의 관점과 방법론을 포기하지 않았으며 가톨릭 철학을 통하여 계시된 진리와 만남으로써 오히려 진리에 대한 그의 지평이 확대되었음을 보여준다. 이 만남은 슈타인의 첫 번째 사상적 융합점을 밝히는 것이기도 하다.

1. 엄밀한 학문으로서의 철학

슈타인은 논제의 어려움을 토로한다. 심리학에서 철학적 전환을 했으며 가톨릭 철학의 엄격한 전통을 이어받은 브렌타노(F. Brentano)에게서 후설은 과학의 내적 엄격성에 관하여 배웠는데, 여기에 수학자인 후설의 치밀함을 더하여 현상학을 시작하였다. 이렇게 시작된 현상학은 영원한 철학으로서 교의철학의 경계를 넘어 진정한 철학으로서 자유로운 영혼에 깃들며, 진리를 향한 그 영혼의 내적 열망은 오성(*Logos*) 혹은 세상의 이성(*Ratio*)에 연결되도록 촉구한다. 이러한 소명을 갖은 이는 일련의 가능성(*Potenz*) 안에서 철학을 시작하며 이 가능성은 성숙한 철학자에게서 실현되기에 이른다. 이렇게 자유로운 정신을 가진 철학자들은 시간과 공간의 경계를 넘어서 철학의 대상과 방법을 확대한다.

플라톤과 아리스토텔레스, 아우구스티누스는 토마스 아퀴나스 성인의 스승들이었으며, 아퀴나스가 그들의 전통을 따르지 않고 철학을 한다는 것은 사실상 불가능했다. 이런 맥락에서 후설 역시 그 자신이 언급했듯이 데카르트와 흄의 입장을 계승하고 또한 여러 철학의 영향 아래 그의 철학을 발전시켰다. 이러한 철학사의 맥락을 반추할 때 현상학에 이른 토마스 철학의 숨은 영향을 무시할 수 없을 것이다. 두 가지 면에서 토미즘과 현상학의 공통점을 찾아본다면, 첫째로는 엄밀한 학문으로서의 철학, 즉 진리를 향해 진지하게 이루어지는 이성적 활동으로 철학을 규정하였으며, 둘째로는 토마스와 후설 모두 존재하는 모든 것을 주관하는 오성을 확신하였다는 것이다. 이에 관해 오늘날의 인식 수준은 지성의 정직하고 엄밀한 원칙을 따라 점차적으로 이 오성의 신비를 해명해 낼 수 있는 성숙함에 이르렀다.

2. 형이상학과 실존철학

우선 지적할 것은 후설의 실존철학 개념이다. 과학과 본질의 개념을 위해서 구체적인 경험을 요구하지 않듯이, 그는 존재론을 형상과 질료로 나누고 존재를 구성하는 요소들의 순수함, 즉 논리의 긍정적이고 과학적인 순수함을 요구한다. 반면 전통적인 형이상학은 있는 그대로를 드러내며, 이를 통해 현존을 관통하는 원리를 해명하는 과학이다. 토마스에게 본질과 사실 사이의 차이, 이상과 현실, 등 이 세상을 이해할 수 있는 이미지를 얻기 위한 과정에서 현상학적 원칙을 위한 방법론적 적확성은 필요하지 않다. 오히려 진리를 이해함으로 지성은 존재의 의미를 실현할 수 있고 신적 신뢰와 기쁨에 가득 찬 그 자신의 이미지에 도달하게 된다.

후설은 본질적인 진리에 주의를 기울이며 각 사물이 그 본질에 따라 존재하게 된다고 보았다. 한편 토마스는 이 세상의 본질과 존재하는 모든 것을 이미 존재한 그 자리(Daseinsthesis)에서 보았는데 이에 관해서는 후설 역시 이견을 보이지 않는다. 두 철학자 사이의 이러한 구체적인 대조와 존재론적 논의에 나타나는, 실천된 것에 대해 본질을, 우연적인 것에 대해 내재를 논하는 것이 진정으로 두 철학이 대결하는 면을 보인 것이라 할 수는 없다. 그보다 실존철학에서 해결해야 하는 난제들이 있기 때문이다.

3. 초자연적 이성과 자연적 이성(믿는 것과 아는 것)

이성의 존재와 능력에 관해서 두 철학자는 의심하지 않지만, 후설에게 이성은 인간을 초월하는 것이 아닌 있는 그대로 실현되고 있는 것으로, 그의 선험적 비판은 인간을 초월하는 이성을 주장한 토마스 아퀴나스의 관점과는 다르다. 왜냐하면 토마스가 이성의 이성 (Ratio de ratio)이라고 한 초월적 이성에 관해서는 어떤 인식할 수 있는 본질에 의해서도 그 다름을 인식할 수 없기 때문이다. 그럼에도 현상학적 탐구는 끝없이 이어진다, 즉 인식은 단절되지 않는 진행이며 마치 따라야 하는 어떤 규칙을 따르는 것처럼 완전한 진리를 향한 방향으로 진행된다. 그러나 이에 관해 토마스의 입장에서는 반론을 제기할 수 있다. 즉, 진리의 실현은 끝이 없이 이어지는 것이며, 그러므로 이성에 의한 진리의 인식은 결코 완결될 수 없는 것이기 때문이다.

진리는 그 총체성 안에서 존재하고, 어떤 형태의 인식은 진리의 내면을 이해한다. 왜냐하면 그 자체가 끝없는 진행과 함께 구성되는 것이 아니라, 영원함에 머문 자체의 일치와 온전함에 내재하고 있기 때문이다. 신적 인식이 바로 그것이다. 이 신적 인식은 그 자체의 온전함을 근거로 다른 영적 존재들과 함께 대화할 수 있으며, 그들의 수용력에 따라 그들에 일치할 수 있다. 그러나 인간의 인식은 그 한계가 있으며, 이 지상에서 사는 것으로 한계가 지어져 있듯이, 또한 그 경계를 바꾸지 못한다. 이같이 이성을 통한 인식과 믿음을 통한 인식 역시 그 한계가 지워져있다.

후설은 신앙의 권리를 철학적으로 증명하려고 시도하지 않았다. 왜냐하면 신앙은 종교적 영역의 권위에 따르는 것이기 때문이다. 그러나 우리의 분석은 바로 여기서 시작된다. 마치 지각되는 경험으로 간주되는 신앙의 이론화는 실상은 이성적인 인식에 관계한다. 이는 지각된 경험을 응시하며 또 이에 연관된 다른 모든 행동들을 반성할 수 있기 때문이며, 이때 이성적 인식이란 연역이나 귀납의 방법이 아닌, 이성 그 자체에 의지한 인식으로서 그 대상을 분석하고 그 본질을 인식하는 것이다.

반면 토마스 성인에게 철학은 이성의 인식작용과 연관된 문제였고, 신앙이란 비이성적인 어떤 것이 아닐뿐더러 진리인지 여부와 연관되어 논의될 대상이 아니었다. 오히려 신앙이란 진리를 향한 그 첫 번째 길로서 가장 확실한 길이기도 하다, 즉 신앙의 인식이 필연적으로 명백한 정확성을 보이지 않더라도 그보다 더 확실하게 진리로 이끄는 길은 존재하지 않는다. 만약 다른 길이 아니라 신앙을 통해서만 진리에 근접할 수 있다면, 철학은 이 신앙의 진리를 포기할 수 없을 뿐 아니라 신앙에 대한 철학의 질료적 의존을 인정해야 하며 나아가 마지막 범주로서의 신앙의 진리를 다른 진리들과 함께 인정해야 할 것이다. 토마스는 이로부터 신앙에 대한 철학의 형상적 의존을 이끌어 낸다.

철학으로 불리는 그 명칭은 그럼으로써 이중의 의미를 갖게 된다. 즉, 자연적 이성과 분리됨과 동시에 초자연적 이성으로부터 철학을 되돌아보게 하는 것이며 그럼으로써 신학을 위한 기반을 만들게 되는 것이다. 신앙과 이성의 관계에 관한 토마스 성인의 언명은 무엇보다도 그가 철학을 하는 출발점이며, 오늘날 필요에 의하여 토마스 철학의 성찰을 반성하는 효과적인 방법이기도 하다.

만약 오늘날 신앙이 모든 진리를 가늠하는 마지막 척도라면, 이 기준은 자신을 측정할 수 있는 척도가 될 수 있는가를 반성해야 할 것이다. 토마스의 철학에 의하면 신앙은 그 자신을 확증할 수 있으며 신앙의 이 특수한 확실성은 은총에 의한 선물이기도 하다. 이 은총으로부터 인간의 지성과 의지가 이론적·실천적으로 뒤따라야 하며, 그럼으로써 신앙에서 분리되어 철학을 구성하는 그 첫 번째 과제가 이루어지게 된다.

4. 교의철학과 비판철학

신앙으로부터 출발하는 철학자의 입장은 현대의 철학자와 그 입장이 다름은 물론이고 자연적 인식을 통하여 진리를 지향한다. 이 철학자는 견고한 신앙의 확실성 위에서 확고한 철학적 구조를 세울 필요가 있다. 그러나 이제 막 철학을 시작하는 이들은 그 출발점을 찾아야 할 것이며 근대 철학과의 관계 안에서 기초적인 연구와 함께 자신에게 새롭게 주어지는 역할을 맡아야 할 것이다. 이것이 바로 후설이 마주한 철학적 과제였다. 그 역시 거듭되는 논제의 진전과 후퇴를 통해서 그의 방법론이 확실하게 주목받기에 이르기까지 한걸음씩 나아가야만 했다. 즉, 실패의 근거가 될 수 있는 모든 잘못을 제거해 나가는 연구와 함께하는 것이었다.

토마스 철학에서 인식의 정의는 신의 인식에서 시작된다. 그에서 존재하는 것과 인식하는 것은 일치하지만, 현상학자에게 존재와 인식은 분리되어있다. 따라서 교의철학의 전제는 방법론적 순수함과 엄밀한 학문으로서의 적용을 주장하는 후설이 수용할 수 없는 것이며 그에게 중요한 것은 어떻게(Wie) 가 아니라 무엇(Was)이었고 철학적 인식을 위한 인식론의 도구들은 알려진 것들이었다. 반면 토마스에게 모든 방법론은 수용할 수 있는 길이며, 그는 그것이 진리로 인도하는 한 그 인식론적인 문제점들을 그것을 다루어야 하는 자리에서 다룰 수 있는 논제의 위계를 알고 있었다. 토마스 역시 그의 시대에 수행해야 할 과제들을 인식하고 있었고 문제들을 풀기 위해 알고 있는 지식을 사용할 것인가, 또 무엇과 조화할 것인가를 고민했었다. 그는 총체적인 철학 체계를 수립하기 위해 한 가지 논제에만 집중할 수 없었고 성서와 교부들의 전통에 관한 교회의 가르침에 조화되는 철학을 지향하면서도 모든 가능한 철학적 방법론을 동원하는 것을 서슴지 않았으니, 형식적인 원칙들, 논리, 구체적인 지적 명증, 지향, 신앙의 진리들과 함께하는 비교들이 그가 사용한 방법 이었다.

토마스가 그의 시대에 그의 전통에 의지하여 그의 천재성을 발휘한 지성의 활동을 통하여 철학을 한 틀을 찾아볼 수 있지만, 그것이 어떤 특정한 철학적 체계를 통해 이루어진 것은 아니었다. 여러 범주에 걸쳐 있는 방대한 양의 질문과 답을 통해 그의 철학적 방법론을 이해할 수 있다. 그가 따른 한 가지 원칙은 언제나 진리를 따르는 것이었고 그럼으로써 열매를 맺을 수 있었다.

5. 신 중심적 철학과 인간중심적 철학

모든 것의 원칙이며 모든 참된 것의 기준이 되는 그 첫째 진리는 하느
님 자신이다. 토마스 아퀴나스에게 이것은 철학의 첫번째 전제이다.
이 대전제에서 철학의 성격과 방법과 내용이 결정된다. 이는 모든 개
체의 존재 양태는 그 본질(Wesen)에 따라 결정되는 것처럼 신 중심적
철학은 신과의 관계에 근거하여 다른 모든 것에 관해 사고한다.

반면 후설이 그의 지칠 줄 모르는 연구에서 보여 주는 구성의 문
제는 영적인 능력을 가진 주체가 어떻게 그의 세계를 형성하는가
를 보여 주기 위한 것이며 그의 존재론에서 선험적 철학은 주체
(Subject)를 철학하는 출발점인 동시에 연구의 중심으로 설정한다.
그러므로 모든 것은 이 주체를 향해 정향되어야 하며 존재해야 하
는 것이다.

철학의 축을 다루는 관점에서 현상학과 가톨릭 철학은 분명한
대비를 보임과 동시에 신중심의 철학과 인간중심의 철학이라는 서
로 다른 방향을 향하게 된다.

6. 직관의 종합 - 현상학적 방법론과 스콜라철학의 방법론을 넘어서

현상학적 방법과 스콜라 철학의 방법은 본질에 관한 전망(Wesens-
schau)의 문제에 부딪힌다. 인식의 즉자성은 신에게만 해당하는 논
제이다. 직관과 보는 것, 즉 전망(Visione)을 어떻게 연관시킬 것인

가? 성스러움과 엄격한 수행은 은총을 요구하는 것을 정당화할 수 있는가? 현상학자는 신비적인 계시를 기다리지 않지만, 드러나는 계시와 은총에 대해 지성의 힘을 빌어 밝혀내는 것은 현상학자의 몫이라 할 수 있겠다. 또한 현상학의 직관은 감각된 것들을 분석하여 진리를 인식하기 위한 과정이다. 이에 관해 토마스는 감각될 수 있는 전망은 지성의 활동을 통하여 이루어지고 인식된다고 본다.

보는 행위의 그 요소들을 분석하여 본질을 추출하는 것이 직관의 방법론이라면 그 나누는 작업과 분석하는 작업은 분리되어 진행되며 추출의 과정에서 우연적인 것들 사이에서 본질적인 것이 나눠지는 분깃점이 있다. 대상을 받아들이고 그 본질을 인식하게 되는 전 과정을 직관에 의한 진행이라고 한다면, 이 과정에서도 수동과 능동의 각기 다른 과정을 나누어 볼 수 있다. 토마스는 지성의 원칙에 대한 직접성에 의해 진리의 근본을 인식하는 것은 인간 정신의 본성이라고 본다.

근본적인 진리를 인식함에 있어 현상학과 토미즘은 그 자신에게서 완결점을 찾지 못한다. 즉, 현상학적인 직관과 그 직관의 지성적 활동에 관해 토마스는 일종의 방법론적 함의를 이루어 내지만, 계시된 진리를 조명하는 그 신적인 차원을 인식하는 것은 신비신학의 영역, 특별히 부정신학에서 논하는 지성에 의한 직접적 인식으로만 가능하기 때문이다.

VII. 평가와 전망: 진리의 지평 확대

현상학과 토미즘의 만남을 시도한 에디트 슈타인의 작업을 우리는 어떻게 평가할 수 있는가? 또한 이어서 반성해야 할 논제들에 관해 가늠해 볼 수 있는가? 슈타인은 논문을 통해 그의 완결된 연구의 한 단계를 보여 줌과 동시에 그의 연구가 질적으로 비약될 것을 암시한다. 신비주의의 현상학이 바로 그것이다. 신적 신비에 의지해 계시된 진리가 순수직관을 통해 인식될 수 있는가의 문제인 것이다. 그럼에도 우리는 아직 다루어야 할 과제들에 직면한다. 토미즘으로 현상학이 수용되는가, 현상학적으로 토미즘을 읽는가? 오성에 관한 철학과 신학의 방법론적 차별성에도 불구하고 진리를 향한 두 길은 어떻게 연관될 수 있는가?

자유로운 인격적 주체라는 자기인식을 토대로 철학하는 에디트 슈타인의 태도에는 그어진 경계를 넘어서고 진리를 향한 길에서 물러서거나 뒤돌아설 수 없다는 단호함이 뚜렷하다. 그 실천에 있어서는 새로운 길에 대한 머뭇거림이 보이지도 않는다. 이러한 실천적 태도는 철학을 하도록 이끈 진리를 향한 그의 열정에서 비롯되어 자신이 처한 어떤 상황에서도 철학을 하는 끈기로 이어졌으며, 죽음에 이르기까지 진리를 살아 내는 내재적 힘으로 발전되었다.

에디트 슈타인의 출발점은 '인간의 진리'였으며, 자유로운 주체로서 인간의 가능성을 실현하는 의지에 근거하여 세상과 소통하는 것에 관심을 가졌다. 그렇게 괴팅겐에서 현상학을 만난 20대의 에디트는 희망으로 가득 찬 탄성과 함께 미래를 향해 두 팔을 벌렸다. 그런데 그의 삶에서 '인간의 진리'는 '자유로운 의지를 가진 인간으로서 그 자유의 뿌리인 신의 자유의지와 소통하면서 살아 내야 할 진리'로 드러났다. 즉, 그가 마주한 상황은 유대인으로서 그리스도의 진리를 살아 내야 하는 역설이었고, 공존할 수 없어 보이는 신앙적 결단을 요구하였다. 하지만 에디트 슈타인은 그 역린을 감내하며 자신의 상황을 이성과 신앙, 신적 차원의 공감과 소통을 통하여 풀어내려고 노력하였고, 죽음으로 그 대가를 치렀다. 그리고 십자가의 예수와 함께 죽음을 넘어가는 부활로 완성되었다. 이제 에디트 슈타인은 그 부활의 답을 내보이며 언제나 현재형으로 우리에게 질문한다. "인간의 진리"는 무엇이고, 어떻게 그 진리를 살아 낼 것인가?

더 읽을거리

『에디트 슈타인: 사랑과 진리의 불길』

• 가오리 스자와 지음, 최경식 옮김, 칠곡: 분도출판사, 1996.

진리를 향한 열정을 남김없이 소진한 에디트 슈타인의 전기이다. 저자는 에디트 슈타인이 살았고 그의 자료실이 있는 쾰른의 가르멜 수녀원에 머무르면서 정확한 고증과 연대기를 바탕으로 그리스도인 여성의 시각에서 에디트를 만나고, 독자들에게 소개한다. 또한 일본어 원본을 한국어로 섬세하게 번역한 번역자의 깊은 이해가 빛나는 작품이다. 에디트 슈타인 입문서로 신뢰할 수 있는 훌륭한 책이다.

『성녀 에디트 슈타인』

• 장 드 파브레그 지음, 대구 가르멜여자수도원 옮김, 서울: 가톨릭출판사, 2012.

유대인 가정에서 태어나 교육받은 에디트 슈타인이 현상학자인 에드문트 후설의 제자이며 실존 철학자인 마르틴 하이데거의 동료로서 활동하던 시기를 거쳐 가톨릭교회의 봉쇄 가르멜 수도회의 수도자로 입회하는 과정과 죽음에 이르기까지의 생애를 학문적 패러다임의 전환이란 관점에서 조명하고 있는 책이다. 1987년 독일 쾰른에서 열린 시복식에서 요한 바오로 2세 교황이 강론한 내용을 서문으로 담았다. 요한 바오로 2세는 그리스도교 인간학을 연구한 학자로서 에디트 슈타인의 사상적, 신앙적 스펙트럼을 그 누구보다 잘 이해하고 있었다.

『십자가 학문』

● 에디트 슈타인, 윤주현 베네딕토 신부 옮김, 서울: 기쁜소식, 2013.

1942년, 에디트 슈타인이 쓴 마지막 작품으로 집필 도중 그가 게슈타포에게 체포되어 아우슈비츠로 이송되면서 미완으로 남았다. 에디트 슈타인은 십자가의 요한 성인(1542-1591)의 탄생 400주년을 기념하기 위해서 이 책을 기획했고, 에디트 자신이 곧 마주할 십자가를 준비하는 태도로 집필하고 있었다. 십자가의 요한 성인의 삶과 사상을 '십자가의 영광'이란 관점에서 재해석하였으며, 책의 완성은 에디트 슈타인의 순교로 이루어졌다고 할 수 있다.

참고문헌

최우혁, 「에디트 슈타인의 신학적 인간학에서 Fiat와 Theotokos의 관계」, 『종교연구』 60 (2010년 가을), 255-278.

리프킨, 제러미. 『공감의 시대』, 이경남 옮김, 민음사, 2010.

Bello, Angela Ales. "Per un recupero della mistica nell'ambito fenomenologico: Gerda Walter e Edith Stein." *Esperienza mistica e pensiero filosofico: atti del Colloquio "Filosofia e mistica,"* 11-25. Città del Vaticano: Libreria Editrice Vaticana, 2003.

Fabègues, Jean De. *La Conversion d'Edith Stein: Patronne de l' existentialisme.* Collection "Conversions célèbres." Dirigée par Gilbert Ganne. Paris: Wesmael-Charlier, 1963.

Manganaro, Patrizia. *Filosofia della mistica: Per una pratica non-egologica della ragione.* Città del Vaticano: Lateran University Press, 2008.

_____. "Linee di fenomenologia della mistica in Edith Stein verso una teo-logica." *Il Percorso intellettuale di Edith Stein.* A cura di F. Alfieri e M.Shahid. Introduzione di Angela Ales Bello, 337-356. Bari: Edizioni Giuseppe Laterza, 2009.

_____. *Verso l'Altro: L'esperienza mistica tra interiorità e trascendenza.* Roma: Città Nuova, 2002. *Filosofia della mistica: Per una pratica non-egologica della ragione.* Città del Vaticano: Lateran University Press, 2008.

Stein, Edith. *Die Frau: Reflexionen und Fragestellungen* [ESGA 13]. Einleitung von Sophie Binggeli. Bearbeitet von Maria Amata Neyer. Freiburg/Basel/Wien: Herder, 2000)

_____. "Die Seelenburg (Anhang)." *Endliches und ewiges Sein* [ESGA 11, 12]. *Versuch eines Aufstiegs zum Sinn des Seins*. Eingeführt und bearbeitet von Andreas Uwe Müller, 501-525. Freiburg/Basel/Wien: Herder, 2006).

_____. "Eine Meisterin der Erziehungs und Bildungsarberit: Teresia von Jesus," *Bildung und Entfaltung der Individualität. Beiträge zum christlichen Erziehungs-auftrag* [ESGA 16]. Einleitung von Beate Beckmann, Bearbeitet von Maria Amata Neyer OCD und Beate Beckmann, 91-113. Freiburg/Basel/Wien: Herder, 2001.

_____. "Husserls Phänomenologie und die Philosophie des hl. Thomas von Aquino: Versuch einer Gegenüberstellung." *Festschrift Edmund Husserl zum 70. Geburtstag gewidmet. Jahrbuch für Philosophie und phänomenologische Forschung*, 371-415. Tübingen: Max Niemeyer Verlag 1929; 2nd Ed. 1974.

_____. *Kreuzeswissenschaft. Studie über Johannes vom Kreuz* [ESGA 18]. Freiburg/Basel/Wien: Herder 2003. 국역본:『십자가 학문』, 윤주현 베네딕토 신부 옮김, 서울: 기쁜소식, 2013.

_____. "Liebe um Liebe: Leben und Werke der Heiligen Teresa von Jesus." *Verborgenes Leben: Hagiographische Essays, Meditationen, geistliche Texte* [ESW 11]. Heraus-gegeben von Lucy Gelber und Michael Linssen, 40-88. Freiburg/Basel/Wien: Herder, 1987.

_____. *Übersetzung von John Henry Newman, Brief und Texte zur ersten Lebenshälfte*, 1801-1846 [ESGA 22]. Einführung, Bearbeitung und Anmerkungen von Hanna-Barbara Gerl Falkovitz. Freiburg-Basel-Wien: Herder, 2002.

Suzawa, Kaori. *Edith-Stein, the Flame of Love and Truth*, 1993. 국역본:『에디트 슈타인: 사랑과 진리의 불길』. 최경식 옮김. 칠곡: 분도출판사, 1996.

Ward, Wilfrid, *William George Ward and The Oxford Movement*. London: Macmillan & Co., 1890.

3. 신학, 모든 타자를 통한 그 타자(신)의 목소리가 되기 위하여

데이비드 트레이시

김연희

I. 생애와 저술 활동

데이비드 트레이시(David Tracy)는 1939년 1월 6일 미국 뉴욕주 용커스(Yonkers)에서 태어났다. 13세 때 가톨릭 사제직에 대한 부름을 받고, 용커스 인근 던우디(Dunwoodie)의 성 요셉 신학교(St. Joseph's seminary)에 입학, 사제가 되기 위한 교육을 받았다. 그는 그곳에서 철학, 신학, 문학, 역사 및 고전들을 익혔다. 각종 고전들을 넓게 섭렵한 이 시기의 학업이 밑거름이 되어, 잘 알려져 있지 않은 사실이지만, 훗날 시카고 대학교에서 신학자로는 드물게 신학뿐만 아니라 문학(그리스 비극, 세익스피어 희곡, 존 던, 홉킨스, 에밀리 디킨슨, 월리스 스티븐스 등)과 역사도 강의하게 된다. 그는 1963년 코네티컷주 브리지포트(Bridgeport, Connecticut)에서 사제 서품을 받았지만 교구 사목을 택하지 않고, 학업을 계속하기 위해 로마로 떠난다. 1964년, 로마의 그레고리안 대학교에서 신학 석사, 1969년에 그의 스승 버나드 로너건(Bernard Lonergan, 1904-1984)에 대한 연구로 박사 학위

를 받았다.[1] 로마에서의 그의 수학 기간은 20세기 가톨릭교회 역사
상 가장 큰 이벤트라 할 수 있는 제2차 바티칸 공의회(1962-1965년)
가 열렸던 시기였다. '교회의 현대적 쇄신과 적응'(*Aggiornamento*)이
라는 기치하에 거의 100년 만에 소집된 에큐메니칼 공의회였다. 이
공의회가 상징하는 교회의 현대화를 향한 거대한 물결은 트레이시
의 학업에 큰 영향을 끼쳤으리라 짐작된다.

　　그는 1967년부터 1969년까지 워싱턴 D.C. 소재의 미국 가톨릭
대학교(The Catholic University of America)에서 가르치다가, 이후 시
카고 대학교 신학부로 자리를 옮겨 2007년 은퇴할 때까지 그곳에
서 교수로 재직했다. 시카고 대학교에 있는 동안 주요 저서들과 수
많은 논문을 발표하여 신학계에 큰 족적을 남겼으며, 세계 유수의
대학들에서 많은 초청 강연을 하는 등 큰 활약을 하면서, 랭던 길
키(Langdon Gilkey), 고든 카우프만(Gordon Kaufman), 에드워드 팔
리(Edward Farley), 슈버트 오그덴(Schubert Ogden) 등과 함께 미국
시카고학파의 기수가 되었다. 이 시카고학파는 한스 프라이(Hans
Frei), 조지 린드벡(George Lindbeck), 로날드 티먼(Ronald Thiemann)
등이 주도한 예일학파와 쌍벽을 이루며 미국 신학계를 풍성하고 활
기찬 논의의 장으로 만들기도 했다.[2] 특별히 시카고 대학교는 유럽

1　David Tracy, "Lonergan's Interpretation of St. Thomas Aquinas: The Intellectualist
　Nature of Speculative Theology" (diss. Gregorian University, Rome, 1969).

2　이 문제와 관련해서 필자의 다음 논문을 참고할 수 있다. 김연희, 「조지 린드벡의 후기
　자유주의 신학에 대한 고찰」, 『신학 전망』, 제172호 (2011 봄호), 2-34. 간단히 말해서,
　시카고학파는 그리스도교 신앙의 진리를 그리스도교 공동체를 넘어서서 모든 이성적

의 세계적인 학자들이 석좌교수로 초청되어 미국 학계에 다양한 학문적 교류, 새로운 사상적 융합을 가져오게 하는 산실 역할로도 유명하다. 트레이시는 이곳에 머물렀던 많은 저명한 학자들, 특별히 미르치아 엘리아데(Mircea Eliade), 폴 틸리히(Paul Tillich), 폴 리쾨르(Paul Ricoeur)와의 사상적 교류를 통해 자신의 신학적 발전에 자양분을 얻기도 했다. 특히 리쾨르와는 다년간 해석학과 신학 강의를 공동으로 열기도 했다. 그는 시대의 흐름 속에서 끊임없이 변화하는 철학적, 종교적, 사회-정치적, 문화적 상황을 민감하게 인식하고, 그 새로운 자극들을 자신의 신학적 작업에 적극적으로 반영하는 데 주저하지 않았다. 그리하여, 그의 신학은 문학, 고전학, 철학, 종교학, 심리학, 사회과학 등 다양한 학문과의 대화를 통한 폭넓은 학제 간(interdisciplinary) 연구의 특징을 보이기도 한다.[3] 이렇게 그는 신학이라는 학문이 결코 정체적인 것이 아닌, 변화하는 시대 속에서

존재들이 인정할 수 있는 보편적이고 객관적인 토대 위에 세워, 그 진리의 정당성, 인지성(intelligibility), 공공성(publicness)을 확보, 변증하는 데 주력한다. 이에 반해, 예일학파는 그리스도교 신앙의 진리를 다른 외적 토대나 개념체계로 환원할 수 없는 통약 불가능한(incommensurable) 특수한 것으로 보고, 그 진리를 그리스도교 공동체 특유의 내적(internal) 체계 안에서 기술(description)하고자 한다.

3   특별히 트레이시의 저서 중에는, 신학적 저술 외에도, 신학적 담론의 지속적인 현대화를 위해 필요한 시대적 상황(contemporary context)에 대한 연구와 성찰을 시도한 것들이 있다. 다원성과 모호성을 특징으로 하는 현시대의 탈근대적 상황에 대한 분석과 그 상황 속에서의 신학의 해석학적 인식론을 시도한 책으로 *Plurality and Ambiguity: Hermeneutics, Religion, Hope* (London: SCM Press Ltd., 1987; 『다원성과 모호성: 해석학, 종교, 희망』, 윤철호, 박충일 공역[서울: 크리스천헤럴드: 2007])가 있다. 또한 종교 다원성에 대한 신학적 논의가 활발했던 1980-90년대에, 타종교와의 대화 문제가 현대 신학에 미치는 영향과 그 의미에 대해 쓴 책으로 *Dialogue with the Other: The Inter-Religious Dialogue* (Louvain: Peeters Press, 1990)가 있다.

새로운 도전과 요청 앞에 부단히 새로워지는 자기 비판적(self-critical), 자기 수정적(self-correcting) 학문임을 보여 주고 있다.

그의 신학은 그 사상적 뿌리를 버나드 로너간과 칼 라너(Karl Rahner)로 대표되는 초월적 토마스주의(transcendental Thomism)에 두고 있지만, 토마스주의의 잔영을 탈피하기 위해 현대의 주요 사상들을 적극 수용하여 새로운 신학적 사유의 방법을 구축하는 데 전력했다. 대표적으로 해석학의 리쾨르와 한스 게오르크 가다머(Hans-Georg Gadamer), 과정철학의 알프레드 화이트헤드(Alfred N. Whitehead)와 찰스 하트숀(Charles Hartshorne), 포스트모던 사상가들로 미셸 푸코(Michel Foucault), 자크 데리다(Jacques Derrida), 에마뉘엘 레비나스(Emmanuel Lévinas), 장-뤽 마리옹(Jean-Luc Marion) 등의 철학을 창조적으로 수용하여 신학적 담론의 현대화를 꾀하는 데 노력을 아끼지 않았다. 또한, 가톨릭 신학자이면서도 개신교 신학 전통에 밝고 개방적이어서 개신교 전통의 주요 신학자와 철학자들, 대표적으로, 마르틴 루터(Martin Luther), 쇠얀 키에르케고어(Søren Kierkegaard), 루돌프 불트만(Rudolf Bultmann), 위르겐 몰트만(Jürgen Moltmann), 존 캅(John B. Cobb), 슈버트 오그덴, 리처드 니버(Richard Niebuhr), 라인홀드 니버(Reinhold Niebuhr) 등의 영향들을 그의 신학 안에서 발견할 수 있다. 그는 이런 노력에 힘입어 폭넓은 사상가로서의 위상을 얻으면서, 신학자로는 처음으로 시카고 대학교의 권위 있는 '사상과 방법의 연구 위원회'(Committee on the Analysis of Ideas and Methods)와 사회사상 위원회(Committee on Social Thought)의 위원에 위촉됐고, 1982년, 역시 신학자로는 드물게 미국 예술 과학 학술원(American Academy of Arts and Sciences)에 회원으로 선출되었다. 또한 흥미롭게도, 그는 1986년 11월 9일자 『뉴욕 타임즈 매거진』의 표지를 장식함으로써 학계를 넘어서 미국 사회의 영향력 있는 사상가로 주목을 받았다. 그는 다수의 학술지 편집위원으로 활약했는데, 『종교학 리뷰』(Religious Studies Review)의 창립 편집자, 시카고 대학교에서 발행하는 『종교 저널』(The Journal of Religion)의 공동 편집자, 다국어 가톨릭 신학 학술지 『콘칠리움』(Concilium)의 편집위원 등을 역임했다. 2007년, 38년간 봉직한 시카고 대학교에서 은퇴하여, 현재는 시카고 대학교의 앤드류 토마스 그릴리&그레이스 맥니콜스 그릴리(Andrew Thomas Greeley and Grace McNichols Greeley) 명예 석좌교수로 있다. 지금까지 미국을 비롯한 전 세계 55개 대학에서 초청강의를 했고, 200여 편의 논문을 썼다. 2000년엔 스코틀랜드 에든버러 대학(the University of Edinburgh) 주최의 명망 높은 기포드 강의(Gifford lectures)의 초청 연사에 이름을 올리기도 했다. 고령에도 불구하고 최근까지 왕성한 초청강연 활동을 계속하고 있는데, 근래의 강연 주제들을 살펴보면, 2014년 시카고 대학교, "무한으로서의 신: 윤리적 함의들"(God as Infinite: Ethical Implications), 2016년 조지타운 대학교, "닛사의 그레고리: 무한하고 불가해한, 무한히 사랑하는 신"(Gregory of Nyssa: An Infinite, Incomprehensible, Infinitely Loving God), 2018년 영국 옥스포드 대학교, "무한의 형이상학으로부터 무한히 사랑하는 삼위일체로"(From a Metaphysics of the Infinite to the Infinitely Loving Trinity), 2019년 오스트리아 비엔나 대학교, "신학과 이성의 범위: 신비주의의 문제"(Theology and the Range of Reason. The Question of Mysticism) 등이 있다. 이 강연의 주제들을 살펴보면, 최근 그의 신학적 관심이 무엇인지를 알 수 있는데, 바로 '신', '삼위일체', '신비주의'의 문제들이다.

트레이시는 1970년대부터 1980년대까지는 신학적 방법론의 문제에 집중했었다. 그의 신학의 핵심 기조는 한마디로 신학의 공공성(publicness) 추구였다. 즉 신학적 담론의 인지성(intelligibility), 합리성, 소통가능성의 구축인데, 그는 이러한 필요가 단순히 근대의 자유주의적 자각에 의한 것만은 아니라고 했다. 다시 말해서, 신학의 공공성에 대한 요청은 우선적으로 그리스도교 신앙의 본질 자체에 기인한다고 보았다. 그리스도교 신앙의 메시지가 가진 보편성에 대한 확신이 그 메시지의 인지성, 소통가능성을 위한 끊임없는 해석의 노력을 촉발한다는 것이다. 폴 리쾨르의 말대로, "그리스도교는 처음부터 주석(une exégèse)"이었고, 그리스도교 신앙 전통은 역사 안에서 지속적으로 새로운 해석을 통해 그 의미가 발생, 소통될 수 있어야 살아남을 수 있기 때문이다.[4] 이러한 인식은 자연스럽게 신학의 방법론에 대한 모색으로 이어지게 되는데, 이에 트레이시는 신학을 기초신학, 조직신학, 실천신학 세 분과로 나누어, 각각의

---

4   Paul Ricoeur, *Du texte à l'action: Essais d'herméneutique*, Tome II (Paris: Éditions du Seuil, 1986), 139. "비록 해석학적 상황의 문제가 현대에 와서 성립되었다 하더라도 이 문제 자체는 그리스도교적 실존의 근원에 깔려 있었던 것이다."

방법론에 대한 3부작의 책을 기획했었다. 『질서를 향한 복된 열정』
(*Blessed Rage for Order*, 1975)[5]은 제1부로 그가 기초신학의 방법론으
로 쓴 책이고(다소 예사롭지 않은 이 책의 제목은 미국의 시인 월리스 스티
븐스[Wallace Stevens, 1879-1955]의 시, 「키 웨스트에서의 질서에 관한 생
각」[The Idea of Order at Key West]의 시구에서 가져왔다), 『유비적 상상』
(*The Analogical Imagination*, 1981)[6]은 제2부로 그가 조직신학의 방법
론에 대해 쓴 책인데, 이 두 권의 책이 그를 20세기의 주요 신학자
중 한 사람으로 만들었다고 해도 과언이 아니다. 그는 제3부, 실천
신학에 대한 책은 끝내 쓰지 못했다. 그는 이 문제에 대해서 이렇게
설명했다. "나는 기획했던 3부작의 마지막 책을 끝내 시도하지 못
할 것 같다 … 내가 유감스럽게도 이렇게 인정할 수밖에 없는 것은
단지 내가 아직 실천신학의 핵심 주제들—현대 사회이론, 윤리학,
교회론과 영성의 역사 등에 대해 명확하고 체계적인 준비가 덜 되
어 있어서만이 아니라, 나의 신학적 사상의 초점이 바뀌었기 때문
이다."[7] 앞서 언급했듯이, 그의 현재의 신학적 관심은 '신'에 대한 문
제이다. 이 관심은 1990년 이후 현재까지도 일관되게 견지되고 있
는데, 흥미로운 점은 그가 이 시기에 '신'의 문제에 새롭게 접근하면

5 David Tracy, *Blessed Rage for Order: The New Pluralism in Theology* (San Francis-
co: Haper & Row, 1975, 1996).

6 David Tracy, *The Analogical Imagination: Christian Theology and the Culture of
Pluralism* (New York: Crossroad, 1981).

7 David Tracy, "God, Dialogue and Solidarity: A Theologian's Refrain," *Christian
Century* 107 (1990), 901.

서, 그의 1970년-1980년대의 신학적 입장을 대폭 수정했다는 사실이다. 특히 그가『질서를 향한 복된 열정』에서 시도했던 자신의 수정주의(revisionist) 신학의 입장도 수정하고 있다. 이에, 필자는 본고에서 그가 1990년 이후에 발표한 글들을 중심으로 그의 최근의 신학적 동향을 정리, 소개하고자 한다.

II. 트레이시의 신에 대한 탈근대적 반성: "불가능성의 신"(God as Impossible)을 향하여

트레이시의 저술 활동은 1960년대부터 최근에 이르기까지 계속되고 있는데, 약 반세기에 이르는 이 시기는 서구에서 소위 근대로부터 탈근대적, 후기 그리스도교적(post-Christian) 사회로의 전환이 두드러지는 시대로 볼 수 있다. 이 시기에 걸친 트레이시의 신학적 여정은 이러한 시대적 배경이 그대로 반영되어, 근대로부터 탈근대로 전환되는 과정을 보여 준다. 즉 그의 신학적 발달 과정에서는 근대성과 탈근대성의 특징을 모두 발견할 수 있다. 이 글에서는 신에 대한 그의 탈근대적 반성을 검토해 보고자 한다.

위의 서론에서도 밝혔듯이, 1990년 이후부터 2000년대에 걸쳐 발표된 그의 거의 모든 글은 신의 문제에 집중되어 있다. 그가 이 시기에 신의 문제에 집중하게 된 이유는 대략 두 가지로 설명될 수 있다. 첫째, 앞에서도 잠시 언급되었지만, 그의 신학적 관심사의 변화다. 1970-80년대 그의 신학적 관심은 후기 그리스도교적 세속주의, 다원주의, 상대주의의 도전과 위협 속에서 그 사회적 권위와 영향력을 상실한 그리스도교와 신학의 공적 위상을 되살리기 위한 방법론 구축의 문제에 집중되어 있었다. 그러나 이 문제들에 대한 주요 저술들을 마치고 난 후, 1990년대에 들어와서 그는 신학의 방법론적 문제보다는 본질적인 신학적 주제인 신, 삼위일체, 신비주의 등에 몰두하게 된다. 애초에 기획했던 실천신학의 방법론에 관한 저술을 포기하고, 대신 신의 문제에 전력하기로 했다는 그의 입장 표명은 앞에서도 밝힌 바 있다. 둘째, 트레이시는 2002년 로이스 말콤(Lois Malcolm)과의 인터뷰에서,[8] 자신이 『질서를 향한 복된 열정』에서 다룬 신론들(대표적으로 경험주의적 신론과 과정신학의 범재신론)과 여타 근대 신론들의 문제점을 크게 인식하면서, 새로운 방향의 신론들을 궁구하게 되었다고 말한다. 여기서 말하는 새로운 방향이란, 탈근대적, 탈형이상학적, 탈존재-신론적 방향을 말한다. 그는 2019년 한 인터뷰에서 현재 이러한 특성의 신론을 3부작으로 구성된 삼위일체(Trinity)론의 형태로 집필 중이라고 밝혔다.[9]

트레이시의 탈근대적 신론은 현재 집필 중인 그의 책들이 나와야

---

8   The Impossible God: An Interview with David Tracy by Lois Malcolm, 2002. https://www.religion-online.org/article/an-interview-with-david-tracy/ (접속일: 2021.11.10).

9   트레이시는 2019년, 케네스 우드워드와의 인터뷰에서 이 삼위일체에 관한 3부작의 저술이 상당히 많이 진행되었다고 했다. In Praise of Fragments: An Interview with David Tracy by Kenneth L. Woodward. September 25, 2019. https://www.commonweal-magazing.org/praise-fragments (접속일: 2022. 1. 1.).

그 전모를 알 수 있다. 본고에서는 그가 1990년부터 현재까지 발표한 글들을 중심으로, 신에 대한 그의 탈근대적 사유에 대해 살펴보도록 하겠는데, 그의 사유는 크게 두 가지 주제로 요약될 수 있다.

첫째, 그는 신에 대한 광범위한 근대의 담론들에 대해 비판한다. 여기에는, 위에서 언급했듯이, 그 자신의 1970-80년대 신학적 입장도 포함된다. 그러나 무엇보다도 과학적 합리성을 금과옥조로 여기는 근대의 객관주의적, 전체주의적 신론을 비판하고, 신을 철저히 초월적인 타자로 귀환시킨 탈근대적 신학과 철학들에 관심을 둔다(자크 데리다, 에마뉘엘 레비나스, 장-뤽 마리옹 등). 둘째, 신의 절대적 초월성에 대한 문제에 집중하면서, 이러한 신을 어떠한 새로운 양식으로 사유하고 설명할 수 있는지에 대해 모색한다. 그는 이 새로운 사유 양식을 위해서 근대 이성에 의해 억압되었거나 타자화되었던 특수한 전통들에 주목한다. 이하에서는 이 두 가지 특징에 대해 차례로 살펴보기로 하겠다.[10]

1. 트레이시의 근대 신론에 대한 비판

트레이시는 근대 신론에 대한 비판을 하는 데 있어, 우선, 근대 이성의 전체주의적 자기 환상의 문제를 거론한다. 그에 따르면, 신학의

---

[10] 이 이하의 내용은 벨기에 루뱅대학교 신학대학에서 발간하는 *Louvain Studies*에 실렸던 필자의 다음 논문을 개정, 보완한 것이다. Younhee Kim, "David Tracy's Postmodern Reflection on God: Towards God's Incomprehensible and Hidden Infinity," *Louvain Studies* 30 (2005), 159-179.

역사는 한마디로 말해서 테오스(*theos*, 신)와 로고스(*logos*, 이성) 간의 역동적인 상관관계의 역사라 할 수 있다. 그런데, 근-현대 신학(탈근대적 시도들 이전)은 이 상관관계에서 로고스가 테오스를 압도하고 장악하는 형태였다는 것이 그의 입장이다. 이러한 노력들은 17세기 후반 이후로 일련의 신론들(-isms)을 양산하게 되었는데, 곧 이신론(deism), 범신론(pantheism), 근대신론(modern theism), 무신론(atheism), 불가지론(agnosticism), 범재신론(panentheism) 등이 그것이다. 근-현대 신학의 신은 이러한 다양한 신론 중 한둘에 포획되어 있었다고 할 수 있는데, 이 신론들을 주도한 근대 이성은 전체성의 체계 안에서 신을 자신의 표상적(re-presentational) 사유에 현전하는 대상으로 파악했다. 그리고 근대의 의식 주체는 세계를 하나의 표상, 즉 자기 앞에 세워 대상화하는, 인식과 존재의 확고부동한 근거가 되었다. 이에 근대 신론에서는 신도 이 주체가 표상화하는 하나의 대상이 되었을 뿐이다. 즉, 근대 의식 주체는 자기 바깥에 어떤 다른 존재를 남겨두려 하지 않으며, 자기의식 안에 모든 것을 포괄하는 전체성의 이념을 추구한다. 메롤드 웨스트폴(Merold Westphal)의 말대로, 이러한 의식 주체로서 "우리는 신적 실재를 파악하고 또는 반영하는 데 충분한 사유체계의 소유자들로, 신과 세계를 모두 우리 손안에 넣은 것이다."[11] 이에 트레이시의 근대 신론들에 대한 비판은 신과 세계를 자기의식의 표상 안에서 확실하게 포섭할 수

---

[11] Merold Westphal, *Transcendence and Self-Transcendence: On God and the Soul* (Bloomington, IN: Indiana University Press, 2004), 93.

있다고 생각한 '자기 기만적' 주체에 대한 비판과 그 궤를 같이한다. 일반적으로 현대의 현상학자들(하이데거, 메를로 퐁티, 레비나스), 철학적 해석학자들(가다머, 리쾨르, 하버마스), 후기 구조주의자들(푸코, 라캉, 데리다, 리오타르)은 각기 다른 배경을 갖고 있지만, 주체를 중심으로 세계를 근거 짓는 사유에 대해 비판적이다. 게다가 이들의 주체 비판은 언어 문제와 관련이 있다. 즉, 주체는 세계 이전에, 언어 이전에 존재하는 초월적 존재가 아니라, 언어 안에서 언어를 통해서 형성된 존재라는 것, 주체는 세계의 근원 또는 근거가 아니라 언어, 욕망, 사회적 관계를 통해 생산된 파생적 존재라는 것이다.[12] 이러한 현대 철학의 비판들과 같은 선상에서 트레이시는 이렇게 말한다. "자기 근거적이고, 자기 현전적인 근대의 주체는 죽었다. 모든 실재를 자신 안에 근거 지운다는 스스로의 허위에 의해 무너졌다. 믿건대, 이 주체에 대해서 모두 애도하지 않아도 좋을 것이다."[13]

두 번째로, 트레이시는 근대 신론이 오늘날의 신 담론으로 견지될 수 없는 요인으로 그것이 담지하고 있는 역사관을 든다. 진보신화를 바탕으로 한 근대의 낙관주의적 역사관은 "하나의 목적(telos)—서구의 근대성(Western modernity)"을 향한 유럽 중심주의

12   강영안, 『주체는 죽었는가: 현대 철학의 포스트 모던 경향』(서울: 문예출판사, 1996), 52-62.

13   David Tracy, "The Post-Modern Re-Naming of God as Incomprehensible and Hidden," *Cross Currents* 50 (2000), 241. 또한, 자기 근거적이고, 자기 현전적인 근대 주체의 죽음과 관련해서 트레이시, 『다원성과 모호성: 해석학, 종교, 희망』, 123-168 참조.

적, 제국주의적 양상으로 나타났다.[14] 근대적 인간의 미래지향적 야망이 투영된 역사적 패권주의는 세계 식민지 정복의 역사로 현실화되기도 했다. 근대 신론에서의 신은 이러한 제국주의적 진보신화를 정당화해 주는 한 축이 되었다고도 볼 수 있는데, "어느 경우에는 중요한 부분으로(근대신론과 범재신론), 또 다른 경우에는 결여된 부분으로(무신론과 불가지론), 그러나 여하튼 한 부분으로" 자리했다.[15] 그러나 트레이시는 이러한 낙관주의적 근대 사관이 좌초할 수밖에 없는 이유를 크게 두 가지로 말한다. "근대 역사 속에서 막대한 전 지구적 고통이 가져온 단절(interruption), 그리고 근대 거대 서사에 의해 소외되고, 망각되고, 정복되었던 모든 타자의 분출"이 그것이다.[16] 이 두 요소는 근대가 예기치 못한 사태이다. 근대 신론들은 이 난제들을 제대로 노정·해결하지 못하고 있다. 이러한 이유로 근대 진보주의적 신학들에서는 흔히 서구의 진보 신화를 근본적으로 파기하는 고통의 역사, 무고한 희생자들의 기억, "가부장제, 인종차별주의, 계급차별주의, 유럽중심주의 등에 대한 인식, 아우슈비츠, 히로시마, 굴라그[gulag, 구소련의 강제노동 수용소]가 잘 보이지 않는다."[17]

---

14   David Tracy, "The Hidden God: the Divine Other of Liberation," *Cross Currents* 46 (1996), 7.

15   Tracy, "The Hidden God: the Divine Other of Liberation," 7.

16   Tracy, "The Hidden God: the Divine Other of Liberation," 7.

17   David Tracy, "God of History, God of Psychology," *On Naming the Present: Reflection on God, Hermeneutics, and Church* (Maryknoll, New York: SCM Press, 1994), 51. 근대의 진보신화를 바탕으로 한, 서구 중심의 낙관주의적 역사관에 대한 비판과 관련하여, 트레이시, 『다원성과 모호성: 해석학, 종교, 희망』, 171-209 참조.

2. "불가능성의 신"과 "프라그먼트" 형식

이상과 같은 근대 신론에 대한 비판 위에서 트레이시는 신을 어떻게 새롭게 사유할 수 있을지에 대해 고심한다. 그는 우선 인간의 자기 동일화 사유과정에 포획되지 않는 신의 타자적 초월성을 강조하기 위해 '불가능성의 신'(God as Impossible)이라는 개념을 제시한다. 그의 이 개념은 쇠얀 키에르케고어에게서 가져온 것으로, 근대 이성이 주도하는 전체성의 체계 안에 제한되거나 억압될 수 없는 신의 초월성을 상징적으로 나타낸 표현이다. 그는 '불가능성의 신'이라는 범주가 현 시대의 신 담론에 있어 테오스를 로고스의 지배로부터 해방시켜, 신 중심(God-centeredness)으로의 전환을 가능하게 할 대안이라고 말한다. 아울러, '불가능성의 신'이라는 이 개념을 그 자신의 1970년대 수정주의(revisionist) 신학에서 내세운 '실제성의 신'(God as Actual)과 1980년대 해석학적 사유 안에서 제시한 '가능성의 신'(God as Possible) 개념과도 구별한다. 그에 따르면, 근대적 사상가들에게, 신에 대한 논쟁은 '실제성'(actuality)과 '가능성'(possibility)에 대한 것이었다. 그들에게 '불가능성'은 부정적이고 당혹스러운 범주다. 가령, "베버(Weber), 듀이(Dewey), 하버마스(Habermas)와 같은 근대적 사상가들에게 불가능성이라는 범주를 도입하는 것은 웃음을 자아낼 일이었다."[18] 그에 따르면, 근대의 신

18 An Interview with David Tracy by Lois Malcolm, "The Impossible God," https://www.religion-online.org/article/an-interview-with-david-tracy/ (접속일:

담론은 신의 존재를 객관적이고 합리적인 근거 위에 세우기 위해 실제적인 것으로든 가능한 것으로든 인간의 구체적인 경험들에 착안했다. 예를 들어, 경험주의적 신학(슈버트 오그덴 신학, 자신의 수정주의 신학)[19]과 과정신학(찰스 하트숀)은 경험, 이성에 호소하면서 실제성에 강조를 두었고, 해석학적 신학은 상상력에 호소하면서 가능성을 추구했다. 하지만 트레이시는 '실제성'과 '가능성'이 아닌, '불가능성'의 신 개념이 존재–신론적(onto-theological) 굴레를 벗어나, 인간 의식 안에서 어떤 것으로도 환원될 수 없는 신 존재의 초과성, 과도함, 불가해성을 살려 낼 수 있는 대안이라고 말한다.

이러한 입장을 바탕으로 트레이시는 이 '불가능성의 신' 개념을 사유하고 설명하는 데 가장 알맞는 '형식'의 문제를 거론한다. 그것은 물론 전체주의적 합리성과 자기 현전적 주체성을 축으로 하는 근대적 신 담론의 형식과는 다른 것이어야 한다. 그가 찾은 형식은, '단편', '파편', '조각' 등으로 번역되는 '프라그먼트'(fragment)라는 형식이다. 프라그먼트(frag-ment)는 라틴어, '깨뜨리다', '부수다'의 뜻을 가진 'frangere'(프란제레)에서 온 말이다. 트레이시는 프라그먼트를 신에 대한 근대의 전체성, 통일성, 통합성의 사유(모든 종류의 '-isms')에 대한 해체를 상징하는 형식으로 전유한다. 그는 이 용어를 키에르케고어에게서 가져왔는데, 전체와 보편의 틀 속에 개체와

2021.11.10.).

19 여기 트레이시의 '경험주의적'(empirical)이라는 말은 영국의 경험론과 무관한, 단지, 인간의 경험을 기초로 신적 사유를 전개한다는 의미이다.

실존을 포섭하려는 사유에 저항했던 키에르케고어가 즐겨 사용한 글쓰기 형식이 바로 프라그먼트였다. 그래서 트레이시 또한 이 '형식'을 통해 신에 대한 자신의 탈근대적 사유를 제시하고자 하는 것이다. 최근 2020년에 발간한 책 제목도 『단편들』(*Fragments*)인데, 이것은 단순히 여러 단편적인 글들의 모음이라는 뜻을 넘어서는 그의 이러한 관심과 의도를 잘 대변하고 있다고 볼 수 있다.[20]

트레이시에 따르면, 글쓰기의 한 형식으로서의 프라그먼트(단편) 형태는 18세기 말, 근대 계몽주의에 저항한 독일의 낭만주의자들(대표적으로, 프리드리히 슐레겔, 아우구스트 빌헬름 슐레겔, 노발리스, 슐라이어마허, 프리드리히 셸링 등)에 의해서 문학 이론과 철학에서 하나의 '현상'으로 본격화되었다. 그리고 이것은 점차 더 넓은 범위의 예술가들과 사상가들(키에르케고어, 니체, 시몬느 베이유, 발터 벤야민 등)에게 확산되었는데, 이들이 사용한 '단편' 형식은 단순히 짧은 형태의 글들—예를 들어, 풍자시(epigrams)나 격언들(aphorisms)—만이 아니라, 단편 형식을 하나의 긴 작품으로 완성한 경우들도 있었다(니체, 키에르케고어 등).[21]

그렇다면, 그는 '불가능성의 신'을 가장 효과적으로 설명하기 위해 어떤 '단편' 형식들을 제안하는가? 그는 기존의 전통 가운데 우

---

20 트레이시는 2020년에 다음 두 권의 논문 모음집을 출간했다. David Tracy, *Fragments: the Existential Situation of Our Time* (Chicago: The University of Chicago Press, 2020); *Filaments: Theological Profiles* (Chicago: The University of Chicago Press, 2020).

21 Tracy, *Fragments: the Existential Situation of Our Time*, 4.

리가 재발견하여 계승, 발전시킬 만한 탁월한 것으로 두 가지의 단편 형식을 제시한다. 그는 이 형식들을 철학이 아닌, 그리스도교 신학 전통으로부터 가져온다. 특별히 그리스도교 신학 전통 가운데 근-현대 시대에 망각되고 주변화되었던 두 개의 신학 전통, 곧, 부정(apophatic)신학과 묵시(apocalyptic)사상이 그것이다. 그에 따르면 이 두 전통은 각각 성경에 기초한다. 부정신학은 성경의 현시(manifestation/meditation) 전통에, 묵시사상은 선포(proclamation/prophecy) 전통에 그 뿌리를 두고 있다.[22] 여기서 우리의 주목을 끄는 것은 트레이시의 신에 대한 새로운 탈근대적 사유의 출발점이 과거 그의 수정주의 신학에서 볼 수 있듯이, 모든 합리적인 사람이 동의할 수 있는 객관적이고 보편적인 토대(인간 공통의 종교적 경험)가 아니라, 구체적이고 특수한 지점, 곧 성경과 그리스도교 신학 전통, 그중에서도 주류로부터 타자화되었던 전통들이라는 점이다. 이러한 입장은 근대의 객관주의와 전체주의의 횡포를 탈피하는 대안으로, 구체적이고 고유하며 특수한 것으로의 회귀를 강조하는 탈근대성의 면모를 반영하고 있다고 할 수 있다.[23] 트레이시는 이 두 전통,

---

22   Tracy, "The Post-Modern Re-Naming of God as Incomprehensible and Hidden," 240-247 참조.

23   트레이시는 자신의 이러한 시도가 근대 이전의 과거 전통들로 회귀해 그 가치를 새롭게 재조명하려는 일련의 탈근대적 사상가들의 움직임과 궤를 같이 하고 있음을 시사하면서, 대표적으로, 장-프랑수아 리오타르(Jean-François Lyotard), 줄리아 크리스테바(Julia Kristeva), 미셸 푸코 등의 예를 들고 있다. 근대 주체 철학의 전체주의를 극복하기 위한 탈근대적 사유의 일반적인 특징으로, 근대 이성에 의해 비합리적인 것으로 폄하되었거나 망각되었던 것들, 곧 신화, 예술, 전근대적 사유-전통(대표적인 예로, 신비주

부정신학과 묵시사상이 신에 대한 전체성, 통일성, 통합성의 사유를 깨는 '단편'의 형식성을 갖췄다고 본다. 이 타자화되었던 전통들의 재조명을 통해서 신의 타자적 초월성에 다시 주목하고 그것을 재인식할 수 있는 단초를 마련해야 한다고 주장한다. 그렇다면 그가 신에 대한 탈근대적 사유의 대안으로 이 두 전통에 어떻게 접근하고 있는지 좀 더 구체적으로 살펴보도록 하겠다.

3. 신에 대한 탈근대적 사유의 대안: 부정신학과 묵시사상

부정신학과 묵시사상을 올바로 이해하기 위하여 먼저 언급되어야 할 것이 있는데, 바로 이 두 전통의 뿌리가 되는 성경의 두 전통, '현시'와 '선포' 전통이다.[24] 트레이시에 따르면, 그리스도교 신앙의 근간을 이루고 있는 현시와 선포라는 이 두 전통은 사실상 그리스도교뿐만 아니라 타종교들(주로 유일신 종교들)에서도 유사한 형태들을

의)의 재발견 및 복원을 들 수 있다. 이러한 보편적, 논리적 이성의 동일화 체계에서 타자화되었던 특수한 전통들의 복원은 망각된 진리의 근원이 "예술적 체험과 신화의 세계 안에서 새로이 인식될 수 있으리라는 희망"에 기반한다. 신승환, 『포스트모더니즘에 대한 성찰』(파주: 살림출판사, 2018), 83.

24 트레이시는 "현시"와 "선포"라는 용어를 리쾨르의 논문, Paul Ricoeur, "Manifestation and Proclamation," *The Journal of the Blaisdell Institute* 12 (1978), 13-35로부터 가져왔다. 그러나 트레이시는 현시와 선포의 의미를 전개하는 데 있어 리쾨르의 사상을 그대로 따르는 것이 아니라 자신의 신학적 취지에 맞게 새롭게 재해석했다. 트레이시는 이 두 전통에 대해서 그의 책, 『유비적 상상력』에서 상세하게 다루고 있다. Tracy, *The Analogical Imagination*, 202-218, 376-398. 본 글에서 이 두 전통에 대한 부분은 필자의 다음의 논문, 「그리스도교 신앙 전통의 해석학적 기반: 현시와 선포」, 「신학전망」, 제177호 (2012), 110-121 부분을 요약했다.

볼 수 있는데, 현시 전통은 주로 '신비가들'에 의해서 생겨나 묵상적 (meditative) 전통을 이루고, 선포 전통은 주로 '예언자들'에 의해서 발생하여 예언자(prophetic) 전통을 이룬다. 한 종교 안에 이 두 전통 계열이 서로 교차, 공존하고 있다는 것은 일반적으로 종교의 의미 체계가 단조롭지 않고 중층적이라는 것을 말해 준다. 더 근본적으로는 그 의미 체계가 반영하고 있는 신에 대한 인간의 종교 체험이 복합적임을 뜻한다. 어떤 의미에서 신학의 역사는 이 현시와 선포라는 원초적인 기반 전통으로부터 다양한 형태로 분화, 발전된 역사라고도 할 수 있다.

(1) 현시 전통

성경에서 현시 전통, 곧 '이 세상 가운데에 하느님의 현존'을 강조하는 전통이 가장 두드러지게 나타나는 곳은, 이 피조 세계 안에 존재하는 하느님의 임재와 구원 행위를 천명한 창조 사상(creation, 창세 1-2장)과 그것의 역사적 정점(頂點)을 말하는 육화 사상(incarnation, 필리 2,6-7; 요한 1,14; 콜로 2,9)이다. 요한복음서의 경우에는 인간 역사의 폭력적인 악과 죽음, 고난의 상징인 십자가조차도 하느님의 영광이 드러나는 현시의 공간으로 나타난다. 그리스도교 신앙은 창조와 육화 사상을 통해 근본적으로 이 세계와 역사를, 죄와 악과 고통이 끊임없이 만연한다 해도, 긍정할 수 있게 해 준다. 왜냐하면, 하느님의 창조물로서의 이 세상은 그 분의 현현(theophany)이 이루어지는 유일하고 절대적인 장소이기 때문이다. 사실상 이 세상이 없다면 신의 현현도 없는 것이다. 다시 말해서, 이 전통은 신의 창조물인 인간과 세계가 그분의 현존을 드러내는 성사적(聖事的, sacramental) 장소임을 핵심으로 한다.[25] 또한, 이 전통은 하느님의 현존과 세계 간의 상동성(correspondence)의 원리를 기초로 발달했는데,[26] 예를 들어, 소우주로서의 인간은 하느님의 형상(imago Dei)으로 표명되고, 이스라엘, 예루살렘, 성전 등은 하느님이 현존하는 세계의 모상(imago mundi)으로 나타난다.[27] 이 공간들은 하느님이 창조한 우주의 형상과 세계의 중심을 표상한다. 특히 하느님의 처소로 상징되는 성전(聖殿)은 우주의 중심으로서 하늘과 땅 사이를 교섭하는, 세계의 재성화(再聖化)의 구심점이다. 그리스도교 또한 교부 시대부터 교회를 천상의 예루살렘의 모사(模寫)로 보는 상동성의 원리를 계승, 발전시켰다. 현시 전통 안에서 보이는 이 모든 상징은 세계 속에서의 신의 현현을 무한히 연장하고, 끊임없이 그 현존을 분유(分有)하고자 하는 지향성의 표현이라 할 수 있다.

(2) 현시(묵상적) 전통에서 부정신학으로: "불가해성의 신"(God as Incomprehensible)

트레이시에 따르면, 하느님의 현존에 대한 절대적 긍정과 그 현존의 분유를 표명하고 있는 현시 전통(묵상적 전통)은 다양한 형태로 분화, 발달할 수 있는데, 특히 신비주의와 같이 고도로 강화된 형태

---

25 Tracy, *The Analogical Imagination*, 205-206 참조.

26 Ricoeur, "Manifestation and Proclamation", 20 참조.

27 미르치아 엘리아데, 『성(聖)과 속(俗)』, 이은봉 옮김(파주: 한길사, 2010), 70.

(intensification)로 발달한 대표적인 예가 부정신학(apophatic theology)이다.[28] 이 형태에서는 오히려 그 모든 분유함이 신의 초월성 앞에서 불가능해진다. 트레이시는 우리가 신에 대한 탈근대적 사유의 중요한 자산으로 되살려야 할 전통으로 특별히 위-디오니시우스의 부정신학(Pseudo-Dionysius the Areopagite, 5-6세기)에 주목한다.

위-디오니시우스의 부정신학의 핵심적 특징은 신의 절대적 초월성에 이르는 그의 3단계 변증법적 과정에 있다. 곧, '긍정,' '부정,' '부정의 부정'의 단계이다. 첫 번째, 긍정의(cataphatic) 단계에서 위-디오니시우스는 신이 창조한 피조세계의 모든 것을 활용하여, 자신의 최대한의 지적 능력 안에서 유비적으로 신에게 이름을 붙이려 노력한다. 그에 따르면, 찬란한 창조 세계와 성경의 계시들은 이러한 긍정의 단계를 가능하게 하는데, 이것은 신이 창조주로서 "모든 것의 원인"이라는 존재론적 긍정(ontological affirmation)을 전제한다.[29] 그는 말한다. "신에 대한 찬미의 노래들과 이름들은 창조세계 전체로부터 정확하게 연원한 것이다."[30] 그러나 이러한 유비에 의한 긍정의 단계는 머지않아 한계에 도달하게 되는데, 곧 신에 대한 우리의 어떠한 묘사도, 설사 창조세계의 모든 것을 다 동원한다 해도, 그 규정은 영원히 충분할 수 없다는 자각의 단계이다. 이 단계

---

28   David Tracy, "Theology and the Many Faces of Postmodernity," *Theology Today* 51 (1994), 114.

29   Pseudo-Dionysius, *The Complete Works*, trans. Colm Luibheid (London: SPCK, 1987), 56.

30   Pseudo-Dionysius, *The Complete Works*, 56.

에서 인간의 언어는 신에 대한 모든 긍정을 부정하는 역설의 형태를 취하게 된다. 즉, 여기서 신에 대한 우리의 언어는 "긍정(the cata-phatic)과 부정(the apophatic)의 이중 압박에 처하게 된다. 우리는 신에 대한 모든 것을 긍정하고 또 부정해야만 한다."[31] 트레이시는 이렇게 말한다. 이 단계에서 우리는 신에 대한 모든 긍정의 이름들을 성경의 현시 전통이 계시한 대로(출애굽기의 "나는 있는 나다"(출 3:14)라는 신의 자기 규정적 계시까지 포함하여) 확언해야 한다. 그러나 동시에 역설적으로 "그 이름들은, 궁극적으로 어떤 이름도 붙일 수 없는 불가해한 신(Incomprehensible God)을 규정하기에 항상 본질적으로 불충분한, 우리 지성의 한계로 인해 부정되고 파열되어야(fragmented)만"[32] 하는 것이다. 그러나 위-디오니시우스의 변증법적 과정은 여기서 그치지 않는다. 즉 신의 초월성에 대한 그의 신비적 관상은 한 걸음 더 나아가 마지막 단계에 이르게 되는데, 곧 '이중의 부정'(또는 파열, fragmentation)이 일어나는 단계이다. 이 단계에서의 '부정'은 단순히 긍정에 반한다는 의미에서의 '부정'이 아니다.

31 Denys Turner, *The Darkness of God: Negativity in Christian Mysticism* (Cambridge: Cambridge University Press, 1995), 22.

32 David Tracy, "Form and Fragment: The Recovery of the Hidden and Incomprehensible God," Tracy's Lecture at the Center of Theological Inquiry in Princeton in 1999. https://www.ctinquiry.org/publications/tracy.htm (접속일 13.09.02). 이 인터넷 자료의 프린트물을 사용함. 또한 이 글은 다음 책에 수록되었다. David Tracy, "Form and Fragment: The Recovery of the Hidden and Incomprehensible God," *The Concept of God in Global Dialogue*, eds. Werner G. Jeanrond and Aasulv Lande (Maryknoll, New York: Orbis Books, 2005), 98-114.

여기서의 '부정'은 신에 대한 긍정과 부정의 차이 자체가 사라진, 어떠한 긍정도 부정도 불가능한(ineffable) 상태에 이르는 절대적 부정이다. 즉, 긍정과 부정의 역설적 공존조차도 넘어서는 전면적인 부정의 상태이다. 이 단계에서 우리는 어떤 유비적 상상력도, 변증법적 부정도 작용할 수 없는 전면적인 무지의 상태(docta ignorantia)에 이르게 된다는 것이다.[33] 위-디오니시우스는 이 상태에 대하여 이렇게 말한다. 신은 "존재로도 비존재로도 규정될 수 없다 … 어둠과 빛, 오류와 진실—신은 이러한 어떤 것도 아니다. 그분은 긍정과 부정 너머에 있다. 우리는 그분에 이웃한 것은 긍정도 부정도 할 수 있지만, 그분 자체에 대해서는 그렇게 할 수 없다."[34] 오늘날의 신에 대한 반성을 위해 트레이시가 주목하고 싶은 부분이 바로 이 '이중 부정'의 사유다. 즉 우리의 모든 언어가 파열된 그 틈에서 과도한 실재(an excessive reality)로서의 신의 불가해성을 드러내는 사유의 방식이다. 이렇게 드러나는 신의 초월성 앞에서 우리는 "이제 경배자로서, 규정의 언어가 아닌, 찬미와 기도의 언어로 들어갈 수밖에 없다."[35] 웨스트폴의 말에서도 이와 유사한 신비주의적 색채가 드러난다. "우리가 신의 존재를 하나의 '공리'(theorem)라기보다 '신비'로 남아 있게 할 때, 존재-신론(onto-theology)은 영광의 성가

---

33 Turner, *The Darkness of God: Negativity in Christian Mysticism*, 19.

34 Pseudo-Dionysius, *The Complete Works*, 141.

35 Tracy, "Form and Fragment: The Recovery of the Hidden and Incomprehensible God."

(doxology)로 바뀔 것이다."[36] 요약하면, 트레이시는 위-디오니시우스의 신에 대한 신비주의적 전망에서 "신에 대한 근대의 존재-신론적 규정의 형태"를 벗어날 수 있는 길을 보는 것이다.[37] 다시 말해서 그에게 부정신학적 전망은 신의 타자적 초월성을 회복시키려는 탈근대적 사유의 발전에 유용한 자원이 되는데, 그것은 근대 주체의 환상(모든 실재의 근거로서의 자아)을 깰 뿐만 아니라, 신의 불가해성(incomprehensibility)을 신 존재의 절대적 긍정으로 볼 수 있게 해 준다는 점에서도 그러하다.[38]

(3) 선포 전통

트레이시가 부정신학적 전통과 더불어 오늘날 신의 초월성을 반성하는데 되살리고 싶은 또 다른 단편 형식의 전통은 묵시사상이다. 성경 안에서 이 묵시사상의 뿌리는 선포 전통으로서, 현시 전통을 비판적으로 견제하는 상대자로서 등장했다. 선포 전통이 가장 두드러지게 나타나는 곳은 예언서, 묵시 문학, 예수의 비유, 테살로니카서, 요한 묵시록 등이다. 선포 전통에서 하느님은 (현시 전통과 다르게) 세계 안에 성사적(聖事的)으로 현존하지 않고, 역사 안에서 예언적 말씀과 행위로 등장한다. 선포 전통은 현시 전통이 강조하는, 하느님이 현존하는 이 세계와 역사에 대한 긍정에 충격을 가한다. 선포 전통 안

---

36 Westphal, *Transcendence and Self-Transcendence*, 119.

37 Tracy, "The Post-Modern Re-Naming of God as Incomprehensible and Hidden," 240.

38 Tracy, "The Post-Modern Re-Naming of God as Incomprehensible and Hidden," 240.

에서의 하느님은 경고와 위협의 말씀을 통해, 우리가 구원의 실재에 속해 있다는 안일한 자만심(complacency)과 확신을 흔들어 놓는다. 하느님의 구원이 우리가 구축해 놓은 "이 문화, 이 성직제도, 이 땅, 이 제의(祭儀)로 충분할 것이라는 환상"에 경고를 보낸다.[39] 이 전통을 통해서 우리는 하느님의 이름으로 자행되는 사회적, 정치적, 종교적 억압, 불의, 우상화에 대한 비판을 듣는다. 예를 들어 선포 전통은 현시 전통이 중시하는 종교 의례 행위가 의례주의(ritualism)가 될 수 있음을 경고한다. 또한 예언자들의 입을 통하여 이스라엘의 악행에 대한 하느님의 심판이 제의의 본영(本營)인 성전의 파괴로까지 이어질 수 있다고 선언한다.[40] 곧 의례가 하느님이 명하신 자비와 평화, 정의의 실천에 우선할 수 없다는 입장이다. 이와 같이 선포 전통은 예언자들을 통한 하느님의 말씀 선포로 우리의 왜곡된 종교적, 정치적 신념과 행위에 경종을 울리는데, 기존의 유대교적 관행과 실천에 대한 비판을 서슴지 않았던 예수 자신도 이 전통에 서 있다고 할 수 있다. 이 전통은 각 시대의 종교, 정치 문화, 전례 행위, 교계 제도, 사

---

39 Tracy, *The Analogical Imagination*, 209.

40 이스라엘의 악행으로 인한 성전 파괴에 대해서 미카서 3, 9-12는 다음과 같이 경고한다. "올바른 것을 역겨워하고 올곧은 것마다 왜곡하는 야곱 집안의 우두머리들아 이스라엘 집안의 지도자들아, 이 말을 들어라. 너희는 피로 시온을, 불의로 예루살렘을 세운다. 그 우두머리들은 뇌물을 받아 판결을 내리고 사제들은 값을 받아 가르치며 예언자들은 돈을 받고 점을 친다. 그러면서도 그들은 주님을 의지하여 '주님께서 우리 가운데에 계시지 않느냐? 우리에게는 재앙이 닥칠 리 없다.' 하고 말한다. 그러므로 너희 때문에 시온은 갈아엎어져 밭이 되고 예루살렘은 폐허 더미가 되며 주님의 집이 서 있는 산은 수풀 언덕이 되리라." 또한 예레미야 7, 1-34; 에제키엘 4,1-17 참조(가톨릭 구약성경, 2005년도 새 번역판).

제직 수행 등에서 나타날 수 있는 부정부패, 자기 우상화, 위선을 폭로한다.[41] 또한 우리가 규정한 하느님의 현존의 모습이 실상은 우리의 헛된 꿈과 야망, 욕구의 투영일 수 있음을 일깨운다. 이러한 차원에서, 선포 전통은 우리의 신념, 야망, 우상화로 인해 결코 왜곡될 수 없는 하느님의 절대적인 '초월성'을 강조한다. 트레이시에 따르면, 선포 전통이 의도하는 것은 이러한 하느님의 초월성을 재확인시키면서, 우리의 안일하고 자만한 믿음의 행태에 비판적 거리두기(distanciation)를 요청하는 것이다. 그리고 이 거리두기는 예언서 전통과 예수의 복음 선포에서 나타난 것과 같이 우리의 구체적이며 현실적인 윤리적 자각과 실천을 독려한다. 그것은 곧 "하느님의 말씀과 행위 앞에 책임 있는 자아, 이 세상과 역사 앞에 책임 있는, 양심과 이웃에 책임 있는, … 윤리적으로 정치적으로 책임 있는 자아"로의 부름이다.[42]

(4) 선포(예언자) 전통으로부터 묵시 사상으로: 신의 은닉성(God as Hidden)

트레이시는 묵시사상을 선포 전통(예언자 전통)이 고도로 강화(intensification)되어 출현한 형태로 본다. 그가 부정신학 논의에서 위-디오니시우스를 재조명했다면, 묵시사상과 관련해서는 신의 초월성을 극단적 형식으로 보여 준 인물로 마르틴 루터(1483-1546)를 주목한다.

---

41   이러한 내용과 관련하여, 아모스 5, 10-12; 6, 3-6; 이사야 1, 21-23; 5, 8-23; 28, 7-8; 예레미야 5, 25-31; 6, 20; 7, 1-11; 8, 10-12; 호세아 4, 4-19; 마르코 7, 1-23; 12, 38-40; 마태오 15, 1-20; 23, 1-36; 루카 11, 37-52; 12, 1; 20, 45-47 참조.

42   Tracy, *The Analogical Imagination*, 209.

그는 루터가 처음으로 '숨어 있는 신'(deus absconditus) 사상에 대한 완성도 있는 신학을 제시했다고 말한다. 위-디오니시우스가 신의 불가해성을 부정의 3단계 변증법으로 설명했다면, 루터는 신의 은닉성(God as Hidden)을 두 단계의 사유로 성찰한다.

루터에 따르면, 신의 자기 계시가 가장 극명하게 드러난 곳은 예수 그리스도의 십자가로, 신은 이 사건 안에서 숨어 있는 신, 침묵의 신으로 자신을 드러낸다(Hiddenness I). 즉, 계시하는 신(deus revelatus)과 숨어 있는 신(deus absconditus)은 서로 상반된 것이 아니라, 일치하는 것임이 십자가에서 드러나는 것이다. 루터에게 있어, "신은 죄에 물든 인간들에게 대립의 형식으로(sub contrariis), 즉 죽음을 통한 삶, 어리석음을 통한 지혜, 비천함을 통한 강함으로 자신을 드러낸다. 숨어 있는 신은 겸비할 뿐만 아니라 모욕을 당한다. 육화된 신, 고난 속에 숨겨진 신(deus incarnatus, deus absconditus in passionibus)"이다.[43]

그러나 루터는 이 전망에서 한 단계 더 나아간다. 그것은 십자가 상에서의 신의 침묵보다 더 깊은 차원에 자리한 신의 은닉성인데, 이전 단계의 은닉성을 초월하는 '숨어 있음'이다(Hiddenness II). 다시 말해서, 그것은 예수 그리스도의 육화로 계시된 말씀을 넘어선 차원의 은닉성이다. 그는 하느님의 계시된 말씀(예수 그리스도)과 그 계시 바깥에 미지의, 접근 불가의 신 자신을 구분한다. 즉, 예수 그

43   David Tracy, "The Hidden God: The Divine Other of Liberation," *Cross Currents* 46 (1996), 9.

리스도 안에서 계시된 것과 완벽하게 상응하지 않는, 그것을 넘어서는 하느님의 무한한 영역이 있다는 것이다. 루터에게 있어, 이 영역이 상징하는 하느님의 은닉성은 그의 육화된 말씀도 제약할 수 없는 하느님의 절대적인 초월성이다. 루터의 전망에서 볼 때, 이러한 하느님의 육화된 말씀과 하느님 자신 간의 구분을 인정하지 않는 것은 그분의 자유로운 절대적 주권을 부정하는 우상화에 지나지 않는다. 육화의 계시를 넘어선 이 신비의 영역은 신앙으로도 절대 진입할 수 없는 어둡고 두려운 심연이다. 신앙은 이 하느님의 공포스러운 타자성을 이길 수 없다. 다만, 이 하느님의 은닉성이 주는 공포로부터 인간의 자기 확신적, 자기 만족적, 자기 도취의 신앙이 분쇄될 뿐이다.

트레이시는 오늘날 신의 초월성 문제에 대한 반성에 있어, 루터의 이 두 번째 단계의 신의 은닉성(Hiddenness II) 개념을 새롭게 되살려 볼 가치가 있다고 말한다. 특별히 루터의 이 전망은 단순히 개인적 차원이 아니라 사회적, 정치적 해방운동의 차원에서 수용되어야 할 필요가 있다고 주장한다.[44] 그는 루터가 바라본, 신의 접근 불가의 공포스러운 은닉성을 묵시적인 것으로 보고, 이 사상이 근대의 낙관주의적 사관, 즉 역사를 승자의 목적(telos)을 향한 전진의 과정으로 보는 신념에 제동을 걸 수 있다고 보았다. 이러한 낙관주의적 사관에서 근대 이성이 주도하는 동일화 사유는 모든 초월성

---

44   Tracy, "The Hidden God," 13.

(신의 초월성을 포함하여), 타자성, 이질성, 특수성을 비실체적인 것으로 억압하고 진보의 거대서사 안에 통합시킨다. 그리고 이 동일화 체계에서, "그러한 [거대서사적] 이념들의 무자비한 횡포하에 고통당한 희생자들은 애초부터 망각되거나, 그 발전 과정의 한 기능으로 전락된다."[45] 트레이시가 루터의 급진적인 묵시적 전망으로부터 복원, 부각시키고 싶은 것은, 신은 단순히 어떤 초시간적 무한자가 아니라, (욥기, 애가, 시편, 마르코 복음서에서 볼 수 있듯이) 인간의 구체적인 역사에 개입하는 실재로서, 때때로 공포, 폭력, 혼돈으로 경험되는 숨겨진 힘의 존재라는 점이다. 그는 오늘날 이러한 숨겨진 힘으로서의 신적 자기 계시가 근대의 전체주의적 역사 속에서 억압되었던 사람들의 저항과 투쟁 속에서 가장 강력하게 드러날 수 있다고 본다. 그는 이렇게 말한다. 숨어 있는 신(God as Hidden)이 "이제 우리에게 다가온다. 무엇보다도 단절의 경험과 모든 사람의 고통의 기억, 특별히 근대의 거대 서사에 의해 소외되고, 주변화되고, 정복되었던 모든 사람의 고통의 기억을 통해서" 다가온다.[46] 이러한 경험 속에서 신은 어떤 "위안이 되는 −론('ism')이 아니라," 불가해한 그러나 해방하는 "희망−너머의−희망"(hope-beyond-hope)으로 사유된다.[47] 요컨대, 트레이시에게 있어, 루터의 신의 은닉성에

---

45 Lieven Boeve, "God Interrupts History: Apocalypticism as an Indispensable Theological Conceptual Strategy," *Louvain Studies* 26 (2001), 210.

46 Tracy, "The Hidden God," 8.

47 Tracy, "The Hidden God," 7-8.

대한 사상은 "신에 대한 많은 근대 담론들(루터파 담론을 포함하여)의 피상성"을 비판적으로 바라보게 하고, 또한 유대-그리스도교의 묵시사상을 신에 대한 탈근대적 사유의 유용한 형식으로 재발견하게 하여, '신을 다시 신답게' 귀환시키는 데 활용될 수 있는 탁월한 자원인 것이다.[48]

III. 결론

이상에서 우리는 트레이시의 신에 대한 탈근대적 반성을 살펴보았다. 이 결론 부분에서 우리는 트레이시의 입장을 크게 두 개의 주제로 정리해 보고자 한다. 첫째는, 신학의 공공성 문제이다. 근대 신 담론들에 대한 그의 비판은 그 담론들이 오늘날 더 이상 공적 담론으로서 설득력을 갖지 못하고 있다는 자각과 인식에 기초한다. 그러나 아이러니한 사실은, 트레이시 자신이 1970년대 『질서를 향한 복된 열정』(Blessed Rage for Order)에서 기초신학 작업으로 시도한 수정주의(revisionist) 신학이나 1980년대 『유비적 상상』(The Analogical Imagination)에서 조직신학 작업으로 시도한 해석학적 신학이나 모두 동일한 목적, 곧 공공성(publicness)을 추구한 신학이었다는 점이다. 특히 그가 수정주의 신학에서 추구한 공공성은, 가장 근

---

48   Tracy, "The Hidden God," 11.

본적인 차원의 것으로서, 그리스도교 신앙에 대한 전제 없이도, "모든 지적이고, 합리적이며, 책임 있는 사람들이" 이해하고, 판단하며, 비판할 수 있는 객관적이고, 합리적인 신학적 논증을 세우는 것이었다.[49] 따라서 신 존재의 규명도 초자연적 계시나 신앙 고백적(confessional) 교리에 의거하지 않고 철학적 반성을 통해 인간 경험 안에 존재하는 종교적 차원을 밝혀내어, 그것을 보편적 실재로서의 신을 정당화하는 객관적 토대로 삼는 방식을 취한다. 즉, 신을 이렇게 밝혀낸 인간의 보편적인 종교적 차원에 대한 객관적인 지시체(objective referent)로 정당화하는 것이다. 트레이시는 이 정당화에 필요한 개념적 도구들로 슈버트 오그덴의 존재-신론적 형이상학과 찰스 하트숀의 과정신학적 형이상학을 활용한다. 결과적으로, 그의 수정주의 신학은 오늘날 이러한 존재-신론적 형이상학과 과정신학적 형이상학을 수용하지 않는 이들(현재 트레이시 자신과 같은)에겐 공적 담론으로서의 설득력을 얻기 어려운 것이 된다. 다시 말해서, 그의 수정주의 신학도 결국 그가 비판하는 객관주의적이고 전체주의적인 하나의 근대 신론('ism')인 것이다.

두 번째로 우리를 주목케 하는 주제는 타자성의 문제이다. 트레이시의 탈근대적 사유의 중요한 관심은 바로 이 '타자성', 곧 신의 타자성과 이웃들의 타자성 문제에 있다. 그는 로이스 말콤(Lois Malcolm)과의 인터뷰에서, 1990-2000년대 그의 신학적 사유에 가

---

49 Tracy, "Preface," *Blessed Rage for Order: The New Pluralism in Theology* (Chicago and London: The University of Chicago Press, 1996 edition), xiii.

장 큰 영향을 준 요소를 "고통, 특별히 무고한 고통"이라고 하면서 이렇게 말했다. "자아의 죽음은 타자의 죽음만큼 중요하지 않다. 특별히 그리스도교 교회들의 승리를 포함한 승리의 역사에 의해 유린당한 사람들[의 고통]. 이러한 고통에 대해 주의를 기울이는 것― 그리고 고통받는 사람들로부터 듣고 배우는 것이 중대하다."[50] 이에, 그의 신학적 관심은 "지적 토대주의와 그것의 제도적 대응물들, 문화적 제국주의와 교회의 승리주의를 타파하는 것"이라고 표명한다.[51] 이러한 문제의식하에 그는 소위 '타자성'의 신학(신의 타자성과 이웃들의 타자성)을 위한 길을 탈형이상학적, 탈존재-신론적 사유를 통해 모색하고자 했다. 그는 이 길을 위한 가능성을 부정신학(대표적으로, 위-디오니시우스)과 묵시사상(대표적으로, 마르틴 루터)에서 발견하고, 이 전통들에 대한 재해석을 통해 어떤 잠정적인 대안을 제시하고자 했다. 즉, 그는 부정신학과 묵시사상에 모든 전체주의적 신론에 저항하는 '불가능성의 신'(God as Impossible)의 개념이 가장 급진적이고 강렬하게 드러나 있다고 보았다. 부정신학이 지적 전체주의적 체계를 해체시키고 예배와 관상의 언어를 단편 형식으로 방출한다면, 묵시사상은 제국주의적 신정론(theodicy)에 제동을 걸

---

50 The Impossible God: An Interview with David Tracy by Lois Malcolm, 2002. https://www.religion-online.org/article/an-interview-with-david-tracy/ (접속일: 2021.11.10).

51 David Tracy, "Beyond Foundationalism and Relativism: Hermeneutics and the New Ecumenism," in *On Naming the Present: Reflections on God, Hermeneutics, and Church*, ed. David Tracy (Maryknoll, New York: Orbis Books, 1995), 139.

고, 역사 속의 고통스러운 악의 기억들을 단편 형식으로 내어 놓는다. 부정신학이 "순전한 사랑의 초월적 넘침"(the transgressive excess of sheer love)으로 이해되는, 불가해한 신으로 가는 길을 제시한다면, 묵시사상은 해방하는 "절망 너머의 희망"(hope beyond hopelessness)으로 이해되는 숨어 있는 신을 향해 가는 길을 제시하는 것이다.[52] 트레이시에 따르면, 우리는 이 두 개의 전통이 모두 필요한데 (이 전통들의 뿌리인 현시와 선포 전통 모두가 필요하듯이), 이 둘은 변증법적 관계에서 서로를 보완해 준다.[53] 즉 부정신학이 말하는 하느님의 "초월적 넘침", "초과적 실재성"과 묵시사상이 말하는 하느님의 철저한 "은닉성"은 서로를 견제하는 긴장 속에서 하느님의 타자성을 가장 탁월하게, 또한 효과적으로 말할 수 있다는 것이다. 결론적

---

[52] David Tracy, "The Return of God in Contemporary Theology," *On Naming the Present* (Maryknoll, New York: Orbis Books, 1995), 43.

[53] 여기 '변증법적'(dialectical)이란 말의 뜻은, (헤겔의 변증법 개념을 떠나서), 동일률을 근본원리로 하는 형식논리와 달리, 대립 또는 모순을 근본원리로 하여 사물의 운동을 설명하려는 논법을 말한다. 즉, A와 B가 서로 대립적 또는 모순적 관계이지만 서로를 배제하지 않고 상호 필요로 하는 관계에 있음을 말한다. 트레이시에 따르면, 유대-그리스도교 신앙의 이해에 있어, 앞서 살펴본 현시와 선포 전통을 이원론적으로 이해해서는 안 된다. 그리스도교 신앙의 생명력은 이 두 개의 전통이 서로를 견제하면서 유지시키는 그 긴장성에 있다. 이 두 전통은 서로를 배제하는 것이 아니라 서로를 필요로 하며 상호 의존적이고, 상호 보완적인 관계로 발달해 왔고, 또 그렇게 존재해야 한다는 것이다. 요컨대, 그는 어느 한 전통에 우위를 두지 않는, 두 전통의 '변증법적' 균형을 강조한다(이 문제와 관련해서, Tracy, *The Analogical Imagination*, 218을 보라). 다시 말해서, "그리스도교는 [이 두 전통 중] 어느 쪽 '하나'만으로 존재할 수 없다. 그리스도교는 현시와 선포, 이 두 전통의 범례적 힘(paradigmatic power)에 의해, 그리고 그 힘 안에서 존재한다."(Tracy, *The Analogical Imagination*, 214). 같은 논리로, 이 두 전통의 범례적 힘에 기초한 부정신학과 묵시사상도 그리스도교 신앙 안에서 어느 한 쪽으로 치우치지 않는 상호 의존적, 상호 보완적 관계를 필요로 한다.

으로, 그는 이렇게 선언한다. "신학은 다시는 어떤 체계에 의해 길들여지지 않을 것이다. 근대, 전근대, 탈근대, 어떤 체계로도. 신학은 전체성을 대변하지 않기 때문이다. 그리스도교 신학은, 그 최선으로, 예수 그리스도의 겸비적 실재(the kenotic reality of Jesus Christ) 안에 계시된 무한(the Infinity)을 예언적으로 그리고 묵상적으로 체험한 모든 타자들을 통한 그 타자(the Other)의 목소리이다."[54]

마지막으로 본고를 마무리하면서, 트레이시의 신에 대한 탈근대적 사유가 필자로 하여금 생각하게 하는 것, 두 가지만 피력하고자 한다.

첫째, 트레이시의 근대 신론에 대한 비판은 우리의 신학적 반성도 예외 없이 자기의식 안에 모든 것을 포괄하려는 전체성의 이념에 종속될 수 있음을 보여 준 작업이었다. 그리고 그가 이러한 전체주의적 사유에 파열을 가하기 위해 제안한 프라그먼트 사유형식은, 우리로 하여금 전체성을 향한 욕망을 제어하게 하는 데 매우 유용하다고 본다. 트레이시의 말대로, 세상에 존재하는 모든 전통은 사실상 모두 프라그먼트들이다. 성경만 해도, 그 안에 하나로 통합될 수 없는 수많은 사유의 조각들이 교차적으로 공존하며 전승되어 왔다. 신약성경의 사복음서, 서간들도 각각 그 정경 전체를 이루는 프라그먼트들이다. 바로 이러한 전통의 프라그먼트적 특징은 세계

---

54   David Tracy, "Theology and the Many Faces of Postmodernity," *Theology Today* 51 (1994), 114.

에 대한, 앎에 대한 우리의 전체주의적 추구가 헛된 것임을 깨닫게 해 준다. 가령, 우리의 한평생에 걸친 지적 추구의 행위도 기껏해야 수많은 전통 중에 몇몇의 프라그먼트들만을 접하고 이해하고 수용할 수 있을 뿐이다. 약 2000년간 축적되어 온 그리스도교 신학 전통 하나만을 알려고 해도 몇 번의 생이 필요할지 모른다. 즉, 우리의 모든 지적 활동들은 기껏해야 프라그먼트의 차원에서 이루어지고 있으며, 전체성 안에서 이루어질 수 없다는 것을 자각할 필요가 있다. 요컨대, 프라그먼트 사유 형식은 신과 세계를 자기의식의 표상 안에 전체적으로 포섭할 수 있다는 자기 기만적 환상을 깨뜨리는 데 유용한 형식이다.

둘째, 트레이시의 신에 대한 탈근대적 사유는 결과적으로 일종의 신비주의로 귀결하고 있다고 본다. 그의 최근의 책 『단편들』(Fragments)에 실린 논문, 「공적 영역에서의 종교: 공공성의 세 형태」에서, 그는 신비주의도 하나의 사유 형태로서 새로운 차원의 공공성을 지닌다고 말하고 있다.[55] 그가 주목한 위-디오니시우스의 부정 신학적 전망은 신을 온전한 신비로, 인간을 순전한 경배자로 있게 하는데, 인간이 이러한 형식으로만 신 존재에 대한 참다운 긍정을 경험할 수 있다고 보기 때문이다. 신에 대한 논증자가 아닌 경배자로 존재하려는 것은 신을 알고자 함이 아니라, 신과 내가 하나가 되는 신비적 합일(合一)을 지향하는 것인데, 이것은 어떤 의미에서 신

---

55 David Tracy, "Religion in the Public Realm: Three Forms of Publicness," in *Fragment*, 281-287 참조.

을 전일적(全一的)으로 소유하고자 하는 전체성에 대한 또 다른 형태의 욕망이 아닐지 생각해 본다. 이성적 판단이 유보된 이러한 신비주의는 하나의 새로운 보수주의, 또는 맹목의 근본주의와 구별되어야 할 필요가 있다고 본다.

마지막으로, 1990년 이래 30년 이상,[56] 오직 한 주제, "불가능성의 신", "무한히 사랑하시는 하느님", "삼위일체의 하느님"에 대해 사색하고 탐구해 온 노 신학자의 건강을 기원하며, 세계 신학계가 기대하고 있는, 그분의 열정과 삶의 결정체가 될 삼위일체 3부작의 출간을 겸허하게, 그리고 흥분된 마음으로 기다려 본다.

---

[56] 필자는 트레이시와의 몇 차례 이메일 교신을 통하여, 그가 1990년대 말에서 2000년대 초에 걸쳐, 항암치료(chemotheraphy) 등 힘겨운 투병 생활을 했던 것으로 안다. 이러한 건강상의 문제가 그의 저술 활동에 한 동안 공백을 가져왔지만, 다행히 현재는 무난히 초청강의와 집필활동을 하는 것으로 전해진다.

더 읽을거리

The Analogical Imagination: Christian Theology and the Culture of Pluralism

● David Tracy, New York: Crossroad, 1981.

트레이시에게 있어, 신학은 단지 교회의 자기이해(self-understanding)에 대한 내적 기술(internal description)이라기보다, 세 개의 공적 영역들(publics)—교회(조직신학), 학계(기초신학), 일반 사회(실천신학)를 대상으로 하는 공적 담론이다. 이 책에서 그는 공적 담론으로서의 신학을 위해, 이 세 개의 공적 영역들이 요구하는 공공성의 특징과 (학문적으로 갖추어야 할) 공적인 기준들(public criteria)을 제시한다. 그러나 이 책의 가장 긴 부분을 차지하고 있는 본론은 조직신학의 방법론에 대한 것이다. 그는 조직신학을 하나의 해석학적 작업으로 보고, 의미의 초과성(surplus of meaning)과 영속성(permanence)을 특징으로 하는 '고전'(classic)에 대한 해석학적 이론을 정립하고, 그 이론을 일반 종교적 고전, (그리스도교의 고전인) 성경 텍스트, 예수 그리스도 사건에 적용 및 해석을 시도한다. 이로써 조직신학의 성격을 새로이 규명하고 있다. 그리고 끝으로 이 책의 제목으로 쓰인 "유비적 상상력"과 관련하여, 이 상상력이 어떤 의미에서 현대의 다원주의적 상황에서 이 모든 해석학적 작업에 유용한 전략인지 해명한다.

『다원성과 모호성: 해석학, 종교, 희망』

● 데이비드 트레이시 지음, 윤철호·박충일 옮김. 서울: 크리스천헤럴드, 2007

트레이시는 이 책에서 다원성과 모호성을 특징으로 하는 현시대의 탈근대적 상황에 대한 분석을 통해 서구 근대 주체 철학이 표방한 자기근거적, 자기현전적 자아의 해체와 진보신화를 바탕으로 한 유럽중심적인 역사관의 붕괴를 다각적이며 폭넓은 논의를 통해 설파한다. 또한, 탈근대적 상황에서의 진리 추구 문제와 관련해서, 현대의 해석학에서 발달시킨 대화(conversation)모델과 게임(game)이론을 바탕으로 한, 신학의 해석학적 인식론을 시도한다.

Fragments: the Existential Situation of Our Time

● David Tracy, Chicago: The University of Chicago Press, 2020.

2020년에 25년 만에 출간된 트레이시의 책이다. 그가 최근에 강조하고 있는 신에 대한 사유형식인 "프라그먼트"를 제목으로 1970년대부터 최근 2016년도에 발표한 것들까지 총 16편의 논문을 실었다. 그가 전문 분야로 하고 있는 주제들로 꾸며졌다. 총 4개의 큰 주제, 1) 오늘날의 실존적 상황 2) 해석학 3) 공공성과 공공신학 4) 종교, 신학, 그리고 대화로 이루어져 있다. 트레이시가 이전의 책들에서 많이 다룬 주제들이지만 최근의 시각들이 반영되어 있다.

Filaments: Theological Profiles

● David Tracy, Chicago: The University of Chicago Press, 2020.

이 책은 *Fragments*와 동시 출간된 책이다. 이 책도 논문집인데, 일종의 신학적 인물 평전이다. 트레이시의 신학과 삶에 큰 영향을 끼친 신학자, 사상가, 예술가, 시인들을 다뤘다. 그의 스승들로서 버나드 로너건(1904-1984), 칼 라너(1904-1984), 폴 틸리히(1886-1965), 라인홀드 니버(1892-1971)에 대해 썼고, 아우구스티누스, 미켈란젤로, 시몬느 베이유(1909-1943), T. S. 엘리엇(T. S. Eliot, 1888-1965)에 이르기까지 총 21편의 글이 실려 있다. 다양한 인물들의 사상을 트레이시 특유의 색채로 조명했다. 대부분 2000년 이후의 (2018년도의 글까지 있음) 글들로 이 책 역시 그의 근래의 사유를 알아볼 수 있는 책이다.

참고문헌

강영안, 『주체는 죽었는가: 현대 철학의 포스트 모던 경향』. 서울: 문예출판사,
    1996.

김연희, 「그리스도교 신앙 전통의 해석학적 기반: 현시와 선포」. 『신학전망』 제177
    호 (2012): 94-124.

신승환, 『포스트모더니즘에 대한 성찰』, 파주: 살림출판사, 2018.

데이비드 트레이시, 『다원성과 모호성: 해석학, 종교, 희망』. 윤철호·박충일 옮김.
    서울: 크리스천헤럴드, 2007.

Boeve, Lieven. "God Interrupts History: Apocalypticism as an Indispensable
    Theological Conceptual Strategy." *Louvain Studies* 26 (2001): 195-216.

Pseudo-Dionysius. *The Complete Works*. Translated by Colm Luibheid. Lon-
    don: SPCK, 1987.

Ricoeur, Paul. *Du texte à l'action: Essais d'herméneutique*. Tome. Ⅱ. Paris:
    Éditions du Seuil. 1986,

_____. "Manifestation and Proclamation." *The Journal of the Blaisdell Insti-
    tute* 12 (1978): 13-35.

Tracy, David. *Blessed Rage for Order: The New Pluralism in Theology*. Chicago
    and London: The University of Chicago Press, 1996 edition.

_____. *The Analogical Imagination: Christian Theology and the Culture of
    Pluralism*. New York: Crossroad, 1981.

_____. *Dialogue with the Other: The Inter-Religious Dialogue*. Louvain:
    Peeters Press, 1990.

_____. *On Naming the Present: Reflection on God, Hermeneutics, and
    Church*. Maryknoll, New York: SCM Press, 1994.

_____. *Fragments: the Existential Situation of Our Time*. Chicago: The University of Chicago Press, 2020.

_____. "The Role of Theology in Public Life: Some Reflections." Word & World 4:3 (1984): 230-232.

_____. "The Post-Modern Re-Naming of God as Incomprehensible and Hidden." *Cross Currents* 50 (2000): 240-247.

_____. "Form and Fragment: The Recovery of the Hidden and Incomprehensible God," Tracy's Lecture at the Center of Theological Inquiry in Princeton in 1999. https://www.ctinquiry.org/publications/tracy.htm (접속일 13.09.02); "Form and Fragment: The Recovery of the Hidden and Incomprehensible God." *The Concept of God in Global Dialogue.* Edited by Werner G. Jeanrond and Aasulv Lande, 98-114. Maryknoll, New York: Orbis Books, 2005.

_____. "The Hidden God: the Divine Other of Liberation." *Cross Currents* 46 (1996): 5-16.

_____. "Beyond Foundationalism and Relativism: Hermeneutics and the New Ecumenism." *On Naming the Present: Reflections on God, Hermeneutics, and Church.* Edited by David Tracy, 131-139. Maryknoll, New York: Orbis Books, 1995.

_____. "Theology and the Many Faces of Postmodernity." *Theology Today* 51 (1994), 104-114.

_____. "God, Dialogue and Solidarity: A Theologian's Refrain." *Christian Century* 107 (1990): 900-904.

_____. The Impossible God: An Interview with David Tracy by Lois Malcolm, 2002. https://www.religion-online.org/article/an-interview-with-david-tracy/ (접속일: 2021.11.10).

_____. In Praise of Fragments: An Interview with David Tracy by Kenneth L. Woodward. September 25, 2019. https://www.commonwealmagazing. org/praise-fragments (접속일: 2022. 1. 01).

Turner, Denys. *The Darkness of God: Negativity in Christian Mysticism*. Cambridge: Cambridge University Press, 1995.

Westphal, Merold. *Transcendence and Self-Transcendence: On God and the Soul*, Bloomington, IN: Indiana University Press, 2004.

Younhee, Kim. *The Quest for Plausible Christian Discourse in a World of Pluralities: The Evolution of David Tracy's Understanding of 'Public Theology'* (Religions and Discourse vol. 35). Bern: Peter Lang AG, Internationaler Verlag der Wissenschaften, 2008(New edition).

_____. "David Tracy's Postmodern Reflection on God: Towards God's Incomprehensible and Hidden Infinity." *Louvain Studies* 30 (2005): 159–179.

4. 귀납논증을 통해 신의 존재를 증명하는 그리스도교 철학자

리처드 스윈번

최경환

I. 서론

리처드 스윈번(Richard Swinburne)은 수많은 저서와 논문을 통해 그리스도교 신앙이 합리적이며 철학적으로도 충분히 의미 있는 신념이라고 설명한 영국의 대표적인 그리스도교 철학자다. 스윈번이 활동하던 20세기 중반 영국에서는 종교철학이 새로운 전환점을 맞이하고 있었다. 그 이전까지 종교철학은 철학 토론에 끼지 못하고 그저 변방에서 서성이는 꼴이었다. 그러나 종교철학을 연구하는 철학자들이 분석철학이라는 방법론을 등에 업고 비판적 학문의 장에서 조금씩 두각을 나타내기 시작하더니 1960년대 이후부터는 다양한 내용과 주제로 주목을 받기 시작했다. 당시 영국에서는 칼 바르트(Karl Barth)로 대변되는 독일 신학과 달리 자연신학에 상당히 우호적이고 철학과 신학을 조화시키려는 다양한 시도가 많은 이의 노력을 통해 자리 잡고 있었다. 그 중심에 리처드 스윈번이 있었다.

스윈번은 신에 대한 전통적 정의, 즉 "우주를 창조하고 유지하는 완전한 존재가 있으며, 그분은 전능하고 영원한 영적 실체이며, 모든 것을 알고 계신다"는 명제가 문법적으로 정당하며 의미 있는 문장임을 증명하고자 했다.[1] 그는 인간의 정신 작용은 충분히 신이 존재한다는 합리적 논증을 구성할 수 있으며, 이를 정당화할 수 있음을 보여 주려고 했다. 종교적 믿음 체계가 올바르고 합리적이기 때문에 우리의 믿음과 행위는 충분히 이성에 의존할 수 있다고 본 것이다. 이 글을 통해 리처드 스윈번의 종교철학 방법론을 소개하고 그 내용이 얼마나 성공적인지 평가해 보고자 한다. 먼저 그의 생애와 사상적 배경을 간단하게 살펴본 후, 그의 대표 업적이라 할 수 있는 귀납적 신 존재 증명을 소개하겠다. 귀납논증을 통해 그리스도교 신앙의 개연성을 높이고자 했던 그의 철학 방법론이 어떤 의미가 있는지 평가해 보고자 한다. 지면의 한계로 인해 그의 연구 활동을 전체적으로 소개하지는 못하지만, 그가 남긴 지적 유산과 그리스도교 철학자의 소명을 간단하게 언급하는 것으로 글을 마치도록 하겠다.

II. 리처드 스윈번의 생애와 저술[2]

스윈번은 1934년 영국 스태포드셔(Staffordshire)의 스메드위크 (Smethwick)에서 태어났다. 스윈번의 부모님은 그리스도교 신자가

---

1   Richard Swinburne, *The Coherence of Theism* (Oxford: Clarendon Press, 1993),
2-3.

아니었지만, 스윈번은 어려서부터 그리스도교 신앙에 관심이 많았다고 한다. 그가 그리스도교에 본격적으로 관심을 갖게 된 것은 그의 나이 15세에 차터하우스 학교(Charterhouse school)에서 세례를 받을 때부터다. 이후에 그는 철학, 정치, 경제학을 배우기 위해 옥스퍼드 대학교에 진학했고, 1960년에 학사(B.A.) 학위를 받았다. 그는 그곳에 남아 철학을 더 공부하면서 철학학사(B.Phil.) 학위를 받고, 신학 과정을 1년 이수했다.

그는 옥스퍼드 대학교에 진학하고서 그리스도교인이 된 것을 인생에서 가장 중요한 일이었다고 회고한다.[3] 그러나 당시 옥스퍼드의 지적 분위기는 기본적으로 반기독적이었다. 학계의 분위기는 전통적 그리스도교의 가르침과 매우 달랐고, 전반적으로 유물론적 세계관이 지배적이었다. 그는 교회가 세상과의 접촉점을 상실한 나머지 다양한 문제에 대답을 제공하지 못하는 현실을 안타까워했다. 당시 영국 교회의 목회자들이 근대과학, 윤리학, 철학과의 대화를 시도하지 않고 그저 신앙의 문제를 믿음으로만 해결하려는 태도가 마음에 안 들었다고 한다. 그리스도교 교리나 신앙을 합리적으로 제시하지 못하고 그저 경건한 설교나 도덕적 권면에만 집착하는

---

2   스윈번의 생애와 교육 배경에 관한 내용은 Richard Swinburne, "Intellectual Autobiography," *Reason and the Christian Religion*, ed. Alan G. Padgett (Oxford: Clarendon Press, 1994), 1-18과 Richard Swinburne, "The Vocation of a Natural Theologian," *Philosophers Who Believe*, ed. Kelly James Clark (Downers Grove: IVP, 1993), 179-202를 참고하라. "자연신학자로서의 소명," 『기독교 철학자들의 고백』, 양성만 옮김(파주: 살림, 2006).

3   Swinburne, "Intellectual Autobiography," 1.

것이 못마땅했던 것이다.

스윈번은 이러한 안일한 태도가 그 당시 지배적인 신학 방법론 때문이었다고 말한다. 그는 칼 바르트처럼 그리스도교 신학 체계에서 자연 이성이 설 자리를 빼앗아 버린 신학자나, 헤겔, 키에르케고어, 니체, 하이데거, 사르트르 같은 유럽 철학자의 영향을 받은 신학 때문에 이런 결과가 나왔다고 진단한다. 스윈번이 보기에 이런 신학은 차라리 "학문이 아니라 문학에 가깝다."[4] 스윈번은 이들이 그리스도교 신앙과 세계관이 그저 비합리적 선택에 따라 결정된다고 말하기 때문에 현대 과학과 철학이 그리스도교에 대해 제기한 정교한 비판에 제대로 대응할 수 없다고 본 것이다.

스윈번이 철학을 공부할 당시 영국에서는 논리실증주의가 옥스퍼드 대학교를 중심으로 큰 영향력을 끼치고 있었다. 논리실증주의는 언어 자체를 분석해 동어반복적이거나 검증 가능한 명제가 아니면 모두 무의미한 명제로 취급했다. 이런 검증 원리에 따르면 윤리학이나 종교적 진술은 참과 거짓을 판가름할 수 있는 문제가 아니라 아예 무의미한 진술일 뿐이다. 이런 지적 분위기 속에서 스윈번은 언어철학과 논리실증주의의 영향을 강하게 받았다. 특별히 스윈번은 당시 세계적으로 명성을 떨치던 일상언어학파의 대부 오스틴(J. L. Austin)의 강의를 직접 들으면서 당시 언어철학의 전반적 흐름을 자연스럽게 흡수했다. 그러나 스윈번은 일상언어를 넘어서는 형이상학이

---

4   Swinburne, "Intellectual Autobiography," 2.

나 신학에 어떤 호의도 보이지 않았던 언어철학에 매력을 느끼진 못했다. 철학적 진술의 명쾌함과 논증의 철저함은 인정하면서도 그 이면에 담긴 전제는 받아들일 수 없었다. 그래서 그는 누군가 언어철학이라는 도구를 사용해 그리스도교 신학을 다시 지적으로 존중받을 만하게 만들 수 있겠다고 생각했고, 자신이 이 부분에 이바지할 수 있으리라 여겼다. 스윈번은 이런 학문 여정 가운데 과학 이론이 가장 중요한 자리를 차지하고 있다고 생각했고, 당시 영국 철학계에서는 생소했던 과학철학에 학문적 역량을 집중하기 시작한다.

> 내가 종교에 관해 글을 쓰기 시작했을 때, 그 분야에 존경받는 사람들이 내가 했던 말을 들을 수 있도록, 나는 그 분야에서 나의 자격을 확립할 필요가 있었다. … 과학이 발표한 것들에 대한 존중은 현대 지적 관점의 주요 구성 요소이므로 그러한 발표들의 본질, 한계 및 정당성을 조사하는 것은 종교에 미칠 수 있는 결과와 별개로 그 자체로 매우 가치 있는 작업이다.[5]

그는 헐 대학교에서 처음으로 교수직을 얻은 1963년부터 10년 동안 대부분의 시간을 과학철학에 대한 글을 쓰면서 보낸다. 과학의 본성과 한계, 그리고 과학의 정당성을 탐구하면서 그리스도교 신학 역시 근대 자연과학의 기준을 사용해서 그 정당성을 입증할

---

5   Swinburne, "Intellectual Autobiography," 9.

수 있다고 본 것이다. 그의 첫 번째 책인 『공간과 시간』(*Space and Time*, 1968)은 공간과 시간의 본질 및 상대성 이론과 우주론에 대한 내용을 설명했다. 『확증이론 개론』(*An Introuduction to Confirmation Theory*, 1973)에서는 무엇이 사건의 개연성을 만드는지 조사하고, 베이즈 정리(Bayes' theorem)의 중요성을 설명한다. 그는 여기서 가설이 단순할 때 개연성이 높다는 결론을 도출하고, 가설이 거짓이면 예상하지 못했을 현상의 존재를 설명한다. 이후에 그는 『기적의 개념』(*The Concept of Miracle*, 1971)이라는 책을 쓴다.

스윈번이 종교철학에 대해 본격적으로 저술을 시작한 것은 1972년 킬 대학교의 철학 교수로 임명된 이후다. 이때부터 그는 종교철학의 중요한 주제들을 다루는 종교철학 3부작을 내놓는다. 그 중 첫 책인 『유신론의 정합성』(*The Coherence of Theism*, 1977)은 언어철학의 주요 주제를 다루면서 하나님이 존재한다는 말이 어떤 의미인지를 설명한다. 두 번째 책인 『하나님의 존재』(*The Existence of God*, 1979)는 신 존재 증명을 본격적으로 다루는데, 여기서 그는 귀납논리를 적극적으로 활용해 하나님이 존재할 확률이 그렇지 않을 확률보다 훨씬 높다고 주장한다. 세 번째 책인 『신앙과 이성』(*Faith and Reason*, 1981)은 하나님의 존재에 관한 논증이 구체적으로 종교가 다루는 내용과 어떤 관계를 맺는지 다룬다. 스윈번의 종교철학 3부작은 "우리 시대의 가장 훌륭하고 실질적인 유신론에 대한 철학적 설명 중 하나"라는 평가를 받고 있으며,[6] 이후에 종교철학의 새로운 부흥기를 이끄는 주도적 역할을 했다.

그러나 스윈번의 종교철학 3부작은 그가 본격적으로 그리스도교 신학을 세우기 위한 기초작업에 불과했다. 그는 분석철학과 과학철학을 활용해 더욱 적극적으로 그리스도교 신학과 교리를 변증하는 작업에 들어간다. 먼저 그는 그리스도교 인간학에 관심을 기울였다. 그는 인간이 단지 물리적 실체라든가 정교한 컴퓨터 프로그램으로 환원될 수 없는 존재라고 설명한다. 그는 시드니 슈메이커(Sydney Shoemaker)와 함께 『인격동일성』(*Personal Identity*, 1984)을 쓰고, 1982년부터 1984년까지 기포드 강연에서 발표한 내용을 토대로 『영혼의 진화』(*The Evolution of the Soul*, 1986)를 출간한다. 여기서 그는 인간이 육체와 영혼으로 구성되어 있다는 전통적 그리스도교 교리를 확인하고 이에 대한 철학적 증명을 제시한다.

이후에 그는 다시 옥스퍼드로 돌아가 베이질 미첼(Basil Mitchell)의 뒤를 이어 그리스도교 종교학과의 놀로스 석좌교수라는 직책을 맡아 왕성하게 활동한다. 이 시기에 그는 그리스도교 신학 4부작을 집필하는데, 그 첫 책은 『책임과 속죄』(*Responsibility and Atonement*, 1989)였다. 이 책에서는 현대 도덕철학과 죄책감, 보상, 처벌 같은 개념들을 바탕으로 죄, 구속, 성화, 천국과 지옥 같은 그리스도교 교리를 설명한다. 『계시』(*Revelation*, 1991)에서는 그리스도교에서 주장하는 계시의 정당성을 입증하려 한다. 이를 위해선 계시의 내용이 높은 수준의 확률을 가지고 있어야 한다고 주장하고, 성경 및 다

---

6   R. Merrihew Adams, "Faith and Reason by Richard Swinburne," *Nous*, 19.4 (1985), 626-633.

양한 문헌을 통해 이를 입증하는 논거를 제시한다. 『그리스도교의 하나님』(*The Christian God*, 1994)에서는 삼위일체 교리와 성육신 교리를 집중적으로 논한다. 스윈번은 사회적 삼위일체를 옹호하면서 칼케돈 신조를 확장해서 해석한다. 성육신에 대한 논의에서도 신은 인간의 본성을 긍정하고 인간의 고통과 연대하며 신에게는 인간의 죄를 속량할 충분한 이유가 있다고 주장한다. 스윈번은 1995년에 영국 성공회를 떠나 동방정교회로 교파를 옮겼다. 이는 성공회가 신학적으로 엄밀하지 못한 것에 대한 불만 때문이었다. 그의 그리스도교 신학 4부작 중 마지막 책인 『섭리와 악의 문제』(*Providence and The Problem of Evil*, 1998)는 하나님의 창조와 섭리를 설명하면서 인간과 동물이 겪는 악과 고통을 설명하는 신정론을 제시한다. 그는 하나님이 악을 허용하지 않고서는 논리적으로 선한 목적을 이룰 수 없다는 전통적 입장을 옹호한다.

스윈번은 2002년에 은퇴를 한 이후에도 지속해서 연구와 저술 활동을 멈추지 않고 『인식 정당성』(*Epistemic Justification*, 2002)과 『성육신하신 하나님의 부활』(*The Resurrection of God Incarnate*, 2003)을 저술했다. 또한 그가 이전에 집필했던 책들의 개정판을 내면서 자신의 생각을 꾸준히 확장하고 보완해 나갔다. 그는 일평생 종교철학 연구자들을 위한 전문 연구서를 집필했지만, 자신의 사상을 쉽고 간략하게 요약한 『신은 존재하는가』(*Is There a God?* 1996, 복 있는사람 역간)와 『예수는 신이었는가?』(*Was Jesus God?* 2008)를 출간하기도 했다. 최근에는 인간의 영혼과 몸에 대한 논의를 확장한 『마음, 뇌, 자유의지』(*Mind, Brain, and Free will*, 2013)와 『우리는 육체인가 영혼인가?』(*Are We Bodies or Soul?* 2019)를 출간해 『영혼의 진화』에서 제기한 문제를 이어 간다.

스윈번의 광범위한 저작은 그를 20세기에 가장 존경받고 유능한 그리스도교 철학자로 만들었다. 그의 연구와 저술은 그리스도교의 신념과 교리를 철학적으로 정당화하고, 체계적으로 서술하는 것이었다. 물론 그의 신념과 신앙은 시간이 지남에 따라 조금씩 변하기도 했고 수정된 부분도 있지만, 그의 근본적인 세계관은 결코 변하지 않았다.[7] 그는 공정하고 엄밀한 학문의 장에서 영미 분석철학의 전통에 서서 자신의 유신론 철학을 전개하는 데 조금도 주저하지 않았다. 그는 그리스도교의 신학 체계가 참이 될 만한 합리적 가능성을 갖고 있다고 판단하고, 이를 입증하기 위해 자신의 온 열정을 쏟아부은 그리스도교 철학자다.

III. 스윈번의 자연신학

1. 신학적 진술의 정합성

자연신학을 통한 신 존재 증명은 철학사에서 늘 한 꼭지를 차지하

---

7   Swinburne, "Vocation of a Natural Theologian," 199.

고 있었다. 그러나 1920년대 이후 논리실증주의가 철학계를 뒤흔들면서 그리스도교 신앙은 옳고 그름을 떠나 아예 무의미한(nonsense) 명제로 공격을 받는다. 한동안 그리스도교 신앙은 지적 토대를 상실하게 되고 자신의 신앙을 변증할 동력을 잃어버렸다. 스윈번은 1960년대 이후 언어분석철학이 가장 활발하게 논의되던 옥스퍼드 대학교에서 그리스도교 신앙의 합리성을 구축하기 위해 힘쓴다. 그리스도교를 공격하는 도구로 사용된 언어분석철학을 반대로 그리스도교를 옹호하는 도구로 사용한 것이다.

스윈번의 종교철학 시리즈 첫 번째 책인 『유신론의 정합성』에서는 언어 분석을 통해 신이 존재한다는 말이 어떤 의미를 갖는지 설명한다. 여기서 그는 신학적 진술이 정합적 진술(coherence statement)이 될 수 있다고 주장한다. 그는 그리스도교에서 사용하는 신앙고백적 문장(creedal sentence)이 문법적으로 정당할 수 있는지를 설명하기 위해 일상언어와 과학언어의 특수성에 빗대어 설명한다.[8] 정합적 진술은 논리적으로 성립 가능한 진술이어야 하는데, 그는 신앙고백적 문장도 이 조건에 들어맞을 수 있음을 보여 준다. 그동안 분석철학의 공격을 받은 종교철학자들은 신학적 언명과 문장이 이제는 명제적 의미를 지닐 수 없거나 진술문으로서의 가치를 상실했다고 생각했다. 그래서 스윈번은 만약 이 작업을 성공적으로 변호할 수만 있다면 하나님에 대한 여러 가지 서술이 여전히 의미

---

8   Swinburne, *The Coherence of Theism*, 3.

가 있을 수 있다고 판단했다.

논리 실증주의자들의 주장이 철학자들에게 비판을 받으면서 언어철학은 더 이상 특정 발화의 의미에만 관심을 두지 않고, 일상언어의 사용에 관심을 기울이기 시작했다. 특히 유비와 은유 이론은 형이상학적 표현이 작동하는 방식을 보여 주고, 무엇이 의미를 결정하는지 보여 주었다. 그리스도교에서 사용하는 많은 문장은 유비적이거나 은유적이기 때문에 일상언어를 통한 의미의 재발견은 그리스도교 신학에도 큰 도움을 주었다.[9] 신학은 규범적 의미 속에서 일상언어를 사용하고, 일상언어의 사용 속에서 새로운 의미를 부여한다. 신학에서 사용하는 신앙고백적 언어를 일상언어로 바꿔서 표현할 수 있다는 말이다. 예를 들어, 전능이라는 말은 모든 것을 할 수 있는 능력이라는 말로 바꿀 수 있고, 전지라는 말 역시 모든 것을 알고 있다는 말로 바꿔 쓸 수 있다.[10] 이렇게 전문적인 신학 용어를 일상언어로 바꿔 쓸 수 있는데, 일상언어의 용례와 논리적 개연성에 따라 신학에서 사용하고 있는 용어들도 그 가치를 충분히 인정받을 수 있다고 말한다. 문제는 과연 이러한 일상언어가 어느 정도 타당성을 인정받으면서 의미를 전달할 수 있느냐는 것이다. 오래전 데이비드 흄(David Hume)은 종교언어에 대해 다음과 같이 말한 적이 있다.

---

[9]   Richard Swinburne, "The Value and Christian Roots of Analytical Philosophy of Religion," *Faith and Philosophical Analysis: The Impact of Analytical Philosophy on the Philosophy of Religion*, eds. Harriet A. Harris & Christopher J. Insole (Aldershot: Ashgate Publishing, 2005), 35.

[10] Swinburne, *The Coherence of Theism*, 51.

우리는 새 예루살렘과 같은 도시를 상상해 낼 수 있다. 그 도시의 도로는 금으로 덮여 있고, 벽은 루비로 박혀 있다. 그러나 나는 그 러한 것을 결코 보지 못했다.[11]

경험론자의 이러한 비판은 우리가 관찰할 수 있는 세상 너머에 대해서는 어떠한 말도 할 수 없게 만들었다. 그러나 우리의 일상언 어를 분석해 보면 우리는 이미 다양한 속성을 지니고 있는 관찰 너 머의 세상에 대해 어떤 경험을 끌어내고 있다. 우리는 가능세계를 충분히 인정할 수 있기 때문이다. 분명 과학에서는 우리의 감각 경 험을 넘어서는 사물을 묘사하기 위해 유사한 의미의 단어들을 사 용한다.[12] 우리는 화학적 본질을 말하고자 할 때, 관찰 가능한 물리 적 속성에 빗대어 이론을 설명하고 기술한다. 예를 들어, 원자를 설 명하려고 할 때, 당구공과 같은 이미지와 용어를 유비적으로 사용 해 둥글고 딱딱하고 탄력이 없는 속성들을 묘사한다. 과학에서 사 용하고 있는 많은 용어는 사실 이렇게 일상언어를 통해 설명되고 있다. 현대 물리학에서 널리 사용되는 양자역학 역시 입자와 파동 이라는 일상언어로 대치되어 설명된다. 이렇게 어떤 a에 대한 실재 가 b에 대한 실재로 알려질 것이라고 기대될 때, a는 b라는 모델을

11   David Hume, *A Treatise of Human Nature*, ed. L. A. Selby-Bigge (Oxford: 1888),
      I. I. 1. (국역: 데이비드 흄, 『인간 본성에 관한 논고1: 오성에 관하여』, 서광사). Swin-
      burne, *The Coherence of Theism*, 52에서 재인용.

12   Swinburne, *The Coherence of Theism*, 53.

가진다.[13] 여기서 당구공은 원자에 대한 모델이 된다. 유신론자들은 문장 속에서 하나님에 대한 의미들이 응집력이 있고 정합적이기를 바라는데, 이는 그들이 일상적 의미로부터 다른 의미를 표현할 수 있는 문장을 통해 가능한 것이다. 신학 용어 역시 과학 용어가 일상언어를 통해 의미를 획득하듯 단어의 유비적 의미를 사용할 수 있다는 말이다.[14]

스윈번은 아퀴나스를 따라, 인간의 언어와 하나님의 계시는 단의적(univocal) 관계나 다의적(equivocal) 관계가 아니라 유비적(analogical) 관계라고 말한다. 그러므로 우리가 신은 선하다고 말하는 것은 신의 선이 완전한 것이면서도 인간 차원에서 선하다고 말하는 인간의 선에 상응하는 점이 있다는 뜻이다. 물론 이 경우에 진실되고 표준이 되며 완전한 것은 신의 선이며, 인간의 선은 이러한 신의 선에 비해 희미하고 단편적이고 왜곡된 반영에 불과할 수 있다. 그럼에도 만약 이런 긍정적 유비를 인정하지 않는다면, 신학적 진술은 명제로서의 기능을 갖지 못할 것이고, 명제로서의 기능을 갖지 못한다면 정합적인 성격을 갖지 못할 것이다.

스윈번은 오늘날 많은 그리스도인이 단지 신앙고백을 합리적 동의로 이해하지 않고 하나님과의 인격적 교제로만 치부하는 것을 꼬집어 지적한다. 스윈번에게 신앙고백과 그리스도교 교리의 진술은 일상언어로 이해되고 기술될 수 있는 명제로 충분히 설명되어

13   Swinburne, *The Coherence of Theism*, 70.

14   Swinburne, *The Coherence of Theism*, 71.

야 한다. 우리는 기본적으로 일상적인 단어를 사용하고 경험해야
만 그 단어의 의미에 도달할 수 있기 때문이다. 만약 부정신학에서
말하는 것처럼 부정의 방식으로 하나님에 대해 설명한다 하더라도
우리의 출발점은 인간이 가지고 있는 단어를 경험하고 관찰하는
데 의존할 수밖에 없다. 스윈번은 인간의 지식과 동물의 지식이 다
르다 하더라도 우리는 동일한 단어를 통해 다름을 인식한다고 말
한다. 즉, 동물이 탁자 위의 음식을 볼 때, 그 '봄'(see)은 인간이 탁
자 위의 음식을 보는 것과 같은 의미로 사용된다. 이는 하나님에게
도 동일하게 적용된다. 하나님이 무엇인가를 '안다'고 할 때, 그 내
용이 구체적으로 인간의 '앎'과 다를지라도 우리는 그것이 전혀 다
른 의미는 아니라고 생각할 수 있다.[15]

2. 귀납논증으로 신 존재 증명하기

현대의 과학철학을 통해 하나님의 존재 여부를 다룬 『하나님의 존
재』에서 스윈번은 우주론적 논증과 목적론적 논증 등 전통적 유신
론 논증이 연역적 방법이 아닌 귀납적 방법으로 잘 설명된다고 주
장한다. 과학은 여러 가지 제한된 관찰 가능한 현상을 근거로 그 현
상의 관찰 불가능한 원인을 논증한다. 이럴 때 과학은 귀납논증을

---

15   Damiano Migliorini, "Faith and Philosophy: Richard Swinburne and the Analytic
      Philosophy of Religion - An Interview," *Philosophical Investigations* 44.4 (2021),
      359-360.

사용한다. 스윈번은 하나님이 존재한다는 가설은 이 가설이 아니라면 기대할 수 없을 여러 현상을 가장 적절하게 설명할 수 있고, 또한 좀 더 특별한 현상을 예측할 수 있게 해 주는 좋은 가설이라고 설명한다. 스윈번은 유신론을 과학적 가정과 비슷한 것으로 여기며 개연성에 근거한 귀납논증을 통해 전통적 신 존재 증명을 시도한다.

스윈번은 오늘날 종교철학에서 불행하게도 신이 존재한다는 서로 다른 논증들을 열심히 구사함으로써 서로 독립된 논쟁을 펼치고 있다고 말한다. 물론 논증의 단순성을 위해 독립된 논증이 필요할 수도 있다. 그러나 이런 현상은 열심히 쌓아 올린 다른 논증을 무너뜨리기도 하고, 상대 논증을 약하게 만들기도 한다.[16] 하지만 이 논증을 누적되는 주장의 일부로 다루면 전혀 다른 결론에 이를 수 있다. 스윈번은 귀납논증을 통해 각각 서로 다른 증거들이 논증을 어떻게 지지해 주는지 다음의 예를 통해 보여 준다.

스미스의 손에 피가 묻어 있다. 하지만 그 사실만으로는 스미스가 존스 부인을 죽였다는 것은 개연적이지 않다. 또한 존스 부인이 죽었을 때 스미스가 유산을 받을 권리를 주장했다. 그 사실만으로도 스미스가 존스 부인을 죽였다는 것은 개연적이지 않다. 범행 시점에 살해자의 현장 가까이 스미스가 있었다. 그 사실만으로도 스미스가 존스 부인을 죽였다는 것은 개연적이지 않다. 하지만 이러한

---

16   Richard Swinburne, *The Existence of God* (Oxford: Clarendon Press, 1979), 12.

세 가지 현상을 모두 모으면, (아마 다른 현상과 더불어) 그러한 결론은 개연적일 것이다.[17]

이 논증에 따르면 증거에 근거해 가장 개연성 있는 것으로 떠오르는 가정이 최선의 설명으로 확정된다. 유신론자들이 주장하는 논증은 종교적 경험 같은 다양한 자료를 취하여 최선의 설명을 제공하기 때문에 축적적 효과(cumulative effect)를 가져오고, 이는 그리스도교 신학을 합리적으로 만든다. 그동안 철학사에서 다양하게 등장한 신 존재 증명을 모두 모으면, 하나님이 존재한다는 논증은 더욱 가능성 있는 논증이 된다는 것이다.[18] 유신론의 다양한 증거들이 따로 떼어놓고 보면 약할 수 있지만, 함께 놓고 보면 그 증거들이 누적되어 매우 강한 주장을 이룰 수 있다는 주장이다.

스윈번은 전통적인 존재론적 논증처럼 하나님이 존재한다는 사실을 입증할 타당한 연역논증이 있을 수 있다고 인정한다. 하지만 연역논증으로 유신론 논증을 펼치는 것은 "일반적으로 받아들여지지 않는 전제에서 그런 논증이 출발한다"고 지적한다.[19] 또 누군가에게 신이 존재한다는 신념은 정당하게 기초적인 신념일 수도 있다. 하지만 정확하게 반대로 신이 존재하지 않는다는 것 역시 기초적인 신념일 수 있다. 그렇다면 신이 존재하거나 신이 존재하지 않

17   Swinburne, *The Existence of God*, 12.

18   Swinburne, *The Existence of God*, 13.

19   Swinburne, *The Existence of God*, 14.

는다는 것이 압도적으로 확실한 상황에 처하지 않는 이상, 우리는 자신의 신념을 입증하기 위해 다양한 증거를 제시하고 그 정당성을 입증할 수밖에 없다. 그리고 이런 증거와 주장에 근거해 우리의 신념은 정확한 수치로 환원할 수는 없을지라도 개연성으로 드러낼 수 있을 것이다.[20]

귀납논증은 전제가 참이라고 해서 반드시 결론이 참임을 보증하지 않는다. 결론이 참일 개연성이 있다는 의미만 전제에 있을 뿐이다. 스윈번에게는 신 존재 증명도 이와 마찬가지다. 우리가 관찰하고 검토할 수 있는 여러 증거는 단지 신이 존재한다는 개연성을 높여 줄 뿐이다. 우주의 존재와 설계, 종교적 경험, 도덕성과 인간의 의식, 악, 이적은 설명되어야 할 현상이고, 이런 현상에 대해서 신의 존재가 최고의 설명을 제공할 수 있다는 것이다. 모든 증거를 취합해서 그것을 신이 존재한다는 가설과 연결하면, 그것이 가장 정합적이고 단순하며 현상을 설명할 수 있는 최선의 설명이라는 것이다.

3. 유신론의 단순성

과학사를 살펴보면 사람들은 복잡하고 다양한 현상을 좀 더 단순하게 설명하려 했음을 알 수 있다. 케플러의 법칙을 따르는 혹성의 운동, 물체의 역학적 상호작용, 진자의 운동, 조류의 움직임 등은 자연

---

20 Swinburne, "The Value and Christian Roots of Analytical Philosophy of Religion," 38.

의 여러 현상이다. 뉴턴의 운동 법칙은 이 현상들을 예측할 수 있게
해 주는 단순한 이론이며, 그래서 이런 현상들에 대한 참된 설명으
로 판정받았다. 우리가 발견한 현상을 예측할 수 있도록 도울 수 있
는 설명은 가능한 한 가장 단순한 이론이나 간단한 공식으로 표현된
다. 따라서 이론의 단순성이란 얼마나 적은 수의 법칙을 요구하며 각
각의 법칙이 얼마나 적은 수의 변수가 등장하여 연결되는가 하는 문
제라고 할 수 있다. 증거의 지지를 받아 그럴듯한 것으로 받아들여지
려면 이론이 단순해야 한다. 스윈번은 무엇이 과학 이론을 의미 있게
만들며 정당화해 주는지를 알고 나서, 그리스도교 신학 체계 같은 형
이상학적 이론도 초과학적 이론(superscientific theory)임을 깨닫는다.

과학 이론은 일정한 한계 내의 자료를 설명하려는 시도다. 케플
러의 법칙은 혹성들의 운동을 설명하려는 시도고, 자연선택설은 화
석 기록과 현존하는 동식물의 다양한 특징을 설명하려는 시도다.
그런데 어떤 과학 이론은 다른 이론보다 상위 수준의 이론으로 간
주되고 하위 수준의 이론이나 대상의 존재를 설명할 수 있다. 뉴턴
의 법칙은 케플러의 법칙이 왜 작동하는지를 설명해 준다. 여기서
상위의 법칙은 이전의 법칙보다 더 단순하면서도 설명력이 강해야
한다. 형이상학적 이론은 모든 이론 중에서 가장 상위의 이론에 해
당한다. 우주는 왜 존재하는지, 지금 존재하는 것과 같은 자연법칙
이 왜 존재하는지, 하위 수준의 법칙에서 설명할 수 없는 현상이 왜
일어나는지를 설명하는 법칙이 여기에 해당한다. 이 형이상학적 이
론은 이론상 단순하며, 이 이론이 아니고선 예측할 수 없는 관찰 가

능한 현상을 예측할 수 있게 해 줄 때 정당화된다. 이론의 단순성은 복잡한 법칙을 포함해서 법칙들이 서로 잘 들어맞게 해 준다. 뉴턴의 법칙은 갈릴레오나 케플러의 법칙보다 더 단순하지만, 세상을 더 정확하게 설명한다. 따라서 기존의 이론이나 법칙을 뛰어넘는 더 좋은 법칙은 단순한 이론이다. 이론의 단순성이야말로 관찰 사실을 판단할 수 있는 핵심적인 검증 기준이 된다.[21]

인간은 모든 설명을 가능하게 만드는 궁극적 이론을 필요로 한다. 형이상학의 이슈는 바로 그것을 찾는 과정이다. 스윈번은 이런 궁극적 설명으로 유물론(materialism), 인간주의(humanism), 유신론(theism)이 있다고 말한다.[22] 유물론은 세상에 대한 단순한 이론을 제공해 주지 못한다. 오늘날 유물론으로 설명할 수 없는 너무나 복잡한 현실이 존재하기 때문이다. 인간주의는 유물론보다 더 복잡한 설명을 제공한다. 스윈번은 유신론이야말로 세상의 모든 현상에 대한 가장 단순한 설명을 제공한다고 말한다. 이러한 단순한 설명이 존재하는 것들의 궁극적 설명을 가능하게 해 준다.[23] 유신론은 하나님이 모든 존재의 근원이며 존재를 유지하는 원인이라고 주장한다. 모든 존재의 속성과 성질은 하나님이 그것을 허용했고 발생시켰기 때문에 가능한 것이다. 하나님의 다양한 속성들이 하나님의 개념을 형성하고, 이는 유신론의 단순성을 극대화한다. 하나님의 존재는 충분한

---

21   Richard Swinburne, *Is There a God?* (Oxford: Clarendon Press, 1996), 28-30.

22   Swinburne, *Is There a God?*, 39-40.

23   Swinburne, *Is There a God?*, 41.

인격적 설명 속에서 서로 다른 다양한 요소를 포함하고 그의 의도를
충분하게 보여 준다.

　유신론의 단순성은 우리로 하여금 모든 현상에 합리적 개연성이
있음을 기대하게 만든다. 전능하신 하나님은 이러한 전망에서 세상
의 질서를 만들어 낼 수 있다. 그리고 그의 선함으로 그것을 선택한
다. 그는 인간에게도 사고할 수 있는 능력을 주어 이 세상의 규칙을
파악할 수 있도록 했다. 그래서 그는 선하다. 그는 인간에게 자신이
만든 세상의 질서와 규칙을 인간이 발견하고 알아 갈 수 있도록 만
들었기 때문이다. 우리가 아름다움을 느끼는 것도 이러한 우주의
질서를 통해서다.[24] 스윈번에 따르면, 유신론의 설명력은 경쟁하는
이론 가운데 가장 견고하고 내적 정합성을 가지고 있으며, 잘 정립
된 형이상학적 신념과도 호환되는 성격을 지니고 있다. 따라서 과
학철학을 통한 유신론 논증은 인식론적 가치 평가에서도 다른 설
명보다 우위를 차지한다.

4. 과학적 설명의 한계와 인격적 설명

과학은 단순히 사건을 설명하는 데 그치는 것이 아니라 그 법칙을
설명할 수 있어야 한다. 전통적으로 과학적 설명(scientific explana-
tion)은 어떤 사건이 발생했을 때 그에 관한 일반 법칙을 발견하는

24　Swinburne, *Is There a God?*, 54.

것으로 정의할 수 있다. 과학적 설명은 물리 세계의 원인과 조건과 법칙을 통해 결과를 추론한다. 과학적 설명의 패러다임은 물리학에서 여러 가지 현상을 설명하는 방식이다. 하지만 과학이 자연의 법칙을 어디까지 설명할 수 있는가? 스윈번은 진정한 자연의 법칙이나 통계로 설명할 수 있는 일반화를 진리의 보편화와 구분해야 한다고 말한다. 만약 A와 B의 인과적 연관성을 확실하게 보여 주지 못한다면, 'A의 n퍼센트가 B이다'라는 통계적 일반화로는 A와 B의 인과적 연관성을 설명하기 어렵기 때문이다.[25]

하지만 우리가 자연 현상을 설명하는 또 다른 방법이 있다. 스윈번은 그것을 인격적 설명(personal explanation)이라 부른다. 인격적 설명은 과학적 설명과는 대조적으로, 합리적 행위자의 의도적 행위를 통해 현상을 설명한다.[26] 스윈번은 인격적 설명을 다음과 같이 정의한다.

> 사건 E의 발생은 합리적 동인이나 인격 P에 의해 설명될 수 있고, P가 가지고 있는 의도 J에 의해 E가 발생한다. E는 P가 수행한 의도적 행위 A의 결과다.[27]

인격적 설명은 P라는 인격체에 의해 발생한 사건 E를 설명하는

---

25   Swinburne, *The Existence of God*, 28.

26   Swinburne, *The Existence of God*, 23.

27   Swinburne, *The Coherence of Theism*, 135.

것이다. 지금 내 손의 운동은 컵을 들려는 나의 목적에 의해 설명된다. 내가 내 몸의 어떤 상태를 일으키면 몸은 어떤 사태를 야기한다. 여기에 포함된 설명은 과학적 설명과는 다른 방식의 설명이다. 과학적 설명은 자연법칙과 선행 사태를 포함한다. 그러나 인격적 설명은 행위자와 목적을 포함한다. 현상에 대한 최상의 설명을 찾을 때 우리는 두 종류의 설명 중 어느 것이나 시도할 수 있다. 만일 과학적 설명을 찾을 수 없을 때는 인격적 설명을 찾아야 한다.

결국 인격적 설명과 과학적 설명은 사건의 사태에 대해 '무엇'을 설명해야 하는가와 그 사건을 '왜' 설명해야 하는가에 대한 질문으로 바꿀 수 있다. 과학적 설명은 자연법칙과 일반화라는 과정을 통해 사물의 원인과 효과를 설명한다. 반면, 인격적 설명은 행위자의 의도와 능력을 통해 사건의 효과의 원인을 보증하고 책임진다.[28] 인격적 설명은 과학적 설명의 패턴으로 분석해 낼 수 없는 고유성을 가지고 있으며, 이 둘은 분명하게 구분해서 설명되어야 한다. 환원주의가 가지고 있는 기본적인 실수는 그들이 설명의 이유를 다루기보다는 설명의 방법을 통해 의도를 다룬다는 점이다.[29] 행위자의 의도를 설명한다고 할 때, 우리는 단순히 결과를 발생시킨 사건과 사태를 묘사하는 것이 아니라, 그 사태가 왜 발생했는지를 설명할 수 있어야만 한다. 그것이 바로 의도의 진정한 의미다. 의도는 행위자의 행동 이유를 밝히는 것이며, 행동을 가능하게 만든 이유

---

28   Swinburne, *The Coherence of Theism*, 137.

29   Swinburne, *The Existence of God*, 43.

를 밝히는 것이다.[30]

　우리는 내면세계와 외부 세계의 주요 특징을 과학적으로 모두 설명할 수 없다. 이때 그러한 특징을 설명해 주는 인격적 설명에 비중을 두어야 한다. 합리적 존재의 의도적 행위를 통해 실재의 중요한 특징을 설명하는 것이다. 인격적 설명이 과학적 설명을 보완할 때, 우리는 하나님이 있다는 믿음을 적절하게 제시할 수 있을 것이다.[31] 유신론적 설명은 인격적 설명이다. 인격의 행위를 통해 현상을 설명하는 것이다.

IV. 스윈번의 그리스도교 신론

1. 하나님의 속성과 논리적 일관성

스윈번은 고전적 유신론에서 주장해 온 하나님의 속성에 대한 설명을 기본적으로 유지하면서도 논리적으로 더 정합적인 설명을 찾기 위해 노력한다. 그는 『유신론의 정합성』과 『그리스도교의 하나님』에서 하나님의 속성에 대한 철학적 분석을 시도한다. 하나님의 다양한 속성은 필연적으로 서로 연결되어 있다. 이는 하나님의 속성이 논리적으로 서로 연결되고 정합적인 관계를 형성하고 있다는

30　Swinburne, *The Existence of God*, 43.

31　로날드 H. 내쉬, 『신앙과 이성』, 이경직 옮김(서울: 살림, 2003), 120.

말이다. 만일 하나님에게 적용되는 속성 가운데 어느 하나라도 무너지면 연이어 다른 속성 역시 손상을 입게 되어 결국에는 하나님이라는 존재에 대해 납득할 만한 설명이 불가능해진다.

> 하나님의 속성은 필연적이다. 그가 자신의 속성을 포기하는 것은 하나님이기를 포기하는 것과 같다. 하나님은 신적 존재의 필연적 속성들을 소유해야 한다. 그가 하나님이라는 것을 포기하지 않는 이상 신적 속성을 포기할 수는 없다.[32]

스윈번에게 하나님은 필연적 존재(necessary being)다. 여기서 필연적이라는 말은 "하나님이 존재한다"라는 말이 논리적으로 필연적인 명제라는 말이고, 또한 하나님은 자신의 속성을 상실할 수 없으며, 그 속성은 계속 하나님이기 위해 필요한 특성이라는 말이다.[33] 하나님의 존재와 속성은 우연의 산물이 아니고, 하나님의 능력과 지식이 무한한 것 역시 우연이 아니다.

스윈번은 다양한 하나님의 속성을 설명하면서 이 속성들을 하나로 묶을 수 있는 개념을 제시한다. 바로 하나님은 자신보다 더 근본적 존재를 상정할 수 없는 존재라는 의미에서 존재의 인격적 근거(personal ground of being)라는 것이다. 스윈번이 하나님의 속성을 설명하는 최종적인 근거로 '존재의 인격적 근거'를 제시하는 이

---

32   Swinburne, *The Existence of God*, 96.

33   Swinburne, *The Christian God*, 144.

유는 다음과 같다. 첫째, 전지전능한 인격은 논리적 필연성에 의해 편재하는 영(omnipresent spirit)이어야 한다. 전능한 인격은 어느 장소든지 자신의 기초 행위를 수행할 수 있을 것이다. 또한 전지한 인격은 시간의 한계에 제한받지 않고 어떠한 장소든지 정당화된 참된 지식을 가지고 있어야 한다. 그렇다면 이러한 존재는 논리적으로 편재하는 영일 수밖에 없다. 둘째, 영원히 전능한 인격은 필연적으로 우주의 창조자다. 만약 어떤 전능한 존재가 있다면, 그가 존재하지 않았던 시간은 없을 것이다. 즉, 그는 존재하는 것을 포기하거나 멈추지 않을 것이다. 그렇다면 영원히 전능한 존재는 어떤 사건이 발생하기 이전의 논리적 경험을 이미 알고 있었고 그 사건의 전후를 발생시켰거나 혹은 허락했거나 만들었다고 생각할 수 있다.[34] 결국 하나님의 여러 속성은 모든 사물의 존재를 가능하게 만들고 모든 운동과 효과를 발생시키는 궁극적 원인의 다른 표현이다.

따라서 하나님은 자기 모순적인 일을 생각하거나 수행할 수 없다. 그는 과거를 바꾼다거나 둥근 사각형을 만들 수 있는 능력을 가지고 있지 않다. 이는 하나님이 원하지 않는 것을 하지 않거나 논리적으로 모순된 일을 할 수 없다고 해도 전능하지 않다고 말할 수 없다는 것이다. 하나님은 모든 지식을 가질 수 있으나 그 모든 지식을 가능하게 만들 수는 없는 것이다.[35] 결국 하나님은 논리적으로 모순되지 않으면서 자신의 본성과 일치하는 모든 행위를 할 수 있는

---

34   Swinburne, *The Coherence of Theism*, 230-231.

35   Swinburne, *The Coherence of Theism*, 129-130.

분이다. 만약 하나님이 논리를 완전히 초월해서 일한다면, 그런 하나님은 우리가 알 수도 없고 말할 수도 없는 하나님이 된다.

이렇게 하나님의 특정 속성은 다른 속성을 논리적으로 함축한다. 하나님의 본질을 이루는 다양한 속성들은 서로 논리적으로 연관되어 있으며, 그 논리적 일관성 속에서 하나님은 자신의 행동을 정당화한다. 하나님의 속성을 일관되게 기술할 수 있으면서 동시에 그의 본질을 통합적으로 유지할 수 있는 근거 역시 논리적 일관성이다. 하나님에 대한 이러한 이해는 궁극적으로 앞서 살펴본 유신론의 정합성과 단순성에 대한 스윈번의 확신과 주장에 그 근거를 두고 있다.

2. 하나님의 지식과 영원성

하나님의 속성에 대한 스윈번의 주장 가운데 가장 논란을 많이 불러일으키고 전통적 교리와 갈등을 일으키는 부분은 하나님의 지식에 대한 설명이다. 스윈번에 따르면 우리는 하나님에게 논리적으로 불가능한 능력을 요구할 수 없는 것과 마찬가지로 논리적으로 불가능한 지식에 대해서도 요구할 수 없다. 그는 하나님의 지식을 다음과 같은 예를 통해 설명한다.

나에게는 누군가 내일 자유롭게 해야 할 일이 무엇인지에 대해 아는 것은 논리적으로 불가능한 것으로 보인다. 만약 내가 내일 런던에 갈지 집에 있을 것인지에 대해서 선택할 수 있는 자유가 있다면, 그리고 만약 어느 누군가가 오늘 내가 할 일이 무엇인지에 대해 어떤 신념을 가지고 있다고 한다면(내가 런던에 갈 것이라고), 내가 나의 능력으로 그 신념이 틀리게 만들 수 있다(집에 있음으로써). 따라서 어느 누구도 내가 내일 어떠한 선택을 할지 오늘 알 수는 없다. 심지어 하나님조차도 말이다.[36]

위와 같은 설명을 통해 스윈번이 보여 주고자 하는 것은 인간이 어떤 선택과 행동을 하든 자유로울 수 있으며, 하나님이라도 인간이 그 일을 행하기 전에는 그것에 대한 지식을 알 수 없다는 것이다. 그래서 스윈번은 "하나님의 지식이 논리적으로 가능하나 그 지식이 어떤 특정한 시간에 의해서 형성될 때에만 그분은 전지하신 하나님"이라고 말한다.[37] 하나님은 과거의 행동이나 자신의 뜻에 따라 필연적으로 요청되는 어떤 미래의 행동에 대해서만 아신다. 하나님이 미리 알지 않기로 자유로이 선택한 엄청난 수의 행동은 여전히 미지의 영역으로 남아 있다. 이는 하나님이 자신을 자유로운 행위자로 제한하심으로 불러온 논리적 결과다.

비록 하나님이 미래의 상태들에 대해 모른다고 해도 전지하다. 만일 과거나 현재의 사건이나 물리적 필연성에 의해 일어나지 않은 어떤 미래적 상태가 있다면, 논리적 필연성에 의해 (잘못될 가능성

---

36 Swinburne, *Is There a God?*, 8.

37 Swinburne, *Is There a God?*, 8.

이 없이) 어느 누구도 그것이 일어날지 지금은 알 수 없다.[38]

그에게 하나님의 전지성은 완전히 참된 명제(proposition)로 정의 된다.[39] 하나님은 과거나 미래에 대한 어떤 사건에 대한 보고가 없 다고 해도 모든 참된 진술(statement)을 알 수 있다. 그러나 모든 진 술이 모두 참된 명제가 되는 것은 아니다. 우리는 상상할 수 있는 매 우 다양한 상황을 얼마든지 문장으로 기술할 수 있다. 하지만 그런 모든 진술이 명제적 진리치를 가지고 있는 것은 아니다. 하나님도 마찬가지다. 따라서 모든 참된 명제는 시간이라는 개념을 배제한 채 설명될 수 없다. 하나님은 최소한 하나의 참된 명제에 대한 지식 을 필요로 한다. 하나님의 참여로 인해 그 명제는 참이 되는 것이고, 이를 위해 하나님은 논리적으로 모든 참된 명제의 시간에 동시적으 로 참여할 수는 없는 것이다.[40] 따라서 이런 지식을 갖기 위해 하나 님은 시간의 경과를 경험해야 하며, 현재의 시간에 참여해야 한다.

> 하나님은 … 자기 자신의 자유를 보존하기로 (그리고 다른 존재에
> 게 자유를 부여하기로) 선택하심으로써 앞으로 일어날 미래에 대한
> 자신의 지식을 제한하신다.[41]

---

38 Swinburne, *The Coherence of Theism*, 181.

39 Swinburne, *The Christian God*, 130.

40 Swinburne, *The Christian God*, 131.

41 Swinburne, *The Coherence of Theism*, 181.

하나님은 완벽하게 자유로운 존재다. 그래서 하나님은 미래에 행할 자신의 행동을 스스로 제한한다. 하나님의 전지함이 미래에 자신이 어떤 행동을 할지에 대한 지식까지 포함하는 것은 아니다. 만약 그런 지식을 가지고 있다면, 이는 자신의 자유를 스스로 속박하는 결과를 가져온다. 만약 하나님이 어떤 시간에 대해서 완벽한 자유를 가지고 있다면, 항상 그는 자신이 어떻게 행동해야 하는지에 대해 무지할 것이다. 어떤 시간에 대한 하나님의 자유가 상실된다면, 하나님의 전지함 역시 제한을 받게 될 것이다. 하지만 하나님의 지식은 미래에 있을 어떠한 행동에 대한 자유로운 선택을 제공한다. 그런 의미에서 스윈번은 하나님이 과거에 대해서는 전지하고 미래에 대해서는 전능하다고 말한다. 그러나 스윈번은 이러한 하나님의 자기 제한이 결코 그의 전능함을 훼손하지 않는다고 말한다. 왜냐하면 미래에 대한 하나님의 제한된 무지는 그의 광대한 자유와 능력과 선함으로부터 발생한 것이기 때문이다. 하나님의 무지가 하나님의 위대함을 결코 축소시키지 않는다.[42]

하나님의 영원성(eternity)에 대한 설명 역시 하나님의 지식과 마찬가지로 논리적 일관성에 기대어 기존 교리와 다르게 설명한다. 지금껏 그리스도교 교리에서는 하나님이 시간의 추이(passage of time)를 경험하지 않는다고 말해 왔다. 하나님은 시간을 초월해 영원 속에 존재하기 때문에 무시간적(timeless)으로 영원하다고 생각

---

42   Swinburne, *The Christian God*, 134.

한 것이다. 그분에게 모든 시간은 단지 순간이기 때문에 2022년에 일어난 사건이나 기원전 587년에 일어난 사건은 동시적 사건일 뿐이다. 그래서 하나님에게는 과거와 현재와 미래에 차이가 없다. 시간의 흐름과는 상관없이 그분에게는 언제나 모든 시간이 동일하게 파악된다. 이렇게 전통적인 하나님은 시간을 초월하는 분으로서 정적이면서 객관적으로 시간을 만들고 이끌어 가는 것으로 이해되어 왔다. 하지만 스윈번은 이런 무시간적 영원성을 받아들이지 않는다.

> 하나님의 무시간성은 인간의 시간의 모든 순간 가운데서 동시적으로 존재하는 하나님의 존재함에 있다. 그러므로 하나님은 내가 어제 행한 행위, 오늘 행하고 있는 행위, 내일 행할 행위에 동시적으로 나타난다고 말해진다. 그러나 만일 t_1과 t_2가 동시적이며 또한 t_2와 t_3가 동시적이라고 한다면, t_1과 t_3는 동시적이다. 그러므로 만일 하나님이 이것들을 아는 순간이 어제와 오늘과 내일 모두에 동시적이라면 이 날들은 서로 간에 동시적일 것이다. 그러므로 어제는 오늘이나 내일과 같은 날이 될 것이다. 이것은 분명 의미가 없다.[43]

스윈번은 하나님의 지식이 아직 일어나지 않은 일에 대해서는 제한될 수밖에 없는 것처럼 하나님의 영원 역시 새롭게 이해할 필요가 있다고 말한다. 인격적인 하나님의 행동은 시간의 과정으로부터 분

---

43 Swinburne, *The Coherence of Theism*, 228.

리해서 설명될 수 없다. 하나님은 시간의 연속이라는 형식으로 일한다. 그 연속성 안에서 하나님의 뜻과 섭리는 시간의 경과를 통과한다. 따라서 스윈번은 하나님의 영원은 시간을 초월하는 무시간적 영원이 아닌 영속적 영원(everlasting)이라 말한다.[44] 시간의 주인이신 하나님은 신실하게 자신의 시간을 붙들고 이끌어 가신다. 하나님은 시간과 함께 존재하지만, 그의 자발적인 선택으로 사건을 주관하고 섭리하기 때문에 시간에 대한 그의 주권은 위협받지 않는다.[45]

V. 찬사와 비판 사이

스윈번의 철학과 신학적 변증은 동료 철학자들로부터 엄청난 찬사와 비판을 동시에 받았다. 물론 신학자 사이에서도 다양한 비판이 이어졌다. 그가 책을 출간할 때마다 다양한 논평이 학술지에 게재되었고, 그의 사상을 평가한 책도 다수가 출판되었다. 그의 환갑을 기념한 논문집 『이성과 그리스도교 종교』(*Reason and the Christian Religion*, 1994)에는 스윈번과 비슷한 시기에 활동하던 철학자들이 그의 종교철학을 전체적으로 평가한 글이 수록되어 있다. 『이성과 신앙』(*Reason and Faith: Themes from Richard Swinburne*, 2016) 역시 비슷한 성격의 책이지만, 조금 더 최근 학자들이 스윈번의 신학을

---

44   Swinburne, *Is There a God?*, 26.

45   Swinburne, *The Christian God*, 140.

자연신학과 철학적 신학 두 부분으로 나눠서 상세하게 소개하고 있다. 한편, 2007년 뮌스터 강좌(Münstersche Vorlesungen)에 초청을 받아 이틀 동안 논의한 내용을 담은 『리처드 스윈번: 현대 세계에서 그리스도교 철학』(*Richard Swinburne: Christian philosophy in a modern world*, 2008)에서는 독일 학자들이 스윈번의 철학을 어떻게 평가하는지 볼 수 있다.

스윈번이 제시하는 종교철학 방법론과 결론에 동의하지 않더라도 그의 철학적 엄밀함과 주제의 규모, 그리고 그가 다룬 내용의 깊이에 대해서는 많은 이가 존경과 찬사를 보내고 있다. 심지어 그의 철학을 날카롭게 비판했던 무신론 철학자들도 그의 학문적 엄밀함과 체계적 논증에 대해서만큼은 경의를 표하고 있다. 퀜틴 스미스(Quentin Smith)는 그의 작업을 아래와 같이 평가했다.

> 유신론이 지적으로 실패한 이론이 아니라는 사실을 보여 주려 했던 스윈번의 노력은 성공했다고 생각한다. 그러나 이 분야에서 스윈번이 이룬 작업의 중요성은 일부 사람들이 생각하는 것보다 훨씬 크다. 스윈번은 단순히 신의 존재에 대한 새로운 주장에 기여했을 뿐만 아니라 과학적 추론이 어떻게 우주가 존재하는 이유에 대한 논의에 적용될 수 있는지를 근원적으로 보여 주었다. 나는 유신론자가 아니지만, 우주가 존재하는 원인이나 이유를 귀납적으로 추론한 그의 아이디어에 대해서만큼은 그가 정말 큰 일을 했다고 생각한다.[46]

스윈번의 철학적 신학에 대한 다양한 찬사가 있음에도 그의 방법론에 대해서는 여러 학자가 비판하고 있다. 먼저 그는 그리스도교 신앙 체계를 기본적으로 설명력이 높은 가설로 보고, 그 가설이 단순하다는 전제, 그리고 그것을 귀납논리를 통한 확률로 증명하려 한다. 즉, 그가 제시한 유신론과 그리스도교 신학은 다른 대안 이론보다 설명력이 더 높기 때문에 받아들여야 한다는 것이다. 그리고 스윈번은 이론의 단순함이 진리의 증거라고 보고, 이에 따라서 단순한 이론이 복잡한 이론보다 본질적으로 더 개연성이 높은 이론이라고 말한다. 하지만 이렇게 단순성(simplicity)을 강조하는 것은, 그가 이미 다양한 경험 자료를 누적해서 정합적으로 설명해야 한다는 정합성(coherence)의 논리와 모순을 일으킬 수 있다. 폴 드레이퍼(Paul Draper)는 단순성 그 자체가 가설의 진리를 보여 주는 직관적 이유는 아니라고 비판한다. 반대로 이론들이 서로 얼마나 정합적으로 잘 어울리는지가 가설의 개연성을 높이는 것이라고 말한다.[47] 또 어떤 이들은 이론의 단순성이 역사적으로 과학 발전의 기준이었다는 스윈번의 주장에 이의를 제기한다. 과학자들이 복잡한 가설보다 단순한 가설을 선호한 것은 단지 실용적인 이유 때문이었고(조사 시간과 지적 능력에 대한 인간의 제약을 감안할 때), 역사적 사

---

46   Quentin Smith, "Swinburne's explanation of the universe," *Religious Studies*, 34.1 (1998), 102.

47   Paul Draper, "Simplicity and Natural Theology," *Reason and Faith: Themes from Richard Swinburne*, eds. M. Bergmann, and J. Brower (Oxford: Oxford University Press, 2016), 53.

레에서도 과학 이론을 선택하는 데 있어서 단순성은 그리 중요한 기준이 아니었다는 것이다.[48]

한편, 스윈번이 제시하는 유신론을 가정할 때, 다양한 현상을 가장 단순하게 설명할 수 있다는 가설 역시 비판의 대상이 된다. 많은 철학자는 신의 존재를 가정하는 것이 오히려 형이상학적으로 복잡하고 불필요하다고 생각한다. 스윈번은 유신론이 유물론보다 세상을 더 단순하게 설명할 수 있다고 말하지만, 오히려 유신론에서 설명해야 할 부수적 현상이 더 많아 보인다. 또 다른 이들은 스윈번의 삼위일체 신학과 신정론, 하나님의 전능과 전지에 대해 비판한다. 특별히 켈리 클락(Kelly James Clark)과 브라이언 레프토우(Brian Leftow) 같은 그리스도교 철학자는 신을 연역적으로 설명하지 않고 귀납적으로 입증하려는 스윈번의 견해를 비판한다. 신의 존재를 단순히 가설로 가정하고 개연성으로 설명하려 한다면, 신은 완전한 존재라는 우리의 기본적인 직관에 반하고, 오히려 그가 말하는 가장 단순한 가설에 위반되기 때문이다.[49]

단순성 원칙에 대한 이러한 도전 외에도 유신론이 무신론보다 확률적으로 더 개연성이 높다는 그의 주장은 많은 비판을 받았다.

---

48   Julia Göhner, Marie I. Kaiser and Christian Suhm, "Is Simplicity an Adequate Criterion of Theory Choice?" *Richard Swinburne: Christian Philosophy in a Modern World*, eds. Nicola Mößner, Sebastian Schmoranzer and Christian Weidemann (Frankfurt: Ontos Verlag, 2008), 33-46.

49   Kelly J. Clark, "Trinity or Tritheism?" *Religious Studies*, 32.4 (1996), 467. Brian Leftow, "Swinburne on Divine Necessity," *Religious Studies*, 46.2 (2010), 141-162.

오늘날 철학적 추론을 형식 논리학으로 설명하려는 시도나 확률로 환원해서 설명하려는 시도는 적절하지 않다는 의견이 지배적이다. 설령 스윈번의 방법론을 수용한다 하더라도, 개인적인 성향이나 신앙과 같은 주관적 요소를 수치로 평가하는 것은 적절하지 못하며 확률에 대한 판단 역시 다양한 요소와 사용 가능한 증거에 따라 크게 다를 수 있기에 이를 합리적 근거로 제시하기는 어려워 보인다.

앨빈 플랜팅가(Alvin Plantinga)는 누적 확률 방법론에 대한 또 다른 문제를 제기한다. 개연성이 높은 가설을 계속 누적시킬수록 사전 이론의 확률이 높아진다는 스윈번의 귀납논증에서는 만약 사후 가설의 확률이 낮을 경우 사전 확률 역시 감소한다는 사실을 놓치고 말았다. 이 확률 감소의 원칙(principle of dwindling probabilities)은 명제가 서로 사슬처럼 연결되어 있고 각각의 명제가 바로 앞의 명제에 대한 확률에 영향을 미칠 때 발생한다. 만약 신이 존재할 가능성이 있고, 신이 존재한다면 계시가 있을 것이고, 그 계시가 전통적인 그리스도인들이 주장해 왔던 것과 같다고 생각해 보자. 이런 명제가 계속 확률을 높여서 처음 가설을 그럴싸한 명제로 만들 수 있을지 모르지만, 반대로 마지막 명제의 확률이 지극히 낮다고 한다면, 앞의 명제에도 영향을 미쳐 결국 전체 가설의 확률을 떨어뜨릴 수도 있다는 것이다. 플랜팅가는 스윈번의 누적 논증을 검토한 후, 다음과 같이 평가한다.

그리스도교 신념이 공적 증거로도 충분히 존중할 만하다는 것을 보여 주려 했던 스윈번의 논증은 확률 감소의 문제 때문에 실패하고 말았다. 사실 이 논증은 그리스도교 신앙이 그 증거와 관련하여 그렇지 않은 것보다 더 가능성이 있다는 것을 보여 주지도 않는다. 그것은 기껏해야 그러한 믿음이 아예 불가능한 것은 아니라는 정도만을 보여 줄 뿐이다.[50]

또 다른 이들은 스윈번의 인식론이 소박한 실재론에 근거한다고 비판한다. 스윈번은 경신의 원리(principle of credulity)를 통해 종교적 경험을 정당화한다. 경신의 원리는 "어떤 사람이 모종의 대상에 대해 그것이 어떻다고 여길 때, 그 주장을 약화시키는 특별한 이유가 없는 한 그것을 사실로 받아들여야 한다"는 주장이다.[51] 사물들이 우리에게 보이는 방식은, 사물들이 바로 그렇게 존재한다고 믿을 타당한 근거를 제공해 준다. 누군가 이 지각이나 인식의 기능에 의심을 던지기 전까지는 우리의 믿음이 정당화된다는 말이다. 물론 우리의 경험이 잘못된 것일 수 있지만, 그 경험이 진짜가 아니라고 주장하는 사람은 오히려 더 큰 증명의 부담을 안게 된다. 자신의 종교적 경험에 대한 믿음이 다른 정당화된 믿음과 상충한다고 생각하거나 자신의 지각 기관에 결함이 있다고 생각하기에 충분한 이유가 주어지지 않는 한, 신에 대한 믿음을 가질 자격이 있다는 말이

---

50   Alvin Plantinga, "Rationality and Public Evidence: A Reply to Richard Swinburne," *Religious Studies* 37.2 (2001), 219.

51   Swinburne, *The Existence of God*, 254.

다. 결국 경신의 원리는 인식자의 긍정적 지위를 확보해 준다.[52]

하지만 경신의 원리가 소박한 실재론의 위험을 피해 갈 수 있을까? 앞에서 간단하게 설명했듯이 스윈번은 어떠한 이론도 완벽하게 증명될 수 없고 단지 개연적으로만 신뢰도를 높일 수 있다고 말한다. 그러므로 경신의 원리 역시 확고한 신념이나 견고한 토대에 근거한 믿음이라고는 할 수 없다. 신념은 언제든지 뒤집히거나 변경될 수 있다. 어쩌면 개연성에 근거한 논증은 이성의 영역에 신앙의 위치를 애매하게 배치함으로써 이 둘의 관계를 불편하게 만들었는지도 모른다. 스윈번은 『신앙과 이성』에서 "신앙은 증거의 충분성에 비례하고 그 안에서 힘을 얻는다"라고 말한다.[53] 결국 신앙은 증거에 대한 확고한 신념이다. 신념의 정도 역시 증거의 정도에 의존한다는 말이다. 하지만 이렇게 신앙과 개연성을 연결해서 설명하는 방식은 많은 학자에게 비판의 대상이 되었다. 리처드 게일(Richard M. Gale)은 스윈번이 신앙과 개연성 사이에 존재하는 인간의 자유를 너무 쉽게 간과했다고 지적한다.[54] 일반적으로 사람들은 증거가 쌓이고 누적되었기 때문에 신념을 갖는 게 아니라 결단이나 결심을 통해 신념을 가지게 된 경우가 많다. 우리는 이성이나

---

52   David K. Clark, "Faith and Foundationalism," *The Rationality of Theism*, eds. Paul Copan and Paul K. Moser (New York: Routledge, 2003), 46.

53   Richard Swinburne, *Faith and Reason* (Oxford: Clarendon Press, 1981), 33.

54   Richard M. Gale, "Swinburne's Argument from Religious Experience," *Reason and the Christian Religion*, ed. Alan G. Padgett (Oxford: Clarendon Press, 1994), 40.

증거에 근거하지 않고서도 종교적 신념을 주장할 수 있다. 종교적 체험이나 신념은 이성의 한계에 직면하거나 그것을 넘어서는 헌신을 요구할 때가 많기 때문이다. 우리는 스윈번에게 증거나 이성에 기대지 않는 신앙은 어떤 의미가 있는지 되물을 수 있을 것이다.

VI. 결론: 인격적 하나님과 인간의 이성

케이스 파슨스(Keith M. Parsons)은 『신과 증명의 부담』(*God and the Burden of Proof*)에서 20세기를 대표하는 그리스도교 철학자 두 명을 소개하고 이들의 철학 방법론을 비교한다.[55] 국내에도 많이 알려진 앨빈 플랜팅가는 개혁파 인식론(Reformed Epistemology)이라는 방법론을 통해 기존의 토대주의 인식론과 증거주의를 논파한다. 근대 인식론의 허점과 논리적 결함을 반박하면서 종교적 믿음도 그 나름의 방식으로 정당성을 가지고 있다고 논증한다. 반면 리처드 스윈번은 자연신학의 방식, 즉 특별계시에 의존하지 않고 이성을 통해 신앙의 합리성을 증명하려고 한다. 이러한 자연신학은 계몽주의를 거쳐 오늘날에 이르기까지 많은 신학자와 그리스도교 철학자가 지지하는 방식이기도 하다. 종교적 믿음도 충분히 합리적이고 정합적일 수 있다는 것을 보여 주는 것이다. 어떤 방식이 그리스

---

55   Keith M. Parsons, *God and the Burden of Proof: Plantinga, Swinburne, and the Analytic Defense of Theism* (Buffalo, New York: Prometheus Books, 1989).

도교 신앙을 변호하는 데 더 좋은 전략인지는 각자의 판단의 맡길 수 있다. 다만 스윈번의 길은 토마스 아퀴나스 이래로 오랜 시간 그리스도교에서 사용한 방식이고, 특히 자연신학의 전통이 깊이 남아 있는 영국에서는 여전히 인기 있는 방식이다.

스윈번의 그리스도교 철학은 다양한 학자에 의해서 논쟁이 되기도 하고 비판을 받기도 했다. 과학철학과 분석철학을 통해 그리스도교 신앙과 교리를 변호하고 그리스도교의 합리성을 제시했던 그의 연구가 누군가에게는 궤변으로 들릴 수도 있다. 지금의 시각으로 보면 그 역시 시대적 한계를 분명 가지고 있다. 신앙을 과학적 합리성과 지나치게 연결하려는 그의 노력이 오히려 신앙의 매력을 떨어뜨렸다고 평가할 수도 있다.

그렇다면 그의 연구가 오늘날 우리에게 던지는 의미는 무엇일까? 그는 앨빈 플랜팅가로 대표되는 개혁파 인식론과 달리 증거주의가 제시하는 증명의 부담을 기꺼이 떠안으면서 철학적 문제를 해결하고자 했다. 그는 그리스도교의 신념을 신앙의 영역으로 축소하거나 증거주의자들이 제시하는 합리성의 기준과 다른 합리성으로 도피하려 하지 않았다. 오히려 그들이 제시한 방법론을 활용해서 그리스도교가 충분히 합리적인 내적 정합성을 가지고 있다는 사실을 보여 주고자 했다. 스윈번은 철학의 영역에서 그리스도인이 공정한 법칙과 규칙을 사용해 그리스도교의 신앙도 충분히 합리적일 수 있다는 사실을 보여 준 것이다.

하나님은 자신이 만든 세계의 질서와 창조의 법칙을 지금도 유지하고 계신다. 스윈번은 하나님의 전능과 전지를 설명할 때, 하나님의 속성을 논리적 묶음(logical package)으로 이해해야 한다고 말한다.[56] 하나님은 모든 사물의 존재를 가능하게 하고, 모든 운동과 효과를 발생시키는 궁극적 원인이기 때문에 논리적으로 모순을 일으키는 사건을 만들 수 없다. 하나님의 속성은 서로 논리적으로 연결되며, 그 논리적 일관성 속에서 하나님은 자신의 행동을 정당화한다. 하나님에 대한 이런 이해는 앞서 살펴본 유신론의 일관성이나 단순성에 대한 스윈번의 주장에 그 뿌리를 두고 있다. 하나님은 자신이 만든 법칙과 논리에 맞춰서 자신을 제한한다. 역설적으로 우리가 하나님을 인격적 존재라 부르는 이유가 여기에 있다. 만약 하나님이 자기 마음대로 자연의 질서와 법칙을 위반하면서 우주를 통치한다면, 인간은 하나님에 대한 어떤 설명이나 묘사도 할 수가 없다. 인격적 존재는 의지와 목적을 가지고 있기 때문에 다음 행동을 예측하고 추측할 수 있다. 적어도 성서에서 묘사하는 하나님은 인간의 이성으로 이해할 수 있는 인격체다. 그는 처음과 끝이 같은 신실하신 하나님이다. 따라서 인간은 하나님을 사랑할 수 있으며, 하나님의 뜻에 순종할 수 있다. 하나님은 기분에 따라 우주를 마음대로 다스리는 폭군이 아니다. 그래서 인간은 하나님에 대해 합리적이고 논리적으로 그의 뜻을 발견할 수 있다. 그런 점에서 우리에게 주어진 이성을 활용해 신앙을 증명하고 설명하려는 시도는 충

---

56   Swinburne, *The Coherence of Theism*, 230-231.

분히 의미 있는 작업이며, 그리스도교 철학자들이 앞으로 지속해서 연구하고 탐구해야 할 영역이다. 리처드 스윈번은 이 작업을 성공적으로 수행한 대표적인 그리스도교 철학자다.

　스윈번은 어떠한 신념이나 이론도 완벽하게 증명될 수 없다고 말함으로써 절대적인 확신이나 신념을 비판한다. 신을 향한 온전한 헌신과 전적인 신뢰 같은 것은 없다. 다만 우리에게 주어진 증거와 한계 내에서 조금씩 믿음의 개연성을 높여 갈 뿐이다. 때로는 의심하고 때로는 확신하면서 주어진 신념을 성실하게 쌓아 가는 것이 신앙의 길이다. 묻지도 따지지도 않고 믿는 신앙은 맹목적인 헌신과 추종으로 이어져 오히려 신앙에 해로울 수 있다. 찬찬히 하나씩 따져 가며 기초를 다지는 신앙이 오히려 흔들리지 않고 오래갈 수 있다. 스윈번에게 배울 수 있는 그리스도교 철학이란 이런 성실함이다.

더 읽을거리

『신은 존재하는가』

- 리처드 스윈번 지음, 강영안·신주영 옮김, 서울: 복있는사람, 2020.

국내에 소개된 유일한 스윈번의 책으로 『하나님의 존재』(*The Existence of God*)에서 논의한 주요 내용을 일반 대중에게 전달하기 위한 목적으로 쓴 책이다. 종교철학의 요점을 자신만의 관점으로 풀어냈다. 현대 과학의 발견과 인간의 종교적 경험을 적극적으로 수용하면서 기존 무신론의 주장들을 귀납적으로 논박하고, 경쟁하는 이론 가운데 유신론을 가정할 때 이 세상을 가장 잘 설명할 수 있다고 주장한다.

『종교의 철학적 의미』

- 마이클 L. 피터슨 지음, 하종호 옮김, 서울: 이화여자대학교출판문화원, 2009.

현재 영미권 대학교에서 종교철학 교재로 가장 널리 사용되고 있는 종교철학 개론서다. 종교철학의 중요한 주제를 전반적으로 다루고, 다양한 입장을 정리했다. 특별히 플랜팅가, 올스턴, 마틴, 머피, 뎀스키, 애덤스, 스윈번 같은 최근 영미권 종교철학자들의 논의를 포함하고 있고 최신 동향을 파악하기에도 유용하다.

『기독교 세계관의 철학적 기초』

- J. P. 모어랜드, W. L. 크레이그 지음, 김명석·류의근·이경직·이성흠 옮김, 서울: CLC, 2022.

미국의 대표적인 복음주의 그리스도교 철학자들이 쓴 책이다. 이 책 역시 미국에서 그리스도교 철학 과목의 교재로 널리 사용되고 있으며 대중적 인기를 얻은 책이다. 분석철학 전통에서 종교철학의 중요한 내용과 그리스도교 신학을 개론적으로 잘 소개했다.

참고문헌

내쉬, 로날드 H. 『신앙과 이성』. 이경직 옮김. 서울: 살림, 2003.

Adams, R. Merrihew. "Faith and Reason by Richard Swinburne." *Nous* 19.4
(1985): 626-633.

Burns, Robert M. "Richard Swinburne on Simplicity in Natural Science." *The
Heythrop Journal* 40.2 (1999), 184-206.

Clark, David K. "Faith and Foundationalism." *The Rationality of Theism*. Edited
by Paul Copan and Paul K. Moser, 47-66. New York: Routledge, 2003.

Clark, Kelly James. "Trinity or Tritheism?" *Religious Studies* 32.4 (1996): 463-
476.

Draper, Paul. "Simplicity and Natural Theology." *Reason and Faith: Themes
from Richard Swinburne*. Edited by M. Bergmann, and J. Brower, 48-
63. Oxford: Oxford University Press, 2016.

Gale, Richard M. "Swinburne's Argument from Religious Experience." *Reason
and the Christian Religion*. Edited by Alan G. Padgett, 39-63. Oxford:
Clarendon Press, 1994.

Göhner, Julia, Marie I. Kaiser and Christian Suhm. "Is Simplicity an Adequate
Criterion of Theory Choice?" *Richard Swinburne: Christian Philoso-
phy in a Modern World*. Edited by Nicola Mößner, Sebastian Schmo-
ranzer and Christian Weidemann, 33-46. Frankfurt: Ontos Verlag,
2008.

Hume, David, *A Treatise of Human Nature: Of The Understanding*. Edited by
L. A. Selby-Bigge, Oxford: Oxford Univ. Press, 1980. 국역본: 『인간 본
성에 관한 논고 1: 오성에 관하여』. 이준호 옮김. 서울: 서광사, 1994.

Leftow, Brian. "Swinburne on divine necessity." *Religious Studies* 46.2 (2010): 141-162.

Migliorini, Damiano. "Faith and Philosophy: Richard Swinburne and the Analytic Philosophy of Religion — An Interview." *Philosophical Investigations* 44.4 (2021): 345-371.

Parsons, Keith M. *God and the Burden of Proof: Plantinga, Swinburne, and the Analytic Defense of Theism.* Buffalo, New York: Prometheus Books, 1989.

Plantinga, Alvin. "Rationality and public evidence: a reply to Richard Swinburne." *Religious Studies* 37.2 (2001): 215-222.

Smith, Quentin. "Swinburne's explanation of the universe." *Religious Studies* 34.1 (1998): 91-102.

Swinburne, Richard. *The Existence of God.* Oxford: Clarendon Press, 1979.

_____. *Faith and Reason.* Oxford: Clarendon Press, 1981.

_____. *The Coherence of Theism.* Oxford: Clarendon Press, 1993.

_____. *The Christian God.* Oxford: Clarendon Press, 1994.

_____. "The Vocation of a Natural Theologian." *Philosophers Who Believe.* Edited by Kelly James Clark, 179-202. Downers Grove: IVP, 1993. 국역본: 『기독교 철학자들의 고백』. 양성만 옮김. 418-458쪽. 파주: 살림, 2006.

_____. "Intellectual Autobiography." *Reason and the Christian Religion.* Edited by Alan G. Padgett, 1-18. Oxford: Clarendon Press, 1994.

_____. *Is There a God?* Oxford: Clarendon Press, 1996. 『신은 존재하는가』. 강영안·신주영 옮김. 서울: 복있는사람, 2020.

_____. "The Value and Christian Roots of Analytical Philosophy of Religion." *Faith and Philosophical Analysis: The Impact of Analytical Philosophy on the Philosophy of Religion*. Edited by Harriet A. Harris & Christopher J. Insole, 33-45. Aldershot: Ashgate Publishing, 2005.

5. 타자의 외재성으로부터 사유하는 해방의 윤리학

엔리께 두셀

신현광

엔리께 두셀(Enrique Domingo Dussel Ambrosini)은 신학자, 역사학자, 철학자로 식민화된 라틴아메리카의 종속적 현실에서부터 '해방의 윤리학'을 전개해 나가는 해방철학(filosofía de la liberación)의 선구자이다. 해방철학은 자기에 대한 사유나 성찰이 아니라 타자와의 책임 있는 만남을 시도한다. 타자와의 만남은 신성하고 역사적이며 구체적인 것이다. 해방철학은 중심의 관점에서가 아니라 현 세계의 경계를 넘어, 주변부에서부터 이 현실을 사유한다.

근대성(Modernidad) 세계 체제는 지난 500년 동안 '그리스도교 세계', '문명화 사명', '발전', 그리고 '글로벌 시장'으로 변하면서 전체성을 추구하고 있다. 이러한 전체성 개념은 타자성(alteridad)을 부인하며 자신과 다른 모든 타자를 배제하는 배타성과 폭력성을 드러내며 수많은 희생자를 만들어내고 있다. 타자와의 차이가 폭력으로 나타나며, 빈곤과 소외 문제, 자연 생태계 파괴문제가 해결될 기미가 보이지 않는 세상에서, 타자성과 윤리의 문제는 신학적 상찰의 중요한 요소가 된다.

두셸에게 '타자성'의 문제는 그의 철학과 탈식민, 탈근대성 논의의 근간을 이룬다. 두셸의 사상은 문화와 역사, 철학 사이의 경계지대에서 논의되고 있지만, 근본적으로 그것은 신학이다.[1] 두셸의 원시 그리스도교적 성서 읽기, 레비나스와 마르크스 읽기, 교회 역사와 해방 사상 연구는 교조적이거나 제도화되지 않은 복음의 메시지를 해방 윤리학적 입장에서 고찰하려는 시도였다. 그의 신학적 요소들은 주로 철학적 성격을 띠고 있고 따라서 철학적 관점에서 두셸을 논한 많은 연구가 있지만, 이 글에서 시도하는 바는 철학자이자 역사가인 두셸 사상의 근간을 이루고 있는 신학적 이해를 강조하는 것이다. 무엇보다 필자는 두셸의 해방철학의 타자성에 대한 그의 철학적 이해가 실재를 해석하는 신학이라는 입장에서, 그의 사상을 선교 신학적 담론으로 분석하고 있음을 밝힌다.

지구화와 배제의 시대에 직면하여 탈근대성을 추구하는 신학을 말하고 또 그래야 할 필요가 있다면 엔리께 두셸의 해방철학을 피해갈 수 없을 것이다. 두셸 연구가 단지 라틴아메리카 사상에 관한 연구로서만 의미 있는 것은 아니다. 오늘날 두셸을 새롭게 읽는 것은 식민화된 우리의 앎과 삶을 반성하기 위한 중요한 수단이 될 수 있다.

---

1   Enrique Dussel, *Historia de la iglesia en América Latina* (Barcelona: Editorial Nova Terra, 1972), 11.

I. 해방을 추구하는 두셀의 삶과 저서

엔리께 두셀의 성찰은 삶의 경험, 특히 해방의 그리스도교 투쟁 경험으로 나타난다. 그의 삶은 끊임없이 해방을 추구하는 신앙적 삶이다. 두셀은 1934년 12월 24일에 아르헨티나의 멘도사(Mendoza) 지방의 가난한 오지 마을 라 빠스(La Paz)에서 태어났다. 그는 어머니에게서 사회 참여 정신과, 정치적 정신과 비판적 정신을 물려받았다.[2] 두셀은 꾸요(Cuyo) 국립대학교에서 철학 교육을 받았다. 그는 이 시기부터 페론주의를 비판하는 시위에 참여하였는데, 그 과정에서 투옥되기도 하였다. 그는 1957년에 스페인 마드리드 콤플루텐세 대학교에서 학업을 계속했다. 두셀은 박사 과정 중이었던 1958년에 이스라엘 나사렛에서 프랑스 노동자이자 사제인 폴 구띠에(Paul Gauthier)를 만났다. 그는 스페인에 돌아와 논문 『근대 토미즘학파 또는 16세기 제2 토미즘에서의 공동선』(*El bien común en la Escuela moderna Tomista o la Segunda escolástica del siglo* XVI)으로 박사학위를 받았다. 그 후 두셀은 노동자 사제 구띠에와 한 약속대로, 다시 이스라엘에 가서, 티베리아스(Tiberias)의 기노사르(Ginosar) 키부츠에서 어부 경험을, 그리고 나사렛에서 가난한 그리스도교 노동자들과 함께 목수 경험을 계속했다.[3] 두셀은 어느 날 나사렛에 있

---

2   Enrique Dussel, "Autopercepción intelectual de un proceso histórico," *Revista Anthropos* 180 (1998), 13-36.

3   Karl-Otto Apel, et al. *Thinking from the underside of history: Enrique Dussel's*

는 아랍 노동자들의 건설 협동조합 관사에서 소수의 인원으로 잉카 제국을 정복한 피사로(Pizarro)에 관한 이야기를 나누었다. "그 당시 가난한 사람들은 누구였는가? 피사로인가, 원주민들인가?"라는 구띠에의 질문은 두셀을 변화시켰다. 두셀은 그날 밤 "언젠가는 라틴아메리카의 역사를 억압받는 자의 위치에서, 아래에서부터, 가난한 자의 편에서 써야 할 것이다!"라는 편지를 그의 친구에게 보냈다.[4] 두셀은 가난한 사람들, 억눌린 사람들, 자신의 대륙에서의 비참한 삶, 그리고 정복당한 자, 억압받는 자의 역사를 보게 되었다. 1959년의 이 경험은 두셀의 인식론적 또는 해석학적 전환의 배경이었다. 그는 '아래에서' 역사를 보기 시작했다.[5] 즉 빈곤과 자유의 역사적 관계와 예언적 창의성에서부터 역사를 바라보았다. 1960년대 두셀의 철학적 작업의 초기관심 중 하나는 라틴아메리카 문화의 기원, 발전 및 내용에 관한 질문에 답하는 것이었다. 이 성찰은 『라틴아메리카: 종속과 해방』(América Latina: dependencia y liberación, 1973)으로 출간된다.

이후 두셀은 1965년 파리 가톨릭 대학교에서 신학을 전공하고, 1967년에 소르본 대학교에서 라틴아메리카 식민시대의 교회사를 주제로 한 논문으로 역사학 박사 학위를 받는다. 이 논문은 『라틴

philosophy of liberation, (Lanham, Md.: Rowman & Littlefield Publishers, 2000), 17.

4   Enrique Dussel, Un proyecto ético y político para América Latina, (Barcelona: Anthropos, 1998), 14.

5   Apel, _Thinking from the underside of history_, 17.

아메리카 교회의 역사에 대한 가설』(*Hipótesis para una historia de la Iglesia en América Latina*, 1970)로 출판된다. 두셀은 『셈족 휴머니즘』(*Humanismo Semita*, 1969), 『그리스도교 인간학의 이원론』(*El dualismo de la antropología en la cristiandad*, 1974)에서 아메리카 정복 이전 유대–그리스도교의 신학적–인간학적 진화에 대하여 연구하였다. 두셀의 셈족 신학에 대한 연구에서, 1960년대 후반부터 2000년까지 발전하는 그의 해방철학의 핵심인 '타자성' 개념에 대한 기초를 발견할 수 있다.

두셀은 신학 연구뿐만 아니라 그의 새로운 '철학적 기획'을 시작한다. 이 철학적 기획은 라틴아메리카에서 온 자신의 정체성 문제와 상황에 관하여 성찰하는 광범위한 철학적 활동이다. 두셀에게 타자성에 대한 사고를 강화하고 촉진하는 이론적 모체는 아우구스토 살라자르 본디(Augusto Salazar Bondy)의 종속이론, 후설과 하이데거의 현상학, 마르쿠제를 비롯한 프랑크푸르트학파, 파울루 프레이리(Paulo Freire)의 억압받는 사람의 교육학, 프란츠 파농의 해방 투쟁의 영향이었다. 또한 리쾨르, 마르크스 등의 사유가 그에게 도움이 되었다. 그러나 무엇보다도 두셀에게 결정적인 변화를 준 것은 레비나스였다. 두셀은 칸트가 흄을 읽고 "독단의 잠에서 깨어났다"고 한 것처럼 레비나스의 『전체성과 무한』을 읽고 하이데거의 현상학과 존재론을 극복하여 '존재론의 잠'에서 깨어났다고 고백한다.[6] 두셀은

6　　Enrique Dussel, *Introducción a la filosofía de la liberación*, (Bogotá: Nueva América, 1988), 23.

레비나스의 존재의 익명성과 타자의 외재성 그리고 윤리적 책임성을 수용하여 라틴아메리카 현실을 성찰하였다. 이러한 성찰은 유럽의 근대성과 전체주의 존재론에 기반한 것들을 비판하는 특징으로 나타났다. 이런 방식으로, '가난한 자', '희생자'로 표현되는 타자의 외재성에 대한 이해가 그의 해방철학 중심 주제가 된다.

두셀 사상 형성에는 민중 투쟁도 결정적이었다. 아르헨티나에서 페론주의 복귀와 함께 민중의 해방 전선이 조직되었다. 그는 페론주의에 대항하는 단체, 대중 운동가, 노동 운동가들과 활동하면서 그람시의 헤게모니 이론을 통해 '민중'(Pueblo)이 해방의 실현에 영향을 미친다는 것을 깨닫는다. 두셀에게 '민중'은 '압제 당하고 배제 된 사회적 집단', 즉 정치적 타자였다. 1969년 5월 29일, 아르헨티나의 시민 혁명인 '코르도바소'(El Cordobazo)가 일어났다. 노동자와 학생 동맹이 참여하고 중류 계급과 교회가 비판적으로 지원했다. 이들은 자유주의 신학적 지향을 가지고 '그리스도교 사회주의'를 옹호했다. 따라서 이 새로운 단계는 사회 정치적 요구뿐만 아니라 철학적 요구도 커지게 되었다. 이때 철학자 모임이 구성되어 '코르도바 철학 의회'(1972)에서 "해방철학"(filosofía de la liberación)이 태동했다.

두셀은 위험에 처한 정치적 실천을 위해 전통 철학적 사고를 극복하자고 주장했다. 두셀의 사유에서 '해방'은 인간의 해방을 제한하는 사회학적, 경제적, 또는 상징적 수준에서의 "완전한 인간 해방"(liberación humana integral)이다. 1969년부터 사회학자, 경제학자, 신학자 및 철학자와의 학제간 토론에서 두셀은 라틴아메리카에서 철학적 사고를 수행하기 위하여 새로운 철학적 기획이 필요하다고 주장했다. 이 철학적 기획은 서구 유럽의 사고에 대한 비판과 라틴아메리카인의 기원에서 출발해야 한다는 것이다. 그가 쓴 『윤리 역사의 해체를 위해』(*Para una de-strucción de la historia de la ética*, 1973)는 1969년 대학 세미나 과정의 결과였다. 그는 서구의 보편주의와 추상적 철학 앞에 라틴아메리카의 이런 사회-정치적, 인간학적 근거에서 라틴아메리카 철학의 가능성을 보았다. 이 새로운 단계는 『라틴아메리카 해방의 길』(*Caminos de liberación latino-americana*, 1972), 『해방철학의 방법』(*Método para una filosofía de la liberación*, 1972), 그리고, 『라틴아메리카 해방의 윤리를 위하여 I-V』(*Para una ética de la liberación latinoamericana* I-V, 1970-75)에서의 광범위한 성찰에 나타난다.

해방철학은 존재론과 근대 유럽 철학의 추상적 보편주의, 그리고 북반구가 세계 주변부에서 발휘하는 힘의 의지를 정당화하는 이념들을 극복하고자 한다. 해방철학은 실제적이고 역사적이며 대중적인 활동과 관련이 있다. 두셀은 꾸요 국립대학교의 교수로 재직하는 동안 현재 체제를 비판했다. 이것이 박해와 투옥으로 이어졌고, 1973년 10월, 두셀은 극우파에게 폭탄테러를 당했다. 결국 두셀은 1975년 3월에 꾸요 국립대학교에서 다른 교수들과 같이 추방당하고 군부정권에 의해 사형 선고를 받았다. 두셀은 멕시코로 망명을 떠나야 했다. 테러의 희생자로 멕시코로 망명한 두셀은 그곳에서 환영을 받았다. 1976년에 멕시코 국립 자치대학교(UNAM)에서 강의하였다. 그 시기부터 국제 학회에 참가하여 국제적 대화를 하며, 은퇴 후에도 활발하게 그의 철학적 여정을 이어 가고 있다.

1970년대 말에 타자의 외재성은 두셀에게 해방을 희구하는 철학의 불가결한 원리가 된다. 이 문제를 수행하는 방법은 자기의식, 그리고 변증법적 변증법 너머로 갈 수 있는 '초변증법'(analéctico)이다. "내가 타자를 발견하면 타자는 나를 새로운 것으로 발견한다"고 두셀은 말한다. 여기에서 해방은 단지 중심에 대항하는 것이나 종속성을 깨뜨리는 것만 의미하지 않는다. 그것은 그 이상이다. 해방은 창의력으로 참된 새로움을 건설할 수 있는 것이다.[7] 두셀의 해방은 단순히 역사적 자의식의 문제가 아니다. 지배는 우리를 '구속하는' 의식의 상태가 아니라 오히려 구체적 '대면' 관계이기 때문이다. 이는 '계시'의 영역으로, 헤게모니적 지평과 긴장 관계에 있는 "외재성" 또는 "내면적 탁월성"이다.[8] 두셀은 "'생각하는 자아'(ego cogito)나 '권력의 의지'에서 정점에 도달하게 될 '정복하는 자아'(ego conquiro)의 눈이 아니라 타자의 눈, 근대성의 '다른 얼굴'(Otra cara)로서의 눈, 우리가 재구성해야만 하는 자아의 눈을 가져야 한다"고 한다.[9] 두셀의 철학은 '개방된 세계'와 끊임없는 토론이며, '타자들'과 완전한 대면이다.

---

7   Dussel, *Introducción a la filosofía de la liberación*, 161.

8   Enrique Dussel, *Para una de-strucción de la historia de la ética* (Buenos Aires: Ser y Tiempo, 1973), 64.

9   Enrique Dussel, *1492 El encubrimiento del Otro: Hacia el origen del "mito de la modernidad"* (Madrid: Nueva Utopía, 1992), 84-85.

1989년 이후 리처드 로티(Ricahrd Rorty), 카를 오토 아펠(Karl-Otto Apel)과 토론을 벌이며 자신의 사상을 변화 시켜 나간다. 『지구화와 배제 시대의 해방 윤리』(*Ética de la liberación en la edad de la globalización y de la exclusión*, 1998)에서 두셀의 근대성에 대한 새로운 세계관을 발견할 수 있다. 두셀은 이매뉴얼 월러스틴(I. Wallerstein)의 세계 체제의 이론으로 "근대성"의 기원과 그 다양한 측면을 분석한다. 그는 '유럽 중심주의'(eurocentrismo)와 '발달론'에 기초한 유럽주의 '신화'의 희생자를 발견한다. 두셀의 근대성 비판은 "타자의 이성"과 그 해방의 권리를 부정하는 근대성 신화의 폭력성과 비합리성을 부정하는 것이다. 근대성은 존재의 동일성을 추구하며, 따라서 '타자의 부정'을 선언한다. 이 관계는 주변 세계에 대한 물리적, 지정학적, 경제적 지배로 표현된다. 그 관계의 본질은 "자본 이득을 위한 무한한 경향인 지배"이다.[10] 두셀은 체제의 외재성의 모든 측면과 책임성을 살핀다. 그에게 가난한 민중은 전체성에서 배제된 희생자로 이해된다. 이 희생자는 연대를 요구하는 출발점이다. 타자의 외재성은 무엇보다도 정의에 대한 질문이며, 나의 책임에 대한 질문이다. 그로부터 유토피아를 향한 지평을 열 수 있다.

---

10 Luis Adrián Mora Rodríguez, "El pobrey la pobreza en la filosofía de Enrique Dussel," *De Raíz Diversa. Revista Especializada en Estudios Latinoamericanos*, 4.8 (2017), 134.

II. 두셀의 신학적 휴머니즘

두셀의 신학은 인식론적 신학을 극복하고 사회적 행동을 통해 라틴 아메리카의 현실에 반응한다. 두셀은 그리스도교 실존주의의 틀 안에 나타나는 타자성의 주제를 심화하여 그의 인간학의 기초를 확립한다. 타자성에 대한 두셀의 사상에는 유럽과 라틴아메리카의 근대철학과 셈족의 지혜라는 이중 원천이 있다. 두셀은 원시 셈족 신학에 관심을 두면서 그의 철학에 현실적이고 메시아적 성격의 인류학적-종말론적 지향을 제시한다. 그는 근접성의 관계가 의식의 모든 주체화 이전에 존재한다는 히브리-그리스도교 실존적 개념을 기초로 하여 타자성에 대한 근거를 주장했다. 이 '철학 이전'(pre-filosófico)의 세계는 외재성의 원칙이 된다. 인류학적-철학적 종말론과 신학적-실존적 의미의 셈족 도덕-사회는 존재론적 변증법을 거치며 해방철학의 타자성의 핵심 개념이 된다.

두셀은 "원래의 그리스도교 인류학"(antropología cristiana originaria)과 "그리스도교 세계의 휴머니즘"(humanismo de la cristiandad) 사이를 구별한다. '원래의 그리스도교 인류학'은 가난한 민중, 타자, 인격체로서의 개인의 외재성으로 개방하는 인간에 대한 이해를 나타낸다. '그리스도교 세계의 휴머니즘'은 이미 그리스도교라고 불리는 지배 문화의 틀 내에서 그리스도교 경험에 대한 이념적 기반이다.[11]

---

11   Enrique Dussel, *El dualismo de la antropología en la cristiandad: desde los orígenes hasta antes de la conquista de América* (Buenos Aires: Editorial Guada-

두셀은 이원론을 전제로 한 근대적 인간 개념에서 깨어날 것을 촉구하며 라틴아메리카의 정체성을 근대 신학 '저 너머'의 철학 이전의(pre-filosóficos) 순간에서 회복하려고 한다. 이것은 '인간'의 육체적이고 실존하는 일상생활을 가리킨다. 이것은 "더욱 여기"(más acá)의 담론으로 가난한 자의 현실을 분명히 하고 명시적으로 구체화하여 신학화한다. 이것에서 "인간학적 이원론을 근본적으로 극복"하는 "억압받는 자들의 인간학"이 결정된다. 주체의 근대 형이상학에 대한 비판과 함께 지배 문화적 전체성에 대한 외재성으로 "해방자의 철학"이 생길 수 있다. 이제 두셀 사상의 타자성에 근거한 신학적 특징을 살펴보기로 한다.

가난한 자의 해방 가능성. 두셀은 아브라함에게서 모든 것에 대한 끊임없는 저항의 태도를 발견한다. 이것은 '종말론적 빈곤'의 원리이다. 이것은 약하고 가난한 자로서의 의식으로 존재한다. 가난한 자는 역사를 초월하여 모든 것을 아는 '절대적인-어느 분'(Absoluto-Alguien)의 창조력을 믿는다. 모든 것을 떠나는 것은 자기인식의 상태이다. 그것은 죽음에 직면하는 방법을 아는 것이며 노예 상태에 맞서 싸우는 것이다. 실존적인 아브라함을 기원으로 하여 "경계 없는 땅에서 양 떼와 함께 방황한" 나그네는 선지자를 통해 다윗까지, 야훼의 가난한 자의 메시아적 소망과 야훼의 종의 통치 및 이스라

lupe, 1974), 287.

엘의 나머지 민중에 대한 메시아적 소망에 이르기까지 확증될 실존적 "태도"의 기원이 되었다. '가난함'은 단순한 불행의 상태가 아니라 "종교 경험을 더 가깝게 하는 실존 상태"다. 이것은 주어진 상황의 안락을 의식적으로 포기하고 하나님의 능력과 뜻에 비추어 약한 존재가 되는 균열의 경험이다. 두셀에게 '가난함'에 대한 신학적 이해는 그리스도교의 근본적 해방 사상으로 나타낸다. 이 해방은 라틴아메리카 현실 저항의 패러다임으로 드러난다. "가난한 자를 위한 선택"은 사회적·정치적 참여 정신의 중요한 유산이다.

역사성. 두셀에게, 창조의 '신화'에서 창조의 '사건'으로 가는 것은 그 역사성을 전제로 한다. 이것은 결속을 통해 창안된 민중으로서 유대인의 역사이다. 그 의식의 구조는 역사적이다. 타자로서 아브라함은 역사적이고 구체적 장소에 "자리매김할 수 있는" 특성으로 제시된다. 이 장소들은 가나안 민중의 우상 숭배의 자리에 불과했지만 "민중의 아버지들"과 선지자들이 지나간 "역사화된" 장소들이다. 신명기 사가와 역대기 사가의 본문에는 언제나 정확한 족보를 제시하려는 역사적 욕구가 있었다. 그들은 신화적인 것을 "역사화"하고 있다. 선지자를 통해 야훼께서 유대인의 인식을 위해 역사를 '창조'하신다는 것, 즉 그것을 인도하고 보여 주며 가치를 부여하고 의미를 부여한다는 것이다.

상호주관성. 아브라함(민중의 아버지)은 역사의 객관적 진실성을 확인하기 위해 초월적이며 구성적인 '언약'으로 "한 민족"의 기원이 되는 것을 깨닫게 된다. 히브리 실존 경험의 기원에는 하나의 너 (Tú) 아브라함과 하나의 나(Yo) 야훼 사이의 대화가 있다. 그러나 아브라함은 자신을 단순한 '나-현재'로 이해하지 않고, 본질적으로 '우리-미래'로 이해한다.[12] 히브리의 경우 그리스와는 달리 그 율법은 절대적으로 상호 주관적이며 본성과 대조된다. 그것은 집단, 공동체, 민중을 강화하기 위한 상호 주관적 관계를 구성한다. 이 모든 것은 떠돌아다니는 유목민 집단으로 시작된다. 히브리 사람들은 철학적 성찰을 통해서 도달하는 "절대자"(Absoluto)가 아니라 실존적이며 구체적이고 역사적이며 대화적인 경험에서 점차적으로 발견되는 "인격적이며 초월적인 내면성"(Interioridad-trascendente)을 발견한다.[13] 그들의 근원적 경험은 점차 실존적이며 구체적이고 역사적이며 대화적 경험이 되며 살아 있는 인격적 신으로 드러난다.

　바울 안에서 유대교에서 그리스도교로의 진화는 형이상학적 차원에서 상호 주관성의 지평을 추구하는 보편화를 가져왔다. "절대적-타자"와의 만남에 대한 그리스도교 신학은 근본적 상호 주관성으로서 신성한 역사의 기원이다. 두셀은 이 신학에서 '절대적-타자'와의 만남에 기초한 '동맹의 형이상학'(metafísica de la alianza)을 도출한다.[14] 이로부터 내재성, 내재적 자유 및 "타자에 대한 책임감에

12　Enrique Dussel, *El humanismo semita* (Buenos Aires: Eudeba, 1969), 49.

13　Dussel, *El humanismo semita*, 114.

14　Dussel, *El humanismo semita*, 47-73.

바탕을 둔 인간"이라는 다른 사상이 생겨났다.

역사 공동체에서 이루어져야 하는 구원. 유대인이나 개종자는 보편
성에 도달하려는 공동체의 실제 구성원이었다. 유대인은 상호 주관
적 공동체, 즉 가족, 회당, 예루살렘 주변의 공동체의 구성원이었다.
야훼는 창조주로서, 현세에서 그의 백성의 현존을 위한, 그리고 그의
영원한 축복에 대한 미래의 약속을 위한, 공동선, 절대적 "선", 보편
적 "공동"이다.[15] 따라서 이러한 개념은 히브리 민중에게 사회 양극
성에 대한 해결책을 찾도록 요구한다. 공동체가 인식하고 있던 보편
성에 대한 역사의 중요한 행위 중의 하나는 기원후 50년경의 예루살
렘 총회에 명시적으로 표현되었다. 유대인 그리스도교에서만 받아
들여진 초기 그리스도교 공동체에 선지자들의 이론적, 구조적 보편
주의가 처음으로 존재하게 된다. 안티오키아의 그리스도교 공동체
에서 모든 인간에게 문을 열고 다른 모든 문화와의 대화가 시작된다.
그들은 이방인들과 함께 설립된 최초의 "교회"(ἐκκλησία)를 세운다.
최초의 그리스도교 공동체는 유대교의 사회적 양극성을 고친다. 셈
족 신학에서 개인적 완전성은 항상 공동체에서 이루어져야 한다. 공
동체 외부에서의 자기 완벽성은 셈족의 이해로는 상상도 할 수 없다.

초월적이고 종말론적인 공동선. 유대인에게 아브라함, 모세, 사무

---

15   Dussel, *El humanismo semita*, 59.

엘은 신이나 신화적 요소가 아니라 인간의 특성이다. 야훼가 단지 하나의 신(un dios)이 아니라 유일한 하나님(Dios)이시라는 사실에서 아브라함과 그의 백성은 존재론적 의미를 지닌 인간 사건으로서 '역사'를 발견하게 한다. 이런 의미에서 예언자는 그리스 현자나 힌두교도, 불교도에게서처럼 자기 자신의 완성을 목표로 하지 않는다. 그와 반대로, 예언자는 현재나 미래의 공동선을 장려하기 위하여 민중이나 공동체를 향하는 야훼의 말씀과 진리의 도구이다. 완전한 깨달음은 역사에서 인류에 대한 야훼의 "언약"에 대한 충실한 순종으로, 공동체의 연대를 전제로 하는 야훼와의 약속 외에는 아무것도 아니다. 이런 식으로 히브리 민중은 신성한 은사를 충실히 지키기 위해 이교도들로부터 자신들을 분리하지만 결국 그들은 그들의 사명과 섬김이 보편적이라는 것을 점차 깨닫게 된다.[16] 보편성의 실현은 "사실" 그 자체로부터 시작된 것이 아니라 존재 실현의 영혼이 자리 잡고 있는 "타자"로부터 시작된다. 셈족의 사상에서 인식은 일시적 존재에 달려 있으며, 우연한 존재이며, 믿는 존재에 의해 약속된다. 그 기원은 초월적이고 종말론적 공동선이다. 그것은 다른 지평으로 가는 길이 열리는 인식이다.

말씀(דבר)과 신앙 그리고 타자. 두셀에게 신앙은 지식, 사고, 이해, 표상으로 알 수 없는 곳까지 도달한다. 신앙은 완전함을 넘어서서

---

16   Dussel, *El humanismo semita*, 95.

다른 이의 세계를 여는 힘이다. 신앙은 다른 세계, 다른 감각, 타자, 전체성 자체를 넘어서는 다른 자유를 존중하고, 받아들이고, 인정한 다는 첫 번째 지성의 입장이다. 두셀이 강조하고 있는 이 신앙은 하나님의 이름으로 형제를 죽이지 않기 위해 맹목적으로 숭배하는 자신의 체계나 자기 자신을 믿지 않을 경우에만 가능하다. 두셀은 그리스도교의 독단적 신앙에 대한 맹목적 믿음을 언급하지 않는다. 그에게 신앙은 주어진 현재의 전체성에서 배제당한 타자 앞의 태도이다. 그것은 어떤 이념에 대면하여 감정을 여는 것이며, 억압당하는 타자의 고통을 당하는 것이다. 이것은 믿음에 대한 동의가 아니라 실천적 참여에 달려 있다. 이론이나 교리가 아니라 본질적으로 타자의 가르침이나 제자도(Discipleship)에 달려 있다. 윤리적 감각으로 사유하는 것은 참여와 다른 말을 경청하고 응답하는 것으로 구성된다.

두셀에게 신앙은 타자의 긍정과 마찬가지로 그 계시의 말씀이 나오는 타자의 세계를 이해할 수 있도록 실제적 약속으로 그 말씀을 지키는 것이다. '말씀'은 헬라어로 로고스(λόγος), 히브리어로 다바르(דבר)로 번역된다. 이것은 이야기하기, 말하기, 대화하기, 계시하기 그리고 동시에 무엇인가 실체를 드러내는 것을 의미한다. 그리스어로 말씀 '로고스'(λόγος)는 전통적 의미에서 일의적(一義的)이지만, 히브리어로 말씀 '다바르'(דבר)는 유비(類比, ana-lógica)이다. 그 말씀은 표현할 뿐만 아니라 계시한다.[17] 히브리어적 의미의 '말

---

17   Enrique Dussel, *Para una ética de la liberación latinoamericana*, Tomo II (Buenos Aires: Siglo XXI, 1973), 164.

씀'(דבר)은 계시이며, 현존이 끌어당기고 자극하는 부재(不在)를 나타낸다. 즉 자유로서의 타자 자신이다. 그 기원이 다르므로 이해할 수 없는 초(超)-존재론적(transontológico)인 것이다. 타자의 말은 그것을 확인할 수 없을지라도 진실로 받아들여질 수 있다. 타자의 말은 유비이다.[18] 존재 자체가 유비라면 타자의 말은 모든 종류의 저 너머에 있는 기원을 의미한다. 존재로부터의 유비는 궁극적 언급, 말 즉 계시로서의 세계의 새로운 지평을 의미한다.

타자의 계시는 과거 존재론적 기획에 대한 비판과 '타자로서 타자'의 소외와 지배에서 해방하는 기획에 개방한다. 해방의 실천에 의해서만 타자의 계시와 도발로부터의 진정한 참여(윤리적, 성적, 교육적, 정치적)를 통한 정의의 새로운 지평이 나온다. 그 후 해방의 도래를 희망하며 혼란스러운 이해 앞에 적절한 해석의 가능성에 이르는 유비적 정체성에 도달하게 된다. '나'의 견해가 끝나는 곳에서 '타자'의 신비가 시작한다는 것이다. 그것은 "들리는 것", 목소리 또는 우리 안에 타자의 침입이다. 타자로서의 타자의 음성을 듣는 것은 윤리적 개방을 의미하며, 단순한 존재론적 개방을 능가하는 타자에 의해서 자신을 설명하는 것이며 윤리적 개방을 의미한다.[19]

두셀은 "얼굴"이라는 원래 의미에서의 "얼굴"(πρόσωπον)[20] 에 의

---

18   Enrique Dussel, *Método para una filosofía de la liberación: superación analéctica de la dialéctica hegeliana* (Salamanca: Sígueme, 1974), 188.

19   Dussel, *Para una ética de la liberación latinoamericana*, Tomo II, 53.

20   고전 13:12 의 "얼굴과 얼굴"(προσωπον προς προσωπον)을 말한다. "우리가 지금은 거울로 보는 것 같이 희미하나 그 때에는 얼굴과 얼굴을 대하여 볼 것이요. 지금은 내가 부

。 타자의 외재성으로부터 사유하는 해방의 윤리학 | 201

해서 그리스도교 인간학이 잃어버린 개체를 회복할 것이라고 말한다. 얼굴은 그리스 극장의 가면이나 단순한 반향이 아니라 실제로 '타자의 얼굴'이다. 토마스 아퀴나스와 교부들은 선지자와 예수의 형이상학적 해석 범주인 "외재성"이라고 부를 수 있는 '타자성'을 잃어버렸다. '얼굴'의 개념은 세상의 지평, 존재, 그리고 존재론을 넘어서는 영역이다.[21] 타자는 내 세계에서 하나의 실체, 즉 얼굴로 나타나는 '누군가'이다. 그러나 그것은 신비 속에서 나의 세계를 초월하는 것으로 발전한다. 타자는 내 지평에서 표현할 수 없다. 그는 자신의 지평, 즉 존재론적 외재성에 있기 때문이다. 타자는 살아 있는 전체로서 '육체'로서 동시에 현실이 되며, 동시에 도발적 언어, 공의에 대한 질문, 육욕을 요구한다. "나는 권리가 있다!", "나는 배고프다!"라고 외친다. 두셀에게 그것은 단순히 한 영혼이나 한 육체가 아니다. 그것은 내 세계를 넘어서 라틴아메리카의 현실을 드러내는 '그 누군가'이다.[22]

III. 해방철학의 외재성의 형이상학

두셀의 사유는 라틴아메리카 철학이다. 말하자면, "중심"이 아니라

분적으로 아나 그 때에는 주께서 나를 아신 것 같이 내가 온전히 알리라."

21   Dussel, *El dualismo en la antropología de la Cristiandad*, 282.

22   Dussel, *El dualismo en la antropología de la Cristiandad*, 283.

"주변부"에서부터의 명확한 자신의 비전을 함축하는 "자리매김한 사유"이다. "초-존재론적 철학함"은 "중심"의 헤게모니인 현재의 전체성에 대한 근본적 비판이 된다. 그것은 억압받는 민중의 해방을 사유하는 것으로서 지배적 제국주의인 "중심부" 앞에 "타자"로 여겨지는 라틴아메리카에서부터의 "해방철학"이 된다.[23]

두셀의 레비나스와의 만남은 지배적인 존재론적 이성에 대한 비판으로서의 윤리적 실천 성찰의 재평가로 이루어진다. 두셀은 레비나스의 영향으로 존재론을 비판하지만 레비나스의 "타자"(l'Autre)의 개념이 "물질적 불확정성"으로부터 "추상화"된다고 비판한다.[24] 레비나스가 서구 철학을 비판하지만, 그에게 서구는 세계의 일부가 아니라 세계 자체였다. 그는 수용소의 홀로코스트 경험 속에서 유대인으로서 자신의 사유를 전개했다. 그의 경험은 근대성의 예외적 상황에서의 병리적 표출 같은 것이었다. 그러나 라틴아메리카의 경험은 유럽 근대성의 '정복하는 자아'의 식민지배 이후 오백 년 동안의 경험이었다. 라틴아메리카는 역사 속에서 "복음화를 앞세운 그리스도교", "문명화를 앞세운 계몽주의", "근대화를 앞세운 자본주의", "민주화를 앞세운 신자유주의"와 같은 권력의 식민성에 의해 끊임없는 억압을 당했다. 두셀은 레비나스를 라틴아메리카의 역사

---

23   Dussel, *Método para una filosofía de la liberación*, 210-211.

24   Luis Adrián Mora Rodríguez, "El pobre y la pobreza en la filosofía de Enrique Dussel," *De Raíz Diversa, Revista Especializada en Estudios Latinoamericanos* 4.8 (2017), 132.

적 맥락으로 바꾸어 식민적 경험으로 확장했다. 두셀은 레비나스의 전체성 비판을 식민화로 고통받는 제3세계의 상황에 구체적으로 적용하여 레비나스의 한계를 넘어선다.

이 철학적 지향은 "동일성"에 바탕을 둔 자기중심적 전체성으로 구성된 서구 철학적 세계관인 "사유하는 자아"(yo pienso), "일하는 자아"(yo trabajo) 또는 "정복하는 자아"(yo conquisto)에서 시작하지 않는다. 그는 근대적 자아론(egologías)을 비신비화하고, '도덕적 개인주의'와 인간 소외의 이념적 위험성을 비판하면서 타자성의 근원적 경험의 이론적 토대인 '가난한 자'나 '소외되거나 배제된 자'에서 시작한다. 종속되고 지배된 주변부 민중에서부터의 철학은 기존의 존재론의 '저 너머'의 비존재, 무, 타자성, 외재성, 의미 없음의 신비로부터 시작한다. 그의 해방윤리에서의 타자성에 대한 이해는 '라틴아메리카', '가난한 자'에서 '희생자'의 개념으로의 전환을 통해 라틴아메리카의 지역적 사상 '저 너머'(más allá)로 나아간다. 이것은 자기에 대한 사유나 성찰이 아니라 역사적이며 구체적인 것, 즉 타자와의 책임 있는 만남이다. 이제 두셀의 철학적 독창성이 드러나는 특징을 살펴보기로 하자.

1. 해방에 대한 대화적 초변증법

두셀의 초변증법 개념은 타자성의 개념을 풍성하게 하는 성찰의 원천이 되었다. 초변증법 범주로서 타자성은 "나"(yo)와 "타자"(el otro) 사이에서 오고 가는 해석 및 번역과 같은 개념을 의미한다. "다른 것"(lo dis-tinto), 외재성에서 "타자"의 형이상학적 의미론적 영역이 열리게 된다. 두셀은 레비나스의 외재성 철학에서 "중심부-주변부"의 비판적 대치에서 벗어난 근원적 경험을 토대로 비판한다. 그것은 외재성의 범주에서 타자성의 개념을 강화하는 것이다.

두셀의 '외재성' 개념은 레비나스와는 달리 주변 정치 및 종속 국가를 언급하며 그 정치적 성향을 나타낸다. 그 철학적 방법은 변증법적인 것 너머의 초변증법 방법이다. 그는 레비나스에게서 본질적으로 형이상학적인 외재성의 범주의 완전한 의미를 줄 수 있는 타자의 기원인 '민중'(pueblo)의 개념이 결여되어 있다고 보았다. 두셀은 외재성을 기반으로 하고 모든 계급을 존중하는 초변증법 해방의 전체 기획을 제안한다. 초변증법 사고로서의 철학은 타자에 대한 소명과 헌신이 '진리에 있는' 보편적 의미로 여겨지는 각각의 문화적 지평의 해방 현실에 대한 사유의 결과이다. 즉, 강요된 지배와 "침묵과 무관심의 문화"에 대처하기 위해 모든 문화적 수준에서 수행되도록 요구하는 과정인 해방 운동이다.

라틴아메리카 철학은 "세계-전체성"(mundo-totalidad), 전체성(Totalidad)을 비판함으로써 시작한다. 두셀에게 "원죄"는 존재론적으로 "동일성"이다. 그는 자유주의적 자본주의, 마르크스-레닌주의 국가 및 파시즘을 원죄로 보았다. 그것은 사유의 전체주의 구조의 해체이며, 그 세계관에 숨겨진 폭력성에 대한 비판이다. 인간 진화의 추진력으로서 '로고스의 힘'과 '역사의 힘'은 동일한 폭력의 제국의 양면으로 해석된다. 이 '상황-제한' 앞에 두셀은 '초-존재론' 영역을 제안한다.[25] 전체성은 더 이상 자연 (φύσις)이 아니고 자아이다. 자연적 전체성은 이제 존재하지 않고 자아의 전체성만 있을 뿐이다.[26] 그것은 본성의 지평 너머의 형이상학으로 넘어간다. 이 형이상학은 "동일성"에 대한 부정적 존재론을 의미한다. 존재의 경험은 육체적이나 사물 관계가 아니라 타자와의 관계이다.

두셀에게 차이(di-ferencia)로서의 동일성 '안'의 타자와 동일성 '앞'의 타자는 근본적으로 다르다. 레비나스에 따르면, '타자'는 무한히 초월한 낯선 자이다. 타자는 얼굴로서, 이해할 수 없는 존재로서, 이해 불가능성에서, 나를 부르며 "공통적"일 수 있는 세계와 헤어질 수 있는 곳에서 출현하는 것이다. 그는 "동일성"에서가 아니라 "동일성" 안의 존재론적 차이 같은 '다른 것'에서 출현하는 것이다. 그러나 "본질적으로" 다른 것으로서, 일치나 이전의 정체성 없이, 우연한 만남에서 융합된다. 이 만남은 세계의 기원이며, 새로운 존재론적 지평이 생겨나는 형이상학적(meta-física), 윤리적 타자성의 기원이다.[27]

---

25 Enrique Dussel, *Para una ética de la liberación latinoamericana*, Tomo I (Buenos Aires: Siglo XXI, 1973), 101.

26 Walter D. Mignolo, *Local Histories/Global Designs: Coloniality, Subaltern Knowledges, and Border Thinking* (Princenton NJ: Princenton University Press, 2000). 국역본: 『로컬 히스토리/글로벌디자인: 식민주의성, 서발턴 지식, 그리고 경계 사유』, 이성훈 옮김(서울: 에코리브르, 2013). 295.

27 Dussel, *Para una ética de la liberación latinoamericana*, Tomo I, 123-124.

두셀에게 이것은 사건을 발생시키는 원인이다. 인간 존재의 개념 앞에, 자신의 이기주의적 전체주의 기획의 한가운데서 인간을 진화시키고 변형시키는 "동일성"이라는 존재론 앞에, 대면(cara-a-cara)의 근본적 자리는 현실을 향해 열려 있음을 의미한다. 이해할 수 없는 자의 신비로서, 타자의 신비로 그의 말에 귀를 기울이는 것이다. 세상에 전례가 없는 세상을 내 세계에 소개한다. 이런 의미에서 "동일"의 초월적 지평에 대한 불화와 외견상의 "타자"는 실제 외재성으로부터 새로운 것을 제안할 수 있다. 대면은 타자와의 관계를 표현하고 노동을 이해하고 넘어서서 새로운 유형의 현실로 나아가게 한다. 이것은 내 세계에서 자율적이고 자유로운 타자의 초변증법적 실천으로서의 창조이다. 철학에서 볼 수 있는 인간 존재는 전체성의 틀 안에서 동일성의 존재론이 될 수 없다. 그것은 해방의 교육학적 변증법인 "인간학적 윤리"가 될 것이다. "저 너머로" 가려고 노력할 때 타자성의 형이상학을 초래하는 인간학적 윤리, 즉, 초변증법을 발생시킨다

해방철학은 주체나 자기 자신(soi-méme)에 대한 확언이 아니다. 그것은 "윤리적 인식"의 문제이다. "책임 있는 청취자"인 자기 자신은 모든 가능한 성찰에 선행하며, 타자의 외침과 탄원에 의해 영향을 받는 가치 있는 것으로 확인된다. "책임성"(responsabilidad)이나 "타자의 짐을 지는 것"은 모든 의식에 앞선다. "자기 자신"은 타자에 대한 정의의 행위에서 귀중한 것으로 자신을 스스로 이해하며, 타자가 이전에 요구한 이 행위를 이행하는 것으로 이해한다. 타자

들의 선행은 반사적으로 귀중한 "자기 자신"의 가능성을 구성할 뿐만 아니라 모든 정의 활동의 기원이 된다.[28]

두셀은 라틴아메리카의 실재론에 대한 설명을 더 강하게 내세우면서, 그의 사상을 윤리로 확증한다. 레비나스와 같이 철학을 "사랑의 지혜"(sabiduría del amo)로 바꾸는 것이다. 그것은 "지혜의 사랑"(amor a la sabiduría)으로 이해되는 철학을 뛰어넘기 위해 추구된다. 그것은 타자와 만남의 근원적 경험의 결과로서, 그의 얼굴로서, 우리가 객관화하거나 표현할 수 없거나, 악의적 범주로 "설명하거나" 줄이거나, 지배에 대한 나의 열망에 복종시킬 수 없는 인간으로 나타난다. '나'는 진리의 계시에 이르기까지 그의 말을 듣는 데 참여하고 세심한 주의를 기울인다. 외재성으로서의 타자(무한)의 새로움의 이 지평은 초변증법적 원리로서 본원적 중요성을 가지고 있다. 이런 식으로 타자는 절대적 타자, 신의 자기 계시(epifanía)이다. 인간학적, 신학적 타자는 자신에서부터 말하고, 그의 말은 '말하기'(decir-se)이다. 그것은 사고와 이해, 로고스(λόγος) 너머에서 드러난다.

두셀에게 내 외재성으로부터의 "타자"는 우리들인 나의 이웃, 또는 모든 부분에 억압받는 자, 그의 해방을 위해 싸우며, 나의 연대를 기다리는 민중이 될 수 있다. 타자의 시선은 언제나 그의 자유와 그의 고통의 외면화(exteriorización)가 될 것이다. 두셀에게 존재론 저 너머에서 만나는 그 무엇(algo)은 존재의 거주지로서의 언어 그

---

28 Enrique Dussel, *Apel, Ricoeur, Rorty y la filosofía de la liberación* (México: Universidad de Guadalajara, 1993), 142.

자체 저 너머의 것, 형이상학적인 것(lo meta-físico), '초-존재론적'이라고 부르는 것이다. 즉 저 너머(más allá)의 것, 항상 "동일성"의 바깥쪽, 즉 다른 것(lo otro)이다. 월터 D. 미뇰로(Walter D. Mignolo)는 이것을 '내부'종속성과 '외부'종속성으로 번역할 것을 제안한다. 사회적으로나 존재론적으로 '외부'는 노숙자, 실업자, 체제를 규제하는 교육과 법에서 내던져진 불법 체류 외국인의 영역이다.[29]

두셀에게 타자는 하이데거와는 달리 근원적 기원이며 우리의 '세계-내-존재'(In-der-Welt-sein)의 궁극적 수용자이다. 대면은 세계에서 우리 현존과 존재의 근원적 경험이다. 이 타자의 타자성에 풍성함과 가치와 선함이 있다. 그것은 한 인간으로서 타자 앞에 열린 윤리적 노출로서, 올바른 요구와 정의를 가진 민중으로 일어나는 집단 또는 공동체로서, 존재하는 것과 함께 실제적 방법을 다루고 있다. 그것은 부당하고 전체주의적 주장 앞에 그것을 해석하거나, 표현하거나, 객관화하기 위한 평화와 시위를 제안한다. 이때부터 외부에서 자신을 표현하려는 이성이 주변부의 철학(filosofíade la periferia)으로 출현하는 단계가 시작된다. 이러한 의미에서 해방철학은 주변부에서 나온 주변부의 철학이며 탈식민화 철학이다. 초변증법인 철학의 방법은 형이상학으로서의 윤리의 초점으로 '정치'를 자리매김하면서 이루어진다. 그것은 존재론적 정치의 특권에서 오는 것이 아니라 윤리에서 주어진다. 그것은 역사적이고, 상징적이며,

---

29 Mignolo, *Local Histories/Global Designs*; 『로컬 히스토리/글로벌디자인』, 293.

변증법(dialéctica) 너머의 초변증법적으로 문제 제기를 한다. 그리하여 그것은 존재론적 윤리에서 실존적 윤리로, 그리고 이것으로부터 초-실존적 윤리(ética transexistencial)의 계시를 통해 형이상학적 윤리(la ética metafísica)로 나아간다.[30] 해방의 윤리적 주체는 단순히 정치적 지성 이전에, 정의롭고 선하며 참여하는 인간이다. 이것은 타자로부터 열리는 해방의 기획이다.[31]

초변증법은 타자의 형이상학적 윤리성 구성 순간부터 종말론적 표현을 나타낸다. 그것은 인격으로서의 타자를 받아들이는 데 있으며 그의 존엄성에 대한 자유와 선택 그리고 윤리적 참여를 의미한다. 이러한 의미에서 초변증법적 순간은 본질적으로 윤리적이며, 해방의 형이상학적 윤리는 근본적으로 초변증법이다. 이것은 학문적 엘리트주의에서 벗어나게 만드는 윤리적 입장을 취하는 초변증법이다.

2. '주변부의 외재성'으로부터의 철학

두셀은 레비나스가 폭력적 기만을 훌륭하게 보여 준다고 비판한다. 그것은 정치적으로 존재론화되고 타자를 부정하는 정치를 의미한다. 또한 타자 앞에 정지한 상태로 남아 있음을 의미한다. 두셀은 레비나스가 "해방의 정치" 또는 "새로운 질서"를 구축하는 방법에

---

30   Dussel, *Para una ética de la liberación latinoamericana*, Tomo II, 179.

31   Dussel, *Para una ética de la liberación latinoamericana*, Tomo II, 188.

대해 해결책을 주지 않는다고 비판한다. 두셀에게 인간은 실제적이고 자유로운 참여를 통해 타자와 만나고 융합되고 근접한다. 이것은 선하심, 정의, 성취와 섬김이며, 마침내 해방을 위한 것이다. 두셀 철학의 이론적 틀은 비대칭 중심/주변, 지배자/피지배자, 자본/노동, 전체성/외재성에서 시작한다. 그것은 "중심"의 철학자들에게 관심이 없는 떠도는 대중과 주변 민중의 해방하는 과정이다. 그의 철학의 주제는 "해방의 실천"과 동일하다. 두셀에게 정치는 윤리학으로 이어지고, 바로 철학으로 이어진다.

두셀의 철학적 구조는 이중적 순간에 있다. 하나는 "동일성"에 바탕을 둔 자기중심적 전체성으로 구성된 서구 철학적 세계관에 대한 비판이다. 다른 하나는, 타자성의 근원적 경험의 이론적 토대를 '가난한 자'나 '소외되거나 배제된 자'로 삼고 "동일성"의 존재론 대신에 타자성의 "형이상학"을 구성하려는 시도이다.[32] 그러므로 해방철학은 자기에 대한 사유나 성찰이 아니라 신성하고 역사적이며 구체적인 것, 즉 타자와의 책임 있는 만남을 시도한다.

인간의 첫 번째 관계는 사물과 관계가 아니라 다른 인간과의 관계이다. 이것은 "대면"이 모든 경험에서 근원적이라는 것을 의미한다. 두셀이 제안한 "담론"은 일상생활을 '해석하는 철학'에서 출발하는 것이 아니라 "철학 이전의 것"(lo pre-filosófico), 즉 현재의 일상생활에서 출발한다. 해방을 위해 실존적 이해에서 출발하는 것이

---

32   Carlos Beorlegui, *Historia del pensamiento filosófico latinoamericano* (Bilbao: Universidad de Deusto, 2010), 737.

다. 그의 담론은 '주변부의 외재성'으로부터의 철학적 사고방식이다. 거기서부터 "유기적 집단", 계급의 "사회적 블록", 인종 집단과 그 집단이 억압하는 다른 집단으로서의 민중(pueblo)의 사상이 나온다.[33] 민중은 부정적인 현재 상황에서 혁명적 기능과 자신의 주체성을 구성하도록 부름을 받은 "역사적 주체"이다.

그러나 민중에 대한 두셀의 사상에는 모순이 있다. 두셀은 한편으로는 해방 과정에서 주변부 민중이 주체임을 확증하고, 다른 한편으로는 민중이 스스로를 해방시킬 수 없다고 단언한다. 희생자 공동체는 '권력의 의지'에서 자유롭지 않으며, 언제나 사랑과 정의의 정신으로 이루어진 완전한 공동체가 아니다. 그것은 경쟁심, 이기심의 영향을 받는다. 민중의 성격은 희생자인 '아벨'일 뿐만 아니라 형제를 죽였던 '가인'이기도 하다. 이것은 민중의 해방 사역의 주체성에 대한 새로운 논의로 이어져야 할 것이다. 민중의 개념은 일원성이 아니라 다중적이고 역동적이기 때문이다. 민중을 주체로 하는 해방의 담론은 새로운 전체성으로 세워지는 과정에서 이데올로기에 의해 굴절되어 세워질 위험이 있다. 두셀은 마르크스가 『자본론』(El capatal)에서 타자에 대한 헤겔의 전체성과, 그리고 그 결과로 사회 계급에 대한 개념의 유럽 중심적 성격을 극복하지 못했다고 설명한다.[34] 그는 마르크스가 "경제적 이해에 대한 궁극적 존재론적

33   Enrique Dussel, "Cultura latinoamericana y filosofía de la liberación," *Ponencias.*
      III Congreso Internacional de Filosofía Latinoamericana, USTA, Bogotá (1985), 99.

34   Dussel, *Método para una filosofía de la liberación*, 222.

지평"으로 출발한다는 사실에 의문을 제기한다. 자본주의와 마르크스주의는 근본적으로 대립적인 것이 아니라 존재론적으로 '동일한 것'이라고 말할 수 있다. 그는 마르크스가 오로지 전체성('동일자'와 노동계급인 '타자')의 견지에서만 사고하지 타자성이나 체제의 외재성에 관해서는 덜 의식한다고 분석한다.[35] 두셀은 마르크스의 담론이 존재론적이며, 식민주의성, 즉 타자의 외재성을 안중에 두지 않기 때문에 마르크스주의가 라틴아메리카에서는 적절하지 않다고 주장한다. 해방철학은 가난한 민중, 억압과 배제에서 상처 입은 비참한 민중을 초변증법인 범주로 복귀시킴으로써 경제적이고 확고한 정치를 전개하는 사유이다. 그것은 마르크스-레닌주의를 따르는 소위 "사회주의" 국가들의 독단주의를 극복하는 것이다. 해방신학이 마르크스주의를 선택적으로 활용할 때 일부에서는 "그리스도교의 옷을 입은 공산 마르크스주의"라는 비판을 하였다. 심지어 이러한 비판도 세계 체제에 의해 만들어진 이데올로기일 수 있다.

다른 한편 두셀은 민중을 해방의 대상으로 간주한다. 그러나 이러한 판단이 낙관주의로 이루어지지 않았는지 의문을 제기할 필요가 있다. 해방신학의 초기에 이러한 낙관주의에 의한 유토피아적 사상은 정치적인 활동을 위하여 새로운 목표를 자극한다고 보았다.[36] 그러나 1970년대 이후 "국가적 안전" 이데올로기로 무장한

---

35 Mignolo, *Local Histories/Global Designs*; 『로컬 히스토리/글로벌디자인』, 295.

36 Gustavo Gutiérrez, *Teología de la liberación: perspectivas*, Séptima edición (Salamanca: Ediciones Sígueme,1975), 278-286을 참조하라.

정권에 의해 경찰 억압 통치와 경제정책들이 실시되었다. 사회주의 정권에서도 '억압'은 새로운 형태로 나타났다. 이처럼 해방의 실천은 새로운 전체성이 될 수 있는 위험성이 있다. 따라서 해방은 강제력, 전쟁, 계급투쟁, 변증법적인 새로운 통합적 방법으로 발생하지 않는다. 오히려 희생자의 소리에서 희생자 자신과 시스템의 전환 가능성의 조건을 본다.

3. 초근대성(transmodernidad)

유럽의 발전 과정에서 다른 문화와의 접촉에는 항상 타자성의 문제가 있었다. 이것은 일반적으로 피하거나 무시되는 고유의 발견적 가치를 유토피아적 사고가 포함된 문화적 타자성에 부여하는 것을 암시한다. 두셀은 유럽의 아메리카 정복을 보편적이고 전 지구적 지배의 변증법으로서의 억압의 부정적 부활로서 "근대성의 원죄"로 본다. 그것은 "식민지국"의 착취를 이용하기 때문에 "중심" 국가가 개발된다는 것이다. 그는 유럽 중심적 근대성이 일종의 '신화'(mito)이며 1492년에 시작된 아메리카 식민화를 철저히 은폐해 왔다고 강조한다.[37] '근대성'은 16세기에 유럽에서 시작해 전 세계로 확산된 "오로지 유럽적인" 현상이다. 서구적 근대성은 "아메리카 원주민(Amerindia) 통합을 통한 '세계 체제'의 중심부 문화"이며

---

37   Dussel, *1492 El encubrimiento del Otro*를 참조하라.

"이런 중심성 관리의 결과"이다. 특별히 유럽의 근대성이 갖는 중심성은 "중세 유럽 동안 축적된 내부적 우월성의 산물이 아니라 아메리카 원주민의 발견, 정복, 식민화, 그리고 통합(포섭)이라는 단순한 사실의 근본적 결과"이다.[38]

메트로폴리스(metropolis) 중심은 16세기에 "영광스러운 아메리카의 정복"으로 시작된 억압적 문명을 전체성으로 만들고 오늘날에도 계속되고 있다. 두셀 사상의 관심은 그 불평등이다. 신학과 근대 크리올계 부르주아지에 의해(전체성의 이념으로서) 숨겨진 역사적-보편적 범죄는 라틴아메리카에서 흑인과 원주민의 살해로 구체화되었다. 이는 유럽인이 자신의 지배 계획을 강요하고, 타자들을 억압하고 도구화하고 그 "타자"(Otro)의 시체 위에 물질적 세계를 건설하도록 동기를 부여하는 것이다. 라틴아메리카의 원주민은 국가 독립 과정 후에도 "발전"이라는 진보적 기획에 계속 희생되었다. 그것은 과두정치와 외세를 통해, 연방주의의 해체를 통해 해방된 국가의 신식민지 주변의 문화로 계속 지배했다. 서구 유럽인은 '외부에서뿐만 아니라 내부에서도' 지배한다. 발전주의자 또는 진보적 모델의 틀, 즉 제국의 국제 체제와 자유 국가에서 소외된 자들, 노동자, 가난한 자들은 "제국의 국제 체제"와 "중앙 국가 주변"에서

---

38 Enrique Dussel, "Más allá del Eurocentrismo: el sistema mundo y los limites de la modernidad," En: *Pensar(en) los intersticios. Teoría y practica de la crítica poscolonial*, (Bogota: Instituto de Estudios Sociales y Culturales PENSAR; Pontificia Universidad Javeriana, 1999), 149.

해방되는 순간을 기다리고 있다.[39]

두셀은 "라틴아메리카 정체성"의 정의에서 근본적 문제인 근대성의 신화로서의 근대 유럽의 해석인 헤게모니적 사유에 반대한다. 이것은 "근대성"의 두 가지 개념을 구별하게 만든다. 두셀의 "신화" 의미는 유럽 내 수준이 아니라 중심부/주변부 수준인 북/남, 즉 세계 수준에 자리 잡고 있다. 유럽의 근대성은 세계사에서의 "중심성"과 다른 문화의 구성을 "주변부"로 여기는 전개이다. 모든 문화가 민족 중심적이지만 근대의 유럽 중심주의만이 자신을 "보편성-세계성"으로 여겼다.[40] 근대성의 "유럽 중심주의"는 "추상적 보편성"과 유럽을 "중심"으로 여기고 구체적 세계와 "혼동"하였다.

두셀의 사상은 지식 체계론의 일부로 초변증법적 방법에서 다른 형태의 지식을 포함한다. 그리하여 역사, 철학적 인간학 및 사회학뿐만 아니라 언어의 심리학 및 철학이 결합하여 있으며, 다른 지식 사이에서도 정치적 지향이 반(反)헤게모니와 자유주의를 확장한다. 그의 방법은 지식의 지정학에서 지구화된 전체성의 틀 안에서 라틴아메리카에 대한 이해를 추구하는 일련의 지식을 정립하고 표현하려고 한다. 그것은 해방 기획의 틀 안에서 상호문화성(intercultur-alidad)과 다학문성(multidisciplinariedad)을 기반으로 한 제안이다.

---

39   Enrique Dussel, *La pedagógica latinoamericana*, (Bogotá: Nueva América, 1980), 122.

40   Enrique Dussel, Eduardo Mendieta, and Juan Antonio Senent de Frutos. *Hacia una filosofía política crítica* (Bilbao: Desclée de Brouwer, 2001), 353.

따라서 두셀에게 초-근대성은 과거에 대한 민속학적 긍정과 같은 전-근대적(pre-moderno)인 기획이나, 보수주의자나 혹은 파시스트 또는 대중주의, 우익의 반-근대적(anti-moderno) 기획이 아니다. 그렇다고 허무주의적 비합리성에 빠지게 하는 모든 이성의 비판자인 근대성의 부정으로서의 탈-근대적(post-moderno) 기획도 아니다. 그것은 근대성의 합리적 해방적 특성과 그것이 거부된 타자성의 진정한 포섭과 "유럽 중심의 신화적"[41] 성격의 부정에 의한 '초-근대적'(trans-moderno) 기획이어야 한다.[42] 그것은 타자성에 대한 해방의 세계적 기획으로 넘어간다. 미뇰로의 표현으로 하자면, 두셀은 초근대성개념에서 유럽 중심주의의 근대성과 지배의 존재론을 탈식민화시키는 "보편적 기획으로서의 다양성"으로 이끈다.[43] 이로 인해 두셀은 보다 가치 있고 정당한 지식의 지정학적 맥락에서 유토피아와 다른 지식과의 대화를 주장한다.

---

41 헬레니즘이 유럽이 아니며, 유럽은 15세기 무슬림만큼 포괄적인 보편성을 성취하지 못했다. '서구=그리스+로마+그리스도교'라는 등식은 잘못된 이데올로기의 산물이며, 이는 유럽 중심주의를 야기한다. Enrique Dussel, et al. *Hacia una filosofía política crítica*, 348-9.; "서양문명이라는 관념 위에 세워지기 시작한 것이 바로 근대/식민 세계의 상상계였다. 이런 의미에서 서양 문명 없이는 근대/식민 세계체제가 있을 수 없었을 것이다." Walter D. Mignolo, *The Idea of Latin America* (Malden, MA: Blackwell, 2005). 국역본: 『라틴아메리카, 만들어진 대륙: 식민적 상처와 탈식민적 전환』, 김은중 옮김(서울: 그린비, 2010). 538.

42 Dussel, *Hacia una filosofía política crítica*, 356.

43 Walter D. Mignolo, *Desobediencia epistémica: retórica de la modernidad, lógica de la colonialidad y gramática de la descolonialidad* (Ediciones del signo, 2010), 113.

4. 해방의 윤리

두셀은 현재의 지구화에 초점을 맞추어 라틴아메리카에서 철학적 성찰의 중심으로 타자성의 문제를 제기하며 탈식민적 해방의 윤리를 제안한다. 해방 문제는 언제나 지구화 시대에 직면하는 배제와 소외의 현실, 식민적 상황, 배제된 타자를 항상 염두에 두고 있다. 그의 해방의 윤리는 이데올로기 비판으로서의 아펠의 담론 윤리에 대한 비판이었다.[44] 두셀은 자본주의가 윤리라는 것을 제안하면서 마르크스의 시적 또는 기술적 측면에 대한 실천적 관계의 우선순위를 강조한다. 노동은 마르크스에게 필수적 문제가 아니라, "산 노동"과 "대상화된 노동"의 구별의 결과로 노동의 "사회적" 성격의 문제다. 그는 노동을 자본 전체의 현실적이고 비판적 형이상학적 원리로 받아들인다. 이 부분에 의사소통 공동체가 포함된다.

그의 성찰은 타자들을 "제외"할 수 없다는 점을 분명히 하면서 경험적이며 헤게모니적 의사소통 공동체에서 다시 시작된다. 지구화 시대의 "배제"의 사실과 관련하여 두셀은 타자를 진지하게 받아들이지 않고, 그들을 "의사소통 공동체"로 통합시킨 적이 없는 아펠에게 반대한다.[45] 아펠은 인간을 "이원론적" 방식으로 분해한다. 즉, "논리적-합리적" 영역에 특별한 강조를 두며 "경제적-육체적"

---

44 Enrique Dussel, *Ética de la liberación en la edad de la globalización y de la exclusión* (Madrid: Trotta, 1998), 180–201을 참조하라.

45 Dussel, *Apel, Ricoeur, Rorty y la filosofía de la liberación*, 42.

영역, 즉 필요성의 영역, 인간 생활의 가능성 상태의 영역, 그리고 그것과 합리성 자체의 영역을 제쳐두고 생활의 본질을 부정한다.[46]

"윤리적 공동체"는 "언어성"(linguisticidad)과 "도구성"(instrumentalidad)을 선험적으로 가지고 있다. 우리는 공동체에서 타자를 통해 교육을 받았기 때문에 항상 공동으로 말하는 세계, 도구가 사용되는 세계를 전제하고 있다. 따라서 두셀에게 "실천주의"는 "의사소통 공동체"에서 타자와의 의사소통 관계에서 단순한 "언어성"을 포함한다. 같은 방식으로 "경제"는 "생산자/소비자 공동체"에서 다른 것과 실질적 관계에서 단순한 "도구성"을 포함한다.[47] 두셀은 "실천적인 것"과 "경제적인 것" 사이의 평행성을 물질-문화적 대상에 의해 매개된 대인 관계의 실질적 관계의 두 가지 차원, 즉 신호에 의해 전달되는 의사소통적 관계와 제품이라는 수단에 의해 매개되는 경제적 관계로 주장한다. 명령으로서의 타자는 그것의 비대칭적이고 사유적 상태에서 볼 수 있듯이 모든 이의(異議)를 부정하는 모든 담론 '너머에서' 발견된다. 두셀은 지배적 헤게모니 공동체로부터의 타자의 "배제"에 대한 문제에 초점을 맞추고 있다. 비판이론의 존재론적 전체성의 이해에서는 타자가 배제되고, 지배당하는 자의 해방이 다루어지지 않거나, 더 나아가 담론의 윤리학에 의한 윤리적 규범의 "적용" 문제로 격하되기 때문이다.

두셀은 월러스틴의 "세계 체계"의 관점에서 중심(헤게모니)과 주

---

46   Dussel, *Introducción a la filosofía de la liberación*, 76.

47   Dussel, *Apel, Ricoeur, Rorty y la filosofía de la liberación*, 147.

변부(착취)를 바라본다. 해방철학과 세계 체제 분석 사이의 대화는 자본주의, 신자유주의 시장 및 민주주의에 비판적이다. 둘 다 자본주의와 함께 16세기부터 근대성이 출현했다고 본다. 두셀에게 라틴 아메리카의 빈곤 문제에 대한 해결책은 국가발달 계획이나 민주주의의 이행에 있는 것이 아니다. 그 해결책은 모든 수준에서 인간의 '삶의 구조적 재생산'에 있다. 월러스틴의 "세계 체제"에서 중심/주변부로서 비대칭적으로 구조화되면서 외재성으로부터 사유된 정치와 경제적 관점에서 실천주의 규칙이 나온다. 이 해방의 사상에서 빈곤층, 여성, 어린이, 청소년, 대중문화, 종족, 그리고 지구 생태 해체의 문제에 대한 외재성은 초변증법으로 모든 비판적 철학적 담론의 중심 문제로 재등장한다. 타자는 의사소통 공동체에서 "배제된" 것이 아니라 삶의 재생산 공동체에서 "제외"되었다. 이것은 형식의 문제가 아니라 물질의 문제이다. 희생자인 타자는 대화와 토론 과정에서 배제될 뿐 아니라 삶의 재생산 공동체에서 "제외"된 자들이다. 그들은 "현재의 제도의 불의와 불법성을 선포"하고 "확립된 계층 구조 및 법적 진리에 도전"한다. 타자는 동시에 기존 체제의 결핍된 부분과 실현되지 못한 요구를 보여주는 거울이다.[48] 두셀은 타자를 비존재로 만들며 희생자를 양산하는 세계체제를 문제삼는다. 두셀은 인간의 삶의 재생산에 의문을 제기한다. 두셀의 제안은 해방의 윤리이며 해방의 정치이다. 그것은 생명의 윤리이다.

---

48 Enrique Dussel, *20 tesis de política* (Mexico: Siglo XXI, 2006), 85.

두셀은 존재론적 철학에서 벗어나 타자성과 공동체에 초점을 맞추기 때문에 윤리를 타자로부터의 의미 창조로 간주한다. 그에게 종말론이란 무한에 개방성을 의미하며, 그리고 구체적 역사성에서 은폐되었던 타자성에 대한 연대성과 포용을 의미한다. 특히 세계 상황과 라틴아메리카의 상황을 고려할 때, 이론적 성찰에 근거한 타자성은 세계 각 지역에서 차이, 다양성, 다름, 이질성, 서발턴, 희생자들로서 동일한 현실의 모든 다른 표현을 전제로 한다. 이러한 개념의 대부분은 라틴아메리카의 비판적 전통과 해방의 기획과 동떨어져 있는 것이 아니다. 두셀의 타자성에 대한 사유는 라틴아메리카에만 제한되지 않으며 윤리적, 정치-사회적 관심으로 시작된 어려운 성찰의 과정을 통해 세계 지정학적 성격을 갖는다.

IV. 평가와 전망

두셀의 사상은 서구 유럽이 그들의 신학적, 정치적-이념적, 철학적 입장에서 정의한 타자성에 대한 자신의 상황에서의 비판적 성찰이다. 그는 라틴아메리카의 경제적, 정치적, 문화적 현실에 대하여 성찰할 때 정복자 유럽의 토양에서 생산된 철학, 신학 및 역사의 내용과 방법에 대해 의문을 제기했다. 두셀의 성찰은 라틴아메리카 상황에서 진정한 복음의 능동적이고 번역적인 해석으로서의 신학이다. 그의 사상은 타자, 희생자, 신의 창조로서 타자성에 헌신하는 실천적 신학이다. 두셀의 해방 윤리에 명시된 신학적 연구는 현재 지구화의 현실을 비판적으로 읽을 수 있게 한다.

두셀의 사유는 "주변부"에서부터의 명확한 자신의 비전을 함축하는 라틴아메리카 철학이다. 그러나 두셀의 학문적 이력과 그의 관심 분야는 철학, 신학, 역사이며 사유의 기반은 유럽 철학이다. 철학적으로도 하이데거나 리쾨르, 특별히 레비나스에 의지하고 있다. 이러한 이유로 진정한 라틴아메리카 철학이 아니라는 비판을 받기도 한다. 두셀은 스스로가 고백하듯이 그는 "반(反)유럽 철학자"가 아니라 "반(反)유럽 중심주의자"이다. 그의 철학이 "자신만의 고유한 것을 생각하고 그 고유한 것에서 철학을 시작하며, 유럽 철학을 도구로 삼되, 자신의 고유한 전통을 알고 현실을 인식하도록 요구"하기 때문이다.[49] 두셀의 사상은 타자의 외재성에 근거하여 '저 너머'(más allá)에서부터 시작하고, '더욱 여기'에서 실천하며, '저 너머'의 세상을 소망하고 있다. 이런 의미에서 그의 사유는 타자인 억압받는 사람들의 해방을 위한 실천에 끊임없이 '연대'하는 신학이다. 이것은 단순한 수사학적 담론이 아니라 배제되는 희생자들의 필요에 구체적으로 응답하는 반(反)헤게모니 담론이다.

두셀의 타자성에 대한 성찰은 해방 문제에 관한 '지식의 지정학'(geopolitics)의 제안이다. 이러한 입장은 알려진 다른 성격의 상황 해석학의 개념을 표현하며, 타자를 존중할 뿐만 아니라 다른 지

---

49   김창민, 「인터뷰: 엔리케 두셀을 만나다」, 웹진 『트랜스라틴』 4 (2008년 9/11월), 126.

식의 상황을 적극적으로 지지한다. 두셀의 타자성에 대한 이해는 세계 문화 속의 '라틴아메리카 문화', 세계 경제에 종속된 '가난한 사람들', 세계화와 배제시대의 '희생자'로 그의 실존적 상황의 변화에 따라 그 구체적 대상이 변화한다. 그는 타자성의 지평에서 실존적 상황을 추상화하지 않으며 상황의 변화에 직면하여 해방의 공동실현을 위해 여전히 그 자신의 이해와 사유의 지평을 넘어가고 있다.

1. '더욱 여기'(más acá)의 신학

두셀의 철학은 현재의 사회적 전체성에 대한 비판으로 이어진다. 타자성에서 출발하는 전체성에 대한 비판은 마르크스주의 계급투쟁에서 생기는 것이 아니고, 헤겔주의의 체계나 패권주의의 지배문화를 통해 깨지지 않는다. 해방은 강제력, 전쟁, 계급투쟁, 변증법적인 새로운 통합적 방법으로 발생하지 않는다. 오히려 희생자의 소리에서 희생자 자신과 시스템의 전환 가능성의 조건을 본다. 그런 의미에서 두셀의 '초변증법' 사고에 관하여 별도의 연구가 필요하다고 여겨진다. 두셀의 '초변증법'과 세계화 시대에 해방 윤리의 물질적 비판적 기준인 희생자의 조직성은 전체성의 재생산 윤리가 아니라 삶의 윤리를 제시하는 것이다. 희생자의 윤리는 자신을 위해서 그리고 타자의 계시에서 하나님의 계시를 받는 체제의 전환방법으로서 인간 생활의 실현을 위해 희생자들에 의해 수행되었다. 그의 성찰은 희생자들에게 그들의 주체성에 대하여 인식하게 하며 해방의 공동 실현에 참여하는 모든 사람을 지지하는 원동력이 된다. 여기에 신학의 역할이 있다고 본다.

해방의 그리스도교의 신학적 입장은 라틴아메리카의 빈곤과 종속의 상황에 직면하여 그것을 '의식'하고, 그 의식을 현실화하여 정치적 입장을 취한다. 이것은 상황을 향해서 말하는 신학이다. 앤드류 월스(Andrew Walls) 말처럼 "신학은 실제 상황에서 흘러나온 것이므로, 그 성격상 부정기적인 동시에 지역적"이기 때문이다.[50] 신학은 폭넓은 일반 원리에서 생겨나지 않고 실제로 어떤 일들이 일어나는 상황에서 생겨난다. 그러므로 라틴아메리카의 신학은 라틴아메리카 사람들이 염려하는 문제에 관심을 가지는 것이다. 라틴아메리카의 탈근대적 사유는 존재, 이성, 상징, 언어, 논증에 대한 사유가 아니라, 인간의 생명과 삶에 대해 사유하는 "인간 생명의 윤리"이다. 해방 윤리는 가치관의 윤리가 아니다. 그것은 물질 기초, 구체적 인간 생명, "살아있는 육체적 주체" 위에 세워졌다. 이 관점에서 생명은 현재의 역사에서 하나님의 나라가 임할 수 있는 조건으로서 체제의 전환으로 이끈다. 하나님의 나라는 궁극적 종말론에 대한 역사적 구체화와 정의와 연대의 사랑으로 열린 체계 전환의 신호로 제시될 것이다. 신학은 하나님을 역사의 일상성 속에서 타자를 통하여 자신을 드러내는 "말씀"이다. '목회적 신학'(teología

---

50   Andrew Walls, *The Missionary Movement in Christian History: Studies in the Transmission of Faith* (New York: Orbis Books, 1996). 국역본: 『세계 기독교와 선교 운동』, 방연상 옮김(서울: IVP, 2018), 43.

pastoral)은 해방으로 이끌기 위해서 역사적 분별력이나 민중의 길을 사유하는 인도자이다. 이것은 역사적 현재의 의미를 발견하는 것을 의미한다. 두셀은 현재를 예언이라고 한다. 그 예언은 구성적이고 일상적 의미의 예언, 개념화되지 않은 진정한 그리스도교 신앙에 대한 예언이다.

2. '저 너머'(más allá)로 가는 신학

해방은 민중 고통의 외침 앞에 구속의 예언적 부름으로 제시된다. 그것은 우리가 새로운 실존적 이해, 즉 신앙의 관점에서 보이는 것 '저 너머'로 나아가는 상징적인, 역사적-일상의 해석에서부터 자유를 위한 참여를 요구한다. 보이는 것 '저 너머'를 "보는 것"은 변증법적-실존적 이해의 새로운 역사적 지평을 열 뿐만 아니라 신학에 대한 새로운 이해를 의미한다. '타자'는 '나'를 주제로 포함하고 있기 때문이다. 이 사상은 새로운 감각으로 일상의 역사성의 세계로 들어가는 것이다. 이성과 신앙 사이의 계몽주의적 한계에 갇혀 있는 신학의 핵심 문제는 종교에 대한 이성적인 것을 신앙의 문제로 삼는다. 그러나 해방의 그리스도교의 핵심 문제는 체계와 억압의 희생자, 삶의 재생산 공동체에서 배제된 희생자들이다. 이것은 '신앙'/'불신앙'의 문제가 아니라, '인간'/'비인간'의 문제이며, '생명'/'죽음'의 문제이다. 이러한 신학은 하나님의 현존이 어디에 있는가를 묻는 것이다. 두셀의 '타자성'은 존재의 개방에서 무의식적이고 위선적인 기다림으로 이해되는 '미래의 세상'으로 나아가는 것이 아니라 존재의 다른 것, '타자의 존재'로 더 나아간다.

지구화와 배제 시대의 신학은 "전체성과 보편주의에 대한 열망"이 아니라 "타자와의 만남"을 통해서 '저 너머'로 가는 신앙과 신학이 되어야 한다. 이러한 태도는 단순히 타자를 인정하는 것이 아니라 자신의 세계에서 벗어나는 것이며, 새로운 것의 출현 기회를 구성하는 것이다. 두셀의 타자성은 존재론의 저 너머에서 만나는 그 무엇(algo), 즉 저 너머의 것, 언제나 "동일성"의 바깥에 있는 것, 즉 다른 것(lo otro)이다. 외재성의 논리는 타자의 자유의 심연에서 담론을 확립한다. 이 논리는 또 다른 근원, 다른 원칙을 가지고 있다. 그것은 역사적이며 진화론적인 것이 아니다. 단순히 변증법적이나 사실적이고 과학적인 것이 아니라 초변증법적인 것이다. 우리가 '저 너머'의 '외재성'으로 나아가는 것은 실천적 결단이며 '신앙적 결단'이다.

타자성에 기반한 '저 너머'로 가는 신학은 '저 너머'의 세상의 구체적 역사성에서 타자에 대한 인식을 의미한다. 그것은 새로운 것의 출현을 위한 기회를 구성하는 것이다. 이 인식은 대안적 그리스도교를 제시할 수 있게 한다. '저 너머'로 가는 신학은 '신'을 설명하고 증명하고 이해시키려는 신학을 재개념화하여야 한다. 신학의 본래 임무가 "현 세계에 임재해 있는 그리스도의 모습을 찾아내는 것"이기 때문이다. '과거의 옛이야기만을 되뇌는 신학'이 아니라 지금의 신앙생활 속에 현존해 있는 말씀이나 도래하는 삶에 나타날 새로운 형태의 말씀을 끊임없이 찾아내는 신학이 되어야 한다. 두셀은 오직 "신학적 혁명"(revolución teológica)만이 인간이 자신과 타자들 앞에서 "의식"으로 "자율성"에 도달할 수 있게 한다고 하였다.[51] 이 신학적 혁명, 즉 회심하는 신학은 타자를 향하는 것이다.

'저 너머'에 대한 개방성은 타자에게 무엇을 베풀거나 그들과 사이좋게 지내는 윤리의 차원을 훨씬 뛰어넘어 자기동일성의 속박에서 '자기'를 해방하는 것이다. 이것은 단순히 국경의 경계나 문화적·종교적 경계를 넘어가는 것이 아니라 내 세계에서 벗어나는 것이다. 이것은 성육신하신 그리스도의 사건에 동참하는 일이다. 그리스도 사건은 하나님이 타자를 위해 존재하는 자신이 되기로 결단하시고 타자, 즉 인간이 되어 세상의 책임을 자신의 것으로 끌어안으심이다. 예수 그리스도 사건은 "희생자와 피억압자를 양산하는 사회 및 권력 구조에 대한 비판"이며 "하나님이 역사에서 시작하신 일에 참여하는 행위"이다.[52] 해방의 그리스도교 선교는 현재의 전체성에서 배제되는 희생자, 즉 타자 앞의 태도이다. 이것은 믿음에 대한 동의가 아니라, 실천적 참여에 달려 있다. 그 신앙에 따른 선교는 단순한 '선언'이 아니다. 신앙은 타자의 긍정과 마찬가지로 그 계시의 말씀이 나오는 타자의 세계를 이해하며 실제적 약속으로 그 말씀을 지키는 것이다. 가난한 자의 각성과 생존을 위한 투쟁, 혼종 문화의

---

51   Dussel, *El humanismo semita*, 118.

52   방연상, 「현대 신학 담론에 대한 '트리컨티넨탈리즘'의 도전」, 『신학사상』, 163 (2013) 236-237.

특징 속에서 라틴아메리카 신학은 그리스도교 선교가 어떻게 수행되어야 하는지를 결정하며 그리스도교 안에 '자리매김한' 세계 그리스도교 신학이 되었다. 이는 라틴아메리카의 사상이 라틴아메리카라는 특정한 지역에서 토착화된 지역신학과 사상이 아니라 세계 그리스도교의 신학과 사상이 되고 있음을 증명한다.

지구화와 배제의 시대에 직면하여 타자성의 지평에서 그리스도교 신앙은 도전받고, 대면하고, 자신을 스스로 자리매김하도록 부름을 받는다. 또한, 인간으로서 연대와 정의의 가치에 의해 인도되는 또 다른 세상을 제안한다. 이것은 '식민주의적 그리스도교'를 뒤쫓는 역사에 대한 진지한 반성에서 시작되는 탈식민적 선택이며 해방기획이다. 여기에서 신학의 새로운 패러다임 변화의 가능성을 찾을 수 있다.

더 읽을거리

두셀은 자신의 웹 사이트[53]에 2017년 이전의 모든 저서와 논문 대부분을 연구자들이 인용할 수 있도록 PDF 파일로 무료 공개하고 있다. 두셀의 저작들은 영어, 포르투갈어, 독일어 등 다양한 언어로 번역되어 소개되고 있다. 두셀을 연구한 학위 논문들도 이곳에서 참고할 수 있으며 최근의 두셀의 세미나 소식도 얻을 수 있다.

『공동체 윤리』

● 엔리께 두셀 지음, 김수복 옮김. 왜관: 분도 출판사, 1990.

두셀은 이 책에서 공동체 윤리와 지배적 사회 도덕 사이의 실천을 둘러싼 근본적 질문을 제시한다. 가난한 자들을 재생산하는 자본주의 체제를 폭로하고 불평등한 체제에 맞서기 위해 지명된 민중과 하나님의 언약을 구체화한다. 이 책은 교육자료 형태로 되어 역사적 시점에서 복음적 요청에 충실하도록 일상생활에서 시작하여 성서를 거쳐 윤리적이고 신학적 고찰을 위한 토론의 주제들을 제시한다. 이 책은 한국에서 해방신학에 대한 관심이 한창일 때인 1986년에 가톨릭 신학계에서 두셀의 저서 중 처음으로 한국어로 번역되었다.

---

53 Enrique Domingo Dussel Web Site, https://enriquedussel.com (접속일: 2022. 1. 19).

『1492년 타자의 은폐: '근대성 신화'의 기원을 찾아서』

• 엔리께 두셀 지음, 박병규 옮김. 서울: 그린비, 2011.

이 책은 1992년10월 프랑크푸르트에서 '라틴아메리카 발견 500주년 기념'을 비판하는 모임에서 강의한 부분이다. 두셀은 1492년을 사실상 세계사에서 이정표를 세운 근대성의 출발로 간주한다. 유럽 중심적 근대성은 일종의 '신화'이며 아메리카 식민화를 철저히 은폐해 왔다고 강조한다. 이 강의는 유럽의 정체성에 대한 비판이며, 피상적 분쟁이나 정치적 이해관계 그리고 그리스도교나 이념에 대한 대응으로서 윤리적 비판이다. 이 책은 한국어로 번역된 두셀의 두 번째 책이다.

『미지의 마르크스를 향하여, 자본 1861-1863년 초고 해설』

• 엔리께 두셀 지음, 염인수 옮김. 서울: 갈무리, 2021.

두셀은 라틴아메리카에서 역사적, 사회경제적, 법적 견지에서 전체성을 개념화하려는 노력을 통해 마르크스를 만나지만 결국 마르크스와 마르크스주의에 대한 비판자가 된다. 두셀은 마르크스가 자본주의 경제 작동을 분석하는 데 공헌을 했지만, '타자'나 체제의 외부에 무관심했다고 비판한다. 두셀은 마르크스의 전통적 독서에 대한 가설을 반전시킨다. 그의 마르크스 연구서는 『마르크스의 자본: 마르크스의 이론적 생산』(*El Capital de Marx: La Producción Teóricade Marx. Un comentario a los "Grundrisse,"* 1985), 『미지의 마르크스를 향하여. 1861-1863의 초고 해설』(*Hacia un Marx desconocido. Un comentario a los Manuscritos del 61-63*, 1988), 『후기 마르크스(1863-1882)』(*El último Marx [1863-1882]*) 그리고 『라틴아메리카 해방; 마르크스의 신학적 은유)』(*La Liberación latinoamericana; finalmente, Las metáforas Teológicas de Marx*, 1993)이다. 그중 『미지의 마르크스를 향하여, 자본 1861-1863년 초고 해설』이 한국어로 번역되었다.

Ética de la liberación en la edad de la globalización y de la exclusión

● Enrique Dussel, Madrid: Trotta, 1999.

이 책은 사회의 대다수를 동시에 배제하는 지구화의 과정으로서 세계 체계 내의 근대성의 윤리적 문제를 다룬다. 취약한 사회에서 고통받는 민중, 희생자들의 삶의 불가능성에 관하여 말한 것이다. 가난한 민중은 체제에서 나오거나 체제를 부정하는, 전체성에서 배제된 희생자로 이해된다. 이 희생자는 연대에 대한 요구의 출발점이다. 두셀의 세계화 시대에 해방 윤리의 물질적 비판적 기준인 희생자의 조직성은 전체성의 재생산 윤리가 아니라 삶의 윤리를 제시한다. 이 책은 영어로 번역되었다.

Thinking from the Underside of History: Enrique Dussel's Philosophy of Liberation

● Edited by Linda Alcoff and Eduardo Mendieta. Lanham, MD: Rowman & Littlefield, 2000.

이 책은 현대 철학과 근대성과 세계화에 도전한 두셀의 사상에 대해 북미와 유럽의 철학자들이 윤리, 정치, 종교 등 여러 측면에서 접근한 반응을 모아 놓은 책이다. 두셀의 근대성 이론을 서발턴 연구와 같은 다른 비판적 이론과 비교, '해방윤리'와 '담론윤리'의 비판적 조정, 두셀의 근대성 이론에서 토착민의 구성에 대한 페미니즘적 독해, 해방신학과 트랜스모던 그리스도교를 향한 종교적 문제 등 다양한 관점에서 두셀 사상의 의미와 함의를 이해하려고 시도한다. 또한 이에 응답하는 두셀의 에필로그도 포함되어 있다.

참고문헌

김창민, 「인터뷰: 엔리케 두셀을 만나다」, 웹진 『트랜스라틴』 4 (2008년 9/11월): 125-141.

방연상, 「현대 신학 담론에 대한 '트리컨티넨탈리즘'의 도전」, 『신학사상』 163 (2013): 236-237.

Alcoff, Linda and Mendieta, Eduardo (eds.). *Thinking from the Underside of History: Enrique Dussel's Philosophy of Liberation*. Lanham, MD: Rowman & Littlefield, 2000.

Apel, Karl-Otto, et al. *Thinking from the underside of history: Enrique Dussel's philosophy of liberation*. Lanham, Md.: Rowman & Littlefield Publishers, 2000.

Beorlegui, Carlos *Historia del pensamiento filosófico latinoamericano*. Bilbao: Universidad de Deusto, 2010.

Dussel, Enrique Domingo. "Autopercepción intelectual de un proceso histórico." *Revista Anthropos* 180 (1998): 13-36.

_____. "Cultura latinoamericana y filosofía de la liberación." *Ponencias*. III Congreso Internacional de Filosofía Latinoamericana. USTA/ Bogotá (1985): 63-108.

_____. *1492 El encubrimiento del Otro: Hacia el origen del "mito de la modernidad."* Madrid: Nueva Utopía, 1992.

_____. *20 tesis de política*, Mexico: Siglo XXI, 2006.

_____. *Apel, Ricoeur, Rorty y la filosofía de la liberación*. México: Universidad de Guadalajara, 1993.

_____. *El dualismo de la antropología en la cristiandad: desde los orígenes* hasta antes de la conquista de América. Buenos Aires: Editorial Guadalupe, 1974.

_____. El humanismo semita. Buenos Aires: Eudeba, 1969.

_____. Ética comunitaria. Madird: Paulinas, 1986.

_____. Ética de la liberación en la edad de la globalización y de la exclusión. Madrid: Trotta, 1999.

_____. Historia de la iglesia en América Latina. Barcelona: Editorial Nova Terra, 1972.

_____. Introducción a la filosofía de la liberación. Bogotá: Nueva América, 1988.

_____. La pedagógica latinoamericana. Bogotá: Nueva América, 1980.

_____. "Más allá del Eurocentrismo: el sistema mundo y los limites de la modernidad." Pensar (en) los intersticios. Teoría y practica de la critica poscolonial, 24-33, Bogota: Instituto de Estudios Sociales y Culturales PENSAR; Pontificia Universidad Javeriana, 1999.

_____. Método para una filosofía de la liberación: superación analéctica de la dialéctica hegeliana. Salamanca: Sígueme, 1974.

_____. Para una de-strucción de la historia de la ética. Buenos Aires: Ser y Tiempo, 1973.

_____. Para una ética de la liberación latinoamericana. Tomo I. Buenos Aires: Siglo XXI, 1973.

_____. Para una ética de la liberación latinoamericana. Tomo II. Buenos Aires: Siglo XXI, 1973.

_____. Un proyecto ético y político para América Latina. Barcelona: Anthropos, 1998.

Dussel, Enrique Domingo, Mendieta, Eduardo and Senent de Frutos, Juan Antonio. *Hacia una filosofía política crítica*. Bilbao: Desclée de Brouwer, 2001.

Gutiérrez, Gustavo. *Teología de laliberación: perspectivas*. Séptima edición. Salamanca: Sígueme, 1975.

Lévinas, Emmanuel. *Totalidad e infinito*, trad. Daniel E. Guillot. Salamanca: Sígueme, 2002.

Mignolo, Walter D., *Desobediencia epistémica: retórica de la modernidad, lógica de la colonialidad y gramática de la descolonialidad*, Ediciones del signo, 2010.

_____. *Local Histories/Global Designs: Coloniality, Subaltern Knowledges, and Border Thinking*. Princeton, NJ: Princenton University Press, 2000. 국역본:『로컬 히스토리/글로벌디자인: 식민주의성, 서발턴 지식, 그리고 경계사유』. 이성훈 옮김. 서울: 에코리브로, 2013.

_____. *The Idea of Latin America*. Malden, MA: Blackwell, 2005. 국역본:『라틴아메리카, 만들어진 대륙: 식민적 상처와 탈식민적 전환』. 김은중 옮김. 서울: 그린비, 2010.

Mora Rodríguez, Luis Adrián. "El pobre y la pobreza en la filosofía de Enrique Dussel." *De Raíz Diversa. Revista Especializada en Estudios Latinoamericanos* 4.8 (2017): 125-151.

Walls, Andrew. *The Missionary Movement in Christian History: Studies in the Transmission of Faith*. New York: Orbis Books, 1996. 국역본:『세계 기독교와 선교 운동』, 방연상 옮김, 서울: IVP, 2018.

엔리께 두셀 웹사이트(https://enriquedussel.com), 2022. 1. 19. 최종접속.

6. 영국 공공신학의 개척자

던칸 B. 포레스터

김승환

I. 생애와 활동

던칸 포레스터(Duncan B. Forrester, 1933. 11. 10.-2006. 11. 29.)는 20세기를 대표하는 영국의 공공신학자이다. 신학과 사회과학 사이에서 끊임없는 대화를 추구하면서, 신앙과 신학을 교회와 신학교의 울타리에 가둬두지 않고 세속 사회를 향한 비판과 대안을 위한 공적 자원으로 활용했다. 가장 큰 공헌은 에딘버러 대학에 최초로 공공신학센터(CTPI: Centre for Theology and Public Issues)를 설립하여 20년간 이끌어 온 것이다. 세계 공공신학센터의 효시라 할 수 있는 에딘버러의 공공신학센터는 영국 사회의 다양한 사회적 이슈들에 응답하면서 학제 간 연구를 바탕으로 하는 신학 방법론을 통하여 그리스도교 윤리의 영역을 공공으로까지 크게 확장시켰다. 특히 80년대 영국 사회의 화두였던 '복지 국가'(Welfare state) 담론에 적극 참여하면서 '복지 국가'에서 '복지 사회'로의 전환을 촉구하기도 했다. 이러한 관심은 그가 인도에서의 선교활동 경험을 살려 제3세계 채

무 문제에 선진국들의 참여를 제안하면서부터 시작되었다. 보편적인 인류를 향한 관심으로까지 확장한 그의 사상은 정치경제 영역에서 인간 존중이 사라지는 것을 비판했고, 사법 체계의 형 집행과정에서 발생하는 부당한 처벌을 지적하고 어떻게 근본적인 화해와용서로 나아갈 수 있을지를 고민한다. 20세기 말에 당면하는 여러이슈에 적극적으로 응답한 포레스터는 공동체 존속과 교육 문제,전쟁과 평화 이슈 등 전 세계가 직면하고 있는 공적 이슈들에 약자와 소외된 이들의 시선으로 접근하면서 신학적 통찰과 함께 사회과학적인 해결책을 제안하였다. 그러한 공로를 인정받아 포레스터는 1999년 템플턴상을 수여하게 된다.

에딘버러에서 태어난 포레스터는 세인트앤드루스 대학교(1951-1955)에서 정치학을 전공한 뒤, 시카고 대학교(1955-1956)를 거쳐 다시 에딘버러(1957-1960)로 돌아와 신학 박사학위를 받았다. 1960년에는 스코틀랜드 장로교 소속으로 목사안수를 받고 잠시 세인트 제임스 미션(St James Mission)과 힐사이드 교회(Hillside Church)에서목회 활동을 하였다. 그리고 이듬해 인도 남부지역의 선교사로 파송을 받아 마드라스 크리스천 칼리지(Madras Christian College)에서8년 동안 교수로 있었다. 인도에서 그는 종교가 미치는 사회적 악영향에 눈을 떴고, 엄격한 신분제도인 카스트를 경험하면서 그리스도교가 어떻게 사회 변화와 계층 갈등에 응답해야 할지를 진지하게고민하게 된다. 인도의 그리스도교가 선교활동 과정에서 차별과 혐오가 난무한 현실 문제를 외면해 버린 안타까움을 토로하고 종교와 신학이 문화와 정책을 어떻게 바꿀 수 있을지 지속적으로 연구하기 시작했다. 에큐메니칼적인(교회일치운동의) 관점에서 그리스도교 예배의 성만찬이 갖는 정치사회적 의의를 확인하면서 그는 그리스도 안에서 한 몸 됨을 고백하는 동시에 새로운 사회를 향한 공동체적 비전을 제시한다. 포레스터는 1970년, 영국으로 돌아와 서섹스 대학교(Sussex University)에서 정치와 종교학을 9년간 가르쳤다. 70년대 당시 그의 연구는 주로 정의와 인권에 초점을 맞추고 있었다. 「19세기의 인도 그리스도교인들의 카스트 제도에 대한 태도」("Indian Christians Attitudes to Caste in the Nineteenth Century," 1974)에서 19세기 인도의 그리스도교가 카스트 제도를 다루는 방식을 비판하면서 사회적 정의를 실현하는 데 신앙과 교회 제도적 노력이 적극 필요함을 역설한다. 더 나아가 『카스트와 그리스도교』(*Caste and Christianity: Attitudes and Policies on Caste of Anglo-Saxon Protestant Missions in India*, 1980)에서 인도의 선교 과정에서 그리스도교가 사회 변화를 위한 현실 참여보다는 영국 교회의 교세 확장과 정치적 영향력 확대에 집중한 것을 비판하였다. 왜 그리스도교는 사회적 차별과 혐오에 눈을 감아 버렸을까? 그는 인도 교회가 현실 문제를 다루지 않는 것은 공적 이슈를 대하는 신학이 부재함과 동시에 일반 사회과학과 소통하지 못하는 신학 방법론의 한계가 드러난 것으로 이해했다. 공공 영역에서 적극적으로 응답하며 소통하는 신학의 필요성을 인식한 것이다. 원숙한 학자로 성장하면서 포레스터는 선교지에서의 현실적인 신학적 고민을 학문화 또는 정치화하면서 종교의 공적 참여와 신학의 현실비판을 동시에 진행하고 있었다.

에딘버러 대학으로 옮기면서 포레스터는 영국 사회의 공적 이슈에 관심을 갖게 된다. 신학은 각자가 처한 사회적 상황을 분석하고 응답하는 것이라 여겼기 때문이다. 1985년에 출간된 『그리스도교와 복지의 미래』(*Christianity and the Future of Welfare*, 1985)는 하나님 나라의 관점에서 사회 정의 문제를 다룬 역작이라 할 수 있다. 그리스도교 사상은 세상을 향해 응답할 때, 사회이론보다 더욱 '시적'(poetic)이고 '이해 가능한'(comprehensive) 방식으로 구체적인 비전을 제시하고 정책을 제안하며 사람들의 가치와 태도의 형성에도 관여해야 한다고 그는 주장한다. 정치적 현실에 관한 그의 신학적 관심은 『신학과 정치학』(*Theology and Politics*, 1988)과 『믿음, 가치, 정책들: 세속화 시대의 신념의 정책』(*Beliefs, Values and Policies: Conviction Policies in a Secular Age*, 1989), 『그리스도교 정의와 공공 정책』(*Christian Justice and Public Policy*, 1997)에서 체계화된다. 공적인 신학은 복음주의 신학처럼 직접적으로 복음을 제시하거나 회심을 추구하는 것이 아니라 세상의 여러 아젠다에 응답하면서 사회적 악을 폭로하고 세상을 변화시키며 더 나은 사회 건설을 목표로 한다. 그래서 공적인 신학은 언제나 상황적이다.[1] 포레스터에게 신학의 자리는 공적인 영역이며, 그는 그곳에서 공적 진리(Public Truth)를 선포하고 그것을 구체화할 수 있는 정책을 제안하는 것이 신학의 최우선 과제라 여겼다.

1   Duncan B. Forrester, "The Scope of Public Theology," *Studies in Christian Ethics* 17 (2004), 6.

학자로서의 전성기를 보낸 이후, 그는 인간애와 윤리, 그리고 가치 문제에 다시 집중한다. 그는 영국의 지역적인 이슈를 넘어서 인류 보편적인 참된 가치에 관심을 두면서 한 인간으로 동등하게 살아가는 것이 무엇인지를 신학적으로 탐구한다.『인간의 가치에 대하여: 평등에 대한 그리스도교의 옹호』(*On Human Worth: A Christian Vindication of Equality*, 2001)에서 그는 인간애와 신앙의 가치의 문제를 진지하게 탐구하면서 더 나은 삶을 향한 신학적 논의와 함께 그런 공동체를 구성하는 것을 하나의 모델로 제안하려 했다. 그리고『신학적 파편들: 체계 없는 신학에의 탐구』(*Theological Fragments: Explorations in Unsystematic Theology*, 2004)에서는 자신의 신학이 공공신학이었음을 회고한다. 그동안 진행해 왔던 그의 신학은 성서의 가르침과 예배의 전통에서 분리되지 않으면서도 사회적 이슈에 응답하는 것이었다. 이런 점에서 우리는 자신이 살아온 삶의 작은 이슈에 관심을 두는 것이 보편적인 진리를 추구하는 것과 분리되지 않으며, 그것이 바로 공적 현실에서 하나님 나라를 세우며 세상을 변화시키는 방법임을 기억할 필요가 있다. 그렇기에 던칸 포레스터의 신학은 공공신학이라 평가할 수 있을 것이다.

II. 던칸 포레스터의 공공신학

21세기 들어 전 세계적으로 큰 관심을 받고 있는 공공신학은 그리스도교 사회 참여의 한 형식으로 교회 중심적인 관심을 넘어서, 교회 밖 공공의 영역에서 그리스도교가 어떻게 한 구성원으로서 사회와 함께할지를 고민하면서 출발했다. 그것은 공공신학이 정치신학과 해방신학이 강세를 보이던 20세기의 흐름을 넘겨받아 더 포괄적이고 다층적인 차원의 이슈에 응답할 수 있는 신학 방법론으로 발전한 것이라 할 수 있다. 이런 점에서 공공신학은 이제 영국, 미국, 독일, 남아공, 호주, 브라질 등의 신학교마다 공공신학센터가 설립되어 지역적 이슈를 신학적으로 분석하고 공론장에서 함께 대화하며 '더 나은 사회'를 향한 사회적 담론에 참여하는 신학이라 할 수 있다.[2] 그리고 공공신학의 관점에서 사회적 타협과 토론이 어느 정도 가능한 민주주의 국가에서 교회는 하나의 공적 기관으로 역할을 담당해야 하며 공공의 사회적 책무를 교회의 사역으로 인식할 필요가 있다. 던칸 포레스터는 공공신학이 구체적인 현장에서 어떻게 학문 작업과 함께 사회 변화에 기여할 수 있는지를 잘 보여준다. 그는 자신이 속한 사회에서 공적 책무를 고민하면서 인도의 카스트 제도, 영국의 복지 문제, 보편적인 인류애 등을 다루어 왔다. 이것은 그리스도교의 변질을 초래하는 것이 아니라, 오히려 세속화로 잃어버린 그리스도교의 전통을 회복하는 작업이었다.

---

2 김승환, 『공공성과 공동체성』(서울: CLC, 2021)을 보라. 이 책에서 필자는 공공신학의 목표를 더 나은 사회(a better society)를 만드는 것이라 주장한다. 정치신학과 해방신학이 사회적 약자에 대한 우선적 관심과 해방을 목표로 했다면 공공신학은 공정한 사회를 추구하면서 공론장의 대화와 토론으로 사회적 이슈들을 논의하고 기여하는 방식을 택한다.

이 글에서는 먼저 포레스터의 실천 방법론을 소개하고, 그가 구체적으로 어떤 공적 현실에 참여하고 있는지를 살필 것이다. 그의 신학적 관심과 실천의 궤적을 추적하면서 우리는 공공신학의 학문적 특징과 모범적인 적용 사례를 만날 수 있을 것이다. 그는 공적 현실과 조우할 수 있는 공통의 언어를 발굴하고자, 20세기 초중반에 에큐메니칼 진영에서 관심을 모았던 중간 공리(middle axiom)를 실천 방법론으로 차용한다. 공공신학의 '이중언어적'(bilingual) 특징은 공론장에서 합리적으로 대화하기 위한 전제조건이기도 하다. 인도에서 오랫동안 교수로서 선교 활동을 하던 그는 카스트 제도에 대한 문제를 제기하였고, 계급 간의 화해와 일치를 위한 과정으로 교회의 예배, 특히 성만찬을 중심으로 하는 그리스도 안에서의 하나됨을 추구했다. 영국으로 돌아온 그는, 정치적 현실에서 복지와 정의 문제에 천착하였으며, 에딘버러에 공공신학센터를 설립하여 보편적 인류애를 실현하고자 했다. 우리는 그의 성과를 통하여 한국교회의 공적 참여에 관한 좋은 모델을 구축할 뿐 아니라, 종교의 공적 역할을 요청받는 시대에 적절한 응답을 어떻게 해야 할지 배우게 될 것이다.

1. 공적 참여를 위한 신학

오늘날 그리스도교는 서구를 중심으로 '탈-그리스도교화'(Post-Christendom)를 경험하고 있다. 다수에서 소수로, 중심에서 변방으로, 주류 문화에서 하위문화로 그 위치가 뒤바뀌면서 그리스도교와 교회는 다른 존재와 역할로의 변화를 요구받고 있다. 특히 다원화된 사회 안에서 교회와 그리스도교 신학은 특권적 위치에서 사회를 평가하거나 심판자로 존재하지 않는다. 오히려 하나의 참여자와 대화자로서 가치 있는 통찰과 기술(skill)을 지닐 필요가 있다. 즉 그리스도교와 교회는 공론장의 전복을 시도하는 것이 아니라 세속 이데올로기의 정당성을 지지하지 않으면서도 사회의 한 구성원으로서 자신의 지위를 지속적으로 확보해야 한다. 포레스터는 "신학이 공적인 영역에서 후퇴한다면 그것은 공적 삶의 빈곤을 초래하는 일이며, 교회의 실천에 심각한 왜곡을 초래하는 일"이라고 생각했다.[3] 신학이 교회에서처럼 권위 있게 인정받지 못할지라도 공론장 안에서 공적 토론을 위해 기여해야 하며 이것은 일반 은총과 하나님 나라 사상에서도 지속적으로 이어져 왔던 전통이다.

신학은 공적인 대화와 참여를 위해 구체적으로 어떤 방법을 필요로 할까? 포레스터는 20세기 초중반에 올담(J. H. Oldham)에 의해 주창되고 윌리엄 템플(William Temple)과 존 C. 베넷(J. C. Bennett)등에게 계승된 '중간 공리'(middle axioms)의 원리를 주목했다. 정치적 현실 문제를 다루는 데서 그리스도교 윤리는 교회와 사회의 접점을 찾고자 신학과 사회과학이 만날 수 있는 지점들을 연구했다. 특히 에큐메니칼 진영의 사회윤리 원칙이기도 한 '중간 공리'는 학제간 연구(interdisciplinary)를 기초로, 오늘날 전문 영역으로 발전해 버

---

3 Duncan B. Forrester, *Beliefs, Values and Policies* (Oxford: Oxford University Press, 1989) 1-6.

린 세분화되고 파편화된 근대의 지적 토대를 극복하면서 신학을 바탕으로 현실 문제에 대한 통전적(wholeness) 이해를 추구하고자 하는 것이다. 그렇다고 '중간 공리'가 모든 포괄적인 목표를 향한 절대적 절차는 아니다. 존 C. 베넷이 언급한 것처럼 협의의 다음 과정으로 나아가기 위한 첫 관문으로 공론장 안에서 대화를 위해 준비하는 것이다. '중간 공리'는 교회와 사회의 접점을 찾고자 한다. 교회와 사회를 이원론적 관점에서 보지 않고 둘 사이의 매개 과정으로서 공적 이슈에 대한 교회의 관심과 접근을 시도하는 동시에, 특정한 정치 문제를 넘어서는 초월적이고 가치적인 부분들을 재고하도록 하는 데 기여할 수 있다.[4] 특히 정치 현실에서 그리스도교와 신학의 참여는 구체적인 정책과 지침을 제안하기보다는 보편적 가치를 향한 방향과 원리(principles)를 제공하는 역할을 담당하는 데 탁월하다고 할 수 있다.

포레스터가 활동했던 20세기 후반의 상황을 고려한다면 우리는 그의 관심이 '정의 이슈'(justice issues)에 집중되어 있음을 알 수 있다. 인도의 선교사로 있을 때나, 영국 에딘버러에서 오랫동안 교편을 잡을 때에도 '정의'는 그를 추동하는 대명제였다. 사회 정의에 관한 포레스터의 관심은 신학과 정치학을 넘나든다. '정의'는 신앙의 핵심이자 동시에 사회를 지탱하는 토대이기에 포레스터는 그리스도교의 예배에서 탐구를 시작하여 이를 정치적 관점으로 확대한다.

---

4   Forrester, *Beliefs, Values and Policies*, 23.

포레스터에게 예배와 정치는 따로 분리되지 않는다. 하나님을 예배하는 것은 현실의 한복판에 깊숙이 개입하는 것이며 특정한 상황에서 지속적인 대화와 참여를 위한 지향점을 확인하여 구체적인 실천으로 연결될 수 있도록 하는 원동력이다. 즉, 하나님을 향한 예배는 이 땅을 향한 그분의 관심을 깨닫게 하며 현실 정치에 대한 깊은 사랑으로 나아가게 한다. 그래서 예배는 사회 참여와 실천을 위한 모판이 되고, 하나님을 향한 사랑의 고백이 곧 현실을 향한 정의의 실현으로 구체화되는 것이다. 포레스터 교수 밑에서 수학한 김동선은 스승의 작업을 평가하면서, 포레스터 교수가 교회의 일치와 예배를 추구했지만 결코 신학적인 작업에만 머물지 않았으며 그것들을 반드시 세상의 실천적 과제로 연결하려 했다고 평가한다.[5] 교회의 윤리는 신앙공동체의 삶과 연결되어 있으며 신앙공동체를 섬기는 것이어야 하지만 동시에 공동체가 공공의 진리로 받아들이고 또 증거하는 통찰력에 관해서 공공을 향해 분명하게 표현할 수 있어야 하기 때문이다.[6] 우리는 포레스터가 그리스도 신앙의 핵심적 실천이라고 할 수 있는 예배를 사회 참여의 근거로 삼고 있음에 주목해야 한다. 그리고 한국교회와 같이 예배에 목숨을 걸면서도 현실 사회와 동떨어져 있는 역설적 신앙이 어떻게 형성되었는지 관찰할 필요가 있다.

---

5 던칸 포레스터, 『참된 교회와 윤리』, 김동선 옮김(서울: 한국장로교출판사, 1999) 역자 서문을 보라.

6 포레스터, 『참된 교회와 윤리』, 77.

포레스터는 자신의 신학을 공공신학으로 천명하기 이전부터 신학의 임무를 현실 참여의 관점에서 크게 세 가지로 정리했다. 첫째, 신학은 하나님을 거부하는 힘이 난무하는 현실을 넘어 종말론적 신앙 안에서 하나님 나라를 향한 비전을 제시해 주어야 하고, 둘째, 신학은 그 비전과 현실과의 간격을 메우기 위해 교회뿐 아니라 세상과도 연대해야 하며, 셋째, 신학은 세상과의 연대를 검토하여 세상에 다시 새로운 비전을 제시하는 과정을 계속하는 것이다.[7] 그리스도교 신앙과 신학은 교회 안에 게토화될 수 없다. 종말론적인 하나님 나라를 끊임없이 구현하며 다시 오실 예수 그리스도를 기다리는 신앙은 공공의 영역에 깊숙이 개입하여 현실 세계를 변화시키는 삶을 살도록 안내하기 때문이다. 신앙의 깊은 신념과 확신은 공적 상황에서 발현되어 구체화되면서 교회와 사회를 분리시키지 않고 사적 신앙(private faith)을 공적 신앙(public faith)으로 발전시킨다. 그것은 이 땅에서 일하시는 하나님을 향한 진정한 응답이며, 그의 나라를 살아가는 그리스도인들이 지녀야 할 신앙적 채무이기도 하다.

그리스도교 윤리는 결코 개인적인 것이 아니다. 그리스도교인들은 다른 사람과의 연대 속에서 행동하는 존재이다. 그들은 상호 간의 책임과 의무라는 끈으로 자신과 연결된 사람들과 함께하는 집단이다. 그리스도교인들은 자신들을 그리스도의 몸의 한 부분으로 생각하며 그 몸 안에서 구성원들은 서로의 관심을 함께 나누며 상

---

7   포레스터, 『참된 교회와 윤리』, 4.

대방을 존중하기에 그리스도 안에서 그리스도를 통하여 사회적 분쟁과 분열을 극복하려 한다.[8] 진리 안에서 산다는 것은 다른 사람과 연대한다는 것을 의미한다. 진리 안에서 살아가는 공동체는 결코 내적 관심에만 매달리지 말아야 하며 편파적이지 않아야 한다. 그리고 그 목적이 자신을 향하지 않도록 노력해야 한다. 포레스터는 이러한 교회를 '평행공동체'라 명명했다. '평행공동체'는 대안적 삶을 보여 주는 공동체이다. 나아가 세상에 대한 책임을 지며, 교회에 속하지 않은 사람들도 책임을 지는 존재들이다. 세상에 대한 책임은 그리스도교인들의 것이며, 우리는 하나님이 주신 우리가 사는 시간, 장소, 공간에서 이 책임을 받아들인다.[9] 공공 영역을 향한 포레스터의 관심과 태도는 공공신학자의 전형을 보여 준다. 세속 사회에 더 나은 이상향을 향한 비전을 제시하고 그것을 성취하기 위해 서로 연대하는 것이 필요하다. 그렇기에 오늘날 교회의 운동은 교회적인 동시에 사회적이어야 한다. 교회는 예배의 공동체로서 내부의 집중력을 유지하는 동시에 시대를 향한 예언자적 눈을 가지면서 하나님 나라를 구현할 필요가 있다. 시대의 아픔에 응답하는 교회, 공적 이슈를 자신의 과제로 여기는 교회, 이를 위해 신학적으로 고민하며 대화에 참여하는 공적 교회로의 전환이 바로 포레스터가 오랫동안 꿈꾸어 왔던 교회가 아닐까!

---

8   포레스터, 『참된 교회와 윤리』, 16.

9   포레스터, 『참된 교회와 윤리』, 28.

2. 신학적 파편성과 지역성

포레스터의 공공신학의 특징은 바로 '파편성'(the Fragment)과 '지역성'(locality)이다. 공공신학은 구체적인 상황과 이슈에 집중하면서 전통적인 교리 논쟁이나 신학적 담론에 갇혀 있지 않고 공적 현장을 중심으로 하는 상황성에 집중한다. 인도의 그리스도교인들이 카스트 제도에 비판적이지 못했던 것은 여전히 그들에게는 그리스도교 전통의 영혼 구원 논리와 신학 체계가 중요했기 때문이다. 현장을 잃어버린, 아니 현장으로부터 출발하지 않는 신학은 사회를 향한 진정한 대안을 내놓기가 쉽지 않다. 포레스터는 『신학적 파편』(*Theological Fragment*)에서 신학이 위치한 상황에서의 파편성이 무엇보다도 중요하다고 언급한다. 근대의 계몽주의가 가져다준 환상은 사회의 질서와 법칙이 동일한 이해와 사유를 바탕으로 구성될 수 있다는 것이었다. 지배 담론과 이데올로기는 시민들의 자유로운 생각과 토론을 방해했다. 그것은 신학에서도 마찬가지이다. 신학은 지리문화적 또는 역사적으로 다양한 관점이 존재하며, 역사적인 교회와 신학자들조차 자신의 사회적 상황에 따른 파편적 성찰과 실천을 해 왔음을 잊지 않아야 한다.[10] 다시 말해 신학은 그 시대와 상황에 따른 해석과 적용이지 영원불변의 법칙으로 모든 것에 적용

---

10 William Myatt, "Public Theology and The Fragment: Duncan Forrester, David Tracy and Walter Benjamin," *International Journal of Public Theology* 8 (2014), 87.

될 수 없다는 것이다. 보편성과 특수성의 관계에서 포레스터의 방점은 특수성에 찍혀 있다.

이런 점에서 포레스터가 제안한 신학적 '파편성'은 크게 네 가지 특징을 지닌다. 첫째는 특수성이다. 신학은 구체적이고 특수한 상황에서 발생할 뿐 아니라 성경과 그리스도교 전통도 보편적 상황이라기보다는 제한된 역사적 정황을 가지고 있기에 특수성에 대한 고려가 무엇보다도 중요할 것이다. 둘째는 비결정성이다. 종교적 신념을 이해하는 데 전형적인 방법론은 존재할 수 없다. 종교적 신념은 교리화되는 과정에서도 반드시 수용되고 배제되는 과정을 거쳐 하나의 전통으로 자리매김하게 된다. 또한 다른 상황에서는 언제든지 변화될 수 있음을 전제하기에 신학은 가변적이라 할 수 있다. 셋째는 사랑의 방향성이다. 하나님에 관한 지식이나 피조 세계에 관한 이해에서 언제나 그 중심은 사랑이 뒷받침되어야 한다. 앎의 근원과 원리로서 사랑은 불충분한 이성의 이해를 보충하고 공동체를 유지하고 성장케 하는 동력이 된다. 넷째는 보충성이다. 근현대의 파편화된 진리 체계와 사회적 삶을 통합할 수 있는 가치와 의미들을 생산하여 정의로운 삶으로 사람들을 인도한다.[11] 포레스터는 공공신학의 적용 사례로서 제2차 세계대전 당시 칼 바르트를 중심으로 하는 독일의 바르멘 선언과 디트리히 본회퍼의 활동을 예로 든다. 바르트는 교회와 정부를 나누는 두 왕국론의 이분법

---

11   Myatt, "Public Theology and The Fragment," 88-89.

을 거부하고 유럽의 특수한 정치 상황 속에서 신학을 학문의 틀 안에 가두지 않았다. 신학은 자신이 속한 정치적 현실의 구체적인 상황을 분별하고 비판하면서 정치적 선포를 두려워하지 않아야 한다. 그것은 신학의 변질이나 후퇴가 아니다. 왜냐하면 신학은 삶의 모든 영역에 관심을 두어야 하기 때문이다.[12] 본회퍼는 독일교회의 투쟁이 단순히 히틀러에 대한 저항으로 끝나는 것이 아니라 온 세계를 향한 하나님의 통치를 선포하는 에큐메니칼적인(일치의) 운동이며 하나님의 집, 오이쿠메네(oikumene)를 회복하는 작업이라 생각했다.[13]

포레스터는 근대적 합리성의 이론적 체계가 가지고 있는 거대 담론들로 신학을 전개하는 대신, 소소하고 때로는 사소한 일상들로부터 정치적 현실에 이르기까지 관심을 확대했다. 신학의 공적 참여는 정치적 현실에서 제기되는 구체적인 이슈를 고민하고 신학의 정치화와 정치의 신학화를 동시에 꾀하는 상황적 인식을 요청받는다. 앤드류 몰턴(Andrew R. Morton)은 포레스터의 신학적 관심이 시장과 같은 일상의 삶으로 이루어지는 공공의 영역에 있었고 그가 다양한 사람들과 대화하고 연대하는 가운데 경청하고 설득하며 신학을 공공의 자리에서 발견하려 했다고 평가했다.[14] 포레스터는 공

12   Duncan B. Forrester, *Theology and Politics* (Oxford: Blackwell, 1988), 49.

13   Forrester, "The Scope of Public Theology," 8.

14   Andrew R. Morton, "Duncan Forrester: A Public Theologian," *Public Theology for the 21st Century*, ed. William F. Storrar & Andrew R. Morton (London: T&T Clark LTD, 2004), 27-28.

(public)적인 것과 사(private)적인 것의 구분이 근대 정치 이론에서 중요한 논의 대상이지만, 포스트모던 사회는 다원화되고 파편화되어 공통의 선에 대한 이해가 각기 다르기에 둘 다를 아우르는 포괄적인 논의의 장이 무엇보다도 중요하다고 여겼다. 공공신학자들은 각각의 공적 영역을 구분하고 다양한 참여 방식을 제안하는 것을 넘어서 현대사회는 '초-공적'(trans-public)이기에 일상의 모든 삶에서 공적인 삶을 살아가는 것이 필요하다. 공공신학의 파편적인 관심은 정치사회적으로 더 나은 선을 향한 가치들을 제공해 주어야 하고 특히 여성과 소수자들이 배제되지 않는 관계성을 전제로 해야 한다.[15] 사회 제도를 개혁하고 공동체적인 실천을 제안하는 일들이 중요하지만 그는 한 개인의 인격적 삶을 간과해서는 안 된다고 말한다. 현실의 상황에 응답하는 데 있어서 인격적 참여는 중요하다. 그것은 가장 강조되어야 할 부분이다. "만약 우리가 신앙을 가진 사람이라면 우리는 신앙이 사랑의 행위가 되어야 함을 알고 있을 것이다. 우리가 거기서 돌아선다면 우리는 우리의 신앙을 부인하는 셈이다."[16] 이를 위해 신학은 추상적이고 형이상학적인 이성의 한계를 벗어나야 한다. 그리고 현장에서 들려오는 구체적이고 생생한 목소리에 귀를 기울이고 공적 대화를 시도해야 한다. 현장 중심의 공적 대화는 개별 사항들의 특수성을 강조한다. 이러한 접

---

15 Duncan B. Forrester, *Christian Justice and Public Policy* (Cambridge: Cambridge University Press, 1997), 18-20.

16 Duncan B. Forrester, *On Human Worth* (London: SCM Press, 2001), 173.

근은 탈교회적이면서도 사회 참여적인 실천을 염두에 둔 것이기에 여기에는 새로운 신학적 방법이 필요하다.[17]

　파편성과 지역성에 관심을 두었던 포레스터는 90년대부터 스코틀랜드에 존재하던 정치사회 문제로 씨름하면서 정치, 경제, 복지 문제에 대해 구체적으로 목소리를 냈다. 하지만 그것을 단지 스코틀랜드의 문제로 제한시키지 않고 지역(local)이 세계(global)로 나아가는 방식을 택한다. 한 지역의 작은 이슈는 지역적 관심에만 머무르지 않고 세계화 시대에 다른 지역의 이슈를 다루는 데 주요한 지침과 방향을 제공한다. 그래서 파편적인 관심은 작은 일에 함몰되지 않고 보편적이고 세계적인 상황과도 연결될 수 있다. "가장 지역적인 것이 가장 세계적이다"라는 말처럼 다원화된 세계화에서는 하나의 사례가 다른 사례의 지침과 모델이 될 수 있음을 염두에 두어야 한다. 포레스터는 '공적 논쟁을 중단하는 것이 신학의 심각한 빈곤화를 초래한다는 점뿐 아니라, 신학이 중립적일 수 없기에 자신의 독특성으로 공적 토론에 공헌할 수 있다는 점'을 주장한다.[18] 다원화된 영국 사회에서는 종교적 관용과 대화가 사회 통합과 정책 수행에 너무나도 필요했다. 종교는 신자들의 행복과 번영만을 위해 존재하지 않고 또한 사적인 삶만 살도록 개인의 주관성을 위해 기능적으로 존재하지도 않는다. 포레스터는 종교의 개인적 친밀성과 사회적 기능을 구분하지만, 이 둘이 서로 분리되지 않고 지

17　김승환, 『공공성과 공동체성』, 122.

18　김승환, 『공공성과 공동체성』, 81-86을 참조하라.

속적인 상호관계에 있다고 보았다. 신학은 하나의 공중(a public)에 직면하여 참여하며 그것은 인격적인 만남과 대화를 통해서 가능하다.[19] 그렇다면 포레스터는 어떻게 신학을 공적인 것으로서의 신학으로 전개해 나갔을까? 그가 관심을 두었던 몇몇 이슈를 중심으로 구체적으로 접근해 보자. 인도 선교사로 있을 때, 그리고 스코틀랜드로 돌아와 에딘버러에 공공신학센터를 설립하여 활동할 때의 그의 관심사를 보면 포레스터가 보편적 인류애와 정의에 깊은 관심을 두었음을 알 수 있다.

III. 던칸 포레스터의 신학적 관심과 공헌

공공신학자로서 포레스터의 학문적 관심은 정의롭지 못한 사회적 현실에 대한 비판과 함께 그 구조 속에서 살아가며 억압받는 이들을 향해 있다. 인도 선교사 시절, 그는 카스트 제도의 부당함을 지속적으로 비판했을 뿐 아니라 그 현실을 외면하는 인도 그리스도교와 선교사들을 향해 날 선 목소리를 쏟아 냈다. 특히 그는 인도 마드라스 인근의 첸나이 슬럼가를 방문했을 때의 기억을 생생히 증언하면서 『인간의 가치에 대하여』(On Human Worth)에서 그리스도교 신학이 왜 자기 시대의 아픔과 공적 분노 및 공적 필요에 응답

19　장신근, 「공적 신학이란 무엇인가?」, 『공적 신학과 공적 교회』, 이형기 외 엮음(용인: 킹덤북스, 2010), 40.

해야 하는지 호소력 있게 이야기한다. 그리스도인들이 하나님의 구원을 선포하며 거창한 진리와 사회 정의를 주장하면서 정작 이웃들의 배고픔과 눈물을 외면한다면 그것은 반복음적 또는 반그리스도교적인 모습일 것이다. 보편적 인류애를 향한 그의 관심은 단순히 글쓰기에만 머무르지 않고 사회구조의 변화를 위한 그리스도교의 역할을 제안하면서 공공신학으로 발전해 가고 있었다.

1. 보편적 인류애와 정의

포레스터의 관심은 초창기부터 말년에 이르기까지 사람에게 있었다. 자신이 가르치던 인도의 대학 인근에서 만난 무누스와미(Munuswamy)는 불평등한 사회구조와 자본주의 체제의 희생양으로 자신의 삶을 송두리째 잃어버린 인물이다.[20] 부유한 이들과 극명히 대비되는 삶을 살아가는 인도의 수많은 빈곤층은 타인의 자선에 의존하는 삶을 살아가며 그것을 신의 뜻으로 인식하고 있었다. 이들에게는 물질적인 도움도 필요하지만 동시에 한 인간으로서 동등한 존엄성을 유지할 수 있도록 하는 진실한 인격적 관계가 필요하다. 그러나 현실은 그렇지 못하다. 포레스터는 인도 선교사로 있으면서 카스트 제도에 대해 분명한 거부감을 나타낸다. 특히 인도의 그리스도교가 사회 갈등의 해결과 차별 철폐에 앞장서지 않음을 한

---

20   Forrester, *On Human Worth*, 2-3.

탄하면서, 그는 교회의 예전, 특히 성만찬이 갖는 평등과 일치의 신앙을 실천하기를 주장한다. '브라만의 차 진열대'(Brahmin tea stalls)가 인도의 계층 문화를 잘 대변하는데, 최상위 계층인 브라만은 낮은 계급의 사람들과 음식을 같이 먹을 때 그들로부터 부정한 것이 옮지 않을까 하여 자신들의 순수성을 유지하고자 거리를 둔다. 음식에 관한 법칙을 준수하는 것은 그것이 중요하기 때문이 아니라 신에 의해서 제정된 계층 질서에 대한 직접적인 도전으로 인식하였기에 식사할 때 계층적 구별 짓기를 시도하는 것이다.[21] 포레스터는 이러한 구별 짓기를 극복하고자 성만찬을 통하여 카스트 제도가 말하는 사회윤리와는 전혀 다른 윤리가 가능함을 보여 주려 했다. 초창기 선교사들이 개인의 영혼 구원을 목표로 하면서 카스트 제도를 비판하는 것을 꺼리는 것0과 대조적으로 포레스터는 선교사들과 인도의 개종자들이 함께 식사하는 것을 통해 하나님 앞에서 사귐과 평등과 존엄성을 표현하며 성만찬적 친교를 지속했다.[22]

　포레스터가 강조한 '인격적 평등' 사상은 누군가를 인격적으로 대우하고 사랑하는 것이 나와 그가 동등한 존재임을 고백하는 것이라 여겼다. 그것이 사람의 몸을 입고 이 땅에 오신 예수 그리스도의 사랑을 인정하고 그 사랑으로 살아가는 것이기 때문이다. 이웃을 내 몸과 같이 사랑하라는 예수 그리스도의 가르침은 평등의 실

21　　포레스터, 『참된 교회와 윤리』, 99.

22　　포레스터, 『참된 교회와 윤리』, 109.

천이 가능한 기준을 제시한 것이었고, 교회를 향하여 구체적으로 '평등의 공동체'(Egalitarian Community)가 되라는 메시지이기도 하다. 교회는 함께 떡을 떼고 포도주를 마시는 성만찬의 공동체가 자신을 내어놓는 십자가의 사랑을 실천하는 곳이며 타인을 향한 진정한 사랑이 무엇인지를 경험할 수 있는 곳이다. 성만찬을 통하여 경험된 인격적 친교와 하나 됨은 우리로 하여금 죄로부터 자유로운 참사람(true person)임을 깨닫게 하며 자기중심적이 아닌 타자 중심적인 삶을 살도록 인도하는 동시에 그것으로 예수의 사랑을 실천하게 한다. 보편적 인류애와 사회적 정의를 추구하는 것이 교회 전통과 예전에서 분리되지 않는다. 이것이 포레스터 공공신학의 특징이기도 하다. 오히려 정의에 관한 롤즈의 방식의 논의를 넘어서서 사랑의 관점에서, 다시 말하면 포용적인 관점에서 정의를 보완하려 한다.

윌리엄 스톨라(William F. Storrar)와 앤드류 몰턴은 포레스터의 핵심 주제가 바로 '정의 이슈'라는데 동의한다. 그들은 그가 정치적으로 또는 학문적으로 끊임없이 정의 이슈에 관심을 가지면서 현실 사회에서 어떻게 정의를 실현할 수 있을까를 염두에 두어 왔다고 언급한다.[23] 포레스터는 존 롤즈가 제안했던 공정으로서의 정의가 갖는 한계를 명확히 지적한다. 그는 합리적이고 보편적인 원리로서 공정이란 가치가 제안하는 것이 자칫 사회의 갈등과 분열을 초래

---

23 Morton, "Duncan Forrester: A Public Theologian," 4.

할 수 있기에 롤즈의 공정은 정의로서는 부족함이 있다고 비판한다.[24] 롤즈의 정의는 대부분의 사람들이 가지고 있는 신념과 가치에 대한 숙고적인 논의를 통해서 제안된 것이 아니다. 그렇기에 객관적이고 합리적인 원리로서 인정받을 수가 없다. 심지어 롤즈의 정의는 인간의 본성에 대한 기본적인 이해조차 가지고 있지 않다. 정의는 수많은 다수가 합리적인 대화와 논의를 통해 이해하고 존중하는 관용의 대화를 통과해야 한다.[25] 그는 '공정으로서의 정의'보다는 '관용으로서의 정의'를 제안하며 정의를 하나님의 정의의 본질인 신적 사랑으로 보완하려 한다. 삼위일체 하나님의 관계적 사랑은 상호 책임적이고 상호 돌봄적이기에 정의를 위한 중요한 원리가 될 수 있다. 포레스터의 관계적 정의는 반드시 사랑을 통과해야 한다. 롤즈의 정의는 동등성을 강조하는 듯 보이지만 개인적인 차원의 평등함을 제안하는 것에 머물렀다면 포레스터의 동등성은 사랑의 관계 안에서 함께 어우러짐이라 할 수 있다.

우리는 앞서 소개한 첸나이의 무누스와미가 겪는 가난을 단순히 개인의 책임으로 볼 수 없다. 한 사회의 병폐로서 구조적 배제와 차별적 요소들을 면밀히 살펴보는 것이 중요하다. 포레스터는 가난을 영적이면서 도덕적인 차원에서 들여다보면서 국가와 교회의 리더들이 사회적 책무를 다하지 못한 한계를 비판한다. 사회적 분열을

---

24 Duncan B. Forrester, "Justice as an Issue for Contemporary Practical Theology," *International Journal of Practical Theology* 1 (1997), 260.

25 Forrester, *On Human Worth*, 59.

극복하고 모든 계층을 포괄할 수 있는 정책의 방향 전환이 이루어지는 동시에 그러한 사회적 분위기를 만들어 내는 종교계의 노력도 필요한 시점이다. 인도의 카스트 제도를 비판하던 그의 관심은 영국의 복지 담론으로 옮겨 온다. 사회구조적으로 배제된 이들을 위한 관심은 몇몇 기관의 헌신과 기부자들로 해결될 수 없다. 차별과 배제의 문제는 단순히 감정과 정서적인 차원에서는 해결될 수 없기에 사회적 부정의를 해결할 수 있는 정책의 변화가 반드시 뒤따라야 한다.

특히 다원화된 일상의 삶에서 포괄적인 연대와 문화가 필요하다. 포레스터는 디트리히 본회퍼의 '값싼 은총'에 빗대어 '값싼 일치'와 '값비싼 일치'를 구분한다. 분열된 세상 한복판에서 그리스도인들은 사회적 일치와 연대를 위한 삶을 살아가야 한다. 그러나 값싼 일치는 부조화를 감추기에 급급할 뿐 아니라 신뢰할 수 없는 인위적인 교제를 유지하려고 애쓴다. 반대로 값비싼 일치는 평화와 정의를 위해 투쟁하는 교회들 사이에서 발견되는데, 분열을 야기하는 수많은 윤리적인 문제에 관해 솔직하게 대화하고 활기차게 논쟁을 시도하면서 건전한 판단력을 유지하려 한다.[26] 분열된 사회 안에서 하나님의 목적은 일치를 지향하는 새로운 인간성의 창조에 있다. 교회의 일치는 하나님의 목적인 전 인류의 일치라는 보다 넓은 개념에 대한 하나의 표적이요, 이를 미리 맛보는 조그마한 경험이다. 교

---

26   포레스터, 『참된 교회와 윤리』, 35.

회의 일치는 그 자체에 대한 의미보다 전 인류의 하나됨에 대한 예시로서 부분적인 일치의 모습을 지향한다.[27] 이를 위해 포용적인 교회(inclusive church), 관용적인 정의가 필요한 것이다.

2. 정치와 복지 문제

2차 세계대전 이후, 영국 사회는 국가 전반의 재건 작업을 진행하면서 새로운 사회를 향한 비전과 청사진을 그리게 된다. 전쟁의 참극을 통해 진정한 인류애와 평등, 정의의 가치가 얼마나 중요한지를 깨닫게 되었고 나치즘과 같은 전체주의를 배격해야 한다는 암묵적인 사회적 합의가 시민들에게 지지를 받고 있었다. 특히 1942년 영국의 경제학자 윌리엄 비버리지(William Beveridge)가 발표한 보고서(Social Security and Allied Services)는 '요람에서 무덤까지'란 슬로건으로 국가 정책의 중요한 방향을 제시하면서 빈곤 문제를 비롯한 질병, 무지, 나태, 불결 등을 해결하고자 국가와 시민들이 모든 힘을 기울이는 데 큰 역할을 했다. 국가가 주도하는 '복지 국가'(welfare state)는 사회주의 이론에 기초하여 보편적인 정의와 평등을 기초로 하는 낙관적인 기대로 출발하지만 시간이 흘러가면서 개발 이익은 소수 계층에게 집중되었고 사회 전반에 걸쳐 빈부의 차가 극심하게 벌어지게 된다. 당시 영국 그리스도교는 사회복지와

---

27   포레스터, 『참된 교회와 윤리』, 18.

관련된 훌륭한 전통과 자원을 가지고 있었음에도 불구하고 건강한 공적 참여와 목소리를 내기를 못했다. 이유는 스스로 그리스도교 복음과 신앙에 대한 좁은 이해에 갇혀 있으면서 현실의 참여를 주저했기 때문이다.[28]

당시 캔터베리 대주교였던 윌리엄 템플(William Temple)을 중심으로 영국 교회도 새로운 사회 건설과 국가 재건의 비전에 참여하면서 보편적인 복지정책이 중요하다는 것을 마찬가지로 인식한다. 특히 신학의 공적 참여는 종교적 영향력을 확대하거나 특정한 이데올로기에 함몰되지 않고 건강한 시민사회를 구성하고 시민들의 덕성을 함양하도록 기여하면서 세속 민주주의가 잘 정착하도록 도움을 주었다.[29]

이러한 흐름에서 던칸 포레스터는 80년대 들어 영국의 '복지 국가'에 대한 관심이 시민사회의 영역으로 넘어와야 함을 제안하면서 '복지 사회'로의 전환을 주장한다. 그리스도교의 사회적 관심은 단순히 가치와 비전의 유지에 국한되어서는 안 되며, 구체적으로 다원화된 사회에서 정책을 통하여 적용 가능한 방식으로 확장되어야 한다. 당시 마가렛 대처 정부가 종교의 공적 참여를 장려하는 상황에서 교회는 하나의 공공 기관(institute)으로서 사회의 미래를 향한

---

28   Duncan B. Forrester, *Christian and the Future of Welfare* (London: Epworth Press, 1985), 1–3.

29   Elaine Graham, *Between a Rock and a Hard Place* (London: SCM Press, 2013), 210.

비전을 제시하는 동시에 정치경제 이슈에 분명한 목소리를 내도록 요청받았다. 사람들은 교회가 세속화되는 사회에서 무너져가는 공동의 토대들을 재건하고 공적 가치들을 회복시킬 뿐 아니라 건강한 시민들을 양성하는 훈련소로서의 역할을 기대했다. 국가는 단순히 정치, 경제, 사회의 토대들로 구성되는 것이 아니라 함께 살아가는 이들의 공동체성 형성과 그들이 염원하는 세계를 향한 초월적 가치의 회복을 필요로 한다.

그리스도교는 예배, 설교, 교육, 봉사를 통해 우리 사회와 문화에 필요한 가치와 신념의 자양분을 제공해 왔다. 특히 신학의 과제는 사회적 선함의 지속성을 제공하는 것이며 그것으로 사회의 건강함을 유지할 수 있도록 도와주는 것이다.[30] 사회적 약자를 돌보고 소외된 지역을 사랑하는 것은 다가오는 하나님의 나라를 향한 메시아적 염원을 보여 주는 것이다. 정의와 사랑은 하나님의 샬롬의 개념과 분리되지 않는다. 일시적이고 잠정적인 정의와 사랑일지라도 그것은 영원한 하나님의 사랑과 정의의 한 부분으로 우리에게 드러난다. 포레스터는 하나님의 샬롬의 가장 적절한 현실적 번역어로 '복지'를 꼽았다.[31] 복지가 힘 있는 자가 힘없는 자를 시혜적으로 돌보고 관리하는 차원이 아니라 온전한 인격적 관계를 통하여 불편한 사회의 구조적인 상황에서 하나님의 샬롬을 실천하는 구체적

---

30   Forrester, *Beliefs, Values and Policies*, 37-39.

31   Forrester, *Christian and the Future of Welfare*, 3.

인 행위이다. 즉, 복지란 사랑과 정의, 신뢰와 평화를 모두 포괄하는 구체어로서 복지인 것이다.

흥미로운 것은 포레스터가 영국 사회의 복지 이슈에 접근할 때 무너져 가는 영국 사회의 '양심'(conscience)에 호소한다는 점이다. 세속화와 다원화를 통해 도덕과 윤리적 가치가 붕괴되는 상황에서 발생하는 경제적인 고통을 양심의 문제로 주목하는 것은 자본주의 시스템이 가지는 초월성과 관계성을 꿰뚫고 있다는 것이다. 자본에 의해 소외되는 존재들의 회복은 단순한 시혜적 지원을 통해서 이루어질 수 없다. 사회의 정치적 분열과 경제적 양극화는 사회 이슈에 있어서 '사각 지점'(blind spot)을 만들어 낸다. 현실 문제를 왜곡함으로 윤리적 가치판단을 저해하고 결국 양심의 집단적인 무감각에 빠지게 할 우려가 크다. 가령 가난을 전쟁의 결과로 치부하든지, 개인의 무능력과 출신배경의 결과로 돌리게 한다. 하지만 포레스터는 가난을 사회적 양심의 문제로 여겼다. 결국 사회 질서 안에 잠재된 도덕성을 회복하지 않고서는 이 문제를 풀어 갈 수 없다고 생각한 것이다.

정치사회적으로 또는 교육문화적으로 가난은 참된 인간성의 발현과 자아실현에 있어서 커다란 장애를 가져온다. '복지 사회'에서 교회의 우선 과제는 그리스도교의 정신과 원리들을 구체화하는 것이다. 인간의 삶에 대한 통전적인 인식을 토대로 가난을 공적인 이슈로 접근할 때, 우리는 인격적 관계의 회복과 함께 그들을 둘러싼 정치사회적인 환경의 개선을 향한 국가와 시민사회의 참여를 제안할 필요가 있다. 공공신학은 공공정책에도 깊은 관심을 가진다. 사회변화는 결국 법과 제도의 변화를 통해서 구체화되기 때문이다. 잘못된 정책과 문화를 바꾸는 데 있어서 신학은 공론장의 일원으로 참여하면서 사회과학자, 철학자, 정치인, 시민 봉사자들과 모여 그리스도교 복음의 토대 위에서 정치사회적인 문제를 토론해야 한다.[32] 가난의 현실을 극복하기 위해 보편적인 인류애의 가치를 복구하고 죄악으로 인해 시민들을 탈인간화하고 소외화시키는 정치 현실을 고발해야 한다. 교회들은 다른 사회기관들처럼 공적 이익을 추구하는 경향성을 지녀야 하며 가장 변두리에서 목소리를 지속적으로 내야 한다. 교회는 일반 기관들의 관심을 대변하는 것이 아니라 하나님 나라를 선포하고 어떻게 공적으로 외치고 행동해야 할 것인지를 고민해야 하고 그것으로 어떻게 다른지를 증명해야 할 것이다.[33] 포레스터는 자신이 활동했던 당시의 사회적 이슈였던 '복지 문제'를 신학적으로 풀어 가려고 노력했으며, 하나님의 샬롬 개념으로 복지를 설명하면서 사회적 양심에 호소하는 수고를 아끼지 않았다.

3. 공공신학과 공공신학센터(CTPI)

에딘버러 대학으로 옮겨 22년동안 그리스도교 윤리학(Theology and

---

32   Forrester, *Christian and the Future of Welfare*, 87-88.

33   Forrester, *Christian and the Future of Welfare*, 52.

Public Issues)을 가르치면서 현실 사회에 대한 그의 관심은 더욱 고조된다. 포레스터가 에딘버러 대학에 있으면서 실천신학 영역이 급성장하였고, 신학 방법론을 비롯해서 다양한 주제를 다루고 타학문과 적극적으로 소통하면서 여러 연구 프로젝트를 진행했다. 특히 1984년, 포레스터 교수에 의해 설립된 에딘버러 대학의 공공신학센터(Centre for Theology and Public Issues)는 영국 공공신학의 본격적인 출발점이라 할 수 있다. 공적인 문제를 다루는 데 있어서 신학적 성찰과 전통의 실천을 고민하며 사회과학적 논의들을 적극 수용하는 방법론을 펼치면서 스코틀랜드 의회와 긴밀한 관계를 통해 현실화하는 데 성공한다.

에딘버러의 공공신학센터는 크게 3가지의 방향성을 갖는다. 첫째는 공적 이슈의 실천적 참여로 사회적 약자들의 목소리를 가장 가까이에서 듣는 것이다. 둘째는 그 이슈에 있어서 가장 실현 가능한 사회과학적 분석을 시도한다. 마지막은 신학적인 성찰을 통하여 입안자들과 정책가들이 실현할 수 있는 대안을 제시한다. 그동안 CTPI(공공신학센터)는 다양한 이슈를 다루어 왔다. 가난과 복지, 정의와 사법제도, 평화와 국제관계, 자살과 공공 의료, 경제와 윤리 등이다. 포레스터가 재직했던 1984년부터 2003년까지 약 50여 개의 정기간행물을 발간했다. 주요 작품들을 보면, 『종교 교육에서의 가족과 학교, 교회』(Family, School and Church in Religious Education, 1984), 『복지국가 또는 복지사회?』(Welfare State or Welfare Society?, 1985), 『스코틀랜드 도시에서의 신앙』(Faith in the Scottish

City, 1986), 『1980년대의 건강의 불평등』(*Inequalities in Health in the 1980s*, 1988), 『그리스도교와 사회 비젼』(*Christianity and Social Vision*, 1990), 『제3세계의 빚 - 제1세계의 책임』(*Third World Debt - First World Responsibility*, 1991), 『가계 부채』(*Domestic Debt*, 1996), 『복지의 미래』(*The Future of Welfare*, 1997) 등이다. 이처럼 공공신학센터는 복지를 비롯한 사회적 불평등과 제3세계 이슈까지 공공신학 관점에서 폭넓게 연구해 왔다.

포레스터를 뒤이어 센터장이 된 윌리엄 스톨라가 프린스턴의 Center of Theological Inquiry(공공신학센터)로 자리를 옮기면서 지금은 졸리옹 미셸(Jolyon Mitchell)이 CTPI의 센터장을 맡고 있다. 그는 미디어를 통한 평화 이슈와 갈등 전환(conflict transformation)에 관심을 두고 있는데 영국 BBC 프로듀서를 역임했기에 방송, 사진, 영화 등에 그려진 사회적 메시지를 해석하고 종교적으로 접근하는 작업을 진행한다. 디지털 매체와 인터넷의 발전으로 미디어 문해력(media literacy)이 중요해지면서 그는 미디어를 단순히 소비하는 행위를 넘어서 미디어를 통한 신학적인 새로운 창조와 의미 구성을 시도하고 있다. 또한 미셸은 영화, 사진, 음악 등에서 폭력이 어떻게 작동하고 있으며 그것을 화해와 포용을 위한 도구로 어떻게 사용할 수 있을지를 연구하고 있다.

현재 CTPI는 영국을 넘어서 공공신학의 세계화를 이끌고 있다. 2001년 8월 31일부터 9월 3일까지 진행된 공공신학 콜로키움은 그동안의 센터 활동을 정리하면서도 21세기에 맞는 새로운 이슈들을 어떻게 다룰지 진지하게 논의하는 자리였다. 에딘버러에 소속된 신학자들과 여러 나라에서 연구자들이 참석하였고 영국 학사원(British Academy)에서 후원하면서 공공신학 콜로키움은 공공신학의 세계화에 상당히 기여했다. 그 후 공공신학은 하나의 국제 네트워크를 형성된다. 2006년에 다시 에딘버러에서 공공신학 국제 네트워크(Global Network for Public Theology) 설립을 위한 사전 모임이 열렸고 1년 뒤, 2007년 프린스턴에서 공식적으로 발족한다. 또한 설립과 함께 공공신학 국제 저널(*International Journal of Public Theology*)이 발간되면서 독립된 신학의 한 분과로 자리잡는 데 성공한다. 포레스터로부터 출발한 신학의 공적인 관심은 거대한 강줄기가 되어 교회의 사회적 참여와 변화를 위한 방향으로 오늘에 이르고 있다. 2005년에 쓴 『신학적 파편』(*Theological Fragment*)에서 포레스터는 자신의 신학이 결국은 공공신학이었다고 고백한다.

IV. 평가와 전망

국내에 공공신학이 들어온 지도 벌써 15년이 되어 간다. 공공신학은 2007년 7월, 장로회신학대학교에서 기독교윤리실천운동의 주최로 Public Theology를 '공공신학'으로 명명하기로 결의한 뒤로부터 활발한 논의를 이어오고 있다. 한국교회는 공공신학을 통해 사사화된(privatized) 신앙에서 공적인 신앙으로, 개교회 중심주의에서 공적인 교회로 전환할 수 있는 신학적 토대를 마련했다. 우리는 공공신학을 통해 신앙이 본래 공적이며 교회의 활동이 근본적으로 공공선(common good)을 지향하는 것임을 자각하기 시작했다. 물론 반대의 우려도 존재한다. 공공신학이 교회 밖을 향하는 신앙의 방향성과 공적 참여로 인해, 교회 내부의 공동체성이 약화되거나 세상과 가까워지면서 교회의 특수성이 변질될 수 있다는 우려가 제기된다. 문제는 공공신학의 정착을 위해서 교회 안과 밖 사이의 적절한 균형감을 어떻게 유지할 수 있을까에 있다.

이런 점에서 포레스터의 시도는 상당한 통찰을 더해 준다. 그는 그리스도교 공동체성을 추구하며 예배를 중심으로 신앙생활을 강조하면서 이것이 주변의 소외된 이웃들과 사회적 현실에 어떻게 연결될 수 있는지를 고민했다. 포레스터는 그가 관심을 두었던 '정의와 복지' 문제를 공론장 안에서 해결하는 것이 아니라 사회과학적인 분석을 거친 뒤에 성만찬을 비롯한 그리스도교의 예배로 연결시킨다. 당시 영국 성공회는 고교회론으로 인해 현실적 사회 문제를 깊이있게 성찰하고 참여하기에는 역부족이었다. 영국교회는 초월적 하나님의 나라에 관심을 두면서 정작 우리가 살아가는 삶의 문제를 도외시한 것이다. 포레스터는 예배와 성찬이 어떻게 이웃사랑과 연결되고 연대로 이어질 수 있는지를 설명해야 했다. 공공신학자인 그가 『참된 교회와 윤리』에서 에큐메니칼 신학으로 성만찬을 주목한 이유가 바로 여기에 있다. 성만찬은 분열된 세계를 하나로 일치시키시는 하나님의 사역이 교회를 중심으로 어떻게 구체화될 수 있는지를 잘 보여 준다. 그리스도의 살과 피로 연결된 인간은 서로의 아픔과 어려움에 동참해야 하며 그것으로 하나님의 교회를 이루어 나갈 필요가 있다. 다시 말해 포레스터의 공공신학은 교회를 배제한 외부의 활동이 아니라 가장 교회스러운 방식을 통해서도 공적 참여가 가능함을 신학적으로 보여 준 것이라 할 수 있다. 또한 그는 에큐메니칼 진영 안에서 수많은 교단과 연대하면서 사회 문제를 풀어 가려 했다. 교회의 일치는 교회를 넘어선 사회적 일치의 한 모델인 동시에, 보편적 인류 공동체를 가시적으로 드러내는 하나님의 방식이기도 하다. 한국교회의 개교회주의를 고려할 때, 포레스터의 이런 접근 방식은 우리에게 상당한 통찰을 선사한다. 한국교회는 '우리 교회'만을 추구하는 신앙을 넘어서서 '그리스도의 모든 교회'를 통해 일하시는 하나님을 인정하고 공통의 관심사에 헌신할 수 있어야 할 것이다.

포레스터가 주장한 것처럼, 보편적 인류애와 정의 문제는 그리스도교의 예배에서 분리되지 않는다. 하나님을 향한 예배는 그분을 통하여 이웃으로 연결되기에 사적인 신앙에 머물지 않으며, 공적인 신앙으로 자연스럽게 이어진다. 하나님을 사랑할수록 더욱 깊이 현실적인 문제에 관심을 두기 마련이기 때문이다. 이러한 포레스터의 신학은 공공신학을 신학의 변질 또는 오용으로 생각하는 그리스도교 공동체주의자들의 비판을 불식시키기에 충분하다.

지역적인 이슈에 대한 관심이 곧 세계화 상황에서 모두와 연결되어 있음을 자각하고 파편적인 문제에 집중하는 그의 신학은 오늘날 공공신학이 나아가야 할 방향을 분명히 보여 준다. 거대한 진리 문제와 구원 교리에 함몰되지 않으면서 오늘날의 일상을 어떻게 그리스도인으로 살아야 하는지 포레스터를 통해서 성찰할 수 있음에 감사하다.

더 읽을거리

『신학과 정치』

• 던칸 포레스터 지음, 김동건 옮김, 서울: 한국장로교출판사, 1999.

포레스터는 신학이 정치적 현실과 어떻게 관계를 맺고 있는지를 과거로부터 현재에 이르기까지 이론적으로 잘 서술하고 있다. 종교가 지배하는 사회에서 신앙은 공적인 것이었지만 세속화를 거치면서 개인의 영역으로 전환되어 종교와 정치의 관계가 변화되고 있음을 지적한다. 그렇지만 여전히 신학은 세속 정치와 학문의 한계를 극복할 수 있는 대안이자 파트너로서 그 역할을 잘 감당하고 있음을 보여 준다.

『참된 교회와 윤리』

• 던칸 포레스터 지음, 김동선 옮김, 서울: 한국장로교출판사, 1999.

교회의 일치를 향한 노력은 무엇보다도 중요한 신학적 논쟁을 먼저 해결하는 데 초점을 맞추어야만 한다고 주장하는 사람들과 신학적 문제를 논하기에 앞서 화해와 정의와 평화를 추구하는 교회의 협력에 더욱 많은 비중을 두어야 한다는 사람들 사이에 긴장이 있음에도 불구하고, 저자는 본서에서 '일치'(unity)와 '선교'(mission) 사이에 나누어질 수 없는 연결점이 있다고 주장한다.

『공공성과 공동체성』

● 김승환 지음, 서울: CLC, 2021.

공공신학(Public Theology)과 급진 정통주의 신학(Radical Orthodoxy)을 균형적으로 소개하면서 교회의 공적 참여의 두 기둥인 '공공성'과 '공동체성'을 서술한다. 종교의 공적 참여가 활발해지고 있는 현실에서 종교는 사회적 공공선을 회복하는 데 주요한 역할을 하는 동시에, 시민들에게 공적 가치와 초월성을 발견하도록 하는 역할도 필요하다. 각자 파편화된 삶을 살아가는 것이 아니라 서로를 통하여 정체성을 인식하면서도 더 나은 사회를 향한 비전을 구체화할 수 있는 든든한 버팀목이 되어야 한다는 주장을 담고 있다.

참고 문헌

김승환, 『공공성과 공동체성』. 서울: CLC, 2021.

던칸 포레스터, 『참된 교회와 윤리』. 김동선 옮김, 서울: 한국장로교출판사, 1999.

장신근, 「공적 신학이란 무엇인가?」. 공적 신학과 공적 교회. 이형기 외 엮음(용인: 킹덤북스, 2010), 15-29.

Forrester, Duncan B. *Beliefs, Values and Policies*. Oxford: Oxford University Press, 1989.

_____. *Christian Justice and Public Policy*. Cambridge: Cambridge University Press, 1997.

_____. *Christian and the Future of Welfare*. London: Epworth Press, 1985.

_____. "The Scope of Public Theology." *Studies in Christian Ethics* 17 (2004): 1-24.

_____. *Theology and Politics*. Oxford: Blackwell, 1988.

_____. *On Human Worth*. London: SCM Press, 2001.

_____. "Justice as an Issue for Contemporary Practical Theology." *International Journal of Practical Theology* 1 (1997): 255-267.

Graham, Elaine. *Between a Rock and a Hard Place*. London: SCM Press, 2013.

Myatt, William. "Public Theology and The Fragment: Duncan Forrester, David Tracy and Walter Benjamin." *International Journal of Public Theology* 8 (2014): 85-106.

Morton, Andrew R. "Duncan Forrester: A Public Theologian." *Public Theology for the 21st Century*. Edited by William F. Storrar & Andrew R. Morton, 25-37. (London: T&T Clark LTD, 2004).

Storrar, William F. and Morton, Andrew R. *Public Theology for the 21st Century*, London: T&T Clark LTD, 2004.

7. 그리스도 중심적 신학과 과학신학의 추구

토마스 토렌스

김학봉

I. 생애와 저술

토마스 포시스 토렌스(Thomas Forsyth Torrance, 1913-2007)는 1913
년 8월 30일 중국 서부 쓰촨성 청두에서 중국내지선교회(China In-
land Mission) 파송 선교사인 토마스 토렌스(Thomas Torrance)와 애
니 엘리자베스 토렌스(Annie Elizabeth Torrance)의 장남으로 태어
났다. 청두에서 유년기를 보낸 토렌스는 이후 스코틀랜드로 돌아
와 에든버러, 바젤, 옥스퍼드 대학교에서 공부했다. 1934년 에든버
러 대학교 뉴칼리지(New College)에서 신학을 공부하면서 휴 로스
매킨토시(Hugh Ross Mackintosh, 1870-1936)와 대니얼 라몬트(Daniel
Lamont, 1869-1950)의 영향을 크게 받았는데, 매킨토시는 그리스도
의 중심성을 강조했고, 라몬트는 신학의 과학적 구조와 방법론에
대한 통찰을 열어 주었다. 토렌스는 매킨토시에게 그리스도 중심적
신학 방법론을 배우면서 칼 바르트(Karl Barth, 1886-1968)의 신학을
소개받았다. 1936년에는 블래키 펠로우십(Blackie Fellowship)을 받

아 팔레스타인과 아랍 국가, 터키, 그리스에서 6개월간 머물며 신학을 연구했다. 다시 에든버러로 돌아온 후 최우등으로 졸업했고 에잇켄 펠로우십(Aitken Fellowship)을 받아 1937년부터 바젤 대학교에서 공부했다. 이때 바르트의 지도를 받아 "속사도 교부들의 은혜교리"(Doctrine of Grace in Apostolic Fathers)라는 논문을 작성했다.

1938년 에든버러로 잠시 돌아온 토렌스는 존 베일리(John Baillie, 1886-1960)의 뒤를 이어 뉴욕 북부의 오번 신학교(Auburn Theological Seminary)에서 그리스도론 및 신학과 자연과학의 상호 관계성을 강의했다. 토렌스의 강의는 오번을 넘어 다른 미국 신학교에도 소문이 났고, 1939년 프린스턴 대학교에서는 교수직을 제안했다. 하지만 유럽에서 임박한 전쟁으로 인해 에든버러로 돌아가면서 성사되지 못했다. 군목에 지원한 토렌스는 대기 인원이 많아서 기다려야 했는데, 그 기간 동안 옥스퍼드 대학교 오리엘 칼리지(Oriel College)에서 연구를 계속했다. 그는 1940년 3월 20일에 목사 안수를 받았고, 1943년까지 스코틀랜드 알리스의 교구 목사로 목회를 했다. 이후 군목으로 제2차 세계대전 동안 복무하면서 삶과 죽음의 가장 첨예한 순간을 경험했고, 이러한 경험은 소위 '종이 신학'(paper theology), 즉 흥미롭게 읽을 수는 있지만 살고 죽는 인간의 실존을 논하기에는 부적합한 지극히 사변적이고 형이상학적인 신학을 거부하는 계기가 되었다.[1]

---

1   David W. Torrance, "Thomas Forsyth Torrance: Minister of the Gospel, Pastor and Evangelical Theologian," *The Promise of Trinitarian Theology: Theologians*

전쟁 이후 토렌스는 알리스 교구로 돌아왔고, 1946년에 마거릿 스피어(Margaret Spear)와 결혼했다(세 자녀 중 막내아들인 이안 토렌스 [Iain Torrance]는 프린스턴 신학교 총장을 역임했다). 이듬해인 1947년에 스코틀랜드 애버딘의 비치그로브 교회로 부임하여 3년간 목회 사역을 했다. 1948년에는 바르트와 에밀 브룬너(Emil Brunner, 1889-1966) 사이의 자연신학 논쟁을 풀기 위한 시도로 『칼뱅의 인간론』(*Calvin's Doctrine of Man*, 1949)을 출간하였고, 잭 리드(Jack Reid, 1910-2002)와 저명한 신학 학술지인 「스코틀랜드 신학 저널」(*Scottish Journal of Theology*)을 창간하여 27년 동안 공동 편집자로 일했다.

토렌스는 1950년에 에든버러 대학교 뉴칼리지 교회사 교수가 되었고 1952년부터 1979년까지 교의학 교수로 재직했다. 이 기간에 그는 다양한 신학 주제를 가르치며 학문 활동에 집중했다. 그는 1952년에 제프리 브로밀리(Geoffrey Bromiley, 1915-2009)를 포함한 팀을 조직해 바르트의 『교회교의학』(*Kirchliche Dogmatik*) 영어 번역을 시작했다. 이 프로젝트를 완수하기까지 25년이 걸렸고, 토렌스는 번역을 하면서 바르트 신학과 계속해서 관계를 유지했다. 그 사이에 여러 단행본과 논문도 나왔다. 특별히 삼위일체론과 교회론에 대한 논문들을 모아 『재건의 신학』(*Theology in Reconstruction*, 1965)을 출간했고, 3부작인 『신학적 과학』(*Theological Science*, 1969), 『공간, 시간, 성육신』(*Space, Time and Incarnation*, 1969), 『하나님

in Dialogue with T. F. Torrance, ed. Elmer M. Colyer (Lanham, MD: Rowman & Littlefield, 2001), 17.

과 합리성』(*God and Rationality*, 1971)도 출간했다. 이 세 권의 책에서 토렌스는 여러 방법론에 초점을 두고 신학을 하나님의 자기 계시를 통해 지배되는 독특하고 교의적인 과학으로 제시하였다. 특별히『신학적 과학』은 영국에서 신학, 윤리, 사회학 분야의 최고 작품으로 선정되어 '콜린스상'(Collins Award)을 수상했다. 그는 또한 1978년에 신학과 과학 분야의 논의와 연구 업적을 인정받아 종교계의 노벨상으로 불리는 '템플턴상'(Templeton Foundation Prize for Progress in Religion)을 수상했다.

토렌스는 세계교회협의회의 신앙 및 직제 위원회 위원이었고, 스코틀랜드 교회의 세례 위원회 의장이었으며, 1976년부터 1977년까지 스코틀랜드 교회 총회장을 역임했다. 그는 또한 교부와 종교개혁 신학에 남다른 이해와 깊이를 가지고 개혁교회와 정교회 간의 신학적 대화를 주도했고, 그 결과 정교회와 세계개혁교회연맹(World Alliance of Reformed Churches)은 1991년 3월 13일 제네바에서 '성삼위일체에 대한 합의된 성명서'(Agreed Statement on the Holy Trinity)를 발표했다.

토렌스는 신학 및 과학 분야에서 많은 글을 남겼다. 알려진 바로는 그가 1941년부터 1999년까지 직접 썼거나 번역했거나 편집한 책과 논문은 633편이다.[2] 그중 신학 분야에서 가장 중요한 작품으로 읽히는 것은『삼위일체 신앙』(*The Trinitarian Faith*, 1988),『그리

---

2   Alister E. McGrath, *Thomas F. Torrance: An Intellectual Biography* (Edinburgh: T&T Clark, 1999), 249-296.

스도의 중재』(*The Mediation of Christ*, 1992), 『그리스도교 신론: 한 본질 세 인격』(*The Christian Doctrine of God: One Being Three Persons*, 1996), 『성육신』(*The Incarnation*, 2008), 『속죄』(*The Atonement*, 2009)라고 할 수 있다. 신학과 과학에 대한 그의 생각을 알 수 있는 가장 중요한 작품으로는 『신학적 과학』, 『공간, 시간, 성육신』, 『공간, 시간, 부활』(*Space, Time and Resurrection*, 1976), 『신학의 기초와 원리』(*The Ground and Grammar of Theology*, 1980), 『하나님의 우발적 질서』(*Divine and Contingent Order*, 1998)가 있다. 토렌스 신학에 대한 좋은 입문서는 『토마스 토렌스: 지성적 전기』(*T. F. Torrance: An Intellectual Biography*, 1999), 『토마스 토렌스를 읽는 방법』(*How to Read T. F. Torrance*, 2001), 『토마스 토렌스: 삼위일체의 신학자』(*Thomas F. Torrance: Theologian of the Trinity*, 2009)를 꼽을 수 있다. 현재 국내에 번역된 저서로는 『칼 바르트: 성서적 복음주의적인 신학자』(, 한들 역간)와 『참 그리스도를 전하라』(*Preaching Christ Today*, 베드로서원 역간)가 있으며, 『그리스도의 중재』(*The Mediation of Christ*, 사자와 어린양 출간 예정)가 번역될 예정이다.

토렌스는 개신교 목사, 신학자, 교수, 교회 활동가로 지대하게 공헌했다. 그의 공헌을 돌이켜 볼 때 그가 지난 세기를 대표하는 신학자로 인정받는 것은 그리 놀랍지 않다. 무엇보다 바르트의 신학을 영어권에 소개했고 다양한 신학, 철학, 과학적 인식론을 활용하면서 그리스도교 교의학의 깊이와 교의학에 대한 이해를 보여 주었으며, 신학과 과학을 통합하는 사고를 제시했고, 개혁교회와 정교회 간 신학적 대화를 주도했던 일은 그가 신학계에 남긴 큰 업적일 것이다. 생애 마지막 몇 년을 요양원에서 보내면서도 신학에 대한 관심과 연구를 멈추지 않았던 토렌스는 2007년 12월 2일 세상을 떠났다.

II. 신학적 특징

토렌스는 600편이 넘는 방대한 책과 논문에서 삼위일체론을 포함한 교의학의 거의 모든 주제를 다룬다. 신학적으로 바르게 이해하고 추구해야 하는 그리스도교 신앙의 구조와 내용을 성경, 교부 신학, 종교개혁 신학의 조명 아래서 탐구하고 제시한다. 토렌스는 바르트 신학을 수용하면서 그리스도 중심적 신학 방법론을 발전시킨다. 그리스도론을 중심으로 삼위일체 하나님에 대해 이야기하고, 고대와 근대의 이원론적 인식론과 우주론을 배격하며, 그리스도교 인간론과 윤리에 대한 근원적 논의를 창조적으로 풀어 나간다. 동시에 철학적·과학적 인식론을 풍부하게 활용하여 신학과 자연과학의 통합적 연구 같은 더 깊은 차원의 신학적 대화를 주도함으로써 바르트의 한계를 뛰어넘는 모습을 보여 준다.

토렌스 신학의 폭넓은 주제를 생각할 때, 그의 신학이 갖는 특징을 단지 몇 가지로 서술하는 것은 토렌스 신학의 풍부함과 아름다움을 단조롭게 만들 위험이 있다. 그럼에도 이 글에서는 한국 교회에 비교적 알려지지 않은 토렌스를 소개하기 위하여 토렌스 신학 안에

굵게 자리매김하는 선과 모양을 살펴볼 것이다. 바르트 신학의 수용, 그리스도 중심적 신학, 과학신학 방법론이라는 세 가지 중요한 사상적·신학적 특징에 집중하여 토렌스 신학의 윤곽을 그려 보겠다.

1. 바르트 신학의 수용

토렌스는 에든버러 대학교 뉴칼리지에서 매킨토시에게 바르트 신학을 소개받았다. 1936년에 조지 톰슨(George Thomson)에 의해 바르트의 『교회교의학』 I/1권이 영어로 번역되었을 때, 번역서를 읽은 토렌스는 바르트가 보여 준 "하나님의 자기 계시가 지닌 삼위일체적인 내용, 구조, 역동성에 대한 설명"에 매료되었다.[3] 바르트에 의하면 하나님에 대한 인간 지식의 가능성은 오직 하나님이 스스로 자신을 드러내시는 자기 계시(self-revelation)에 있다. 하나님은 계시를 통해 성부, 성자, 성령이라는 삼위일체로 하나님 자신의 구성과 내용과 역동성을 시공간에 나타내신 분이다. 따라서 인간 편에서 하나님에 대한 접근 가능성은 하나님의 자기 계시로부터 시작된다.

 1938년부터 1939년까지 오번 신학교에서 했던 계시와 그리스도교 신론에 대한 강의들은 토렌스가 바르트에게서 계시의 중요성과 중심성을 적극적으로 수용했음을 보여 준다. 그리스도교 계시론 과목에서 토렌스는 계시를 하나님 자신의 '객관적 제막'(objective un-

---

3 Thomas F. Torrance, "My Interaction with Karl Barth," *How Karl Barth Changed My Mind*, ed. Donald K. McKim (Grand Rapids, MI: Eerdmans, 1986), 52.

veiling)으로 정의하면서, 계시는 "지금까지 너무 어둡고 병들어 차마 빛을 볼 수 없었던 우리 눈의 비늘을 제거함으로써 시야에 하나님을 현실로 드러내는 것"이라고 설명한다.[4] 여기서 우리는 계시란 인간의 어떤 힘이나 노력이 아닌 오직 하나님에 의해 시작되고 완성되는 것이라는 바르트의 '계시성'(offenbarkeit) 개념을 발견할 수 있다. 이처럼 토렌스는 바르트의 계시 개념을 받아들이면서 계시를 인간에게 나타난 하나님 말씀의 사건으로 이해하고, 인간의 자연적 지식이나 순수 이성으로 하나님께 접근할 가능성을 배제하는 신학을 전개한다.

오직 계시를 통해 가능한 하나님에 대한 지식은 그리스도와 성경이라는 통로를 통해 전달된다. 토렌스에 의하면 계시는 예수 그리스도를 통해 말씀하신 하나님 자신이며, 성경은 이 계시에 대한 증거다. 성경은 본질적으로 이슬람교인에게 신탁이 기록되었다고 여겨지는 쿠란(Qur'an) 같은 것이 아니며, 오히려 '그리스도가 놓여 있는 말구유'와 같다. 토렌스는 종교개혁자 루터의 말을 인용하면서 말구유가 그리스도 자신이 아닌 것처럼 성경도 그러하며, 그리스도에게 종속되어 그리스도를 증거한다고 주장한다. 그러나 한편으로 오직 성경만이 그리스도가 기록된 단 하나의 증거라는 점에서 성경은 하나님의 말씀으로 불린다.[5] 이러한 이해는 하나님 말씀의 삼중

---

4 Thomas F. Torrance, "The Christian Doctrine of Revelation," *The Auburn Lectures, 1938-1939* (The Thomas F. Torrance Manuscript Collection. Special Collections, Princeton Theological Seminary Library), 5.

적 구조, 즉 선포된 말씀(설교)-기록된 말씀(성경)-계시된 말씀(예수 그리스도)이라는 바르트의 이해를 수용한 것으로 볼 수 있다.

그리스도와 성경을 통해 계시된 하나님은 삼위일체로 자신을 나타내는 존재다. 바르트는 하나님이 그리스도를 통한 구원의 경륜 안에서 아버지, 아들, 성령이라는 삼위일체로 자신을 나타내셨고 이때 하나님의 존재는 하나님의 사역과 분리되어 생각되지 않는다고 말한다. 토렌스는 바르트가 강조하는 하나님의 존재와 사역에 대한 일원론적 이해 안에서 하나님의 존재와 계시의 내용은 동일하기 때문에 "예수 그리스도의 등 뒤에 숨어 알려지지 않은 하나님은 없다"고 단언한다.[6]

그렇다면 바르트가 강조하는 하나님의 존재와 사역의 일원론적 관점은 신학적으로 왜 중요한가? 토렌스에게 이 질문은 이원론(dualism)과 깊이 관련된다. 이원론은 하나님과 세계와 같은 실재를 양립할 수 없고 독립된 두 영역으로 분리하여 설명하는 방식으로, 교회는 계속해서 이원론의 도전과 마주해 왔다. 먼저 하나님과 세상 사이의 깊은 단절과 분리를 상정하는 우주론적(cosmological) 또는 존재론적(ontological) 이원론은 세상과 역사 안에서 직접적으로 말씀하고 활동하는 하나님의 인격적 존재를 불가능한 것으로 여긴다. 따라서 성경이 증언하는 세상 속 하나님의 활동은 비유적 또는

---

5   Torrance, "The Christian Doctrine of Revelation," 54.

6   Thomas F. Torrance, *The Trinitarian Faith: The Evangelical Theology of the Ancient Catholic Church* (Edinburgh: T&T Clark, 1991), 135.

비신화적 방식으로 환언되고, 세상이라는 무대에서 인간은 하나님의 존재를 찾을 수도, 만날 수도 없게 된다. 또한 인간과 실재 혹은 인간과 사물 자체 사이에 인식적 괴리가 존재한다고 상정하는 인식론적(epistemological) 이원론은 인간 존재가 현상만을 알고 본질은 알 수 없기에 인간이 하나님에 대한 충분하고 온전한 지식을 갖기란 불가능하다고 주장한다.[7]

토렌스는 바르트가 제시한 계시의 본질이 우주론적·인식론적 이원론을 배격하고 하나님과 세계의 관계 및 하나님과 인간의 관계를 신학적으로 바르게 조명한다고 이해한다. 우주론적 이원론이 주장하는 바와 달리 계시는 하나님이 시공간의 세계 속에서 자신을 우리에게 온전히 드러내고 소통했다고 말하며, 인식론적 이원론이 주장하는 바와 달리 계시는 그리스도를 통해 알려진 성부, 성자, 성령의 존재와 사역이 본질적으로 하나님 자신에 대한 실제적 모습이라고 가르친다.[8]

토렌스는 바르트의 계시 이해가 니케아 공의회의 호모우시온(homoousion, 동일본질)에 기초하고 있다고 보면서 바르트를 아타나시오스(Athanasius, 293-373)와 연결하고, 아타나시오스의 신학을 계승, 발전시킨 칼뱅(John Calvin, 1509-1564)과도 연결한다. 바르트가

---

7   Elmer M. Colyer, *How to Read T. F. Torrance: Understanding His Trinitarian & Scientific Theology* (Downers Grove, IL: InterVarsity Press, 2001), 58, 329-330.

8   Thomas F. Torrance, *Incarnation: The Person and Life of Christ*, ed. Robert T. Walker (Downers Grove, IL: IVP Academic, 2008), 185.

계시의 내용이 그리스도의 인격 안에서, 또한 그리스도의 인격을 통해 말씀하는 하나님 자신이라고 말할 때 이는 칼뱅의 이해와 동일하다. 그리고 칼뱅의 계시 이해는 아타나시오스의 이해와 동일하다. 토렌스는 아타나시오스-칼뱅-바르트를 연결하면서 그들이 공유했던 계시의 일원론적 이해를 수용하고 발전시키는 가운데 그리스도 중심적 신학 방법론을 세워 나간다.

토렌스가 바르트로부터 수용한 또 하나의 중요한 관점은 신학을 과학으로(theology as a science) 이해하는 것이다. 『교회교의학』 I/1권 서두에서 바르트는 교의학이 과학적 방법과 체계를 사용하는 하나님에 대한 '교회의 과학적 자기 성찰'이라고 말한다.[9] 신학을 과학으로 이해할 때, 신학은 탐구되는 대상에 의해 그 방법과 체계가 결정되는 하나의 과학이다. 신학의 과학적 탐구 대상은 '말씀하는 하나님'이며, 신학은 우리에게 스스로를 나타내시고 말씀하는 하나님으로부터 하나님을 이해하고 탐구하기 위한 방법을 얻는 과학적 체계다. 그리고 예수 그리스도를 통해 하나님의 삼위일체적 존재와 삶과 사역이 온전히 드러났다는 점에서, 그리스도는 신학의 대상인 하나님에 대한 인식론적·존재론적 핵심이 된다.

신학이 갖는 과학적 방법과 체계에 대한 바르트의 이해는 토렌스가 발전시킨 과학신학의 기저를 이룬다. 물론 과학적 인식론을 충분히 활용하지 않은 바르트와는 달리 토렌스는 그의 신학 전반

---

9   Karl Barth, *Church Dogmatics*, I/1, trans. G. W. Bromiley (Edinburgh: T&T Clark, 1975), 3.

에 걸쳐 과학을 효과적으로 사용한다. 앞으로 살펴보겠지만 과학적
인식론의 활용은 토렌스 신학의 중요한 특징으로 알려져 있다. 토
렌스에 의하면 신학적 과학과 자연과학에서 공통적으로 발견되는
탐구 절차는 인식 주체(the knower)의 마음이 인식 대상, 즉 하나님
과 세상과 같은 대상이 지니는 본질에 부합하도록 행동하고, 대상
으로부터 주어지는 지식에 의해—토렌스는 이런 지식을 '경험적'
또는 '후험적'(a posteriori)이라고 부른다—대상에 대한 참된 지식
을 얻는 것이다.[10] 토렌스는 바르트에게서 후험적 지식에 대한 통
찰을 얻어 신학과 과학의 논의 안에서 발전시키면서 이 둘이 공유
하는 합리성과 질서를 조명한다.

정리하자면, 바르트 신학의 수용은 토렌스로 하여금 계시로부터
시작되는 신학의 구조와 내용을 인식하게 했고, 예수 그리스도가
지닌 삼위일체 하나님에 대한 인식론적·존재론적 중요성을 교부와
종교개혁 신학과의 연결 가운데 추구하게 했으며, 신학과 과학을
대립시키지 않고 오히려 통합적으로 바라보고 성찰하는 길을 열어
주었다.

2. 그리스도 중심적 신학

그리스도 중심성은 토렌스 신학의 방법이자 내용이다. 토렌스에게

---

10 Thomas F. Torrance, *Reality and Scientific Theology* (Edinburgh: Scottish Aca-
demic Press, 1985), 54-55, 85.

하나님의 자기 계시가 예수 그리스도를 통해 우리에게 전달되었다는 사실은(하나님 → 인간) 인간 편에서의 하나님에 대한 지식과 접근도 그리스도를 통해 가능하다는 것을 의미한다(인간 → 하나님). 따라서 그리스도교 신학이 세상과 역사 가운데 스스로를 나타낸 하나님에 대한 과학적 체계와 탐구라면 그리스도는 방법론적으로 가장 우선시되고 중요하게 취급되어야 한다.

토렌스에 의하면 그리스도 중심적 신학은 이미 니케아 신학자들, 특히 아타나시오스가 추구했던 신학이고, 종교개혁자 칼뱅이 계승한 신학이며, 바르트에 의해 상기되고 강조된 신학이다. 그리스도 중심적 신학 방법론은 토렌스 신학 전반에 걸쳐 다양하게 나타나는데 그중 삼위일체론과 인간론에서 두드러진다.

(1) 삼위일체론

토렌스는 그리스도 없이 삼위일체에 대한 온전한 인식과 접근은 불가능하다고 이해한다. 삼위일체의 정체성과 삶에 대한 우리의 지식과 참여는 하나님과 우리 사이의 유일한 중재자인 그리스도를 통해서만 가능하기 때문에, 그리스도는 삼위일체에 대한 모든 이해와 접근에서 중심부를 차지한다. 특별히 토렌스는 호모우시온과 페리코레시스 교리 안에서 그리스도를 통해 드러난 하나님의 존재와 삶을 설명하고 삼위일체 이해에서 그리스도 중심성을 강조한다.

호모우시온은 '같은 존재'(same-being) 또는 '한 존재'(one being)라는 의미의 그리스어 '호모우시오스'(*homo-ousios*)에서 유래했고 아리우스(Arius, 256-336)와의 논쟁에서 니케아 신학자들, 특히 아타나시오스에 의해 사용되었다. 토렌스에 의하면 아들이 아버지와 한 존재 안에서 동일한 하나님임을 선언하는 호모우시온은 하나님의 인격적·관계적 존재와 삶을 보여 주는 그리스도교 신학의 핵심이다.[11]

먼저 호모우시온은 삼위일체 인격들의 존재가 하나님이라는 본질에서 동일하다고 가르친다. 그뿐만 아니라, 예수 그리스도를 통해 시공간에 계시된 하나님이 영원한 하나님과 동일하다고 말한다. 다시 말해서, 신성에서 본질적으로 아버지와 동일한 아들을 통해 드러난 하나님의 인격적 존재, 삶, 관계, 사역은 삼위일체 하나님의 바로 그 '내적 관계와 인격적 특성'을 반영한다.[12]

중요한 사실은 호모우시온이 하나님의 인격적 존재와 삶을 새로운 우시아(ousia, 존재) 개념 안에서 설명하고 있다는 것이다. 토렌스에 의하면 교부들의 하나님 존재 논의는 그리스 철학의 형이상

---

11 Thomas F. Torrance, *The Christian Doctrine of God: One Being Three Persons* (Edinburgh: T&T Clark, 1996), 95.

12 Torrance, *The Christian Doctrine of God*, 130. 내재와 경륜 안에서 하나님은 오직 한 분 하나님이라는 토렌스의 주장은 바르트와 동일하며 구원론적 중요성을 함의한다. 만약 내재적 삼위일체와 경륜적 삼위일체 사이에 존재론적 일치가 없다면 우리는 하나님 자신이 과연 계시에 대한 실제 내용이었는지 의구심을 품게 된다. 둘 사이의 불일치는 결국 시공간 안에서 자신을 드러내고 세상을 구속한 하나님의 구원 행위에 참된 신적 유효성을 부여하지 못함으로써 경륜에 대한 신적 진리를 훼손시킨다. 하지만 동시에 토렌스는 내재가 경륜에 의해 구성되지 않고 또는 의존되어 있지 않다는 점을 분명하게 인식한다. 즉, 창조와 성육신 같은 경륜적 사건은 영원한 하나님의 존재에서 필수 조건이 아니다. 이런 점에서 내재적 삼위일체와 경륜적 삼위일체는 동일하지만 동시에 구별된다. Torrance, *The Christian Doctrine of God*, 7-8, 108-109.

학적·비인격적 우시아 개념에 근거하지 않는다. 오히려 그들은 역사 안에서 나타난 하나님의 구원하는 계시와 소통에 근거하는 우시아 개념을 사용하여 하나님의 존재를 이야기했다. 따라서 하나님은 '살아 있는 존재'(living being)이고 '말씀하는 존재'(speaking being)이며 '인격적 존재'(personal being)로 이해되었다.[13] 그리고 우시아가 휘포스타시스(*hypostasis*, 인격), 즉 아버지, 아들, 성령으로 구별되어 존재하는 삼위일체의 세 인격과의 관계에서 생각되었을 때, 우시아는 '삼위일체로서 고유한 인격적 관계들의 나눌 수 없는 실체와 충만함 안에 있는 하나님의 한 영원한 존재'를 의미했다. 따라서 호모우시온은 구별되지만 분리되지 않는 삼위일체 인격들의 동일본질적이며 인격적인 존재와 관계의 특성을 드러낸다.

토렌스는 호모우시온을 통해 드러난 하나님의 인격적 존재는 동시에 '타자를 위한 존재'(Being for others)라고 말한다. 아들을 통해 드러난 아버지-아들-성령의 존재와 삶은 타자적이며 개방적이다. 경륜 안에서 하나님은 우리의 구원을 위해 스스로를 낮추었고 자신을 열어 교제를 추구하며 친교를 이룬다. 경륜에서 하나님의 타자적 존재와 삶은 또한 그의 내재적 관계 안에 있는 존재와 삶을 반영하기에 우리는 삼위일체의 인격들이 서로 안에 존재하고, 서로에 속하며, 서로를 위해 살아가는 타자적 존재임을 알 수 있다. 이런 점에서 호모우시온은 하나님의 "타자를 위한 존재, 사랑하는 존재"

---

13   Torrance, *The Christian Doctrine of God*, 116.

(Being for others, Being who loves)를 보여 주고, 토렌스에게 이러한 하나님의 타자적 존재와 삶은 모든 인격적 존재와 교제의 창조적 근원으로 이해된다.[14]

또한 토렌스는 페리코레시스(*perichoresis*) 개념에서 삼위일체 이해에 대한 그리스도 중심성을 조명한다. 상호 내주라는 의미의 페리코레시스는 '공간' 또는 '방'을 의미하는 그리스어 '코라'(*chora*), 혹은 '공간을 만들다'를 의미하는 '코레인'(*chorein*)에서 유래되었다. 페리코레시스는 나지안조스의 그레고리오스(Gregory Nazianzen, 329-390)에 의해 그리스도의 한 인격 안에 있는 신성과 인성의 온전함이 어느 한쪽에 의해 손상되지 않는 방식을 표현하기 위해 처음 사용되었고, 이후 삼위일체의 구별된 인격들이 연합과 친교 안에서 하나가 되는 방식을 설명하기 위해 사용되었다.[15]

토렌스에 의하면 페리코레시스는 아버지, 아들, 성령으로 구별되는 인격들이 불가분적 연합, 즉 '아들과 성령 안에 있는 아버지', '아들과 성령 안에 있는 아들', '아버지와 아들 안에 있는 성령'의 친밀한 관계를 가르친다. 신적 인격들은 서로 구별되지만 그들의 존재는 다른 인격들과 맺는 상호 내주적 관계 안에서 존재하고 그 관계에 속해 있다는 사실을 토렌스는 다음과 같이 설명한다.

14   Torrance, *The Christian Doctrine of God*, 131-133.

15   Thomas F. Torrance, *The Ground and Grammar of Theology* (Charlottesville: University Press of Virginia, 1980), 171.

한 신적 인격이 그의 구별되는 다름 안에 있더라도, 상호 내재 혹은 상호 침투 안에 있는 다른 신적 인격들과의 관계에서 떠나 실제로 존재하는 인격은 없다. … 어떤 인격도 다른 인격들에게서 떠나 알려질 수 있지 않거나 알려지지 않는다. 인격들은 서로가 맺는 상호 내주적 존재 관계들(perichoretic onto-relations) 안에서 그들의 존재를 갖게 되기 때문에, 아버지는 아들과 성령을 떠나 바르게 알려지지 않고, 아들은 아버지와 성령을 떠나 바르게 알려지지 않으며, 성령은 아버지와 아들을 떠나 바르게 알려지지 않는다.[16]

토렌스는 초기 교회에서는 호모우시온과 페리코레시스에 근거하여 '인격의 존재–관계적 개념'(the onto-relational concept of the divine person)을 발전시켰다고 말한다. 삼위일체의 인격들은 그들의 상호 관계 안에서 존재하기 때문에 '존재–관계적'(onto-relational)이며, 토렌스에게 이러한 하나님의 상호 내주적 존재–관계는 비록 그 표현이 부족함에도 "계시된 삼위일체 하나님의 신비에 대한 이해를 나타내는 시도 안에서 두려움과 전율, 흠모와 경외심"을 가지고 우리가 표현할 수밖에 없는 바로 그 관계다.[17] 그리고 삼위일체 하나님의 존재와 관계의 불가분리성은 다름 아닌 하나님의 자기 계시인 예수 그리스도를 통해 드러났다. 우리는 아들과의 관계를 통해 아버지를 알고 아들과 아버지의 관계를 통해 성령을 안다.

16   Torrance, *The Christian Doctrine of God*, 174.

17   Torrance, *The Christian Doctrine of God*, 172.

이처럼 토렌스는 호모우시온과 페리코레시스를 통해 인격적·관계적 하나님의 존재와 삶을 조명하면서 삼위일체 하나님에 대한 인간 편의 이해와 접근이 오직 하나님의 자기 계시인 그리스도를 통해 가능하다는 사실을 드러내고, 그럼으로써 그리스도 중심성에 우리의 시선을 집중시킨다. 아버지와 성령과 동일본질이며 상호 내주적 관계 안에 있는 그리스도는 삼위일체 하나님의 존재, 관계, 삶의 방식에 대한 인식론적 축이다. 다시 말해서, 시공간에 성육신한 아들을 통해 우리는 영원한 하나님의 내적 관계와 삶을 알게 된다. 그러므로 그리스도는 인간의 이해와 언어 안에서 삼위일체를 인식하고 표현할 수 있게 하는 인식론적 출발점이 된다.

또한 그리스도는 하나님과의 교제와 친교를 가능하게 하는 존재론적 핵심이다. 그리스도의 중보적 존재와 사역은 삼위일체 하나님에 대한 지식이 우리에게 열려 있음을 보여 줄 뿐 아니라, 동시에 하나님과의 관계 속으로 우리를 참여시킨다. 토렌스에게 성육신은 이러한 사실을 분명하게 보여 준다. 성육신은 아버지와 동일본질인 아들이 우리와도 동일본질이 되었음을 말해 준다. 또한 그리스도의 인격 안에서 우리의 인성은 그의 신성과 연합되었고 성결하게 되었으며 하나님과 화해가 이루어졌다. 그러므로 성육신은 하나님의 '속죄하는 화해'(atoning reconciliation)와 하나님과 우리 사이에 '화해하는 연합'(reconciling union)이 이루어진 곳이다.[18] 토렌스는 나

---

18   Thomas F. Torrance, *The Mediation of Christ* (Edinburgh: T&T Clark, 1992), 65.

지안조스의 그레고리오스의 표현인 "취함을 받지 않은 것은 치유되지 않은 것이다"(the unassumed is the unhealed)를 인용하면서 성육신 안에서 그리스도가 우리의 인성을 취하여 하나님과의 연합을 이루었기에 인간의 존재적 구원이 가능했음을 강조한다.[19]

토렌스에게 세례와 성만찬은 '지금도' 그리스도를 통해 지속되는 하나님과의 화해와 연합이 이루어지는 곳이다. 성찬은 우리의 구원을 위한 그리스도의 자기 주심(Christ's self-giving)과 자기 제공(self-offering)에 대한 기억과 감사의 시간이며, 동시에 삼위일체 하나님과의 화해와 교제로 우리를 초대하고 이끌며 참여시키시는 그리스도의 현존이자 그와의 연합의 시간이다.[20] 우리가 성부, 성자, 성령 삼위일체 하나님의 이름으로 세례를 받을 때 그리스도는 그곳에 현존하시고 그의 성령과 함께 세례를 베푸시며 그가 이룬 구원의 모든 열매, 즉 의(righteousness)로 채우신다.[21] 조지 헌싱어(George Hunsinger)는 성찬에서 바르트가 강조했던 '그리스도의 구원 사역'과 칼뱅이 강조했던 '그리스도의 현존과 성령을 통한 그리스도와의 연합'이 토렌스의 성찬 이해 속에서 통합되었다고 지적한다.[22] 이와 같은 방식 안으로 토렌스는 하나님과의 교제와 연합에서

19   Torrance, *The Trinitarian Faith*, 164-165.

20   Thomas F. Torrance, *Theology in Reconciliation* (London: Geoffrey Chapman, 1975), 121-122.

21   Torrance, *Theology in Reconciliation*, 87.

22   George Hunsinger, "The Dimension of Depth: Thomas F. Torrance on Sacraments," *The Promise of Trinitarian Theology: Theologians in Dialogue with T. F.*

그리스도의 존재론적 중요성과 중심성을 드러낸다.

(2) 인간론

삼위일체론과 함께 토렌스의 그리스도 중심적 신학 방법론이 잘
나타나는 또 하나의 주제는 인간론이라 할 수 있다. 토렌스는 인간
론을 삼위일체론과 그리스도론에 근거하여 다룬다. 인간에 대한 정
의, 인간다움의 회복, 윤리적 삶의 실천 등과 같은 총체적 인간 이
해는 삼위일체 하나님과 관련되며, 이때 그리스도는 인격화에서 존
재론적 핵심이 된다.

먼저 토렌스는 창세기에 기록된 창조를 무로부터의 창조(*creatio
ex nihilo*)로 이해하면서 창조된 인간은 창조주인 하나님에게 존재적
으로 완전히 의존되어 있다고 말한다. 하나님과 인간 사이의 직접적
인 인격적 교제(communion)는 인간이 다른 창조된 존재들과는 다
른 고유의 의존성을 갖게 한다. 토렌스는 인간이 하나님과 맺는 인
격적 교제에 근거한 고유의 의존성을 '하나님의 형상'(image of God)
이라는 인간 존재의 정체성으로 간주한다. 하나님의 형상은 플라톤
철학에서 말하는 '선재하는 영혼'(preexisting soul)이 아니며, 보에티
우스(Boethius, 477-524)와 토마스 아퀴나스(Thomas Aquinas, 1225-
1274)가 말하는 '이성적 본성'(rational nature)도 아니다. 인간은 타고
난 혹은 어떤 내재적 요소에 의한 하나님의 형상이 아니며, 오직 은

Torrance, ed. Elmer M. Colyer (Lanham, MD: Rowman & Littlefield, 2001), 142-
143, 149.

혜 안에서 인간을 창조하고 창조된 인간과 자유로운 인격적 교제를 맺는 하나님과의 관계 안에서 하나님의 형상이다. 즉, 하나님과의 관계 안에서 인간은 창조되었고, 인간 존재와 삶은 유지되고 지탱되며, 하나님의 인격적·관계적 특성을 반영하는 형상(image)이 된다. 따라서 토렌스에게 인간은 '본질적으로 관계적 존재'(essentially relational being)이며, 하나님의 '존재를 구성하는 관계'(being-constituting relation) 안에서 삶을 부여받고 살아가는 존재다.[23]

토렌스는 하나님 형상의 관계적 개념을 '남성과 여성의 관계'(male-female relation) 안에서 또한 발견한다. 토렌스는 하나님의 형상인 인간이 고립된 개별자가 아닌 남녀 간 사랑의 연합으로 존재와 삶을 시작하는 '공존하는 인간'(co-humanity)이라고 말한다. 사랑과 결혼 안에서 남녀가 한 몸을 이루어 삶을 시작한다는 성서의 내러티브는 지극히 인격적이고 관계적이며 공동체적이다. 이때 인간의 기본 구성과 이해는 개별이 아닌 관계에 놓인다. 그러므로 토렌스에게 인간은 하나님과의 수직적 관계와 다른 인격들과의 수평적 관계 안에서 그/그녀의 존재와 삶이 구성되고 유지되는 관계적 존재 또는 관계 안에서 존재하는 인격들(persons in relation)로 이해된다.[24]

토렌스는 예수 그리스도가 하나님의 관계적 형상 개념에 대한 그리스도교적 이해의 중심이라고 말한다. 그리스도는 (1) 하나님과

---

23   Thomas F. Torrance, "The Goodness and Dignity of Man in the Christian Tradition," *Modern Theology* 4.4 (1998), 310-312.

24   Torrance, "The Goodness and Dignity of Man in the Christian Tradition," 311.

인간의 참된 형상(image)과 실재(reality)를 가졌고, (2) 그의 인격 안에서 신성과 인성의 연합을 통해 하나님의 관계적 형상을 온전히 회복하고 구현하였으며, (3) 지금도 성령을 통해 자신과의 연합 안에서 존재를 구성하는 하나님과의 관계로 우리를 참여시킴으로써 참된 수평적 관계와 삶의 기저가 되는 존재의 인격화를 가능하게 하기 때문이다.[25]

이런 점에서 토렌스는 그리스도를 '인격화시키는 인격'(personalising person), 인간을 '인격화되는 인격들'(personalised persons)이라고 부른다.[26] 그리스도는 성육신 안에서 그리고 성육신을 통해 인간 본성을 하나님과 연합되게 함으로써 온전한 속죄와 화해를 이루었다. 성령은 그리스도와 우리를 다시 연합하게 함으로써 그의 성육신적 화해와 구원을 통해 객관적으로(objectively) 또는 존재론적으로 성취된 인간의 인격화, 즉 하나님의 형상으로서의 인간다움을 이제 개인적으로(subjectively) 실현시킨다.[27] 특히 토렌스는 성령을 통한 그리스도와의 연합을 삼위일체 하나님과의 인격적 관계 맺음인 동시에 윤리적인 존재와 삶의 창조적 근원으로 이해한다. 우

---

25   Thomas F. Torrance, *The Christian Frame of Mind* (Colorado Springs, CO: Helmers & Howard, 1989), 39; Hakbong Kim, *Person, Personhood, and the Humanity of Christ: Christocentric Anthropology and Ethics in Thomas F. Torrance* (Eugene, OR: Pickwick Publications, 2021), 24-25.

26   Torrance, *The Christian Frame of Mind*, 39.

27   Thomas F. Torrance, *The School of Faith: The Catechisms of the Reformed Church* (London: James Clarke and Co, 1959), cvi-cxviii.

리는 그리스도를 통해 아버지, 아들, 성령의 교제와 친교 속으로 들어감으로써 하나님의 형상다운 존재와 삶과 관계로의 변화를 맞이한다. 이러한 변화는 비단 수직적으로만 기능하지 않고 수평적으로도 기능하며, 그 결과 이웃과의 관계에서 "우리가 되어야 하는 인간"(the human beings we ought to be), 즉 진실로 인격적·관계적 인간으로의 변화를 야기한다.[28] 따라서 토렌스에게 인격화시키는 인격인 그리스도와의 연합은 하나님과 인간의 인격적 관계, 이웃과의 인격적 관계를 가능하게 하는 근원으로서 그리스도교 인간론과 윤리, 사회-문화적 변혁의 존재론적 기저가 된다.

3. 과학신학 방법론

바르트는 그리스도교 신학이 갖는 과학적 특징을 설명했지만 신학과 자연과학을 소통되지 않는 원리로 다루었다. 그러므로 바르트의 『교회교의학』에서 동시대의 물리학자인 아인슈타인(Albert Einstein, 1879-1955)의 상대성 이론 같은 과학 이론과의 대화를 찾아보기 어려운 것은 그리 놀라운 일이 아니다. 이와 관련해서 알리스터 맥그래스(Alister McGrath)는 바르트가 자연과학의 방법론과 전제에 대해 부족한 지식과 관심을 보이고 있으며, 이러한 사실은 바르트가 과학의 방법과 내용이 신학의 그것들과 별로 관련성이 없다고 생

---

28   Torrance, *The Mediation of Christ*, 70.

각했음을 말해 준다고 지적한다.[29]

하지만 토렌스는 자연과학이 바르게 이해되고 사용된다면 신학과 과학의 이해 안에서 자연과학은 하나님에 대한 참 지식을 드러내는 '은총의 도구'(an instrument of grace)로 쓰일 수 있다고 이해한다.[30] 토렌스는 바르트가 자연과학과 대화하지 않았던 점이 그의 신학이 갖는 가장 큰 약점이자 한계라고 생각하면서 자연과학의 인식론, 특히 20세기 현대 물리학의 인식론을 깊이 탐구하고 과학과 신학이 공유하는 참 지식의 내용과 방법을 제시한다.

신학과 과학적 탐구가 서로 관련이 없거나 상충한다는 생각은 오해이며, 오히려 대상에 대한 지식을 얻는 방법에서 이 둘은 중요한 부분을 공유한다. 신학과 과학은 연구 대상에 적합한 방식을 사용하면서 그 대상을 탐구한다. 이 과정에서 형이상학적이고 추상적인 지식은 배제되고, 명확하고 정확한 지식이 추구된다. 토렌스는 이러한 방식이 신학과 과학이 공유하는 합리성(rationality)과 객관성(objectivity)에서 비롯된다고 말한다. 신학과 과학은 연구 대상에 이질적인 관념들 혹은 전제들로부터 출발하는 선험적(a priori) 활동이 아니라 대상으로부터 주어진 것(what is given)을 따르는 인간의 이성 활동이며(합리성), 우리에게 알려지고 드러난 대상과 그 대상의 본성에 순응하여 지식을 얻는 활동이다(객관성). 따라서 신학

29   McGrath, *Thomas F. Torrance: An Intellectual Biography*, 196.

30   James E. Loder and W. Jim Neidhardt, *The Knight's Move: The Relational Logic of the Spirit in Theology* (Colorado Springs, CO: Helmer & Howard, 1992), 199.

과 과학은 대상 또는 실재와의 만남과 경험을 바탕으로 하는 후험적(a posteriori) 활동이다.[31]

이런 점에서 토렌스에게 신학은 계시에 의해 알려진 하나님의 실재를 객관적으로 탐구하여 후험적 지식을 얻는 하나의 과학이다. 이것은 마치 과학이 세계 속 실재들을 관찰과 실험을 통해 탐구하여 객관적 지식을 얻는 것과 동일한 원리다. 그리고 신학과 과학의 객관적 지식은 인식 영역에서 연역적 추론을 통해 얻어지는 논리적 과정이 아니며 대상에 대한 주체의 인격적 참여와 헌신을 전제한다.

토렌스는 헝가리 출생의 과학철학자인 마이클 폴라니(Michael Polanyi, 1891-1976)의 '인격적 지식'(personal knowledge) 개념을 통해 지식의 인격적 측면을 설명한다. 폴라니는 믿음 혹은 신념이 과학적 지식의 요소로는 부족한 근거 없는 확신이나 사견으로 취급되는 뉴턴의 기계론적 세계관에 반대하면서, 믿음이 실재에 대한 직관적 이해에서 필수인 지식의 요소라고 말한다.[32] 폴라니에 따르면 우리는 믿음이나 직관적 이해를 통해 독립적으로 존재하는 실재를 인식한다. 이때 믿음은 인격적 요소이며 한 실재에 대한 인격적 참여 속에서 주어진다. 따라서 지식은 오직 지식자의 인격적 참여와 헌신을 통해 실재들과 맺는 관계 속에서 주어지는 인격적 지

---

31 Thomas F. Torrance, *Theological Science* (Oxford: Oxford University Press, 1969), 131.

32 Thomas F. Torrance, *Transformation and Convergence in the Frame of Knowledge* (Eugene, OR: Wipf and Stock Publishers, 1998), 114.

식이다.[33] 이런 관점에서 참된 지식의 발견은 인격의 참여 속에서 일어나는 믿음 혹은 직관적 이해에서 비롯된다.

토렌스는 폴라니가 주장하는 과학적 지식의 인격성이 신학적 지식 안에서도 동일하게 발견된다고 말한다. 신학과 과학의 탐구에서 우리는 믿음을 기반으로 한 인격적 지식의 내용과 중요성을 발견한다. 앞서 설명했듯이 신학과 과학은 비인격적·추상적 탐구 과정을 통해 하나님과 세계라는 객관적 실재에 대한 지식을 얻는 학문이 아니다. 그들은 공유된 합리성과 객관성을 바탕으로 탐구 대상과의 만남과 경험을 통해 후험적 지식을 얻는다. 이 과정에서 지식자의 인격적 참여와 헌신은 인식 가능한 대상의 본성과 특성을 알고 탐구하는 데 중요한 요소다.[34] 이런 측면에서 토렌스는 순수한 지식의 외면성을 확보하기 위해 인간 주체의 인격적 확신이나 행동을 객관적 실재로부터 분리하는 객관주의(objectivism)를 거절하고 배격한다. 그에게 신학과 과학의 객관적 지식은 대상에 대한 주체의 인격적 참여와 헌신 없이는 불가능한 후험적 지식이기 때문이다.

과학적 지식의 인격성을 폴라니에게서 발견한 것처럼, 토렌스는 또한 과학적 지식의 후험적 특징을 아인슈타인의 '계층 유

33　Michael Polanyi, *Personal Knowledge Towards a Post-Critical Philosophy* (London: Routledge & Kegan Paul, 1958), 66, 160-170, 299-316.

34　Thomas F. Torrance, *Belief in Science and in Christian Life: The Relevance of Michael Polanyi's Thought for Christian Faith and Life* (Edinburgh: Handsel Press, 1980), 12; *Karl Barth, Biblical and Evangelical Theologian* (Edinburgh: T&T Clark, 1990), 67-68.

형'(stratified pattern) 개념에서 발견한다. 계층 유형에서 과학의 개념적 지식은 대상과의 만남을 통한 기초 수준의 직관적 이해에서 발생하고, 대상과의 직관적 경험을 통해 점점 더 공식화된다. 따라서 과학적 지식은 만남과 경험을 통해 그 대상 안으로 더 깊이 들어갈 때 정제된 개념으로 발전된다.[35]

토렌스는 아인슈타인의 과학 지식에 대한 계층화된 구조를 차용하여 '하나님 지식에 대한 계층화'(stratification of the knowledge of God)를 설명한다. 첫 번째 단계는 복음적이고 송영적인 단계(evangelical and doxological level)다. 이 단계에서 우리는 복음을 통해 하나님의 계시와 화해를 마주한다. 교회 공동체 안에서 예수를 주와 그리스도로 고백하는 신앙을 공유하고, 믿음과 예배와 순종으로 함께 응답한다. 성도의 교제 안에서 매일의 예배를 드리고, 복음에 대한 응답 속에서 하나님과 조우하며, 성경을 읽고 이해하면서 하나님에 대한 지식을 얻는다. 두 번째 단계는 신학적 단계(theological level)다. 이 단계에서 우리의 지식은 하나님의 자기 계시를 통해 깊어진다. 계시를 통해 우리는 하나님이 구원의 경륜 안에서 아버지, 아들, 성령으로 스스로를 나타내셨음을 안다. 그뿐만 아니라 삼위일체 하나님이 구주 예수 그리스도의 은혜와 성부의 사랑과 성령의 교제 안에서 우리를 위한, 우리를 향한 사랑의 하나님이심을 알게 된다. 이런 점에서 복음적이고 송영적인 단계의 지식은 신학적

---

35   Loder and Neidhardt, *The Knight's Move*, 199.

단계에 기초하고 있고, 동시에 신학적 단계 안에서 바로 조명된다. 세 번째 단계는 더 높은 신학적 또는 과학적 단계(higher theological or scientific level)다. 이 단계에서 우리는 하나님의 구원하는 계시의 구조와 내용이 하나님의 영원한 삼위일체적 존재와 삶에서 비롯되었음을 알게 됨으로써 하나님에 대한 지식의 궁극적 근원을 발견한다.[36] 계층화된 구조 안에서 하나님을 향한 우리의 지식은 외면(*ad extra*)에서 내면(*ad intra*)으로 향하고, 이때 이것을 가능하게 하는 것은 하나님의 계시이며 우리에게 자신을 드러내 보이는 하나님 자신의 자유, 개방, 의지, 인격적 교제다.

결론적으로, 토렌스는 과학과 신학의 인식론이 맞닿는 지점을 발견하고 제시하면서 이 둘의 탐구 방법과 원리가 상충되지 않고 오히려 공유되고 있음을 말한다. 공유된 신학과 과학의 방법론 안에서 지적 대화와 논의가 가능해진다. 따라서 토렌스의 과학신학적 이해는 신학과 과학을 화해시키고 친구가 되게 하며, 참 지식에 대한 공동의 노력과 방법을 공유할 수 있는 통찰을 우리에게 제공한다.

III. 평가와 전망

교부 신학, 종교개혁 신학, 바르트 신학을 넘나들면서 그리스도교

---

36   Torrance, *The Ground and Grammar of Theology*, 156-158.

신학을 통전적으로 조명하는 토렌스 신학의 내용은 풍성하고 표현은 아름답다. 또한, 신학에 대한 폭넓고 깊은 이해를 바탕으로 철학과 과학의 인식론과 대화하는 그의 학문적 노력은 가히 경이롭다. 지금까지 토렌스에 대한 많은 논문과 책은 이렇게 아름답고 경이로운 토렌스 신학의 가치를 입증하면서 토렌스 신학의 중요성을 드러낸다. 최근 출간된 *T&T Clark Handbook of Thomas F. Torrance* (2020)는 이러한 사실을 보여 주는 하나의 예다. 이 책은 토렌스 신학에서 다루어지는 주요 주제, 즉 삼위일체, 과학적 신학, 존재-관계적 신학, 성육신과 속죄, 종말, 교회, 그리스도인의 삶 등을 다루는 17개의 논문으로 구성되어 있으며 토렌스 신학이 포괄하는 주제의 다양성과 깊이를 보여 준다.

토렌스가 600편이 넘는 방대한 양의 책과 논문을 썼고 신학과 과학의 대화를 주도했으며 지금도 계속해서 소위 '토렌스 신학'으로 사람들을 매료시키고 있다는 점에서, 맥그래스는 토렌스가 '20세기 가장 중요한 영국의 신학자'(the most significant British academic theologian of the twentieth century)라고 단언한다.[37] 사실 신학자들은 역사에서 늘 우리 주변에 있었고, 셀 수 없이 많은 책과 논문도 쏟아져 나왔다. 하지만 안타깝게도 오늘날 우리에게 여전히 매력적이고 흥미로운 인물과 글은 상대적으로 적다. 이 점에서 토렌스에 대한 계속된 연구와 활동은 그의 신학이 중요하고 가치 있음을 드러

---

37   McGrath, *Thomas F. Torrance: An Intellectual Biography*, xi.

내어 우리의 시선을 집중시킨다.

특별히 토렌스 신학에서 강조되는 '그리스도 중심성'은 최근 사회적 삼위일체론에 대한 비판적 논의에서 중요한 부분을 차지한다. 캐스린 태너(Kathryn Tanner)에 의하면 사회적 삼위일체론은 삼위일체 인격들이 공유하는 역동적이고 상호 인격적인 교제를 인간의 이상적인 사회적 모델로 이해하고 제시한다. 문제는 이 과정에서 그리스도론의 렌즈가 바르게 작동하지 않는다는 것이다. 태너는 사회적 삼위일체론자들이 더 나은 인간관계를 위해 '모방을 위한 모델'(a model for our imitation)로 삼위일체의 관계들을 사용할 때 우리를 삼위일체 하나님에 대한 지식과 교제로 참여시키는 그리스도의 중보적 역할이 간과되고 심지어 배제된다고 지적한다.[38] 결국 그리스도는 우리가 그저 모방해야 하는 예증적 역할, 즉 사랑과 화해의 예증으로 환원된다. 이런 점에서 하나님에 대한 지식과 참여에서 그리스도의 인식론적·존재론적 중심성을 강조하는 토렌스의 신학은 태너가 사회적 삼위일체론에 대해 지적하는 소위 '그리스도론적 결핍'을 신학적으로 보완한다.

물론 토렌스 신학에 대한 비판과 우려의 목소리도 있다. 앞서 살펴본 것처럼, 토렌스는 그리스도 중심적 신학을 전개하면서 삼위일체 하나님에 대한 앎과 접근에서 그리스도의 인식론적이고 존재

---

[38] Kathryn Tanner, "Trinity, Christology, and Community," *Christology and Ethics*, eds. F. LeRon Shults and Brent Waters (Grand Rapids, MI: Eerdmans, 2010), 70-73.

론적인 역할을 강조한다. 데이비드 퍼거슨(David Fergusson)은 토렌스가 인간과 하나님과의 관계, 즉 수직적 관계에 대한 신학의 구조, 내용, 방향성은 바르고 충실하게 설명하지만, 인간과 인간의 관계, 즉 수평적 관계에 대한 신학적 함의와 적용에는 관심과 초점을 상대적으로 불충분하게 둔다고 지적한다.[39] 토렌스 신학에서 그리스도교 윤리의 기초적이고 근원적인 원동력이 어디서부터 나오는지에 대한 논의는 분명하게 표현되는 반면 신학이 내포하는 사회-정치적이고 윤리적인 측면에 대한 실천적 논의는 만족스럽지 못하게 다룬다는 것이다.

사실 토렌스가 수평적 함의와 적용을 다루지 않은 것은 아니다. 그는 여성의 정체성과 역할(성윤리), 낙태와 인공 자궁(생명윤리), 창조 세계와 인간의 제사장적 역할(생태윤리)과 같은 윤리적 주제를 다루었다. 그러나 이러한 주제를 주로 그리스도론과 창조론 같은 신학의 범주와 관점에서 논했고 논의 지점도 교회와 개인의 영역에 국한되었기 때문에 더 넓은 사회적 범주에서의 적용과 실천을 위한 논의가 불투명해졌다. 또한 이웃 사랑, 용서, 약자와 타자를 위한 정의와 자비 같은 그리스도교 윤리의 원리가 어떻게 교회와 개인을 넘어 사회 정치의 영역에서 실현될 수 있는지를 다루는 논의도 부족한 것이 사실이다. 이런 점에서 사회 정의, 정치-사회적 자유, 평등한 인간관계 같은 주제를 하나님 나라의 관점에서 다

39　David Fergusson, "The Ascension of Christ: Its Significance in the Theology of T. F. Torrance," *Participatio* 3.1 (2012), 101.

루는 니콜라스 월터스토프(Nicholas Wolterstorff)나 올리버 오도노반(Oliver O'Donovan)의 신학적 작업은 토렌스 신학을 보완할 수 있다. 그리스도 중심적 신학을 강조하면서도 교회와 문화의 관계 안에서 경제 윤리를 발전시킨 칼뱅과 교회와 국가의 관계 안에서 사회 윤리를 발전시킨 바르트 역시 토렌스 신학의 윤리적 측면을 보완할 수 있을 것이다. 이렇게 수평적 논의들이 토렌스의 신학 안에서 공간을 넓혀 가고 목소리를 낼 때, 개인과 교회를 넘어 사회의 영역 속에서 적용 가능한 그리스도 중심적 신학의 구조와 내용이 더욱 풍부하게 발전되고 제시될 수 있을 것이다.

더 읽을거리

The Mediation of Christ

● Thomas F. Torrance, Edinburgh: T&T Clark, 1992(2022년 말 한국어 번역본 출간 예정).

그리스도의 중재에 대한 신학적 논의가 집약된 책이다. 계시의 중재자인 그리스도의 인격과 사역을 이스라엘과의 관계 안에서 풀어내며, 화해의 중재자인 그리스도의 속죄가 외부적이지 않고 내부적임을, 즉 십자가에서 뿐 아니라 성육신에서 시작되었음을 조명하고 있다. 또한 그리스도의 중재와 관련한 인간의 응답을 믿음, 회심, 예배, 성례전, 복음이라는 주제 안에서 풀어내며 그리스도의 화해의 중재가 삼위일체적이라는 사실을 설명하고 있다.

Incarnation: The Person and Life of Christ / Atonement: The Person and Work of Christ

● Thomas F. Torrance, ed. Robert T. Walker, Downers Grove: IVP Academic, 2008, 2009.

토렌스가 1952년부터 1978년까지 에든버러 대학교 뉴칼리지에서 했던 그리스도론 강의안을 편집한 책이다. 성육신이 어떻게 본질적으로 하나님 자신의 속죄, 화해, 구원에 핵심적인 사건인지를 다루고 있으며, 속죄에 대한 신학적 논의를 화해, 칭의, 구원, 부활, 승천, 교회 같은 다양한 주제 안에서 풀어낸다. 강의안을 책으로 만들었기 때문에 문장이 비교적 평이하고 이해하기 쉽다. 책 서두에 있는 편집자의 요약은 책의 내용을 쉽게 파악하도록, 각주로 달아 놓은 성구는 교리에 대한 성경적 이해를 높이도록 도와준다.

Theological Science

● Thomas F. Torrance, London: Oxford University Press, 1969.

토렌스의 과학신학 3부작 중 하나로, 하나님에 대한 지식 추구가 갖는 과학적 방법과 특징을 설명하는 책이다. 신학과 과학적 탐구가 공유하는 합리성과 객관성을 신학과 과학의 역사가 발전하는 과정 안에서 조명하면서 과학적 활동의 본질이 결국 신학적 활동의 본질과 다르지 않음을 주장한다. 신학과 자연과학의 유사점과 비유사점을 설명하면서 신학만이 갖는 과학적 특징을 제시한다.

Thomas F. Torrance: An Intellectual Biography

● Alister E. McGrath, Edinburgh: T&T Clark, 1999.

토렌스의 신학 여정과 신학적 특징을 동시에 파악할 수 있는 입문서다. 책의 전반부에서는 전기를, 후반부에서는 신학적 특징을 서술하고 있다. 특히 토렌스에게 영향을 끼친 인물들이 누구이며 그들로부터 토렌스가 어떤 신학적 구조와 내용을 받아들였는지 자세히 설명하고 있기 때문에 토렌스의 신학 형성 과정을 이해하기를 원한다면 읽어 보아야 한다. 다만 토렌스의 과학신학적 특징에 대한 해설에 다소 무게가 실려 있기에, 교의학적 특징을 자세히 설명하고 있는 앨머 콜리어(Elmer Colyer)의 How to Read T.

F. Torrance (Downers Grove: InterVarsity Press, 2001)를 함께 보는 것이 토렌스 신학을 통합적으로 이해하는 데 도움이 될 것이다.

『참 그리스도를 전하라』

● 토마스 토렌스 지음, 전병호 옮김, 서울: 베드로서원, 2006.

토렌스는 신학자이자 스코틀랜드 장로교회의 목사로서 교회의 교리와 설교를 갱신하고자 하는 열정이 있었다. 따라서 목회자들과 신학생들을 대상으로 한 연설을 종종 하였는데 이 책은 1943년에 창설된 스코틀랜드 교회총회에서 행한 '그리스도 중심적 신학과 설교'에 대한 연설문과 1992년 프린스턴신학교의 신학생 토론회에서 행한 '신학과 과학 사이의 개념적 상호연관성'에 대한 연설문을 담고 있다. 교회는 교리와 설교에 있어 그리스도교 복음을 충실하게 표현할 수 있어야 하고, 이러한 표현은 예수 그리스도에 대한 통전적 이해(특히 성육신과 속죄)와 더불어 창조된 우주와 창조주 하나님의 관계에 대한 신학과 과학의 상호연관성에 기초하고 있다는 것을 간략하지만 심도 있게 풀어낸다.

『칼 바르트: 성서적 복음주의적 신학자』

● 토마스 토렌스 지음, 최영 옮김, 서울: 한들, 1997.

소위 '20세기 교회의 교부'로 인정받는 바르트의 신학은 너무 방대하고 깊은 까닭에 그의 신학적 특징을 체계적으로 파악하는 일은 쉽지 않다. 토렌스는 바르트 신학의 권위 있는 해설자로서 바르트 신학 사상의 근원과 특징을 명료하게 서술한다. 바르트 사상의 역사적·지적 배경, 계시에 대한 강조와 신학적 논리, 자연신학 비판, 아타나시오스와 바르트의 관계, 이원론적 신학의 이교적 특징과 같은 주제들로 바르트 신학의 배경과 구조와 내용을 조명하고 있다. 특히 바르트와 토렌스 사이에 존재하는 신학적 상호 작용에 대한 토렌스 자신의 설명을 통해 그가 바르트로부터 수용한 것과 그렇지 않은 것을 파악할 수 있다.

참고문헌

Barth, Karl. *Church Dogmatics*, I/1. Translated by G. W. Bromiley. Edinburgh: T&T Clark, 1975.

Colyer, Elmer M. *How to Read T. F. Torrance: Understanding His Trinitarian & Scientific Theology*. Downers Grove, IL: InterVarsity Press, 2001.

Fergusson, David. "The Ascension of Christ: Its Significance in the Theology of T. F. Torrance." *Participatio* 3.1 (2012): 92-107.

Hunsinger, George. "The Dimension of Depth: Thomas F. Torrance on Sacraments." *The Promise of Trinitarian Theology: Theologians in Dialogue with T. F. Torrance*. Edited by Elmer M. Colyer, 139-160. Lanham, MD: Rowman & Littlefield, 2001.

Kim, Hakbong. *Person, Personhood, and the Humanity of Christ: Christocentric Anthropology and Ethics in Thomas F. Torrance*. Eugene, OR: Pickwick Publications, 2021.

Loder, James E. and Jim Neidhardt W. *The Knight's Move: The Relational Logic of the Spirit in Theology*. Colorado Springs, CO: Helmer & Howard, 1992.

McGrath, Alister E. *Thomas F. Torrance: An Intellectual Biography*. Edinburgh: T&T Clark, 1999.

Polanyi, Michael. *Personal Knowledge Towards a Post-Critical Philosophy*. London: Routledge & Kegan Paul, 1958.

Tanner, Kathryn. "Trinity, Christology, and Community." *Christology and Ethics*. Edited by F. LeRon Shults and Brent Waters, 56-74. Grand Rapids, MI: Eerdmans, 2010.

Torrance, David W. "Thomas Forsyth Torrance: Minister of the Gospel, Pastor and Evangelical Theologian." *The Promise of Trinitarian Theology: Theologians in Dialogue with T. F. Torrance*. Edited by Elmer M. Colyer, 1-30. Lanham, MD: Rowman & Littlefield, 2001.

Torrance, Thomas F. *Belief in Science and in Christian Life: The Relevance of Michael Polanyi's Thought for Christian Faith and Life*. Edinburgh: Handsel Press, 1980.

_____. *Karl Barth, Biblical and Evangelical Theologian*. Edinburgh: T&T Clark, 1990.

_____. "My Interaction with Karl Barth." *How Karl Barth Changed My Mind*. Edited by Donald K. McKim, 52-64. Grand Rapids, MI: Eerdmans, 1986.

_____. *Reality and Scientific Theology*. Edinburgh: Scottish Academic Press, 1985.

_____. *Theological Science*. Oxford: Oxford University Press, 1969.

_____. *Theology in Reconciliation*. London: Geoffrey Chapman, 1975.

_____. *The Christian Doctrine of God: One Being Three Persons*. Edinburgh: T&T Clark, 1996.

_____. "The Christian Doctrine of Revelation." *The Auburn Lectures, 1938-1939*. The Thomas F. Torrance Manuscript Collection. Special Collections. Princeton Theological Seminary Library.

_____. *The Christian Frame of Mind*. Colorado Springs, CO: Helmers & Howard, 1989.

_____. "The Goodness and Dignity of Man in the Christian Tradition." *Modern Theology* 4.4 (1998): 309-322.

_____. *The Ground and Grammar of Theology*. Charlottesville: University Press of Virginia, 1980.

_____. *The Mediation of Christ*. Edinburgh: T&T Clark, 1992.

_____. *The School of Faith: The Catechisms of the Reformed Church*. London: James Clarke and Co, 1959.

_____. *The Trinitarian Faith: The Evangelical Theology of the Ancient Catholic Church*. Edinburgh: T&T Clark, 1991.

_____. *Transformation and Convergence in the Frame of Knowledge*. Eugene, OR: Wipf and Stock Publishers, 1998.

8. 포스트모더니즘의 예언적 음성을 전유해 낸 프로테스탄트 철학자[*]

메롤드 웨스트폴

김동규

메롤드 웨스트폴은 북미를 넘어 영어권 학계 전반에서 유럽대륙철학 및 포스트모던 종교철학 분야의 가장 탁월한 전문가 중 한 사람으로 손꼽히는 인물이다.[1] 그는 이미 1990년대 후반부터 지금까지, 주로 미국에서 소위 포스트모더니스트로 불리는 철학자들의 저작에 대한 엄밀한 독해와 종교철학에 관한 재기 넘치는 통찰을 보여 줌으로써 학계와 교계에 큰 주목을 받아 왔다. 하지만 그간 우리에게는 어떤 이유에서인지 잘 알려지지 않았다가 비교적 최근인 2018년부터 그의 저작이 하나씩 우리말로 번역되면서 우리 학계와

---

[*] 이 글은 내가 쓴 두 편의 글을 수정, 보완, 확장하여 결합한 것이다. 하나는 메롤드 웨스트폴의 『교회를 위한 철학적 해석학』 우리말 번역본에 수록된 「옮긴이 해설」이고, 다른 하나는 『종교와 문화』 제41호에 수록된 다음 논문이다. 김동규, 「정통주의 그리스도교는 포스트모더니즘으로부터 무엇을 배울 수 있는가?: 메롤드 웨스트폴의 유한성의 해석학과 포스트모더니즘에 대한 종교적 전유」, 『종교와 문화』 제41호 (2021), 156-193. 글의 사용을 허락해 준 도서출판 100과 서울대학교 종교문제연구소에 감사드린다.

[1] 그동안 '메롤드 웨스트팔'로 표기되었는데 최근에 전자메일로 웨스트폴과 대화하면서 그의 이름이 웨스트폴에 가깝게 발음된다는 사실을 그로부터 듣게 되어 이 논문에서는 '메롤드 웨스트폴'로 표기한다.

교계에서도 미미하게나마 웨스트폴에 대한 관심이 늘어가고 있다. 특별히 포스트모더니즘이라는 다소간 두루뭉술한 용어로 이해된 20세기 중·후반의 프랑스 철학을 정통주의 프로테스탄트의 시각에서 전유한 그의 작업은 그리스도인들이 보통 적대시하는 일련의 현대 사상에 대한 올바른 이해를 촉진하는 것은 물론이고, 포스트모더니즘이 그리스도인들의 삶과 사유에 반성과 성찰을 일으킬 수 있는 계기를 잘 드러낸다는 점에서 현대 사상을 놓고 씨름하는 그리스도인들에게 여러 실제적 유익을 안겨 줄 수 있다. 이에 나는 이 글에서 웨스트폴의 포스트모더니즘에 대한 중요한 해석의 축 가운데 하나인 '유한성의 해석학'에 초점을 맞추어 그의 사유의 핵심을 풀어낼 것이다.

I. 생애와 저작

1940년생인 웨스트폴은 매우 보수적이고 독실한 그리스도교 신앙을 가진 부모 아래서 착실하게 신앙 교육을 받으면서 성실한 개신교 신자로 성장한다. 여기서 '성실하다'라는 표현을 쓴 것은 그가 우리가 흔히 볼 수 있는 보통의 교회 신자가 실천하는 일상에서의 신앙 훈련과 성찰의 습속을 어린 시절 체득했기 때문이다. "신앙은 정규 예배와 매일 기도와 성서를 읽는 삶 속에서 만들어진 인격적 헌신 가운데 형성되었다"는 그의 고백이나 "철학자가 되기 전에 교회학교 교사이자 성가대 단장이었다"는 회고에서 보듯,[2] 웨스트폴의 소년 시절은 부모님을 따라 열심히 교회 예배에 참여하며 교회의 여러 부서에서 봉사하고, 개인적 삶에서도 말씀 묵상과 매일 기도가 몸에 밴 여느 그리스도인 청소년들의 학창 시절과 크게 다를 바 없었다.

이런 청소년들 가운데 어떤 이들은 신학대학교나 그리스도교 이념을 강하게 내세우는 소위 '그리스도교 대학교'에 진학하여 아예 목사나 선교사로 자기 삶을 하나님에게 바치겠다는 꿈을 꾸기도 하는데, 웨스트폴이 바로 그런 사례에 해당한다. 그는 20세기의 대표적인 복음 전도자 빌리 그레이엄(Billy Graham)이 졸업한 학교로도 유명한 복음주의 그리스도교 대학교인 위튼 대학교(Wheaton College) 역사학과에 진학하여 자신의 삶을 그리스도교 사역자로 바치겠다고 결심한다. 그러나 철학이라는 학문이 지닌 매력은 그의 진로를 바꾸게 할 정도로 크고 예기치 않은 영향을 미친다. 그는 이미 고등학교 시절에도 철학을 접한 적이 있지만, 그 당시에는 철학에 별다른 매력을 느끼지 않았고, 심지어 대학교 입학해서 수강한 '철학 개론' 수업에서도 철학에 완전히 빠졌다거나 할 정도로 매료되지는 않았다. 웨스트폴이 철학자가 되도록 이끌어 준 것은 2학년이 되었을 때 1년 과정으로 진행되는 철학사 수업이었는데, 이 수업에서 배운 철학은 그에게 "사랑이었고", 해당 수업을 이끈 그리스도교 철학자 아더 홈즈(Arthur Holmes)는 "이 유혹에 빠지게 만

---

2   Merold Westphal, "Faith Seeking Understanding," *God and the Philosophers*, ed. Thomas V. Morris (Oxford and New York: Oxford University Press, 1994), 216.

든 큐피드 역할을 했다.["3] 통상 우리에게 아더 홈즈는, 그리스도인들이 교회의 가르침이나 종교적 구원만을 진리로 삼는 협소한 진리관을 넘어서 "모든 진리는 하나님의 진리"라는 선언 아래,[4] 소위 신학이나 종교적 활동만이 아니라 인간의 모든 활동이 그리스도교의 진리를 드러내는 활동임을 강조하는 그리스도교적 세계관의 철학적 기초를 놓는 데 헌신한 인물로 주로 알려져 있다. 하지만 웨스트폴에 의하면, 그는 "우리의 사유가 불가피하게 관점주의적이라는 것"을 강조한 "니체주의자였다."[5] 이렇게 그리스도교 철학자이자 관점주의자인 이 멘토의 가르침 덕택에, 웨스트폴은 자신이 서 있는 제한적 위치에서 비롯한 관점을 기반으로 삼아 철학의 진리를 겸손하게 배우는 가운데 그리스도교 신앙이라는 선-이해를 새롭게 갱신하고자 하는 태도를 함양한다. 다시 말해 웨스트폴은 앞으로 살펴볼 인간 사유의 유한함이라는 한계와 대상에 대한 관점적 접근을 긍정하면서, 소위 '이해를 추구하는 신앙'(Faith Seeking Understanding)의 이념에 충실한 그리스도교 철학자가 되기 위한 초석을 대학교 재학 시절부터 다지게 된다. 다음과 같은 고백은 대학교 재학 시절부터 다진 그의 철학관을 매우 잘 반영하고 있다.

3   Westphal, "Faith Seeking Understanding," 216.

4   Arthur Holmes, *All Truth Is God's Truth* (Grand Rapids, MI.: William B. Eerdmans, 1977). 국역본: 『모든 진리는 하나님의 진리다』, 서원모 옮김(서울: 크리스천다이제스트, 1991).

5   Westphal, "Faith Seeking Understanding," 216.

제가 철학을 처음 접했을 때, 곧 그리스도교 철학자에게 철학이란 아우구스티누스, 안셀무스, 아퀴나스의 전통에 있었던 이해를 추구하는 신앙과 같은 개념이었습니다. 저는 이후로 모든 철학은 이해를 추구하는 신앙, 곧 이것이 반드시 종교적인 신앙은 아니지만, 세계에 대한 선-이해, 선-반성적이고, 선-철학적인 해석으로서의 신앙이고, 철학은 이로부터 전개되며, 이를 이해하려고 시도하는 것임을 느끼게 되었습니다. … 그래서 저는 이해를 추구하는 신앙의 방식으로 그리스도교 철학자가 된다는 것은 단지 모든 철학자가 하는 일을 하는 것 … 을 의미한다고 생각합니다.[6]

이 고백에서 우리는 웨스트폴의 중요한 철학관을 엿볼 수 있다. 그리스도교 철학자인 웨스트폴에게 철학은 이론에 앞서 형성된—어쩌면 세계관이라고도 부를 수 있을—삶의 이해나 삶의 방식을 이해하기 위한 시도다. 말하자면 모든 사람에게는 어떤 이론을 학습하기에 앞서 형성된 삶을 살아가는 방식이나 삶을 이해하는 해석의 틀이 있다. 하지만 이론과 학습을 통해 그러한 삶에 대한 관점이나 삶의 방식은 재해석되고 재사회화될 수 있고, 또한 더 적극적인 측면에서, 그런 관점과 삶의 방식은 더 나은 삶을 위해 올바른 방식으로 재구성된다. 그가 보기에 비단 그리스도인만이 아니라 적지 않은 철학자들이 추구하는 바가 바로 이렇게 삶에 대한 신앙 또

6   Merold Westphal, "Interview with Merold Westphal," *The Leuven Philosophy Newsletter* 13 (2004-2005), 26.

는 신념을 다시 이해하기 위한 시도다. 그리스도인인 웨스트폴은 자신의 철학에 앞서 형성된 종교적 신앙이 과연 올바른 것인지, 또 어떻게 재해석되고 재사회화되어야 하는지를 이해하는 일에 자신의 정력과 열의를 쏟는 것을 자신의 임무라고 생각했다. 비록 이러한 철학관이 매우 정밀한 형태로 발전된 것은 차후의 일이지만, 그의 첫 번째 철학 멘토 아더 홈즈로부터 배운 철학사 전반에 대한 이해와 그리스도교 철학자로서의 태도 및 지향이 웨스트폴 자신의 철학에 대한 기본 태도와 이해에서 초석 역할을 했음은 분명해 보인다. 실제로 웨스트폴은 홈즈가 작고한 직후 그를 추모하는 글에서 이 점을 다시금 담담하게 밝힌 바 있다.[7]

하지만 불행하게도, 이러한 웨스트폴의 그리스도교 철학을 향한 새로운 도전과 소명감이 정작 그의 부모에게는 일종의 탈선으로 여겨졌다. 앞서 언급했듯이 그의 부모는 매우 독실한 그리스도인이었

---

7 "아트가 철학에 접근하는 방식의 두 가지 특징이 해당 분야에서 나의 작업에 반영되어 있다. 첫 번째는 역사적인 접근이다. … 두 번째로, 아트는 철학이 관점적이라는 점을 강조했다. … 각 철학자는 언어적, 역사적, 문화적 위치 면에서 어떤 자리에 서 있으면서 그러한 관점에서 사물을 본다. 이것은 두 가지를 의미한다. 첫째, 철학은 전제가 없는 것이 아니라 전통을 통해 물려받은 바를 가정하는 것에서 시작한다. 그것은 원래의 위치에 고정되어 있지 않고 움직일 때마다 새로운 전제를 취하는데, 이는 어떤 중립적 관점으로부터 정당화되는 것이 아니다. 그리고 두 번째 요점은 첫 번째 요점의 함축 또는 따름정리다. 철학자는 전체 그림을 결코 보지 못하며 언제나 그것을 전체로 착각하면서 동시에 왜곡된 관점적 측면만을 볼 뿐이다. 이 두 번째 요점은 인간 유한성의 의미 중 중요한 부분을 보여 준다. 또는, 만일 누군가가 성서적으로 사유한다면, 그것은 우리의 피조물로서의 성질(creatureliness)의 표현이다. 이는 내가 아트로부터 배운 또 다른 중요한 교훈을 우리에게 알려 준다. 그는 그런 식의 그리스도교 철학 같은 것은 없다고 말할 것이다. 하지만 바로 거기에 그리스도교 철학자들이 있다." Merold Westphal "Remembering Arthur Holmes," *Comment* (November 9, 2011).

을 뿐만 아니라 아버지는 목회자였으며, 특별히 어머니는 중국 선교사가 되기 위해 일반 대학교에서 장학생으로 선정되었음에도 이를 포기하고 평범한 성서 학교에 입학했을 정도로 독실한 신자였다. 실제로 그의 어머니는 아예 선교지로 나간 적도 있으나 말라리아에 걸려 원래의 꿈을 접고 미국으로 돌아와 웨스트폴의 아버지와 결혼하여 그를 낳았다. (실제로 이 일을 두고 웨스트폴은 "나는 어머니에게 말라리아를 준 모기에게 내 삶을 빚졌다"고 말하기도 했다.[8]) 이처럼 독실한 그리스도인으로 전통적인 복음주의적 신앙을 가진 어머니는 자기 아들이 신앙과 무관한 이방인의 길과도 같은 철학자의 삶을 살겠다고 하니 이를 온전히 받아들일 수는 없었을 것이다. 이와 관련한 웨스트폴의 회고를 직접 들어 보자. "어머니는 자신의 신앙을 저버린 이들과는 전혀 다른 또 다른 유형의 그리스도교 철학자들이 있다는 것을 기뻐하시기보다도, 잠언 22장 6절을 통해 스스로 위로를 얻으셨지요. '마땅히 걸어야 할 그 길을 아이에게 가르쳐라. 그러면 늙어서도 그 길을 떠나지 않는다.' 어머니는 내가 궁극적으로 철학을 포기하고 참된 신앙으로 돌아오길 계속 소망하셨습니다."[9]

하지만 이런 어머니의 간절한 소망도 그를 사로 잡은 그리스도교 철학자가 되려는 소명과 의지를 꺾을 수는 없었다. 웨스트폴은 대학교를 최우등(summa cum laude)으로 졸업하고, 앞서 언급했듯이 예일 대학교 대학원 철학과에 우드로 윌슨 펠로우십 장학생으

---

8   Westphal, "Faith Seeking Understanding," 217.

9   Westphal, "Faith Seeking Understanding," 217.

로 선발되어 석사 과정 공부를 하게 되는데, 이런 결정을 내리는 와중에도 그의 갈등이 완전히 끝난 것은 아니었다. 본래 그는 위튼 대학교를 졸업하고 신학대학원에 진학하여 전문 신학자가 되어 학생들을 가르칠 생각도 했었다. 하지만 철학의 유혹은 그에게 이런 나름의 타협안조차 거부하게 했고, 결국 그는 예일 대학교 대학원 철학과에서 박사학위를 받는다.

대학원 재학 시기에 그는 존 에드윈 스미스(John Edwin Smith), 존 와이스(John Weiss), 윌프리드 셀라스(Wilfrid Sellars) 같은 탁월한 철학자들을 만나면서 여러 가지 접근법을 가지고 철학의 주요 문제나 인물에 다가가는 것이 얼마나 중요한지 배웠다. 이처럼 철학을 폭넓게 공부하고 사유하는 법을 익힌 덕분에, 웨스트폴은 독일이나 프랑스처럼 유럽대륙의 국가에서 오랫동안 수학한 경험이 없음에도 불구하고,[10] 유럽대륙철학에 매우 개방적으로 접근할 수 있는 태도를 습득한 것으로 보인다. 지금이야 현대 독일철학이나 프랑스철학의 큰 흐름을 미국의 여러 대학에서도 주목하고 있기에 관심만 있다면 다소간의 제한이 있더라도 어렵지 않게 현상학, 해석학, 해체론 등 대륙철학의 여러 영역을 미국에서도 연구할 수 있다. 하지만 웨스트폴이 석·박사 공부를 했던 1960년대 초·중반 예일 대학교를 포함한 미국 대학교의 일반적 풍토에서는 분석철학 전통에 속하지 않은 유럽대륙철학의 여러 논의를 꼼꼼하게 공부하

---

10   1971-72년, 예일 대학교의 연구 지원에 힘입어 독일 하이델베르크 대학교에서 잠시 연구한 적은 있다.

기란 그리 쉬운 일이 아니었다. 이런 환경에도 불구하고 웨스트폴은 앞서 언급한 존 스미스와 셀라스가 이끄는 대학원 수업에서 임마누엘 칸트(Immanuel Kant)의 철학에 다양한 각도로 접근하는 가운데 우리 인간의 인식론적 유한성이라는 주제를 종교적으로 전유할 기반을 얻게 되고,[11] 폴 와이스(Paul Weiss)로부터 게오르크 헤겔(Georg Wihelm Friedrich Hegel)의 철학을 공부하면서 유한과 무한의 관계를 해명하는 데 관심을 두게 된다. 이는 향후 웨스트폴의 주요 철학적 문제의식의 밑거름이 되는 중요한 주제였다.

하지만 이처럼 훌륭한 스승들의 가르침을 받았다고 해도 당시 미국 철학계의 상황을 고려할 때, 웨스트폴이 칸트와 헤겔을 넘어 20세기 유럽대륙철학 분야에서 전문가가 된 것은 이례적인 일이었음은 분명한 사실이다. 이는 아마도 언급한 선생들의 영향을 기반 삼아 그리스도교와 유럽대륙철학이 공명할 수 있는 계기를 적극적으로 찾아 낸 웨스트폴 자신의 독자적인 철학적 문제의식과 도전의식에서 비롯한 결과일 것이다.

그러면 이제 그의 주요 저작을 그의 사상의 발전과 연결해 살펴보도록 하자. 박사논문을 필두로 한 웨스트폴의 초창기 연구는 20세기 유럽대륙철학이 아닌 게오르크 헤겔을 주제로 한 것이었고,

---

11   웨스트폴은 셀라스와 함께 『순수이성비판』의 초월적 감성론과 초월적 분석론 대목을 읽고 스미스와 함께 초월적 변증론을 읽은 것이 칸트를 풍요롭게 이해하고 습득하게 된 놀랍고도 드문 경험이었다고 고백한다. Merold Westphal, "Introduction," Reason, Experience, and God: John E. Smith in Dialogue, ed. Vincent M. Colapietro (New York: Fordham University Press, 1997), 1-2 참조.

그의 연구자 경력 초창기 단행본 연구서인 『헤겔의 정신현상학에서 역사와 진리』[12]는 『선택』(Choice)이라는 잡지를 통해 '올해의 우수학술서'로 선정되기도 한다. 이러한 성과는 향후 웨스트폴을 북미에서 가장 중요한 헤겔 연구자 가운데 한 사람으로 만들어 주는 결과를 낳게 되는데, 실제로 그는 헤겔 연구의 전문성을 인정받아 1982년부터 1984년까지 미국헤겔학회 회장직을 맡기도 했다.

하지만 웨스트폴은 그저 헤겔 전문가로 머무르는 데 만족하기보다 거대한 체계의 완성으로서의 철학이라는 헤겔의 이념을 극복하기 위해 헤겔의 시대에 헤겔과 가장 크게 대립한 쇠얀 키에르케고어(Søren Kierkegaard)를 집중적으로 연구한다. 실제로 그는 키에르케고어를 자신이 지향하는 철학적-신학적 사유를 가장 잘 담고 있는 인물로 보는데, 이는 키에르케고어를 "원형-포스트모던 사상가"로 간주하는 웨스트폴의 독특한 해석에서 비롯한다.[13] 웨스트폴에 의하면, 키에르케고어는 니체보다 먼저 (혹은 그 영향으로 보자면 적어도 거의 동시대에[14]) 근대의 체계 중심적이고 동일성에 기초한

---

12   Merold Westphal, *History and Truth in Hegel's Phenomenology* (Atlantic Highlands, 1979; Reprinted Edition, Bloomington: Indiana University Press, 1998).

13   Merold Westphal, "The Joy of Being Indebted: A Concluding Response," *Gazing Through a Prism Darkly: Reflections on Merold Westphal's Hermeneutical Epistemology, ed. B. Keith Putt* (New York: Fordham University Press, 2009), 170.

14   덴마크어라는 한계 때문에, 키에르케고어의 저술과 사유가 유럽 전역에 영향을 미치기 시작한 것은 그의 저술이 독일어로 번역되기 시작한 1850년대 이후의 일이고, 본격적으로 학계와 대중의 이목을 끌기 시작한 시기는 1900년대 초부터다. 이는 니체가 왕성하게 활동하던 시기와 니체 사후 그의 사유가 유럽 전역에 퍼지던 때와 시기적으로 겹친다. 유럽에서의 초창기 키에르케고어 수용과 당시 니체 철학과의 경쟁 및 동반 관계 등

사유, 이성-중심적 사유 및 이를 기반으로 삼는 획일화된 사회의
성격에 대한 준엄한 비판을 시도한 예언자적 철학자이자 근대성
을 극복한 선구자다. 더 나아가 그에게 키에르케고어는 그저 이성
적이고 합리적인 신앙의 체계를 실존론적 신앙주의를 통해 극복하
려 한 인물에 그치는 것이 아니라 그리스도교 국가였던 당대 덴마
크 사회를 비판한 사회-개혁적 사상가이자 신에 대한 사랑이 이웃
에 대한 사랑과 반드시 마주해야 함을 철학적으로 주장한 타자성
의 철학자이다. 이런 관점이 잘 반영된 그의 저작으로는 『키에르케
고어의 이성 및 사회 비판』이 있고, 포스트모던 사상가로서의 키에
르케고어의 면모가 잘 드러나는 작품으로는 『레비나스와 키에르케
고어의 대화』, 『자기가 된다는 것:《철학적 조각들에 대한 결론으로
서의 비학문적 후서》읽기』 등이 있다.[15]

이처럼 키에르케고어의 근대성 및 근대적 신앙과 사회에 대한 비

에 대해서는 다음 문헌을 참조하라. Heiko Schulz, "Germany and Austria: A Modest
Head Start: The German Reception of Kierkegaard," *Kierkegaard's International
Reception*, Tome I, *Nothern and Western Europe*, ed, John Stewart (Aldershot:
Ashgate, 2009), 307–419.

15 본문에서 언급한 순서대로 Merold Westphal, *Kierkegaard's Critique of Reason and
Society* (Pennsylvania: The Pennsylvania State University Press, 1991); *Levinas
and Kierkegaard in Dialogue* (Bloomington: Indiana University Press, 2008), *Be-
coming a Self: A Reading of* Concluding Unscientific Postscript (West Lafayette,
IN: Purdue University Press, 1996). 또한 웨스트폴의 포스트모더니즘 연구와의 연
관성은 크지 않아 본문에서 거론하지 않았지만, 우리말로 번역된 다음과 같은 탁월
한 키에르케고어 연구서가 있다. Merold Westphal, *Kierkegaard's Concept of Faith*
(Grand Rapids, IM: William B. Eerdmans, 2014). 국역본:『키르케고르: 신앙의 개념』,
이명곤 옮김(서울: 홍성사, 2018).

판을 매개로 삼아 우리 시대의 포스트모던 사유로 자신의 관심사를 넓혀 나간 웨스트폴의 철학적 여정은 헤겔이나 키에르케고어에 관한 전문적 연구를 넘어, 20세기 이후의 유럽대륙철학에 대한 심도 있는 탐구에서 길어 낸 포스트모던 사유에 관한 그리스도교적 전유로 이어진다. 이런 연구 주제의 확장은, 특별히 가톨릭 계열의 학교로 종교 연구에 대해 비교적 개방적인 포덤 대학교(Fordham University) 철학과 교수로 부임한 1987년부터, 더 좁게 특정하면 같은 대학교 철학과 석좌교수(Distinguished Professor)로 임명된 1997년부터 본격적으로 이루어진다. 그가 부임할 당시 포덤 대학교는 미국 대학교 철학과 가운데서는 조금 이례적으로, 분석철학과 유럽대륙철학, 종교철학 전반을 폭넓게 연구할 수 있는 환경이 조성되어 있었다. 이 시기 이후로 쏟아져 나온 책들은 포스트모던 사상의 그리스도교적 전유를 적극적으로 표방하는 그의 대표적인 연구 성과로 간주될 수 있는데, 이를테면 『혐의와 신앙: 현대 무신론의 종교적 활용』, 『존재-신학 극복하기: 포스트모던 신앙을 향하여』, 『초월과 자기-초월: 신과 영혼에 관해서』, 『교회를 위한 철학적 해석학: 누구의 공동체? 어떤 해석?』 등이 바로 그러한 결실에 해당한다.[16]

---

16 본문에서 언급한 순서대로 Merold Westphal, *Suspicion and Faith: The Religious Uses of Modern Atheism* (New York: Fordham University Press, 1998); *Overcoming Onto-theology: Toward a Postmodern Christian Faith* (New York: Fordham University Press, 2001); *Transcendence and Self-Transcendence: On God and the Soul* (Bloomington: Indiana University Press, 2004); *Whose Community? Which Interpretation?: Philosophical Hermeneutics for the Church* (Grand Rapids, MI: Baker Academic, 2009). 국역본: 『교회를 위한 철학적 해석학: 누구의 공동체? 어떤

이외에도 여러 저작이 있지만, 웨스트폴의 대표적인 저작은 거의 언급했고, 다른 저작은 그에 대한 본격적 논의를 푸는 가운데 인용을 통해 명시하도록 하겠다. 이제 현직에서 물러나 공식적으로는 포덤 대학교 철학과 명예교수로 남아 있는 웨스트폴의 학술적 작업은 이제 어느 정도 갈무리된 것으로 보인다. 실제로 나는 전자메일로 그와 종종 대화하면서 그에게 더 이상의 저술 계획이 없다는 말을 접하게 되었고(물론 웨스트폴의 글이 워낙 많아 차후 다른 연구자나 편집자에 의해 새로운 단행본 저작이 나올 가능성은 있다), 이제부터는 나와 같은 연구자들이 그의 철학을 심도 있게 연구해야 할 단계인 것 같다. 이에 본 논고의 논의가 웨스트폴의 철학에 관심을 가진 다른 연구자들이나 예비 연구자들, 현대 사상과 그리스도교의 관계를 고민하는 모든 이들에게 일말의 도움이 되길 바란다.

II. 웨스트폴의 포스트모더니즘 이해와 유한성의 해석학

1. 칸트와 키에르케고어: 포스트모더니즘의 선구자

웨스트폴의 사상을 한 편의 글로 모두 이해하기란 어려운 일이다. 그래서 여기서는 해석학적 철학자로서의 웨스트폴의 사유의 중요

해석?』, 김동규 옮김·해설(고양: 도서출판 100, 2019).

한 한 축인 그의 유한성의 해석학을 그의 포스트모더니즘의 종교
적 전유 문제와 관련지어 해명해 보고자 한다.

일반적으로, 우리는 포스트모더니즘, 또는 "포스트모던" 사상
을 근대 이후에 근대성을 극복하는 일련의 지적 시도들, 또는 장-
프랑수아 리오타르(Jean-François Lyotard)를 따라 "거대 서사들
(métarécits)에 대한 회의로 정의한다."[17] 즉, 포스트모더니즘은 기본
적으로 인간과 세계, 역사에 시작과 끝이 있는 한 가지 거대한 체계
나 이야기를 부여하고, 이 이야기의 틀에 맞추어 인간과 세계를 기
획하는 시도를 거부하는 일련의 시도를 말한다.[18] 여기서 우리는 리
오타르의 "거대 서사들"이라는 표현에 주목해야 한다. 이런 서사는
하나가 아닌 여러 가지 이야기로 나타날 수 있다. 일례로 거대 서사
나 담론은 그리스도교에서 창조와 타락, 그리고 타락한 인간과 세
계를 구원하는 신의 나라의 시작과 완성의 이야기일 수도 있고, 헤
겔이 제시한 것처럼, 절대자로서 정신이 자신을 역사 안에서 현실

---

17 Jean-François Lyotard, *La condition postmoderne* (Paris: Éditions de Minuit,
1979), 7. 국역본:『포스트모던의 조건』, 유정완 옮김(서울: 민음사, 2018), 21.

18 다만 이 용어는 신중하게 사용되어야 한다. 포스트모더니스트로 지목되는 대부분의
프랑스 철학자들은 스스로를 포스트모더니스트로 여기지 않는다. 실제로 포스트모더
니즘은 미국 학계를 중심으로 근대성을 극복하려는 여러 사상적 시도와 경향을 뭉뚱
그려서 표현한 용어다. 이에 우리는 소위 포스트모더니즘으로 분류되는 각 사상의 독
특성과 특징을 이 한마디 용어로 모두 담아낼 수 없다는 점을 늘 염두에 두어야 한다.
다만 포스트모더니즘은 영어권이나 우리 학계에서 분명한 사유의 흔적을 남겼고, 탁
월한 연구와 통찰을 제시했다는 점도 인정되어야 할 것이다. 이에 우리는 포스트모더
니즘이라는 규정이 가지는 이점과 약점을 함께 고려해야 한다. 포스트모더니즘과 관
련한 사유 흐름과 운동이 내포한 부정적 기류를 이해하기 위해서는 진태원,『애도의
애도를 위하여: 비판 없는 시대의 철학』(서울: 그린비, 2019), 특별히 1-2장 참조.

화하여 세계의 시작과 진보, 종언을 모두 이뤄 가는 절대 정신의 이야기일 수도 있으며, 구-마르크스주의에서 원시 공산제로부터 자본주의를 거쳐 공산주의 사회로의 이행 또는 진보를 내다본 사유 역시 일종의 거대 담론이라고 할 수 있으며, 이에 대한 비판적 반성과 극복을 꾀하는 것이 포스트모던 사상의 기본 지향이다.

웨스트폴도 포스트모더니즘에 대한 이런 통상적인 이해를 기본적으로 따른다. 다만 그는 이를 종교적 반성에 활용하기 위해 주로 인식론의 맥락에서 포스트모더니즘을 인간 유한성이라는 주제와 연결한다. 그는 다른 포스트모던 담론의 지지자들과 유사하게, 데카르트와 헤겔이 근대성의 특징을 잘 보여준다고 생각한다. 특별히 그들은—양자 사이 입장의 차이는 있지만—"절대지(absolute knowledge)를 성취하기 위한 두 가지 지배적인 근대적 전략"인 "직접성"과 "전체성"의 계기를 만들어 냈다.[19] 특별히 이 계기들은 우리가 대상에 대한 그 어떤 왜곡도 없이 지식을 투명하게—데카르트의 용어로는 명석하고, 판명하게—얻을 수 있고, 총체적으로 남김없이—헤겔의 용어로는 통일된 이념이나 체계 아래—그 지식의 진보와 완성에 이를 수 있음을 상징한다.

하지만 웨스트폴에게, 이런 근대적 기획은 우리 인간 존재의 유한성으로 인해 이루어질 수 없는 꿈에 그친다. 다시 말해 인간은 근본적으로 유한한 자신의 인식 능력에 의존하므로, 왜곡된 관점이나

---

19 Merold Westphal, "Postmodernism and Religious Reflection," *International Journal for Philosophy of Religion* 38.1 (December 1995), 127.

제한적 관점을 가질 수밖에 없으며, 이 때문에 절대지에 이르려는 이상도 헛된 망상에 그치고 만다. 하지만 이런 망상을 한낱 꿈이 아니라 진지한 사실로 받아들이게 되면, 개인이나 특정 공동체가 진리를 온전하게 소유하고 있다는 착각에 빠질 수 있다. 웨스트폴은 바로 이런 인식의 한계를 철학적으로 표현해서 "인간 유한성", 조금 더 신학적으로 말해서 "인간 죄성의 결과"로 본다.[20] 바로 이 지점이 웨스트폴에게는 그리스도교 신앙과 포스트모던 사상이 공명하는 계기로 작동하는데, 흥미롭게도 그는 18-19세기에 이미 이 선구적 통찰을 제시한 철학자들이 있었다고 주장한다. 그런 선구적 철학자가 곧 임마누엘 칸트(Immanuel Kant)와 쇠얀 키에르케고어(Søren Aabye Kierkegaard)다.

먼저 웨스트폴은 칸트의 인식론에서 '인간 유한성'에 대한 포스트모던 사유의 선구적 이해를 발견한다. 그에 의하면, 기본적으로 칸트에게 인식은 다음과 같이 최소한 두 가지 관점으로 구별된다. "칸트는 현상을 우리가 세계를 이해하는 방식과 동일시하고, '사물 자체'를 신이 세계를 이해하는 방식과 동일시한다."[21] 즉, 칸트는 현상의 세계만이 우리의 마음의 형식을 따라 인식되어 지식의 대상이 된다고 본다. 반면 사물 그 자체에 대한 인식만큼은 시간과 공간이라는 감성의 형식인 인간의 수용적 감각이나 지성의 구성 작용

---

20   Westphal, *Overcoming Onto-theology*, 102, 103.

21   Westphal, *Whose Community? Which interpretation?*, 19; 『교회를 위한 철학적 해석학』, 25.

을 전혀 필요로 하지 않는 신에게나 가능하다고 생각한다.[22] 다시 말해, 우리의 사물에 대한 지식은 철저히 우리 인간의 관점을 따라 형성된 제한적 인식이므로, 감각 기관을 가질 필요가 없는 신의 인식에는 미치지 못한다. 이런 점에서 인간에게 지식은 절대적 지식과 같은 신적 진리가 아니라 자신의 관점의 한계 안에서 빚어진 유한성의 산물이다.

또한 웨스트폴에 의하면, 키에르케고어는 칸트에게서 한 걸음 더 나아가 이런 인간의 유한성의 문제를 죄성에 대한 이해를 기반으로 삼아 실존론적 인식의 차원에서 정립해 냈다. 이를테면 웨스트폴은 『철학적 단편들』의 "절대적 역설"을 다루는 대목에서, 키에르케고어의 가명 저자 요하네스 클리마쿠스의 입장을 두고서, "어떤 경우에도 죄는 분명 그에게 인식론적 범주"가 된다고 말한다.[23] 이런 인식론적 범주와 관련해서 어떤 역설이 발생하는데, 그것은 인간이 자신의 한계로 인해 사유할 수 없는 것을 다시 사유를 통해 찾

---

22 "그것은 파생적이고 근원적이 아니며, 지성적 직관이 아니니 말이다. 지성적 직관이란 이미 설명된 근거에서 오직 근원적인 존재자에게만 속하고 (그것의 존재가 주어지는 대상과 관계 맺음에서 규정되는) 그 존재의 면에서 볼 때나 직관의 면에서 볼 때 의존적인 그런 존재자에게는 절대로 속하지 않는 것으로 보이는 것이다." Immanuel Kant, *Kritik der reinen Vernunft* (1781; 1787), hrsg. Jens Timmermann (Hamburg: Felix Meiner, 1998), B72. 국역본: 『순수이성비판 1』, 백종현 옮김 (서울: 아카넷, 2006), 272. 이 구절을 웨스트폴은 다음과 같이 해석한다. "칸트는 실재의 본성에 대한 직접적이고 포괄적인 통찰 같은 의미를 지닌 영예로운 문구인 '지성적 직관'과 '직관적 지성'을 동의어로 사용하면서 필연적인 진보를, 즉 그렇게 구상된 지식은 창조적일 경우에만 가능하며, 따라서 신에게만 가능하다는 점을 환기해 낸다." Merold Westphal, "In Defense of the Thing in Itself," *Kant-Studien* 59.1 (1968), 122-23.

23 Westphal, *Transcendence and Self-Transcendence*, 215.

고자 하는 것을 말한다. "이것이 바로 사유의 궁극적 역설이다. 사유는 사유 자체가 사유할 수 없는 것을 발견하려고 한다."[24] 특별히 클리마쿠스가 "우리에게 알려지지 않은 것"이라고 지칭하는 것은 다름 아닌 "신"이다.[25] 이런 인식의 한계에서의 역설과 관련지어, 클리마쿠스는 신과 인간 사이의 인식 방식의 차이와 인간의 인식 능력의 한계를 강조한 칸트와는 달리 죄로 인한 신 인식의 불가능성을 주장하기에 이른다.

> 곧, 만일 신이 인간과 절대적으로 다르다면 인간도 신과 절대적으로 다르네. 그러면 어떻게 지성은 이 절대적으로 다른 것을 파악할 수 있을 것인가? 여기서 우리는 역설 앞에 서 있는 것 같네. 신이 다르다는 것을 알기 위해서라도 인간은 신을 필요로 하며, 그리하여 인간은 신이 자기와 절대적으로 다르다는 것을 알게 되는 것이네. … 그러면 이 다르다는 것은 무엇일까? 그렇다, 죄가 아니고 무엇이겠는가![26]

웨스트폴은 이렇게 죄에서 비롯하는 사유의 역설 아래서 신앙의 주체에게 일종의 '인식론적 초월'이 일어난다고 본다. "클리마쿠스

---

24 Søren Kierkegaard, *Philosophical Fragments*, trans. Howard V. Hong and Edna H. Hong (Princeton, N.J.: Princeton University Press, 1985), 37. 국역본: 『신앙의 부스러기』, 표재명 옮김 (서울: 프리칭아카데미, 2007), 75.

25 Kierkegaard, *Philosophical Fragments*, 39; 『신앙의 부스러기』, 79.

26 Kierkegaard, *Philosophical Fragments*, 46-47; 『신앙의 부스러기』, 93.

나 적어도 그가 제시하는 종교적 영역에는 인식론적 초월이 있다. 우리의 능력으로는 알 수 없고 오직 타자의 선물을 통해서만 알 수 있는 것이 있다. … 우리가 신앙과는 별개로 알레르기 반응을 보이는 타자성은 단지 우리의 무한한 정신과 유한한 정신 사이의 차이가 아니라 더 근본적으로는 … 신의 거룩한 의지와 자기중심적 죄로 가득한 의지 사이의 차이다."[27] 즉, 웨스트폴이 해석한 키에르케고어에 의하면, 신과 인간 사이의 절대적 차이는 단지 인식 능력이 아니라 거룩함과 죄성이라는 넘을 수 없는 틈에서 비롯한다. 그러므로 인간의 유한성은 키에르케고어에게 이르러 인식의 한계를 의미하는 것은 물론이고, 죄로 인해 우리의 의지와 마음 상태의 불완전성에서 비롯한 것이라는 점이 드러난다.

유한성에 대한 이런 식의 이해, 곧 인간 마음의 인식 능력과 신적 인식 사이의 차이, 그리고 무한하고 거룩한 신적 의지와 죄로 인해 자기-중심적인 인간의 왜곡된 의지 사이의 차이로부터 우리가 절대지에 이를 수 없을 뿐만 아니라 진리를 억압하거나 왜곡할 수도 있다는 결론에 이른다. "만일 칸트에게 신의 세계에 대한 관점과 우리의 세계에 대한 관점 사이의 일차적 장벽이 우리의 유한성이라면, … 키에르케고어에게 그것은 우리의 죄성이다. … 칸트는 우리의 인지의 장치가 적절하게 기능할 때 나오는 차이를 지적하는 반면, 키에르케고어는 … 우리가 '진리를 억압하는' 성향이 있다는 사

---

27 Westphal, *Transcendence and Self-Transcendence*, 216.

실을 지적한다."²⁸

이처럼 웨스트폴은 칸트와 키에르케고어를 자신의 철학적 논지 전개를 위한 기반으로 삼으면서, 인간의 유한한 인식 능력과 죄성을 기반으로 삼아 형성되는 인간 유한성에 대한 자신의 통찰을 포스트모던 사상과 직접적으로 연결한다. 키스 퍼트(Keith Putt)가 매우 잘 지적한 대로, 웨스트폴에게 "포스트모더니즘은, 유한성의 해석학에 대한 또 다른 표현으로서, 키에르케고어와 칸트가 시행한 것과 유사한 예언적 중요성을 지니고 있다."²⁹ 즉, 그가 탐구한 포스트모더니즘은 칸트와 키에르케고어의 뒤를 이어 인간의 유한성을 다각도로 드러내 주는 예언적-비판적 사상이라는 것이다. 이처럼 웨스트폴의 포스트모더니즘은 비단 20세기 이후의 사상만을 고

28 Westphal, *Overcoming Onto-theology*, 103. 이러한 죄와 유한성, 그리고 신앙의 연관성에 대한 깊은 관심은 루터적 개혁주의자로서의 그의 신앙 배경에서 비롯된 것이기도 하다. 다음과 같은 그의 신앙 배경에 대한 언급은 매우 흥미로우며, 향후 그의 철학적 지향을 이해하는 데도 도움을 줄 것이다. "나는 내 사유가 칼뱅보다는 루터를 통해 더 형성되었다고 생각하는데, 내 책장이 이를 확증해 줄 것이다. 그런 점에서 나는 포괄적인 의미에서 개혁파 전통의 일부에 속한다. 이신칭의, 오직 성서, 말씀과 성사, 말씀과 성령은 나에게 그저 슬로건이 아니라 매우 중요한 슬로건이다. 하지만 나는 여러 가지 방식으로 재세례파, 가톨릭, 정교회 전통의 양육을 받았다." Justin Sands, "Appendix: An Interview With Merold Westphal," *Reasoning From Faith: Exploring the Fundamental Reasoning from Faith: Exploring the Fundamental Theology in Merold Westphal's Philosophy of Religion* (Ph.D. Dissertation, Katholieke Universiteit Leuven, 2015), 343. 루븐[루뱅] 대학교 신학&종교학과에서 통과된 이 논문은 다음 단행본으로 출간되었는데 단행본에는 웨스트폴의 인터뷰가 수록되지 않았다. Justin Sands, *Reasoning from Faith: Fundamental Theology in Merold Westphal's Philosophy of Religion* (Bloomington: Indiana University Press, 2018).

29 B. Keith Putt, "The Benefit of the Doubt: Merold Westphal's Prophetic Philosophy of Religion," *Gazing Through a Prism Darkly*, 9.

찰하는 가운데 얻은 것이 아니라 근대성 안에 내재한 탈근대적 계기를 끌어 올리는 작업이라는 점에서 근현대 철학사를 아우르는 깊이 있는 작업이다. 요컨대, 근대의 아들인 칸트와 니체와 더불어 현대성의 문을 연 키에르케고어의 유한성에 대한 이해가 20세기 프랑스철학과 해석학의 발전으로 인해 그 이해를 다양화하고 심화하게 된다는 것이 포스트모더니즘에 대한 웨스트폴의 독특한 이해 방식이다.

2. 유한성의 해석학으로서의 포스트모더니즘: 포스트모더니즘과 해석학의 공명

더 구체적으로, 웨스트폴은 칸트와 키에르케고어로부터 태동한 유한성에 대한 이해는 한스 게오르크 가다머와 폴 리쾨르의 철학적 해석학 전통과 롤랑 바르트(Roland Barth), 미셸 푸코(Michel Foucault), 자크 데리다(Jacques Derrida)로 이어지는 20세기 프랑스 철학의 포스트모던 경향과 공명하는 가운데 더욱 완연하게 심층화된다고 본다. 이제 이 점을 참작하여 유한성의 해석학을 살펴보자. 웨스트폴에 의하면, 여기서 언급한 이들 가운데 가다머는 포스트모더니스트를 선별하는 "용의자 명단에 오르지는 않지만, 유한성의 해석학이라는 이야기"의 틀에서 볼 때 그 역시 포스트모더니즘의 "중요한 부분을 차지한다."[30] 왜냐하면 가다머가 포스트모더니즘의 한

---

30   Westphal, *Overcoming Onto-theology*, xviii.

가지 중요한 특징인 "상대주의 해석학"(relativists hermeneutics)을 발전시켰기 때문이다.[31] 그가 보기에 가다머는 우리가 투명한 시선으로, 일종의 진공 상태에서 텍스트와 세계를 이해하는 것이 아니라 언제나 전통과 선입견 아래, 일종의 역사적 지평에 귀속된 가운데 텍스트와 세계를 이해한다는 점에서, 독자들이 각기 다양한 의미로 텍스트를 이해할 수밖에 없다고 생각한다는 점에서 상대주의 해석학의 지지자다. 즉, 가다머의 입장에서, "독자는 이미 역사에 속해 있으므로, 자연히 해석은 독자의 역사적-언어적-문화적 위치에 따라 상대적이며 다양해질 것이다."[32]

여기서 "역사적-언어적-문화적 위치에 따라"라는 어구에 주목할 필요가 있다. 웨스트폴은 가다머를 해석하면서, 독자로서의 주체가 특정한 상황과 조건에 처할 수밖에 없다는 점을 반복해서 강조한다. 말하자면, "독자는 의미의 순전한 기원이 아니며, 독자 자신의 고유한 문법적-역사적 위치에서 유래한 의미와 마찬가지로 저자에게서 유래하는 의미를 포함하는 선행 의미에 의해 조건 지어진다."[33] 웨스트폴은 이런 가다머에 대한 자신의 이해, 곧 독자로서의 주체의 유한성에 대한 강조가 일부 중요한 현대 프랑스 철학

---

31   Westphal, *Whose Community? Which interpretation?*, 71; 『교회를 위한 철학적 해석학』, 111.

32   Westphal, *Whose Community? Which interpretation?*, 97; 『교회를 위한 철학적 해석학』, 157.

33   Westphal, *Whose Community? Which interpretation?*, 97; 『교회를 위한 철학적 해석학』, 93.

자들이 논하는 '저자의 죽음' 담론과 공명한다고 본다.

이 맥락에서 특별히 웨스트폴은 (주로 영어권에서) 소위 포스트-모더니스트로 분류되는 롤랑 바르트와 자크 데리다의 "저자의 죽음" 담론에 주목한다. 우선 롤랑 바르트는 분명 "저자의 죽음"을 명시적으로 말한 바 있다. "저자의 죽음이라는 대가를 치러야만 독자가 탄생한다."[34] 그리고 데리다는 의미의 원천으로서의 저자와 같이 텍스트의 절대적 기원을 상정하는 모든 움직임에 반대한다. "… 니체적인 **긍정**, 곧 세계의 놀이에 관한 즐거운 긍정, 생성의 무구함에 관한 긍정, 능동적 해석에서 제안된 오류도 진리도 기원도 없는 기호 세계의 긍정"이란, 실은 "더는 기원 쪽을 향하지 않으면서 놀이를 긍정하고, 인간과 인간주의를 넘어서려고 시도하는 것이다."[35] 이들 외에 푸코 역시 저자의 죽음을 직접적으로 말하지는 않지만,[36] 저자 기능의 축소와 변경을 다음과 같이 제안한 바 있다. "우리 사

---

34 Roland Barth, "La mort de l'Auteur," *Le bruissement de la langue* (Paris: Éditions du Seuil, 1984), 69.

35 Jacques Derrida, "La structure, le signe et le jeu dans le discours des sciences humaines," *L'écriture et la différence* (Paris: Éditions du Seuil, 1967), 427; 「인문과학 담론에서의 구조, 기호, 게임」, 『글쓰기와 차이』, 남수인 옮김(서울: 동문선, 2001), 459.

36 "나는 저자가 존재하지 않는다고 말한 적이 없다. 나는 그렇게 말하지 않았다." 다만 "나는 작품을 비평하면서 찾아낼 수 있는 어떤 주제에 관해 이야기했다. 요컨대 담론에서의 고유한 형식들을 위하여 저자는 삭제되거나 소거되어야 한다는 주제 말이다. … 작가 또는 저자가 사라질 때의 규칙은 과연 무엇을 발견하게 해 주는가? 그것은 저자-기능의 놀이를 발견하게 해 준다." Michel Foucault, "Qu'est-ce qu'un auteur?," *Dits et Ecrits: 1954-1988*, tome I, éd. Daniel Defert et François Ewald (Paris: Gallimard, 1994), 817.

회가 변화의 과정 가운데 있는 바로 그 순간에, 저자의 기능은 소설과 그 다의적 텍스트가 다시금 또 다른 방식을 따라 기능할 수 있게 방식에서 사라질 것이지만" 또한 그 기능은 "여전히 규정적이거나 어쩌면 경험적인 것으로 남을 한 제약적 체계를 가지게 될 것이다."[37] 이처럼 저자라는 기원을 향하지 않는 읽기의 놀이는, 사실 저자가 아예 존재하지도 않는다는 다소 뜬금없는 주장을 하는 게 아니라 의미의 기원 역할을 하는 저자의 절대성을 부정하려는 것이다. 그러므로 소위 포스트-모더니스트들의 저자의 죽음이라는 논지는 그러한 저자가 의미의 다양한 생성 자체를 가로막는 절대 군주 역할을 하게 될 것을 우려한 데서 비롯한 것이다.

그렇다면 이러한 저자의 죽음이라는 논지를 웨스트폴은 어떤 식으로 받아들이며, 구체적으로 어떻게 그것을 해석학적으로 전유하는가? 그는 해당 논지의 가장 중요한 측면이 "저자와 독자가 텍스트의 의미의 공동창조자(cocreators)"가 되는 것이라고 본다.[38] 즉, 저자의 죽음이라는 논지는 어떤 텍스트를 써 낸 저자 자체가 없다는 것을 의미한다기보다, 절대적인 해석의 원천이자 준거점, 기원으로서의 저자를 인정하지 않음과 동시에 의미의 창안에서 독자의 참여가 필수적이라는 사실을 강조하는 방향으로 나아간다. 여기서 포스트모더니즘과 해석학의 공명이 일어난다. 웨스트폴이, 가다머의 해

---

37 Michel Foucault, "Qu'est-ce qu'un auteur?," *Dits et Ecrits*, 811.

38 Westphal, *Whose Community? Which interpretation?*, 61; 『교회를 위한 철학적 해석학』, 91.

석학과 근원적으로 유사한 해석학적 입장을 전개했다고 보는 리쾨르는 '텍스트의 자율성'이라는 독특한 논지를 제안한다. 이것은 "'저자의 죽음'을 이야기하는 것보다는 수사학적으로 덜 화려하지만, 이 주장은 세 명의 프랑스 동료들의 주장과 사실상 동일한 저자의 권위 폐기에 관한 것이다."[39] 특별히 웨스트폴은 다음과 같은 리쾨르의 말에 주목한다. 텍스트의 자율성은 곧 "삼중의 자율성이다. 곧, 저자의 의도로부터의 자율성, 텍스트가 나온 문화적 상황과 모든 사회적 조건으로부터의 자율성, 그리고 그 원래의 수신자로부터의 자율성이 바로 그것이다."[40] 물론, "이 자율성이 완전한 독립성을 뜻하지는 않는다."[41] 우리는 텍스트에 누군가의 목소리가 들려온다는 것, 어떤 인격이 말한다는 사실을 부정할 수는 없고, 딱히 그것을 부정할 필요도 없다. 리쾨르의 강조점은 "우리가 저자 없는 텍스트를 생각할 수 없다"는 것을 분명하게 받아들이면서도, 또한 우리의 세계-내-존재의 의미연관 아래서 "화자와 담화 사이의 연결" 관계가 "더 넓어지고 복잡해지게 된다"는 점을 해석의 주체들이 깊이 인지해야 한다는 것이다.[42]

웨스트폴은 이처럼 저자의 죽음이라는 논지와 공명하는 텍스트

---

39   Westphal, *Whose Community? Which interpretation?*, 63; 『교회를 위한 철학적 해석학』, 97.

40   Paul Ricoeur, *Du texte à l'action* (Paris: Éditions du Seuil, 1986), 54.

41   Westphal, *Whose Community? Which interpretation?*, 63; 『교회를 위한 철학적 해석학』, 98.

42   Ricoeur, *Du texte à l'action*, 187.

의 자율성 논지를 전유하면서, "저자나 독자나 다른 그 어떤 누구도 완전히 최종적이고 확정적인 의미를 부여할 수 있는 전체를 실제로 소유하지 못했다"는 해석학적 사실을 기반으로 삼아,[43] 텍스트와 사건에 대한 우리의 해석학적 태도가 달라져야 한다고 주장한다. 우리는 이해와 해석을 위해 텍스트에 참여할 때, 우리의 언어적 의미 맥락과 무관하게 해당 텍스트에 참여하지 않는다. 한 텍스트를 대하는 나의 특수한 역사적, 사회적, 정치적 맥락이 있다. 남성 독자나 여성 독자의 맥락이 다르고, 각 해석자나 해석 공동체의 경제적, 정치적 조건의 맥락도 다르다. 이 모든 조건은 우리의 일상적 삶과 무관하지 않으며, 텍스트와 독자는 바로 이런 조건 아래 저자의 세계가 아닌 "텍스트의 세계"에 참여하게 된다.[44] 즉, 우리는 우리의 세계-내-존재가 가지는 여러 이해의 체험 지평 가운데 텍스트를 마주하며, 이러한 마주침의 사건 속에서 텍스트를 통해 텍스트와 더불어 자기 자신을 이해하는 자리로 나아가게 된다.

이에 더하여 웨스트폴은 "그 어떤 누구도 완전히 최종적이고 확정적인 의미를 부여할 수 있는 전체를 실제로 소유하지 못했다"는 해석학적 사실로부터 종교철학적 맥락에서 유한성의 해석학을 다시 불러온다. 해석학적으로 보자면, 우리가 저자이건 독자이건 간에, 우리는 전체가 아닌 부분만을 알 뿐이다. 따라서 저자를 포함한

---

43 Westphal, *Whose Community? Which interpretation?*, 65-66; 『교회를 위한 철학적 해석학』, 101-02.

44 Ricoeur, *Du texte à l'action*, 112.

그 누구도 의미의 소유권을 주장할 수 없으며, 저자나 독자 모두 자신의 제한된 조건 아래서만 텍스트를 이해할 수밖에 없음을 겸허히 인정해야 한다. 바로 이러한 이해와 해석의 유한성이 포스트모더니스트로 분류되는 프랑스 사상가들과 철학적 해석학을 가로질러 양자의 문제의식을 공유하게 할 뿐만 아니라 이 문제의식을 바탕으로 그리스도교 신앙에 대한 반성을 촉진할 계기로 작동하기에 이른다. 즉, 그리스도인 중 그 누구도 텍스트, 또는 경전의 의미를 독점을 할 수 없다. 바르트, 데리다, 푸코라는 "우리의 프랑스 삼총사처럼, 가다머와 리쾨르는 저자와 독자의 역사적 유한성이 '절대적 지식'에 대한 이러한 '허세'를 막아 준다고 본다. 성서적 신앙은 이와 일치하는 신학적 근거를 가진다. 곧 우리는 피조물이지 창조주가 아니다."[45]

III. 그리스도교는 웨스트폴의 포스트모더니즘 전유 작업에서 무엇을 배울 수 있는가?

이제 유한성의 해석학을 기반으로 삼는 웨스트폴의 포스트모더니즘이 그리스도교를 향해 어떤 메시지를 던지는지 알아보자. 우선 포스트모던 해석학, 상대주의 해석학은 텍스트 이해에 있어 신자이

---

[45] Westphal, *Whose Community? Which interpretation?*, 66; 『교회를 위한 철학적 해석학』, 102.

자 해석자인 독자, 또는 그 독자들의 공동체인 교회가 해석학적 겸
손을 함양해야 함을 우리에게 가르쳐 준다. 이것이 왜 중요한가? 그
리스도교만이 아니라 책의 종교라고 불릴 수 있는 모든 종교는 경
전의 가르침에 준거하여 신자들의 신앙을 구축한다. 이 경우 경전
의 가르침은 어떤 교리나 권위에 의해서 절대적인 하나의 해석으
로 기울어지는 경향을 보이기 쉽다. 이를테면 각종 종교 회의의 교
리를 수호하기 위한 결정이나 특정 신조의 규준들로 경전 해석을
환원하는 시도는 종교 텍스트가 생성해 내는 다채로운 의미와 그
의미에 대한 다양한 이해를 가로막고, 특정한 하나의 해석에 절대
적 권위를 부여할 수도 있다. 이 경우 자칫 신자들은 오직 하나의
해석, 바로 그 해석만으로 자기 삶의 다양한 차원을 이해해야 하는
부담을 짊어지게 되고, 그러한 해석의 기준을 부여한 종교적 권위
나 주체들은 마치 자신들이 절대적 진리의 수호자가 된 것과도 같
은 '허세'에 빠지기 쉽다. 포스트-모더니스트들의 절대적 저자의 죽
음이라는 논지와 이 논지를 해석학적으로 전유한 웨스트폴의 유한
성의 해석학은 바로 그러한 허세를 경계하고, 진리에 대한 다양한
이해와 해석의 가능성을 열어 두는 해석학적 겸손을 통해 자신을
새롭게 이해할 수 있는 길을 열어 준다. "어째서 그런가? 한 사람의
독자로서 나와 텍스트의 대화는 해석학적 순환 내에서 일어난다.
나는 텍스트에 개방되어 있으면서, 텍스트에 주의 깊게 귀를 기울
이며, 텍스트가 아마도 분명 '나와 반대되는' 생각으로 나를 이끌게
하면서, 내 안에서 작동하는 전제들을 개정하거나 대체한다."[46] 이

런 개정과 대체의 과정을 우리는 가다머와 리쾨르도 강조한 교양(Bildung)이라는 말로 수렴되는 우리 자신에 대한 형성이나 재사회화로 부를 수 있을 것이며, 바로 우리는 이런 과정을 통해 자기-자신에 대한 아집에서 벗어날 수 있다.

이런 점에서 웨스트폴은 이제 더는 절대적 진리를 소유하거나 독점하는 일에 집착하지 말고, 나 또는 우리의 유한한 한계 안에서 일어나는 진리 사건들에 주목하자고 제안한다. 절대적으로 유일한 진리는 신의 소유이고 우리 인간은 "소문자 t로서의 진리(truth)"에 참여할 뿐이다.[47] 바로 이런 인식론적 유한성의 맥락에서, 그리스도인들은 포스트모던 사상을 결코 두려워할 필요가 없다. 오히려, 진리를 독점했다고 믿는 정통주의 그리스도인들에게 포스트모던 사상은 일종의 훌륭한 치료제 역할을 할 수 있다. 왜냐하면 반복해서 강조했던 것처럼, 포스트모던 상대주의 해석학인 유한성의 해석학은 신과 인간 사이의 심연을 인정하고, 우리의 이해와 해석이 특수한 조건과 한계 안에서의 인식임을 여러 가지 방식으로 알려 줄 뿐 아니라 우리가 타자의 목소리를 들음으로써 진리를 새로이 이해할 수 있게 해주기 때문이다.

이 점과 관련해서 웨스트폴은 가다머의 번역과 대화의 이념을

---

46 Westphal, *Whose Community? Which interpretation?*, 117; 『교회를 위한 철학적 해석학』, 189.

47 B. Keith Putt and Merold Westphal, "Talking to Balaam's Ass: A Concluding Conversation," *Gazing Through a Prism Darkly*, 184.

전유한다. 번역은 한 언어를 다른 언어로 옮기는 작업이다. 중요한 고전에 대해서 우리는 다양한 역본을 사용할 수 있다. 성서와 같은 경전에 대해서도 우리는 다양한 번역본을 참조하면서 더 나은 의미에 도달할 수 있다. 번역은 여럿이지만 그중에 나은 번역을 선택할 수도 있다. 또한 우리는 각각의 번역 가운데 더 나은 번역이 무엇인지 평가할 수도 있다. 그 어려운 과정을 통과하면서, 우리는 더 나은 진리 이해에 이를 수 있다. 이를테면, "올바르긴 하지만 딱딱하거나 시대에 맞지 않는 번역, 아니면 그 밖의 방식으로 한 세계에서 다른 세계로 노련하게 옮기지 못한 번역이 있을 것이다. 다음으로, 의미를 한 세계에서 다른 세계로 효과적으로 전달함으로써 텍스트의 의미에 충실한 올바른 번역이 있을 것이다."[48] 종교적 진리에 대한 이해가 경전 텍스트에 대한 이해와 연결된다면, 그것은 언제나 번역을 수반한다. 이 과정에서 우리는 여러 해석의 도구들을 활용하여 좋은 번역과 나쁜 번역을 구별해 낼 수 있다. 이런 점을 고려할 때, 우리는 각자의 맥락과 문화에 걸맞은 번역어로 해석해 내는 과정에서 다양한 의미를 얻으면서도, 조금 더 나은 진리 이해와 그렇지 못한 진리를 구별해 낼 수 있게 된다. 말하자면 해석학의 모험은 이러한 번역과 이해의 과정처럼, 여러 좋은 번역을 참고하고 비교하는 가운데 더 나은 이해에 이르고자 하는 시도다. 그렇다면 "해석학적 다원주의는 무정부 상태가 아니라, 정도의 차이는 있

---

48   Westphal, *Whose Community? Which interpretation?*, 106; 『교회를 위한 철학적 해석학』, 169.

겠지만 텍스트 및 궁극적으로는 텍스트의 주제의 임무 달성에 몸담은 규율과 자유를 결합한 것이다."[49]

대화는 또 어떤가? 이와 관련해서 여러 가지를 말할 수 있겠으나 웨스트폴은 특별히 "대화의 일환으로 다른 해석자들과의 대화를 수행할 필요"를 강조한다.[50] 가다머가 주로 강조하는 것은 텍스트와 읽는 자 사이에 일어나는 대화지만, 웨스트폴은 텍스트를 읽는 독자들 간의 대화를 조금 더 부각한다. 이 과정을 통해 우리는 앞서도 언급한 것처럼, 다른 해석의 목소리를 들을 수 있고, 내 해석을 다른 이에게 전달할 수 있다. 이렇게 이해한 것을 주고받는 과정에서 내가 이미 이해하고 있던 바를 확증하거나 개정하거나 변경하는 일이 일어날 수 있다. 가다머식으로 말하자면 바로 이런 일이 "지평들의 융합"이다.

> 그런데 나는 나의 변화가 진전을 나타내는가 하는 여부를 어떻게 알 수 있을까? … 나는 텍스트와 나누는 대화의 일환으로 다른 해석자들과의 대화를 수행할 필요가 있다. … 만일 그들이[대화자들이] 서로의 통찰을 공유하고 그 과정에서 자신들의 지평을 넓혔더라면, 좀 덜 불충분한 관점에 이르렀을 것이다. 교양(Bildung)의

---

49 Westphal, *Whose Community? Which interpretation?*, 106; 『교회를 위한 철학적 해석학』, 170.

50 Westphal, *Whose Community? Which interpretation?*, 117; 『교회를 위한 철학적 해석학』, 189.

목표는 바로 이렇게 어떤 특정한 관점에서 더 보편적인 관점으로 이행하는 것이다. … 이것이 지평들의 융합이다.[51]

이런 "지평들의 융합"은 텍스트와 독자 사이에서만 일어나는 것이 아니다. 그것은 독자들 사이에서도 일어날 수 있다. 이 융합의 과정을 통해 우리는 진리의 개연성을 더 높일 수 있고, 더 풍부하게 만들 수 있다. 한 걸음 더 나아가 다양한 해석자들은 그러한 대화를 통해 진리에 대한 합의에 이를 수도 있으며, 이를 통해 여전히 상대적이지만 잠재적인 차원에서 보편성으로 가는 길을 열어 갈 수 있다.

　이 점을 더 고양하기 위해, 웨스트폴은 진리 이해를 위한 해석학적 대화의 가능성을 개인들에게서 공동체로 확장한다. 그는 대표적인 종교 공동체 가운데 하나인 교회의 정체성이나 존재 방식 자체가 대화라고 정의한다. 이것은 교회가 대화에 나서야 한다거나 교회가 타자와의 대화라는 기능을 발전시켜야 한다는 관습적 주장보다 더 급진적이다. 왜냐하면 이 주장은 교회의 **본질** 자체를 대화라고 보고 있기 때문이다. "이는 교회의 **존재 방식**이 다른 무엇보다도 우선, 교회를 세우는 '고전' 텍스트인 성서와 여러 세기에 걸쳐 발전되어 온 전통들을 더욱 깊이 이해하려고 하는 공동체적 대화라는 것을 의미한다."[52]

51　Westphal, *Whose Community? Which interpretation?*, 117-18; 『교회를 위한 철학적 해석학』, 189-90.

52　Westphal, *Whose Community? Which interpretation?*, 120; 『교회를 위한 철학적 해

이 공동체적인 해석학적 대화를 통해 구체적으로 무엇을 얻을 수 있는가? 그것은 종교간 대화, 에큐메니컬 대화를 증진해 내면서 종교 간, 교회 간, 종파 간 거리를 좁히는 진리에 대한 어떤 중첩적 합의에 이르게 할 수 있다. 웨스트폴은 그 예로 1999년 루터교 세계연맹과 로마 가톨릭교회의 대표자들이 합의했으며, 이후 세계감리교협의회까지 동참한『칭의에 관한 공동선언문』을 든다. 이 합의는 완전한 일치는 아니더라도 각자의 진리 체계에서 가장 중요한 몇몇 대목의 "차이 가운데서도 **일치**"를 이루어 냈다는 점에서 매우 중요하다.[53] 이를 통해 서로는 서로의 입장에 개방적 태도를 보이게 되고, 자신에 대해 종교적 타자들인 다른 교파들이 같은 진리를 이해하고 있음을 확증한다. 더 중요한 것은 이런 진리에 대한 상호 이해가 이미 진리의 삶의 실천이라는 점이다. 대화를 통해 우리가 어떤 합의에 이르렀다는 것은 서로가 서로에게 적이 아닌 친구가 될 수 있음을 입증해 낸 삶의 실천이다. "가톨릭과 루터파의 포괄적 교리는 그 공식적인 의미와 관련하여, 방금 설명한 이중적인 자기-부정의 원칙(무력이나 정치권력을 써서 폭력적으로 강요하지 않음)을 띨 뿐만 아니라, 타자를 폭력적이고 독설에 찬 수사, 정죄, 배척을 통해 정복해야 할 적으로 다루기를 거부하는 수준에 이르는 '신실한' 것이다."[54]

석학』, 192.

53 Westphal, *Whose Community? Which interpretation?*, 137;『교회를 위한 철학적 해석학』, 220.

54 Westphal, *Whose Community? Which interpretation?*, 138;『교회를 위한 철학적 해석학』, 222.

여기서 언급된 루터교 세계연맹이나 로마 가톨릭교회, 세계감리
교협의회 모두 그 스스로 정통주의를 표방하는 교파와 단체들이다.
하지만 그들은 자신들이 배타적으로 진리를 독점하고 있다는 생각
을 내려놓고 교파 간 대화를 통해 교의적 진리에 대한 합의에 이르
렀다. 이것이 바로 유한성의 해석학이 작용한 사례이며, 해석학적
대화를 통해 "경청이라는 … 중요한 덕목"과 "우정의 덕"을 실천하
는 데 도달한 사례이다.[55] 즉, 이들은 웨스트폴의 말처럼 소문자 t로
서의 진리를 추구함으로써 타자에게서 도래하는 진리의 목소리를
들은 것이다. 이런 점에서 유한성의 해석학은 우리 시대의 정통주
의 교파들에게 "무엇보다도 중요한 덕목"인 "인식론적 혹은 해석
학적 겸손"을 일깨운다. "이러한 겸손에는 전통에서 달아나려 하지
않으면서도 자기 전통을 우상화하지도 않는 전통에 대한 진정한
배려가 있다."[56] 이렇게 포스트모던 사상으로서의 유한성의 해석학
은 정통주의자들이 자신들의 교리를 우상화하는 태도에서 벗어나
타자의 목소리를 경청하는 종교적 겸손의 덕을 함양하게 하는 효
과를 발휘한다. 이것이 바로 그리스도인들, 특별히 완고한 정통주
의자들이 포스트모더니즘으로부터 배울 수 있는 실제적 유익이며,
이런 맥락에서 고안된 포스트모더니즘을 우리는 독단적 유신론이

---

55   Westphal, *Whose Community? Which interpretation?*, 140; 『교회를 위한 철학적 해
    석학』, 226.

56   Westphal, *Whose Community? Which interpretation?*, 139; 『교회를 위한 철학적 해
    석학』, 223-24.

나 교파주의를 치료할 치료제로 간주해도 좋을 것이다.

IV. 카푸토의 웨스트폴 비판과 웨스트폴의 응답

이제 웨스트폴이 유한성의 해석학으로 포스트모더니즘을 종교 연구와 종교적 신앙에 전유하는 작업이 얼마나 정당한지 검토해 보자. 이 작업과 관련해서는 유럽 대륙종교철학의 또 다른 전문가인 존 카푸토의 비판을 살펴보는 게 큰 도움을 준다. 카푸토는 웨스트폴의 포스트모더니즘 전유 작업을 접하고서는, 이를 "방법론적 포스트모더니즘"이라고 부르면서, "웨스트폴에게 포스트모더니즘은 해석학이고, 이 해석학은 우리의 인식의 가능성과 한계에 대한 설명으로서 인식론적 지위를 가진다"라는 정확한 지적을 하고 있다.[57] 그런데 문제는, 카푸토에 의하면, 이런 식의 포스트모더니즘이 포스트모더니즘을 매우 제한적인 형태로만 취한다는 데 있다. 웨스트폴이 말했듯이, "현대 문화에 대한 그리스도교적 해석과 비판을 위해 포스트모던적 통찰을 전유할 가능성"을 모색하는 것이 그의 주된 관심사인데,[58] 이것은 포스트모더니즘의 더 급진적인 성격에 주

---

57 John D. Caputo, "Methodological Postmodernism: On Merold Westphal's Over-coming Onto-Theology," *Faith and Philosophy: Journal of the Society of Christian Philosophers* 22.3 (2005), 286-87.

58 Westphal, *Overcoming Onto-theology*, 188.

목하지 못하게 만든다. 이 점에서 다음과 같은 카푸토의 논지는 매우 결정적이고 중요하다. "… 나의 주된 반대는 그것이 인식론적 자아와 예지계적 세계 사이의 (또한 인식론과 일종의 존재론 사이의) 평행적 구별을 불러일으키면서, 시간과 영원성에 관한 고전적인 그리스 형이상학의 구별을 작동시킨다는 것이다. 그래서 나는 그러한 구별이 장착되어 있지 않은, 내가 더 강고한 포스트모더니즘 혹은 일반적으로 내가 더 급진적인 해석학이라고 부르는 것으로 웨스트폴을 조금 더 강하게 압박하고 싶다."[59]

이 말은 웨스트폴이 여전히 전통적인 신 관념 및 신앙관을 견지하고, 거기에 근본적인 의문을 제기하지 않기 때문에, 포스트모더니즘이 전망하는 더 급진적인 신관이나 신앙관, 즉 어떤 정통주의적 신앙 문법을 해체하거나 위반하고, 반-정통적이거나 비-정통적인 신앙의 모험으로 초대하는 데까지 나아가지 못함을 뜻한다. 카푸토에 의하면, "신앙과 관련된 포스트모더니즘의 주요 사상은 신앙을 안전하게 만드는 게 아니라, 우리의 믿음 등이 지닌 우발성에 대한 충격적이고 유익한 여지를 주는 것이다. 그것은 믿음들의 상대성을 증명하기 위한 것이 아니라 그 믿음들의 급진적 맥락성을 보여 주기 위한 것이다."[60] 만일 우리가 이런 식으로 포스트모더니즘을 종교적으로 전유한다면, "그것은 또한 내가 더 급진적인 해석학, 즉 더 강고한 포스트모더니즘이라고 부르는 것에 있어서 신앙

---

59 Caputo, "Methodological Postmodernism," 292.

60 Caputo, "Methodological Postmodernism," 292-93.

자체가 그리스도교나 비그리스도교, 종교, 비종교, … 또 종교가 있든 없든 자신의 신앙을 근본적으로 비특권적인 것으로 발견한다는 의미다. … 급진적인 해석학적 상황에 부응하는 것은 단순히 '신적 계시'라고 부를 수 없는 것의 급진적인 번역 가능성에 부응하는 것이다."[61] 무슨 뜻인가? 예를 들어 카푸토의 포스트모더니즘의 원천인 데리다의 해체구성적 작업은 정통주의의 해체구성에 거침이 없다. 종교적 맥락에서 그것은 모든 형이상학적 전통 종교에서 신성하다고 말하는 것, 절대적 참이라고 부르는 것은 사변적 전제이지, 그 자체로 정당화될 수 없다는 점을 보여 주려는 시도다. 이런 점에서 우리는, 자기 자신을 "한 명의 무신론자로 '마땅히 통한다'"고 한 "데리다의 무신론이 웨스트폴이 승인해야 할 무신론과 정확히 같은 종류의 무신론"인 것을 절대 간과하지 말아야 한다.[62] 데리다는 결코 유신론을 정당화하기 위해 고안된 것이 아니며, 기본적으로 무신론자의 길을 간다. 다만 카푸토가 보기에, 무신론자의 길은 기본적으로 형이상학적 유신론을 벗어나는 길이라는 점에서, 포스트

---

61   Caputo, "Methodological Postmodernism," 293.

62   Caputo, "Methodological Postmodernism," 289. 데리다가 한 발언을 그대로 옮기면 이렇다. "그러나 그녀는 내 삶에서 항구적인 신이 다른 이름으로 불린다는 것을 알고 있었음이 틀림없다. 그래서 나는 매우 합당하게 한 사람의 무신론자로 통하며, … 야훼는 내게 너무 낯설고도 친숙한 여성의 모습으로 남아 있다." Jacques Derrida, "Circumfession: Fifty-nine Periods and Periphrases Written in a Sort of Internal Margin, between Geoffrey Bennington's Book and Work in Preparation (January 1989-April 1990)," Geoffrey Bennington and Jacques Derrida, *Jacques Derrida*, trans. Geoffrey Bennington (Chicago: University of Chicago Press, 1993), 155.

모더니즘이 최소한 정통 신앙을 고집할 수 없고, 일종의 급진적 다원주의를 표방한다는 점만큼은 부정할 수 없다. "포스트모더니즘의 게임이 아침 일찍부터 본격적으로 진행되면, 우리의 신앙은 환원할 수 없는 다수의 신앙에 노출되고, 우리의 목소리는 안팎으로 다양한 목소리에 노출된다. … 포스트모더니즘은 시간적이거나 영원한 것과는 다른, 유한성이나 무한성과는 다른, 가능하거나 필연적인 것과는 다른 관점에서 생각하기를 권유하는 것이다."[63] 당연히 이 관점에서 특정 종교는 영원하지도, 무한하지도, 필연적이지도 않다. 카푸토의 입장에서 웨스트폴은 이런 포스트모더니즘의 놀이터에 들어가기를 멈추고, 그저 포스트모더니즘을 신앙의 유익을 위한 도구 정도로만 활용함으로써, 새로운 놀이를 제안하는 포스트모더니즘의 도발적이고 유쾌하면서도 위험한 "너무 많은 것을 안전하게 만들어 버린다."[64]

카푸토의 꽤 충실한 비판과 비교해 볼 때, 웨스트폴의 응답은 상대적으로 너무 간략하다. 하지만 다음과 같은 웨스트폴의 응답은 카푸토가 간과한 대목을 잘 지적하고 있다. 카푸토는 웨스트폴이 포스트모더니즘 전반이 반대하는 전통 형이상학에 의존하는 것 같다고 지적했는데, 그는 이 비판에 다음과 같이 응수한다. "… 목적은 이상적인 형이상학적 체계를 만드는 것이 아니라 인간이 할 수 있는 한 성서의 계시에 충실해지는 것이다. 이것은 … 추상적인 형

---

63   Caputo, "Methodological Postmodernism," 295.

64   Caputo, "Methodological Postmodernism," 292.

이상학적 범주들이 사랑하고, 돌보며, 초대하고, 고통받으며, 분노하는 신에 관한 인격적, 도덕적 관념 안에서 목적론적으로 중단되어야 한다는 것을 의미한다."[65] 실제로, 웨스트폴은 근대적인 사변적인 형이상학이 하이데거가 비판한 존재-신학에 불과하다며 이를 극복하는 것을 그의 주요 작업으로 삼았다. 그가 이런 존재-신학을 비판할 때, 전통 교부 신학에 의존하기는 하지만, 그것을 그대로 답습하거나 그들의 형이상학적 체계마저 긍정하는 것은 아니다. 오히려 웨스트폴의 의도는 다음과 같다. "타자성 및 탈중심화된 자기와 같은 탈근대적 논지와 전근대적인 교부적 에토스를 혼합시킴으로써, 나는 탈근대적 통찰이 본질상 세속적이지 않으며, 다른 각도에서 보면, 그것이 데카르트보다 아우구스티누스와 더 가까운 자리에 서게 된다는 것을 보여 주고자 한다."[66] 그러므로 전통적인 그리스도교의 신 관념에서 비롯하는 신의 속성, 사랑, 돌봄, 인간과 함께 고통을 받는 것, 자비, 분노 등과 같은 인격성을 자기-원인(*causa sui*)이나 최고 완전한 존재(*ens summe perfectum*) 같은 형이상적 신 개념으로 환원하여 이해하는 것이 문제라고 한 것이 웨스트폴의 주장일 뿐,[67] 그가 전통 형이상학의 추상적 관념에 찬동한 것은 아

---

[65] Merold Westphal, "Reply to Jack Caputo," *Faith and Philosophy* 22:3 (2005), 299.

[66] Westphal, *Transcendence and Self-Transcendence*, 7.

[67] 이 문제에 대해서는 비록 짧은 글이기는 하나 우리말로 번역된 다음 글을 참조할 수 있다. Merold Westphal, "Onto-theology, Metanarrative, Perspectivism, and the Gospel." *Christianity and the Posomodern Turn: Six Views*. Edited by Myron B. Penner (Grand Rapids, IM.: Brazos Press, 2005), 141-153. 국역본: 「존재-신학, 메

니다. 다시 말해, 정통주의 노선에서 신을 추구하는 게 반드시 형이
상학적 관념으로 들어가는 것은 아니라는 게 웨스트폴의 입장이며,
실제로 그는 이를 아우구스티누스, 아퀴나스와 같은 전근대 철학자
와 레비나스와 탈근대 철학자들을 재해석하고, 양자를 연결하면서
논증한 바 있다.[68]

오히려 카푸토의 논지에서 예리한 부분은 웨스트폴의 제한적인
포스트모더니즘 수용이다. 웨스트폴은 자신의 정통 그리스도교 신
앙에 관한 집착 또는 천착 때문에 포스트모더니즘을 매우 완화된
형태로만 받아들인다. 실제로 데리다의 주장은 카푸토가 지적한 것
처럼 기본적으로 무신론으로 통하는 게 맞다. 다만 데리다는 반-유
신론으로서의 무신론을 추구하는 사상가가 아니며, 서양 형이상학
을 극복하려는 시도가 언제나 유신론과의 대화 속에서 이루어지고,
또 유신론과 무신론의 전통적인 대립 자체를 극복하는 게 필요하
다고도 주장한다. 카푸토도 바로 이 노선에서 종교의 해체론적 재
구성을 가능하게 할 더 급진적인 해석학을 내세웠으며, 계시에 대
한 해체구성을 통해 형이상학적 초월 또는 초-존재의 자리를 제거
하는 모험을 감행했다. 이렇게 되면 "그리스도교의 계시가 드러내
는 것은 초자연적 존재자들과 거주할 다른 세계가 아니라 세계-

타내러티브, 관점주의 그리고 복음」, 『기독교와 포스트모던 전환』, 한상화 옮김(서울:
기독교문서선교회, 2013), 231-252.

68 이 작업이 바로 웨스트폴이 『초월과 자기-초월』에서 주안점을 두고 전개한 것이다. 특
히 Westphal, *Transcendence and Self-Transcendence*, 93-141, 177-226을 보라.

내-존재의 구체적 모습이다. … 그것은 많은 계시 중 하나이다."[69]

데리다는 마이스터 에크하르트와 부정신학 전통을 해석하면서, 에크하르트가 제안한 신의 이름으로서의 Übersein이 존재론을 극복한 것이라기보다는 존재 위의 존재로서의 초-존재임을 지적하며 해체론이 부정신학과 무관하다는 견해를 밝힌 바 있다. "부정신학은, 우리가 알고 있는바, 언제나 본질과 존재의 유한한 범주들, 말하자면 현전의 범주들의 반대편에서 초-본질성(supra-essentialité)를 구출해 내는 일과 연관된 것이며, 또 언제나 신의 우월하고, 파악 불가능하며, 말로 표현할 수 없는 존재 방식을 인정하기 위해 신에게 존재의 술어를 부여하기를 거부하는 것이라는 점을 상기하는 데 몰두하는 것이다. 이러한 운동은 여기서 문제가 될 사안이 아니며, 이 또한 점진적으로 확증될 것이다. 차이(différance)는 … 어떤 회귀도 없이 존재신학을 포섭하고, 기입하며, 초과한다."[70] 이런 데리다의 입장은 카푸토가 계승하고 있는 초자연적 존재의 우위성에 대한 거

---

69   John D, Caputo, *Hermeneutics: Facts and Interpretation in the Age of Information* (London: Penguin/Pelican, 2018), 190; 『포스트모던 해석학』, 이윤일 옮김(서울: 도서출판 b, 2020), 294.

70   Jacques Derrida, "La différance," *Marges de la philosophie* (Paris: Les Éditions de Minuit, 1972), 6. '차연'이나 '차-이'로도 번역되는 différance는 '다르다'와 '지연하다'를 모두 함축하는 프랑스어 différer를 원용한 데리다의 고유한 개념이다. 이 개념에는 '다르다'와 '지연하다' 또는 '연기하다'라는 의미만 있는 게 아니라 형이상학의 기원과 근거, 존재의 음성적 현전이 문자 기록이나 존재의 타자를 따라 재구성되거나 해체된다는 데리다 특유의 사유를 담고 있다. 그러므로 이 말에는 '다르다'와 '지연하다' 같은 의미만이 아니라 문자로만 차이를 확인할 수 있는 서구 담론의 특성도 함축하고 있다. 이 의미를 살리기 위해 데리다 연구자들 사이에서 많이 사용되는 또 다른 번역어인 차이라는 번역어를 사용했다.

부를 잘 드러낸다. 이런 사상을 계승하여, "초자연적 존재자들"이나 순수 계시와 순수 존재의 우위성을 설정하려고 하지 않은 카푸토의 데리다 수용이 웨스트폴의 제한적인 데리다 수용이나 포스트모더니즘 전유보다 포스트모던 담론을 더 깊고 넓게 수용한 것이다.[71]

반면에, 앞서도 보았듯이 웨스트폴은 데리다를 인간의 유한성을 지적하고, 절대적 저자의 죽음을 가르쳐 준 철학자로 간주하여, **교회의 자기-반성을 위한** 자양분을 제공하는 원천으로만 활용한다. 카푸토가 주목한 대로, 웨스트폴은 데리다와 관련해서 다음과 같이 말할 뿐이다. "데리다는 정기적으로 그가 논의하는 쟁점이 신학적이라고 주장하며, 또 우리는 이미 해체구성을 통해 우리가 신적이라는 것을 부정하고 있음을 보았다. … 절대지에 대한 갈망은 … 세계를 우리의 개념적 지배에 복종하도록 강요하는 욕망에 불과하다."[72] 이런 점에서 웨스트폴의 포스트모더니즘 전유는 지극히 방법론적이고, 단지 해석학적이며, 인식론적이다. 하지만 데리다의 해체 작업만 하더라도, 그런 해석학적 겸손을 알려 주는 것을 넘어서 "종교 없는 종교",[73] 또는 정통주의 자체의 해체를 말하는 데까

---

71 카푸토의 데리다 이해는 그의 다음 저작을 참조하라. John Caputo, *The Prayers and Tears of Jacques Derrida: Religion without Religion* (Bloomington: Indiana University Press, 1997).

72 Westphal, *Overcoming Onto-theology*, 189.

73 Jacques Derrida, "Donner la mort," *L'éthique du don: Jacques Derrida et la pensée du don*, Colloque de Royaumont (1990), éd. Jean-Michel Rabaté et Michael Wetzel (Paris: Métailié-Transition, 1992), 53.

지 나아간다. 이런 점에서 웨스트폴은 분명 포스트모더니즘의 여러 통찰을 잘 전유하지만, 그 전유가 여전히 정통주의를 훼손하지 않는 수준에서만 이루어진다.

실제로, 이러한 웨스트폴의 태도는 가장 최근에 나온 그의 저술, 『이질성에 대한 찬사』에서도 명확하게 드러난다.

> 나는 이 문제들에 대해 중립적인 척하지 않는다. 나는 … 내가 '순전한 그리스도교'(mere Christianity)라고 부르는 것을 신봉하는 프로테스탄트 신자다. 하지만 나는 … 신학자가 아닌 철학자로서 해야 할 역할을 한다고 생각한다. 나는 신적 계시를 종교적 삶의 가능한 근거로 논하지만, 그것을 … 권위로 내세우지 않는다. 나는 … 신적 계시로 알려진 것을 주재할 어떤 형태의 인간 이성에 헤게모니를 부여하는 철학과 신학의 관계에 관해 말한다. … 나는 이 담장의 양쪽에 있는 사상가들이 내 논증이 지닌 힘을 느껴야 한다고 생각한다.[74]

웨스트폴은 자신이 서 있는 종교 전통을 절대 숨기지 않으며, 말년에 이르러 이를 더 노골적으로 드러내고 있다. 그는 삼위일체, 그리스도의 십자가 구속, 속죄, 부활 등을 온전히 믿는 순전한 그리스도교의 지지자다. 그래서 종교 없는 종교나 종교 없는 삶의 긍정적 가

---

[74] Merold Westphal, *In Praise of Heteronomy: Making Room for Revelation* (Bloomington and Indianapolis: Indiana University Press, 2017), xxiii.

능성을 주장하는 철학, 신의 초월에 의존하는 자기-초월과는 무관하게 지금 여기서의 세계-내-존재의 내재성에 초점을 맞추는 포스트모던 종교 이론까지 수용하지는 않는다. 이런 점에서 그의 포스트모더니즘은 수용은 정통주의자들이 보기에는 포괄적이겠지만 포스트모더니스트들이 보기에는 지나치게 협소하며, 너무 지나칠 정도로 정통주의 그리스도교를 사유의 준거로 삼는다. 신학자라면 별다른 문제가 없을지 모르겠으나 철학자이길 자처하는 웨스트폴이기에 이런 그의 태도는 그를 철학자보다는 정통주의 신학자처럼 보이게 하고, 심지어 그리스도교 변증론자처럼 보이게도 한다.

물론 웨스트폴이 정통주의 그리스도교가 보편 이성에 호소할 필요도 없고, 그렇게 되어서도 안 된다는 일관된 태도를 유지한다는 점에서 그는 분명 포스트모던 사상가이기는 하다. 하지만 애런 시몬스(J. Aaron Simmons)가 잘 지적한 것처럼 "웨스트폴에게 … 포스트모더니즘은 단순하게 '신의 어깨 너머로 엿볼 수 없다'는 개념"으로 한정되며,[75] 이는 그의 포스트모더니즘이 신의 어깨까지 오르고자 했던 근대적인 보편적 진리관의 맹점과 이를 답습하는 그리스도교의 절대성에 대한 집착을 치료하는 유효한 치료제로 국한된다는 점을 잘 보여 준다. 하지만 포스트모더니즘이라는 치료제가 지닌 쓰디쓰지만 유익할 수 있는 여러 가지 다른 약효를 그저 달고 특

---

75   J. Aaron Simmons, "Personally Speaking … Kierkegaardian Postmodernism and the Messiness of Religious Existence," *Phenomenology and the Post-Secular Turn Contemporary Debates on the 'Return of Religion,'* eds. Michael Staudigl and Jason W. Alvis (London and New York: Routledge, 2018), 59.

별한 해악이 없는 것으로, 어쩌면 궁극적으로는 무익한 것으로까지 완화해 버릴 한계도 안고 있다.

V. 평가와 전망: 그럼에도 불구하고, 유의미한 전유

웨스트폴의 포스트모더니즘에 대한 개방적 전유에도 불구하고, 그의 포스트모더니즘에 대한 종교적 전유는 포스트모더니즘과 종교의 더 깊은 대화를 가로막는 역설을 드러낸다. 이는 웨스트폴이 결단코 정통주의 그리스도교, 즉 삼위일체라거나 전지전능한 신 관념을 견지하는 '순전한 그리스도교'의 이념을 포기하지 않기 때문이다. 앞서 살펴본 대로 그는 이러한 그리스도교의 핵심 교의를 훼손하지 않는 수준에서만 포스트모더니즘을 방법론적으로 활용하고자 하며, 그 너머로 나아가는 도전적 시도는 하지 않는다.

하지만 그렇다고 해서 웨스트폴의 포스트모더니즘 활용이 무의미해지는 것은 아니다. 그는 포스트모더니즘을 제한적으로 활용할지언정 푸코, 데리다, 리오타르와 같이 포스트모더니스트로 분류되는 이들의 철학을 악의적으로 곡해하거나 그들을 이단시하는 우를 범하지 않는다. 또한 그들에게 억지로 그리스도교적 세례를 베풀어 그들을 일종의 그리스도교적 사상가로 전환해 버리는 무리수를 두지도 않는다. 웨스트폴이 고안한 유한성의 해석학은 종교인들에게 포스트모더니즘과 그리스도교의 공통분모가 무엇인지 정확하게 가르쳐 준다. 또한 그는 해석의 상대주의를 수용하여 해석학적 대화에 나서는 포스트모던 해석학을 통해 이것이 단지 성서 해석의 다원성만이 아니라 종교 간, 교파 간 대화를 증진할 수 있는 중요한 도구가 될 수 있음을 탁월하게 논증해 냈다. 이런 점에서 비록 제한적인 수용이긴 하지만, 웨스트폴의 포스트모더니즘 수용과 활용은 우리가 현대 사상과 대화하는 법을 가르쳐 준다는 점에서 유의미하다.

요컨대, 정통주의자들은 웨스트폴을 따라서 유한성의 해석학으로서의 포스트모던 해석학을 해석의 독점과 타자를 배제하는 독단적 태도에서 벗어나게 해 주는 치료제로 받아들일 수 있을 것이다. 특별히 일련의 현대 철학을 너무 쉽게 이단화하는 한국 교회 일부 진영의 사유 경향에 비추어볼 때, 웨스트폴의 사유는 종교적 정통주의자들이 포스트모더니즘과 같은 현대 사상을 단순하게 금기시하지 않고, 동시대 사상과 충분하게 대화하며 이를 전유함으로써 겸손하게 진리를 추구할 수 있는 길을 제시한다는 점에서 큰 의의를 가진다. 이러한 웨스트폴의 해석학적 사유를 받아들임으로써 우리의 진리가 대문자 T로서의 진리(Truth)가 아니라 소문자 t로서의 진리(truth)임을 받아들인다면 정통주의자들은 그들에게 자신들과 다른 종파나 신학적 지향을 가진 종교적 타자들과 더 깊은 대화를 나눌 수 있을 것이며, 더 풍요로운 진리의 함의를 얻을 수 있을 것이다. 실제로 웨스트폴이 즐겨 인용하는 성서 구절이 가르쳐주듯, 우리 모두 적어도 **지금은** 그저 희미하게만 진리를 볼 수 있을 따름이니 말이다. "**지금은** 우리가 거울 속에서 영상을 보듯이 희미하게 보지마는, 그 때에는 우리가 얼굴과 얼굴을 마주 볼 것입니다. 지금은 내가 부분밖에 알지 못하지마는, 그 때에는 하나님께서 나를 아신 것과 같이, 내가 온전히 알게 될 것입니다"(고린도전서 13:12).[76]

---

76 강조는 필자. 인용은 『표준새번역 성경』을 따랐다. 웨스트폴은 이 구절을 변형하여 진리에 대한 다음과 같은 견해를 밝힌 바 있는데 이는 그의 유한성의 해석학에 대한 종교적 통찰을 요약해 주는 말이라고 해도 좋을 것이다. "진리는 그 자체로 하나일 수 있지만, 우리로 하여금 진리를 희미하게 보게 하는 거울은 또한 진리에 대한 우리의 이해를 환원할 수 없을 정도로 다양하게 만드는 프리즘이다." Merold Westphal, "Phenomenologies and Religious Truth," *Phenomenology of the Truth Proper to Religion*, ed. Daniel Guerrière (Albany: State University of New York Press, 1990), 117.

더 읽을거리

「존재-신학, 메타내러티브, 관점주의 그리고 복음」, 『기독교와 포스트모던 전환』

● 메롤드 웨스트폴 지음, 마이런 B. 펜너 편집, 한상화 옮김, 231-252. 서울: 기독교

문서선교회, 2013.

국내에 그리 잘 알려지지 않은 글이지만 이 짧은 글을 통해 독자들은 웨스트폴이 포스트모더니즘을 이해하는 기본 틀을 이해할 수 있다. 여기서 그는 포스트모더니즘이 신을 개념적으로 사유하게 만드는 경향을 비판하는 존재-신학 비판과 공명한다고 주장한다. 또한 리오타르의 메타-내러티브 비판, 소위 거대 담론 비판으로서의 포스트모더니즘 역시 근대성이 내포한 진보에 대한 신화적 믿음과 전체화의 경향을 비판한다는 점에서 근대성과 대립하는 그리스도교가 충분히 수용 가능한 사상이라고 주장한다. 이 책에는 웨스트폴의 글 이외에도 케빈 J. 밴후저, 스콧 스미스, 제임스 K.A. 스미스 등의 포스트모더니즘에 대한 견해와 서로에 대한 비판적 논평도 함께 볼 수 있다. 웨스트폴은 이 책에 수록된 「이야기들과 언어들에 관하여」란 그의 또 다른 글에서 다른 저자들의 견해를 논박하는데, 적어도 (내가 보기에) 철학적 엄밀성과 포스트모더니즘에 대한 이해의 깊이에 있어서는 다른 저자들이 웨스트폴을 따라가지 못한다.

『키르케고르: 신앙의 개념』

● 메롤드 웨스트폴 지음, 이명곤 옮김. 서울: 홍성사, 2018.

본서는 웨스트폴의 대표적인 키에르케고어 연구서 중 하나다. 이 책은 기

본적으로 키에르케고어 연구서이므로 그의 다른 저작에 비해서는 해석학과 포스트모더니즘에 관한 웨스트폴의 견해가 두드러지지 않는다. 하지만이 책은 '신앙'이라는 주제를 중심에 놓고 그것을 비-체계적으로 표현하는 키에르케고어의 철학을 일목요연하게 해석하고 있다. 특별히 본서에 등장하는 "신앙은 평생의 과업이다", "신앙은 이성의 목적론적인 중지이다", "신앙은 객관적 불확실성에 대한 열정적인 수용이다"와 같은 논지는 그 특유의 해석학적 이해와 탈근대적 시각을 잘 반영하고 있다. 해석학은 해석학적 순환 안에서 텍스트를 매개로 삼아 자기 자신을 끝없이 이해하는 자기에 대한 해석학적 접근을 주장하는데, 위 첫 번째 논지가 바로 그러한 해석학적 시각을 잘 함축하고 있다. 또한 "신앙은 이성의 목적론적인 중지이다"라는 논지는 키에르케고어가 이성-중심주의적 근대성의 이념과 상반되는 신앙주의를 주장한다는 점을 잘 보여 주며, "신앙은 객관적 객관적 불확실성에 대한 열정적인 수용이다"라는 논지 역시 역시 데카르트의 형이상학적 확실성과 대립하는 키에르케고어의 생각을 잘 보여 준다. 이런 웨스트폴의 해석학적이고 탈근대적인 시각이 함축되어 있음을 파악하며 본서를 독파하면 키에르케고어에 대한 색다르면서도 깊이 있는 통찰을 얻을 수 있다.

『교회를 위한 철학적 해석학: 누구의 공동체? 어떤 해석?』

• 메롤드 웨스트폴 지음, 김동규 옮김. 고양: 도서출판 100, 2019.

웨스트폴의 다른 책에 비해서 얇고 조금 쉬운 언어로 내용을 기술한 책이지만 그의 독창인 종교 해석학적 입장이 잘 반영한 책이다. 이 책에서 웨스트폴은 철학적 해석학이 포스트모더니즘의 통찰과 공명한다는 점을 부각하면서 근대적 객관성과 객관주의에 초점을 맞춘 성서 해석과 자기 이해의 맹점을 정확히 지적하고, 상대주의적 해석학이 왜 필요한지를 명징한 말로 논증한다. 또한 이러한 해석학적 통찰을 실제 교파 간 대화의 사례에 적용함으로써, 철학적 해석학이 비단 성서 해석만이 아니라 교파 간 대화나 종교 간 대화를 긍정적으로 촉진할 수 있다는 점을 밝힌 대목은 해석학의 활용 방식을 더 넓게 확장해 낸 중요한 성과다. 이 책에서 웨스트폴이 자신의 주요 우군으로 활용하는 철학자는 가다머인데, 독자들은 이 책을 가다머에 대한 간결하면서도 명료한 해설서로 활용할 수도 있을 것이다.

Transcendence and Self-Transcendence: On God and Soul

• Merold Westphal, Bloomington: Indiana University Press, 2004(한글 번역본 출간 예정).

본서는 신과 인간 주체성 또는 종교적 주체성을 웨스트팔의 고유한 탈근대적 관점에서 해명한 연구서다. 이 책에서 웨스트폴은 신의 초월성과 인간의 자기-초월성이 별개의 것이 아니라 서로 맞물려 돌아간다는 점을 밝힌다. 존재-신학에 종속된 신-관념은 인간에 대한 이해마저 그러한 개념적 신-담론과 평행을 이루게 한다. 반면에 존재-신학을 극복하려는 신-담론이 증진되면 될수록 인간의 존재와 인식 역시 자기-초월적 성격을 가지게 된다. 웨스트폴은 이 점을 하이데거의 존재-신학 비판을 전유하는 작업을 시발점으로 삼아 아우구스티누스, 위-디오니시오스, 아퀴나스, 칼 바르트, 레비나스, 키에르케고어를 가로지르며 파헤친다. 특별히 이 책에서는 웨스트폴의 고유한 해석학적 현상학과 포스트모더니즘은 물론이고 그 특유의 철학에 대한 변증법적 접근 방식을 엿볼 수 있다. 그는 어떤 한 철학자를 고양하기보다 철학사에서 존재-신학을 극복하려 했던 사상가들의 논의를 통해 자신의 논지를 확대하고 심화하는 방식으로 본인의 입장을 정당화한다. 이를 통해 우리는 웨스트폴의 철학적 통찰만이 아니라 철학사를 꿰뚫는 그의 탁월한 철학적 소양을 함께 배울 수 있으며, 다른 무엇보다도 바람직한 종교적 주체성은 어떻게 구성될 수 있는지에 대한 섬세한 철학적 논증을 접할 수 있다. 개인적으로는 웨스트폴의 여러 저작 가운데서 그의 독창적인 주장과 철학자 해석이 가장 잘 드러난 책이라고 생각한다.

참고문헌

김동규, 「옮긴이 해설」. 『교회를 위한 철학적 해석학: 누구의 공동체? 어떤 해석?』.
　　　김동규 옮김, 255-284. 고양: 도서출판 100, 2019.

_____. 「정통주의 그리스도교는 포스트모더니즘으로부터 무엇을 배울 수 있는
　　　가?: 메롤드 웨스트폴의 유한성의 해석학과 포스트모더니즘에 대한 종교
　　　적 전유」. 『종교와 문화』 41 (2021): 156-193.

진태원, 『애도의 애도를 위하여: 비판 없는 시대의 철학』. 서울: 그린비, 2019.

Caputo, John D. *Hermeneutics: Facts and Interpretation in the Age of Infor-*
　　　mation. London: Penguin/Pelican, 2018. 국역본: 『포스트모던 해석학』.
　　　이윤일 옮김. 서울: 도서출판 b, 2020.

_____. "Methodological Postmodernism: On Merold Westphal's Overcoming
　　　Onto-Theology." *Faith and Philosophy: Journal of the Society of Chris-*
　　　tian Philosophers 22.3 (2005): 284-296.

_____. *The Prayers and Tears of Jacques Derrida: Religion without Religion.*
　　　Bloomington: Indiana University Press, 1997.

Derrida, Jacques. "Circumfession: Fifty-nine Periods and Periphrases Written
　　　in a Sort of Internal Margin, between Geoffrey Bennington's Book
　　　and Work in Preparation (January 1989-April 1990)." Geoffrey Ben-
　　　nington and Jacques Derrida, *Jacques Derrida.* Translated by Geof-
　　　frey Bennington, 3-315. Chicago: University of Chicago Press, 1993.

_____. "Donner la mort." *L'éthique du don: Jacques Derrida et la pensée du*
　　　don. Colloque de Royaumont (1990). Édité par Jean-Michel Rabaté et
　　　Michael Wetzel, 11-108. Paris: Métailié-Transition, 1992.

_____. "La différance." *Marges de la philosophie*, 1-29. Paris: Les Éditions de

Minuit, 1972.

_____. "La structure, le signe et le jeu dans le discours des sciences hu-
maines." *L'écriture et la différence*, 409-428. Paris: Éditions du Seuil,
1967. 국역본: 「인문과학 담론에서의 구조, 기호, 게임」. 『글쓰기와 차이』.
남수인 옮김, 437-460. 서울: 동문선, 2001.

Foucault, Michel. "Qu'est-ce qu'un auteur?" *Dits et Ecrits: 1954-1988*. tome I. Édité
par Daniel Defert et François Ewald, 789-821. Paris: Gallimard, 1994.

Holmes, Arthur. *All Truth Is God's Truth*. Grand Rapids, MI.: William B. Eerd-
mans, 1977. 국역본: 『모든 진리는 하나님의 진리다』. 서원모 옮김. 서울:
크리스천다이제스트, 1991.

Kant, Immanuel. *Kritik der reinen Vernunft* (1781; 1787). Herausgeben von
Jens Timmermann. Hamburg: Felix Meiner, 1998. 국역본: 『순수이성비
판 1』. 백종현 옮김. 서울: 아카넷, 2006.

Keith, Putt, B. "The Benefit of the Doubt: Merold Westphal's Prophetic Phi-
losophy of Religion." *Gazing Through a Prism Darkly: Reflections on
Merold Westphal's Hermeneutical Epistemology*. Edited by B. Keith
Putt, 1-19. New York: Fordham University Press, 2009.

Keith, Putt B. and Westphal, Merold. "Talking to Balaam's Ass: A Concluding
Conversation." *Gazing Through a Prism Darkly: Reflections on Mer-
old Westphal's Hermeneutical Epistemology*. Edited by B. Keith Putt,
181-205. New York: Fordham University Press, 2009.

Kierkegaard, Søren. *Philosophical Fragments*. Ttranslated by Howard V. Hong
and Edna H. Hong. Princeton, N.J.: Princeton University Press, 1985.
국역본: 『신앙의 부스러기』. 표재명 옮김. 서울: 프리칭아카데미, 2007.

Lyotard, Jean-François. *La condition postmoderne*. Paris: Éditions de Minuit,
1979. 국역본: 『포스트모던의 조건』. 유정완 옮김. 서울: 민음사, 2018.

Ricoeur, Paul. *Du texte à l'action*. Paris: Éditions du Seuil, 1986.

Sands, Justin. "Appendix: An Interview With Merold Westphal." *Reasoning From Faith: Exploring the Fundamental Reasoning from Faith: Exploring the Fundamental Theology in Merold Westphal's Philosophy of Religion*. 341-348. Ph.D. Dissertation. Katholieke Universiteit Leuven, 2015.

_____. *Reasoning from Faith: Merold Westphal's Philosophy of Religion: Fundamental Theology in Merold Westphal*. Bloomington: Indiana University Press, 2018.

Schulz, Heiko. "Germany and Austria: A Modest Head Start: The German Reception of Kierkegaard." *Kierkegaard's International Reception*. Tome I. *Nothern and Western Europe*. Edited by John Stewart, 307-419. Aldershot: Ashgate, 2009.

Simmons, J. Aaron. "Personally Speaking ⋯ Kierkegaardian Postmodernism and the Messiness of Religious Existence." *Phenomenology and the Post-Secular Turn Contemporary Debates on the 'Return of Religion.'* Edited by Michael Staudigl and Jason W. Alvis, 51-69. London and New York: Routledge, 2018.

Westphal, Merold. *Becoming a Self: A Reading of* Concluding Unscientific Postscript. West Lafayette, IN: Purdue University Press, 1996.

_____. "Faith Seeking Understanding." *God and the Philosophers*. Edited by Thomas V. Morris, 215-226. Oxford and New York: Oxford University Press, 1994.

_____. *History and Truth in Hegel's Phenomenology*. Atlantic Highlands, 1979; Reprinted Edition, Bloomington: Indiana University Press, 1998.

_____. "In Defense of the Thing in Itself." *Kant-Studien*. 59.1 (1968): 118-141.

_____. *In Praise of Heteronomy: Making Room for Revelation*. Bloomington and Indianapolis: Indiana University Press, 2017.

_____. "Interview with Merold Westphal." *The Leuven Philosophy Newsletter* 13 (2004-2005): 26-30.

_____. "Introduction." *Reason, Experience, and God: John E. Smith in Dialogue*. Edited by Vincent M. Colapietro, 1-5. New York: Fordham University Press, 1997.

_____. *Kierkegaard's Concept of Faith*. Grand Rapids, IM.: William B. Eerdmans, 2014. 국역본: 『키르케고르: 신앙의 개념』, 이명곤 옮김. 서울: 홍성사, 2018.

_____. *Kierkegaard's Critique of Reason and Society*. Pennsylvania: The Pennsylvania State University Press, 1991.

_____. *Levinas and Kierkegaard in Dialogue*. Bloomington: Indiana University Press, 2008.

_____. "Onto-theology, Metanarrative, Perspectivism, and the Gospel." *Christianity and the Posomodern Turn: Six Views*. Edited by Myron B. Penner, 141-153. Grand Rapids, IM.: Brazos Press, 2005. 국역본: 「존재-신학, 메타내러티브, 관점주의 그리고 복음」, 『기독교와 포스트모던 전환』. 한상화 옮김, 231-252. 서울: 기독교문서선교회, 2013.

_____. *Overcoming Onto-theology: Toward a Postmodern Faith*. New York: Fordham University Press, 2001.

_____. "Phenomenologies and Religious Truth." *Phenomenology of the Truth Proper to Religion*. Edited by Daniel Guerrière, 105-125. Albany: State University of New York Press, 1990.

_____. "Postmodernism and Religious Reflection." *International Journal for Philosophy of Religion*. 38:1 (December 1995): 127-143.

_____. "Remembering Arthur Holmes." *Comment Magazine*. November 9, 2011.

_____. "Reply to Jack Caputo." *Faith and Philosophy*. 22.3 (2005): 297-300.

_____. *Suspicion and Faith: The Religious Uses of Modern Atheism*. New York: Fordham University Press, 1998.

_____. *Transcendence and Self-Transcendence*. Bloomington and Indianapolis: Indiana University Press, 2004.

_____. "The Joy of Being Indebted: A Concluding Response." *Gazing Through a Prism Darkly: Reflections on Merold Westphal's Hermeneutical Epistemology*. Edited by B. Keith Putt, 163-180. New York: Fordham University Press, 2009.

_____. *Whose Community? Which interpretation?: Philosophical Hermeneutics for the Church*. Grand Rapids, MI: Baker Academic, 2009. 국역본: 『교회를 위한 철학적 해석학: 누구의 공동체? 어떤 해석?』. 김동규 옮김. 고양: 도서출판 100, 2019.

9. 종교와 정치 관계를 탐색하는 비판적 정치신학자[*]

윌리엄 캐버너

손민석

I. 들어가면서: 캐버너의 생애와 문제의식

정치와 종교의 관계를 둘러싼 탐구는 개인 일상과 정치공동체, 국제 관계에 이르는 다양한 갈등 원인의 맥락을 이해하고 해결 방안을 모색하는 데 중요한 주제로 자리매김했다. 정치와 종교 관계를 근원적으로 탐구하고 포괄적인 인식의 지평을 확보하기 위해서는 종교 문제를 통치 이데올로기를 정당화하는 기제 혹은 이에 저항하는 사회 운동의 한 영역으로 간주하는 차원을 넘어서는 연구가 필요하다. '세속화 테제'를 자명한 것으로 간주하지 않고 세속 근대성과 분화 논리 그 자체를 탐구 대상으로 삼는 연구, 이른바 신학-정치적 상상을 둘러싼 연구들이 진행되는 것 역시 바로 이 때문이다.[1]

- [*] 이 글은 윌리엄 캐버너, 『신학, 정치를 다시 묻다』, 손민석 옮김(서울: 비아, 2019)에 수록된 옮긴이의 글과 다음 논문을 수정 및 보완한 것이다. 손민석, 「팬데믹 시대, 비판적 시민성과 정치신학-윌리엄 캐버너의 담론을 중심으로」, 『철학·사상·문화』, 제34호 (2020년 11월): 370-403.

[1] 정치 이론과 국제 정치 사상에서 '신학-정치적 상상'에 대한 간략한 연구 경향은 다음

근대의 신학-정치적 상상 연구는 근대 이후에도 정치신학의 권력 효과가 지속되고 있다는 문제의식을 바탕으로 논의가 전개된다. 신을 쫓아냈다 하더라도 여전히 신의 자리는 남아 있으며, 그 자리에 의미를 부여하는 믿음의 자리 역시 상존한다. 이 글에서 소개할 윌리엄 캐버너(William T. Cavanaugh)는 이러한 문제의식을 염두에 두고 작업한 비판적 정치신학자다.

1963년생으로 이민자 가톨릭 배경에서 태어난 캐버너는 미국에서 성장하고 노트르담 대학교에서 신학 학위를 취득했다. 이후 영국 케임브리지 대학교에서 「급진적 방법론의 도전: 혼 소브리노와 우고 아스만의 방법론 비교」(The Challenge of a Radical Method: A Comparison of the Methodologies of Jon Sobrino and Hugo Assmann)라는 제목으로 석사 논문을 작성했다. 석사 학위를 받은 이후에는 칠레의 독재 정권 치하에서 2년여간 빈민가에서 교회 사목을 경험하면서 억압적인 정치·경제 체제의 대안을 모색하는 운동에 참여했다. 미국으로 돌아와 노트르담 대학교 로스쿨 시민인권센터에서 고문 피해자의 증언을 남기는 일에 참여하고, 이후 듀크 대학교에서 박사 과정을 밟게 된다. 그는 스탠리 하우어워스의 지도로 종교학 박사 학위를 취득했으며, 학위 논문을 수정·보완해서 1998년 『고문과 성찬례: 신학, 정치, 그리스도의 몸』(Torture and Eucharist: Theology, Politics, and the Body of Christ)이라는 제목을 단 단행본을 출

소개글을 참고하라. 손민석, 「서구 정치이론과 국제정치사상에 있어서 '신학-정치적 상상'」, 『한국국제정치학회소식』 제176호 (2021년 12월): 35-40.

간했다. 캐버너는 권력 남용과 우상숭배 문제에 각별한 주의를 기울이는데, 이러한 문제의식은 이후 집필된 저작들에 다양한 방식으로 반영되어 있다.

캐버너는 폭력 국가에 맞서 투쟁하는 저항신학 담론을 발전시켜왔다. 특히 그의 초기 저작은 현대 폭력 정치의 주요 소재지인 국가권력을 문제화한다. 관례적인 자유주의자들은 일반적으로 공적 영역과 사적 영역을 구분하고, 종교 자유가 사적 영역에 국한되는 것이 바람직하다는 견해를 제시한다. 종교가 사적 영역에 제한되지 않고 공적 무대에 등장할 때, 공론장은 타협 불가능한 교착상태에 빠지고, 심지어 '종교전쟁'과 같은 폭력 사태가 도래할 것을 우려하기 때문이다. 하지만 캐버너는 지배 권력이 '허락한' 사적 영역 내부로 종교적 논의를 제한하는 것은 종교 담론을 지배 권력을 강화하는 수단으로 전락시키는 결과를 낳을 수 있다고 지적한다. 그는 국가폭력의 문제를 종교 공동체가 따져 물을 수 있는 공적 담론으로 발전시키고, 폭력에 저항하는 실천이 담보될 때 종교적 폭력에 대한 반성 역시 열매를 맺는다고 주장한다.

문화 헤게모니를 행사하려는 종교권력의 문제는 캐버너가 보다 근래에 주목한 또 다른 주제다. 그는 공론장 일각에서 제기되는 종교 자유 및 종교 박해 담론에 관여한다. 캐버너는 종교 공동체의 자유 자체를 긍정하기는 하지만, 교권주의자들이 종교 자유 담론을 남용하는 현실을 비판한다. 종교를 사적 영역에만 가두는 것이 바람직하지 않지만, 그렇다고 온갖 시대착오적이고 폭력적인 근본주의적 신념이 공론장에서 활보하는 것 역시 방치할 수 없다는 것이다. 그는 상이한 입장을 조율하는 과정에서 '시민 교양'(civility)이 필요할 때조차 종교 자유를 빌미로 이를 전면적으로 무시한다거나, 자신들의 입장이 관철되지 않을 경우 박해받고 있다고 과장하는 수사에 제동을 건다.

캐버너가 박해 담론에 비판적으로 관여한 것은 남용된 박해 담론으로 인해 사회적으로 가장 억눌리고 있는 이들이 고통당하는 현실이 은폐되고 있기 때문이다. 그는 자신의 도덕적 정당성을 확보하고 정치적 결집 효과를 극대화하기 위해 가해자에서 희생자로 자리바꿈하는 '전도된 희생자 의식'을 민감하게 의식한다. 캐버너는 사회 바깥으로 내쫓긴 이들을 환대하고 부당하게 억압받는 이들과 연대하는 지향점을 망각한 채 제 몸 부풀리기에만 몰두하는 종교 자유 담론의 허구성을 폭로한다. 동시에 그는 일각에서 과대 포장된 박해 담론의 폐단에 대한 반작용으로 모든 박해를 '신화'로 치부하는 주장 역시 희생자들의 실제 현실을 온전히 반영하지 못한다고 지적한다. 캐버너는 주류 담론에서 배제된 채 고통받는 이웃의 얼굴을 마주 보고, 정치적·경제적·문화적으로 작동하는 권력 조작으로 인해 희생당한 이들과 연대하기를 촉구한다.

이 글의 순서는 다음과 같다. 먼저 II절에서는 전례의 렌즈를 통해 정치와 종교의 착종된 관계를 추적한다. 보다 구체적으로는 '정치의 종교화, 종교의 정치화' 문제를 고찰하고 교회와 국가 관계가 상호 침투적 성질을 띠면서 발전해 온 역사를 간략하게 살펴본다. III절에서는 종교를 사적 영역으로 국한한 서구 역사적 맥락과 정치적 의미에 대한 캐버너의 관점을 소개한다. 국가폭력을 문제화하고 종교의 공적 역할을 논의하기 위해서는 공적 무대에 선 종교가 폭력적인 결과를 초래한다는 담론이 제기하는 도전을 먼저 이해할 필요가 있다. IV절에서는 공적 영역에서의 신앙 투쟁을 주제로 삼는다. 여기에서는 전례의 관점을 가지고 칠레의 피노체트 정권이 자행한 고문정치와 이에 맞서는 저항신학 운동의 사례를 검토한다. V절에서는 공론장에서 제기되는 종교 자유와 종교 박해 담론에 주의를 기울이면서 종교권력의 문제를 다룬다. 그리고 마지막으로 교회를 야전병원으로 마음에 그리는 캐버너의 작업이 갖는 의미를 숙고한다.

II. '전례'(liturgy)의 관점에서 본 정치와 종교

캐버너는 '공사 구분'에 대한 전통적 이해방식으로는 '정치의 종교화, 종교의 정치화' 문제를 해소하기 어렵다고 지적한다. 그는 세속 국가의 '종교성'과 신앙공동체의 '정치성'을 전례의 관점에서 탐색한다. 그는 미국에서 가장 강력한 종교가 내셔널리즘이라고 주장한 선행 연구를 참조한다. 일례로 캐롤린 마빈과 데이비드 잉글은 미국 내셔널리즘에 활력을 불어넣는 국가 전례가 피의 제사와 마찬가지로 전체를 위한 개인의 희생을 끊임없이 상기시키면서 공동체를 결집한다고 말했다. 전통 종교에서 희생을 명할 권한의 최종 소재지를 '신성'(deity)에 둔다면, '미국 애국주의라는 종교' 체계에서 신적 위상을 지닌 국가는 구성원에게 희생을 요구한다는 것이다. 이들 연구에 따르면, "집합적 희생은 미국의 국가 정체성을 구성한다." '충성의 맹세'(Pledge of Allegiance)를 비롯한 국민의례에서 수행되는 언어와 몸짓은 "집단에 필수 불가결한 것을 간직하는 효과를 낳는 기억 유도의 행위"라고 할 수 있다.[2]

캐버너 역시 이들과 마찬가지로 국민적인 전례를 통해 '국가 주권'이 존재한다는 감각이 생성된다는 점에 주목한다. 교회가 찬송, 교리문답, 성찬례를 통해서 '그리스도 안에서 한 몸'이라는 공동의 사회적 상상(common social imaginary)을 구성원들이 공유하는 것처럼, 근대국가에서는 국민들이 독립기념일을 기억하면서 국기 게양에 참여하고, 국가(國歌)를 부르면서 국가대표팀을 응원하는 와중에 국가(國家)에 대한 감각이 생성된다. 대중의 의식에 침투한 공동체에 대한 '사회적 상상'이 국가에 대한 충성을 불러일으키는 것이다.[3]

2 Carolyn Marvin and David W. Ingle, *Blood Sacrifice and the Nation: Totem Rituals and the American Flag* (Cambridge, U.K: Cambridge University Press, 1999), 10, 129. 미국인들은 "미합중국의 국기에 대해, 그리고 이것이 대표하는, 모든 사람을 위해 자유와 정의가 함께하고 신(神) 아래 갈라질 수 없는 하나의 국가인 공화국에 대해 충성을" 맹세한다. '충성의 맹세' 작성자인 프랜시스 벨라미는 학령기 아이들이 충성 서약을 반복함으로써 주기도문이나 교리문답 같은 종교 의례를 반복할 때와 동일한 효과를 갖기를 기대했다. William T. Cavanaugh, "The Liturgies of Church and State," *Liturgy* 20.1 (2005), 27.

3 Fredrik Portin, "Liturgies in a Plural Age: The Concept of Liturgy in the Works of William T. Cavanaugh and James K. A. Smith," *Studia Liturgica* 49.1 (2019), 127. 국가에 대한 충성은 때로 살육당한 희생자들을 은폐하는 작업에 공모한다. 미국 내 셔널리즘의 경우 "최상의 애국 의례와 가장 접근하기 쉬운 대중문화에서 폭력적으로

캐버너는 국가의 '종교적' 특징과 함께 교회의 '정치적' 특징에 관심을 기울인다. 그는 '영적 공동체'인 교회가 그 자체로 하나의 정치체(polis)로 출발했음을 상기시킨다.[4] 캐버너에 따르면 가톨릭 전통의 성찬례는 대안 공간을 빚어낸다. 성찬례는 개인과 지역 공동체를 연결할 뿐 아니라 세계 가톨릭 공동체를 하나의 전체(Catholica)로 이루는 사회적 상상을 공유한다. 교회의 실천이 지역 차원에서 이루어질 뿐 아니라 보편성을 확보한다고 할 때, 그것은 "지역과 국가의 경계를 뛰어넘어 동료 시민이 누구인지를 다시 규정"하는 정치적 함의를 내포한다.[5]

캐버너는 교회 전례가 공간을 재편할 뿐 아니라, 시간을 재배열함으로써 정치적으로 전복적인 특성을 드러낸다는 점에 주목한다. 성찬례가 다시 구성하는 시간 세계는 지금과는 다른 과거와 미래 시간을 동시적으로 경험하도록 조직된다. 캐버너는 "성찬례가 과

희생된 신성이라는 핵심 신화(core myth of violently sacrificed divinity)를 중심으로 조직화된 의례 체계"로 이루어졌다. Marvin and Ingle, *Blood Sacrifice and the Nation*, 3. 캐버너는 상상된 공동체에 대한 '궁극적 희생'이라는 제사의 언어로 참혹한 살상의 현실을 가린다는 점에 주목한다.

4   셸던 월린 역시 십자가 사건의 정치적 특성을 지적한다. 그는 "그리스도교인들의 주(主)는 정권의 명령으로 사형당했다"는 점에 주목하면서, "바울의 가르침의 중대한 의미는 정치적 질서를 신적인 체계 안으로 끌어들여 그리스도교인들이 정치적 질서와 대결할 수밖에 없도록 한 데 있었다"고 말한다. 서구 정치 전통에서 그리스도교 사상은 교회(ecclesia)라는 대안적 시공간을 창조함으로써 '비판적' 시민성 담론에 영속적인 각인을 남기게 되었다는 것이다. 셸던 월린, 『정치와 비전 1』, 강정인·이지윤·공진성 옮김(서울: 후마니타스, 2007), 168.

5   캐버너, 『신학, 정치를 다시 묻다』, 87-88.

거 권력자들에게 처형당한 예수의 죽음과 부활에 대한 '위험한 기억'이 담긴 행위일 뿐 아니라, 미래에 임할 신국에 대한 종말론적 기대를 머금은 행위"라고 말한다. 그에 따르면 궁극적 지향이 역사 안의 시공간을 넘어 존재한다는 주장은 정치적 급진성을 가진다.[6]

국가와 교회는 '종교성'과 '정치성'의 특성을 공유하면서 역사 속에서 서로에게 영향력을 행사해 왔다. 두 기관은 각자의 '구원/안녕'(salus)을 약속하면서 구성원을 결집했다. 또한 양자 모두 구성원의 연대를 결집하는 중심에 "신비적이고 비합리적인 힘"이 존재했다. 셸던 월린의 지적처럼 교회가 '성찬의 신비'로 구성원을 결집한다면 국가는 '민족의 신비'로 구성원의 연대를 이끌어 낸다. 이 점에서 "교회와 근대국가 사이에 존재하는 유사성이 전적으로 우발적인 것은 아니다." 축적된 개념사 연구는 '그리스도의 몸'에 대한 관념의 변화와 국가에 종교적 요소가 유입된 과정이 맞물려 있음을 보여 준다.[7]

---

6   정치 공간에 종말론적 지평이 개방되었을 때 혼란과 무질서가 가속화되고 정치적으로
     참혹한 결과가 초래될지, '창조적 파괴'를 통해 물신화되고 약탈적인 정치경제 질서에
     해방의 활력을 가져올지는 열린 물음이다. 캐버너는 종말과 재림에 대한 기대를 머금
     은 '위험한 기억'을 통해 속도에 대한 감각을 재구성한다. 그것은 무한 경쟁의 약탈적
     정치경제 체제가 의존하는 시간인 "'종말/목적'(end) 없는 채로 끝없이 진행되는 시간
     의 획일적 행군을 멈춰" 세운다. 윌리엄 캐버너, 『신학, 정치를 다시 묻다』, 17. 다음을
     참고하라. William T. Cavanaugh, "Return of the Golden Calf: Economy, Idolatry,
     and Secularization since *Gaudium et spes*," *Theological Studies* 76.4 (2015): 698-
     717.

7   월린, 『정치와 비전 1』, 223. 초기 교회에서 그리스도의 '신비적 몸'(corpus mysticum)
     이 사용되었을 때 그것은 성찬례를 지칭한 것이었다. 신비적 몸은 성사 안에서 '숨어
     있으면서 현존하는 그리스도의 몸'인 성체를 의미했다. 영성체 예식을 통해서 교회 공

성사의 용법으로 사용되던 그리스도의 '신비적 몸'(corpus mysticum)은 교리 논쟁을 거치면서 교회 공동체를 가리키는 표현으로 전이되었는데, 이 과정에서 개념의 정치화가 점차 진행되었다. 특히 "신비적 몸이라는 관념 배후에 놓인 엄청난 감성적 힘을 감지했던" 지식인들은 "신비적 몸과 정치적 몸(corpus politicum)을 혼용하면서 사용"하기 시작했다. 이들은 교회 공동체 담론을 전유해서 세속 국가의 정당성을 강화하는 논리를 발전시킨다. 초기 교회의 '그리스도의 몸'에 대한 개념이 중세에 '신비적 교회의 몸'으로 변화되고, 이후 '신비적 국가의 몸'으로 전유되면서, "신체정치"(body politic) 담론은 새로운 국면을 맞이하게 된다. "왕은 불멸하는 신체정치를 지니고 있다"는 주장이 등장한 것이다.[8]

국가는 교회를 '패러디'하고 권력 조직을 '신비적 공동체'로 결집

동체를 가리키는 그리스도의 '참된 몸'(corpus verum)으로 신자들이 변화되어 간다고 이해한 것이다. 11세기 교리 논쟁을 거치면서 '신비적 몸'과 '참된 몸'이 지칭하는 대상이 바뀌게 된다. 투르의 부주교였던 브랑가르(Berengar of Tours)는 성별된 빵과 포도주 안에 현존하는 그리스도를 상징적인 것으로 파악하려고 하다가 파문을 당하게 된다. 이후 성찬례 안에 현존하는 그리스도의 실재가 강조되면서 성찬례를 '참된 몸'으로 표현하게 되었고, 교회 공동체를 그리스도의 '신비적 몸'으로 부르기 시작한다. 용어와 개념의 변천 과정에서 13세기 이후에는 성찬례와 상관없이 교회 공동체를 '신비적인 교회의 몸'(Corpus Ecclesiae Mysticum)으로 호명하고 있었다. 그리스도의 신비체에 대한 개념사 연구는 다음을 참고하라. Henri de Lubac, *Corpus Mysticum: The Eucharist and the Church in the Middle Ages*, trans. Gemma Simmonds, Richard Price (London: SCM Press, 2006).

8   월린, 『정치와 비전 1』, 225; Ernst H. Kantorowicz, *The King's Two Bodies: A Study in Mediaeval Political Theology* (Princeton, N.J.: Princeton University Press, 1957), 506 참고.

하면서 구원자 역할을 떠맡기 시작했다.[9] 또한 "서임권 투쟁 이
후에, 국왕은 더 이상 과거처럼 교회 전례 안에서 역할을 담당하는
'그리스도의 대리자'(vicar of Christ)로 남지 않고, 교회의 매개 없이
신으로부터 직접 권위를 인정받는 '신의 대리자'(vicar of God)라고
주장하기 시작했다."[10]

　중세 교리 논쟁과 서임권 투쟁 이후 국가 권위는 점차 강화되어
갔다. 또한 국가권력이 "공동체를 형성하는 성찬의 힘을 차용"하는
사이에, 성찬례가 결속시키는 집합적 힘은 약해져 갔다.[11] 캐버너는
서구 근대세계의 출현 과정에서 국가가 자신을 구원자로 등판시키
는 '국가의 신화'(myth of the state)를 구축한 점에 주목한다. 유럽의
역사에서 중요한 분기점 가운데 하나는 근대 초기 유럽의 종교전
쟁이었다.

9　월린, 『정치와 비전 1』, 224.

10　William T. Cavanaugh, "Eucharistic Identity in Modernity," *Between the State
and the Eucharist: Free Church Theology in Conversation with William T. Cava-
naugh*, eds. Joel Halldorf, Fredrik Wenell (Eugene, Oregon: Pickwick Publica-
tions, 2014), 158. 칸토로비츠는 중세 초기 '전례적'(liturgical) 왕권과 후기 '신적 권
리'(divine right)를 주장하는 왕권을 대비시킨다. 전자가 제단에 있는 성자(聖子)를 모
델로 삼았다면, 후자는 하늘에 있는 성부(聖父)를 모델로 삼는다. Ernst H. Kantorow-
icz, *The King's Two Bodies*, 93.

11　William T. Cavanaugh, "The Mystical and the Real: Putting Theology Back into
Political Theology," *Political Theology in Medieval and Early Modern Europe:
Discourses Rites and Representations*, eds. M. Herrero, J. Aurell, A. C. Miceli Stout
(Turnhout: Brepols, 2017), 58.

III. 종교와 사적 영역: 종교적 폭력 담론과 근대 종교 개념의 '발명'

이 절에서는 근대 서구의 탄생 과정에서 일어난 종교전쟁과 정교분리 원칙, 그리고 사적 영역으로서의 종교 개념 발명을 통해 종교와 정치의 관계를 캐버너의 시선으로 탐색한다. 마크 릴라는 『사산된 신』에서 관례적인 방식으로 근대세계의 탄생 과정에서 이루어진 '정교분리 원칙'(Great Separation)을 경축한 바 있다. 그는 '정치와 종교의 분리'를 유발한 핵심 문제가 그리스도교세계(Christendom) 내부의 신학 교리 문제였다고 지적한 바 있다. 은총론, 예정론, 예수의 인격, 성찬 같은 교리 차이가 광신주의를 불러왔고, 유럽세계에서 평화와 안정을 위협했다는 것이다.[12]

캐버너 역시 신의 이름으로 폭력이 행사된다고 말한다. 나아가 폭력을 자행한 이들이 '진정한' 종교인이 아니라는 주장은 부분적으로는 정당해 보이지만, 캐버너는 더 깊은 차원에서 그러한 주장 이면에 은폐된 '꼬리 자르기' 전략을 비판한다. 공동 책임을 통감하기보다 자신이 소속된 종교의 나쁜 동료 신자를 비웃고 조롱하면서

---

12   Mark Lilla, *The Stillborn God: Religion, Politics, and the Modern West* (New York: Knopf, 2007), 58. 국역본: 『사산된 신』, 마리 오 옮김(서울: 바다출판사, 2009). 종교개혁 이후 교리 차이가 종교적 광신을 낳았고, 문제해결로 국가가 나서면서 정교분리 원칙이 확립되었다는 서사는 비단 릴라만의 독특한 주장은 아니다. 가령 슈클라 역시 공적인 장으로 종교가 개입할 때 자행되는 폭력성을 언급하면서, 자유주의는 "잔혹한 종교전쟁으로부터 발생"했다고 말한다. "자비를 베풀어야 한다는 그리스도교의 주장은 종교전쟁의 잔혹성으로 인해 모든 종교의 제도와 종파에 대한 책망으로 되돌아왔다." Judith Shklar, *Ordinary Vices* (Cambridge, Mass.: Harvard University Press, 1984), 5.

마치 자신은 거룩한 존재처럼 보이려고 '구별 짓기'하는 것이 아니 냐는 것이다. 다만 종교와 폭력의 상관관계에서 캐버너가 문제화하는 지점은 인과관계가 엄밀한지 여부다. 사람은 온갖 이유로 사람을 죽인다. 캐버너는 그렇다면 "종교 아닌 것보다 종교가 특별히 더 폭력을 조장하는 성향이 있는지" 고찰할 필요가 있다고 지적한다.[13]

캐버너는 종교적 폭력의 대표 사례로 제시되고 관례적으로 정교분리 원칙의 분기점으로 간주되는 근대 초 유럽의 종교전쟁 서사를 다시 읽는다. 신성로마제국 군대가 '루터파' 비텐베르크가 아닌 '가톨릭' 로마를 약탈한 사례나 리슐리외 추기경 휘하에 있던 프랑스의 '가톨릭' 군대가 '가톨릭' 합스부르크 왕가를 견제하기 위해 '프로테스탄트' 세력인 스웨덴을 도운 사실 등 역사적 정황을 검토하면서, 캐버너는 종교전쟁이 단순히 프로테스탄트주의와 가톨릭주의 사이에 일어난 갈등으로 해석될 수 없음을 주지시킨다. 그는 문제의 원인을 종교적 광신에 두고, 세속화된 국가 중심 세계를 조

---

13 William T. Cavanaugh, "Religion, Violence, Nonsense, and Power," *The Cambridge Companion to Religion and Terrorism*, ed. James R. Lewis (New York: Cambridge University Press, 2017), 23. 『종교와 테러리즘』 하홍규 옮김 (서울: 한울, 2020). 캐버너는 폭력적이고 비합리적인 인간의 충동은 어디서나 나타나는 현상이며, 모든 해악을 종교 범주로 몰아넣는 작업은 '신화'에 가깝다고 주장한다. 나아가 그는 이슬람세계에 대한 서구 사회의 편견을 염두에 두면서 일각에서 논의되는 "'종교적' 폭력과 '세속적' 평화의 대립 구도가 새로운 식민주의 폭력의 도구가 될 수 있음"을 지적한다. 아프가니스탄과 중동지역을 '종교적' 폭력으로부터 해방시킨다는 명분으로 자행되는 미국의 군국주의를 경계해야 한다는 것이다. William T. Cavanaugh, "Colonialism and the Myth of Religious Violence," in *Religion and the Secular: Historical and Colonial Formations*, ed. Timothy Fitzgerald (London: Equinox Pub., 2007), 258, 260.

직하는 것에서 해결책을 찾는 사회적 구성 담론은 근대국가의 '창세 신화'(creation myth)에 가깝다고 말한다. 그에 따르면 "'종교전쟁'은 근대국가의 탄생을 필요로 한 사건이 아니었다. '종교전쟁'은 그 자체가 국가의 산고(産苦)였다."[14] 특별히 캐버너는 유럽 신흥국가들이 전쟁을 초래했을 뿐 아니라, 권력을 장악한 이후 신성화(神聖化)되어 간 점에 주목한다. 근대세계로의 전환을 '탈주술화된(disenchanted) 정치 세계로의 진입'보다는 '성스러움의 전이'(migration of the holy)로 조망하는 것이 더 적실하다는 것이다.[15]

근대 초기 유럽 신흥국가들의 전쟁을 '종교전쟁'으로 통칭하는 것이 적절한지도 논쟁거리지만, 캐버너는 이 시기를 경유하면서 종교 개념이 새롭게 발명되었다는 점에 주목한다. 변화의 핵심은 "개인의 신념으로 규정될 수 있는, 국가에 대한 공적 충성과는 분리되어 존재할 수 있는 믿음의 집합체로서 '종교'가 창조되었다"는 점이다.[16] '사적 신념으로서의 종교' 개념 탄생에 주목하는 그의 작업은 탈랄 아사

---

14   캐버너, 『신학, 정치를 다시 묻다』, 46.

15   Cavanaugh, "Eucharistic Identity in Modernity," 164. 캐버너는 국가가 '타락한' 방식으로 교회를 패러디하고, 교권을 굴복시킨 지점을 강조한다. 한편 중세 후기 공의회 운동이 근대 입헌주의(constitutionalism) 전통에 스며든 사례를 통해 교회론과 국가론이 교차하는 지점을 보다 긍정적인 방식으로 재구성할 수도 있다. Christopher Insole, "Discerning the Theopolitical: A Response to Cavanaugh's Reimagining of Political Space," *Political Theology* 7.1 (2015), 327. 중세 공의회 운동과 입헌주의 사상의 '연속성'은 다음을 참고하라. Brian Tierney, *Religion, Law and the Growth of Constitutional Thought, 1150-1650* (New York: Cambridge University Press, 1982).

16   캐버너, 『신학, 정치를 다시 묻다』, 60.

드의 계보학적 종교 탐구와 잇닿아 있다. 캐버너는 종교를 규정하는 작업이 특수한 정치사회적 맥락에서 나타나는 '담론 과정'(discursive process)을 통해 이루어지는 역사적 산물이라는 점을 강조한다.[17]

서구적 맥락에서 근대로의 전환기에 종교는 '정치'와 분리되어 초역사적이고 보편적인 특징을 지닌 것으로 간주되었다. 새롭게 등장한 종교 개념을 통해 "종교의 공간에서 공동 실천과 규율의 자리를 대신해 배치된 것은 '신앙', '양심', '감수성' 등이었다." 캐버너는 종교를 공동 실천이 이루어지는 신앙공동체로부터 분리시키고 모든 이에게 공통으로 내재된 보편 진리에 기반을 둔 신념으로 이해하는 방식을 문제화한다. 그는 "종교의 독특한 본질을 규명하고, '정치'나 '경제'의 부수현상에 지나지 않는다는 혐의로부터 종교를 보호하려는 시도가 실제로는 근대에 일어난, 담론과 권력 영역에서 종교를 제거하려는 작업과 연결되어" 있다는 아사드의 문제의식을 공유한다.[18]

캐버너는 자신의 기획을 국가가 교회를 지배하고 종교를 개인 내면의 사적 영역에 한정시키는 방식으로 정교분리 원칙을 제시한 홉스의 리바이어던 담론과 대비시킨다. 캐버너의 관점에서 교회

---

17   아사드는 사적 신념으로서의 종교가 서구 근대의 경로에서 특수하게 나타난 역사적 산물임에도 기어츠 같은 인류학자는 이를 간과하고 서구 근대의 종교 개념을 초역사적이고 보편적인 종교 개념으로 일반화했다고 비판한다. Talal Asad, "The Construction of Religion as an Anthropological Category," *Genealogies of Religion: Discipline and Reasons of Power in Christianity and Islam* (Baltimore: Johns Hopkins University Press, 1993).

18   캐버너, 『신학, 정치를 다시 묻다』, 135.

가 정치공동체에 강제력을 행사하지 못하도록 한다는 점에서 정교 분리 원칙 자체는 기쁜 소식이다. 동시에 그는 여전히 교회의 공적 증언의 필요성을 제기하면서 홉스처럼 종교를 사적 영역에 가두는 것에는 반대한다. 그는 종교권력을 '길들이고' 국가 주권이 중심이 된 근대 질서가 폭력의 세계에서 평화의 세계로의 이행이라고 단정하기 어렵다고 말한다. 이후 근대세계의 역사에서 발생한 여러 "전쟁은 궁극적 충성이 국민국가로 이양된 것으로 전쟁의 만행을 억제하지 못했음을 증언한다."[19]

한편 근대 초기 유럽세계에서 일차적으로 종교권력을 권력 비판의 주요 대상으로 상정했던 마르틴 루터와 비교해 볼 때, 초기 캐버너의 권력 비판 작업은 국가폭력에 보다 초점을 맞추고 있음을 확인할 수 있다. 이 점에서 일각에서는 캐버너가 교회의 실천에 '낙관적 전망'을 과도하게 부여한다는 비판을 제기하기도 한다.[20] 일례로 래드너는 캐버너가 그리스도교인들이 참여했던 "폭력의 현장 한복판에서 드러난 실패"를 충분히 다루지 않는다고 지적한 바 있다.[21] 조직체로서 교회와 국가는 모두 집단생활에서 '폭력

---

19   캐버너, 『신학, 정치를 다시 묻다』, 81.

20   그림스는 캐버너의 작업을 "성례전적 낙관주의"(sacramental optimism)로 호명한다. Katie Grimes, "Corporate Vices, Ecclesial Consequences: Poking Holes in the Ecclesiology of 'Battened-Down Hatches'," *Christ Divided: Antiblackness as Corporate Vice* (Minneapolis: Fortress Press, 2017).

21   Ephraim Radner, *A Brutal Unity: The Spiritual Politics of the Christian Church* (Waco, Tex.: Baylor University Press, 2012), 55.

적 희생제의 문제'를 마주하게 된다. 양자는 "집단 존속을 위해 일부 구성원들이 희생하는 문제"에 당면한다. 혹은 시선을 밖으로 돌려 외부자를 희생양 삼는 문제에 직면한다. 신앙공동체의 '고백주의'(confessionalism)와 근대국가의 '애국주의'(patriotism) 역시 상이한 방식이기는 하지만 "다양한 세대가 지속되는 집단을 결집"하기 위해 희생의 언어를 내세운다. 지상의 어떤 조직체도 현실에서는 '희생'과 관련된 지배와 억압 문제에서 완전히 자유롭다고 말하기 어렵다.[22]

캐버너는 자신의 비판자들과 마찬가지로 현실에서 작동하는 교회의 '타락'에 깊이 주의를 기울이고 있다고 응답한다.[23] 그는 신앙과 불신앙이 '혼합된 몸'(corpus permixtum)인 지상 교회는 "'적그리스도'(anti-Christ) 요소를 포함한다"는 아우구스티누스의 관점을 수용한다. '중간기'(interim)의 지상 교회는 "죄와 구원의 변증법 드라마" 안에 존재한다.[24] 나아가 캐버너는 권력 감시 담론으로 폭력

---

22 Carolyn Marvin, "Religion and Realpolitik: Reflections on Sacrifice," *Political Theology* 15.6 (2014), 534.

23 William T. Cavanaugh, "A Response to Radner's *A Brutal Unity*," *Syndicate* 1.1 (2014). 캐버너는 가톨릭일꾼 운동 환대의 집 사역에 오랫동안 참여해 오면서 뼈아프게 배운 경험과 교훈을 회고한 바 있다. 그는 '정사와 권세와 이 어두움의 세상 주관자들'에 맞서겠다고 한 그리스도를 따르는 대안 공간에서도 인간의 허약성과 죄악성은 깊이 자리 잡고 있으며, 이는 교회 내부에서 가장 정확히 적용된다고 말한 바 있다. William T. Cavanaugh, "The church among idols," *Christian Century*, 138.12 (2021): 26-31.

24 William T. Cavanaugh, "The Church as Political," *Migrations of the Holy: God, State, and the Political Meaning of the Church* (Grand Rapids, Mich.: William B.

에 공모했던 역사적 교회의 과오가 상쇄되는 것이 아님을 분명히
한다. 일례로 "고문은 그리스도교 역사의 일부"였으며, "교회는 종
교재판에 대해 진정으로 참회해야 한다"고 말한다. 그가 국가폭력
을 화두로 삼는 것은 이 주제가 단지 과거 '그들의' 문제에 그치지
않고 오늘 '우리의' 문제와 결부되기 때문이었다.[25] 캐버너는 고문
과 학살에 대한 기억을 덮지 않고, 진정으로 참회하는 삶은 오늘날
고문과 학대가 일어나는 현장에서 압제를 반대하고 억눌린 이들과
연대할 때 나타난다고 말한다.[26]

IV. 공적영역에서의 투쟁: 국가폭력에 맞선 증언 공동체

캐버너는 20세기 후반 칠레에서 자행된 국가폭력과 이에 맞서는
저항신학 운동의 역사를 통해서 교회의 공적 증언 사례를 검토한
다. 그는 교회와 국가의 관계를 성찰하면서 그 신학적 원천을 아우
구스티누스에게서 차용했다고 밝힌다. 캐버너에 따르면 아우구스

Eerdmans, 2011), 140.

[25] William T. Cavanaugh, "How to Do Penance for the Inquisition," *Migrations of the Holy: God, State, and the Political Meaning of the Church* (Grand Rapids, Mich.: William B. Eerdmans, 2011). 113. 미국이 이라크, 아프가니스탄, 관타나모 수용소에서 수행한 고문과 피노체트 정권에서 '적에 대한 사회적 상상을 조성'한 작업을 비교한 논의는 다음을 참고하라. William T. Cavanaugh, "Making Enemies: The Imagination of Torture in Chile and the United States," *Theology Today* 63, 2006.

[26] William T. Cavanaugh, "How to Do Penance for the Inquisition," 113.

티누스는 『신국론』에서 국가 중심의 단일한 공적 공간의 상상력을 극복하고, 나아가 '지상의 도성'에 내재된 폭력성을 폭로하고 탈신성화한다. 아우구스티누스의 제국신학 비판을 전유하는 캐버너는 교회가 "지상의 도성의 폭력적 비극을 급진적으로 가로막고, 천상의 도성을 증언하는" 임무를 안고 있다고 강조한다. 교회는 고난받는 자들과 연대하며 국가폭력에 맞서는 증언 공동체로 나타나야 한다는 것이다.[27]

캐버너의 『고문과 성찬례: 신학, 정치, 그리스도의 몸』은 피노체트 정권에 굴복하던 칠레교회가 이후 성찬례에 담긴 급진적 저항 신학을 발전시키면서 독재에 맞서 싸운 역사를 담고 있다. 1973년 쿠테타 직후 '민주주의는 때로는 피로 씻어야 한다'고 말한 것으로 알려진 피노체트는 17년 동안 군사 독재로 칠레를 지배했다. 그의 집권 시기에 수많은 사람이 강제 구금과 고문으로 피해를 입었고, 공식 보고서 집계로만 3천 명이 넘는 사망자가 발생했다.[28] 칠레교

27 William T. Cavanaugh, "From One City to Two: Christian Reimagining of Political Space," *Migrations of the Holy: God, State, and the Political Meaning of the Church* (Grand Rapids, Mich.: William B. Eerdmans, 2011). 앞서 살펴본 것처럼 아우구스티누스는 이 땅의 가시적 교회와 천상의 도성을 단순한 방식으로 일치시키지는 않는다. 아우구스티누스 전통을 경유하되 교회와 국가의 길항 관계보다는 민주적 시민성을 강조하고 시민의 참여윤리를 적극적으로 검토하는 작업은 다음을 참고하라. Eric Gregory, *Politics and the Order of Love: An Augustinian Ethic of Democratic Citizenship* (Chicago: University of Chicago Press, 2008); Charles Mathewes, *The Republic of Grace: Augustinian Thoughts for Dark Times* (Grand Rapids, Mich.: William B. Eerdmans, 2010).

28 정인철, 「칠레의 국가폭력과 미완의 과거사 청산」, 『역사비평』 제131호 (2020년 여름호), 140.

회는 초기에는 정권에 굴복했지만, 현실의 참상이 계속되면서 본격적으로 저항 운동에 돌입한다. 캐버너는 정치 투쟁에서 성찬례의 정치신학 담론과 실천이 유효했다고 평가한다.

피노체트 정권은 반대자를 억누르고 사회를 통제하는 규율 장치로 고문을 사용했다. 캐버너는 공포를 유발하는 고문정치를 '전례'라는 관점으로 접근한다. 그는 고문을 "집합적 퍼포먼스(collective performance)로 사회적 신체를 조직화"하는 "도착된 전례"(perverted liturgy)로 규정한다. 고문이라는 전례가 도착적인 까닭은 "진정한 공동체를 형성하기보다 서로를 의심하는 개인들로 원자화하는 집합체로 조직화하기 때문이다."[29] 캐버너는 고문과 같은 인권 유린이 신체적 폭행 이상이었음을 지적한다. 고문을 통해 정권은 '개인의 신체'(개별 시민)뿐 아니라 국가권력에 맞설 수 있는 '사회적 신체'(사회단체)를 박멸하고자 했다.

고문정치는 국가권력에 대한 공적 비판을 원천 봉쇄함으로써 독재를 공고하게 하려는 목적이 있었다. 그것은 국가와 개인 사이에 존재하는 사회단체를 정치 영역에서 작동되지 않도록 하고 개인을 고립화하는 전략이었다. 말하자면 고문정치는 개인의 삶을 개별적으로 훼손할 뿐 아니라, 고립되고 개체화된 삶의 양식을 새롭게 만들어 내는 작업이었다. 캐버너는 제도적 저항이 불가능한 상황에서 개별 인권에만 호소하는 시도는 한계가 있었다고 평가한다.

---

29 Cavanaugh, *Torture and Eucharist*, 12.

교회가 독재 정권에 맞서기 위해서는 "국가규율에 대응할 역량을 갖춘 훈육된 단체로 구비되어야 했지만", 캐버너에 따르면 칠레교회의 초기대응은 무력했다.[30] 일부 각성된 이들이 저항에 나서기는 했지만 교회가 집합적으로 압제에 맞서지는 못했다는 것이다. 캐버너는 교회가 집합적 차원에서 무력함을 보인 신학적 요인으로 당시 칠레 가톨릭교회를 지배한 교회론을 지목한다. 당시 칠레는 자끄 마리탱이 발전시킨 '새로운 그리스도교세계 교회론'(New Christendom ecclesiology)에 깊은 영향을 받고 있었다. 1930년대 유럽세계에 전체주의가 등장했을 때, 마리탱은 기존의 완고했던 반근대주의 입장을 바꾸어 '근대적' 방식으로 신학을 발전시켰다. 변화된 마리탱의 근대적 관점은 "종교의 사적 영역과 정치와 경제의 공적 영역 사이의 결별"을 수용하는 것이었다. 이는 '오래된' 그리스도교세계 패러다임에서 벗어나 교회가 제도화된 정치권력을 추구해서는 안 되고 정치와 경제를 세속영역에 이양하는 것을 의미했다. 종교를 사적 영역에 국한했을 때, 이는 또한 국가가 사적 영역만큼은 개입할 수 없다는 점을 표명하는 것이었다. 마리탱은 이후에 사적 영역까지 침범해 오는 전체주의 운동에 저항했으며, 전후 세계인권선언문 작성에 적극적으로 참여했다.[31]

---

30 Cavanaugh, *Torture and Eucharist*, 22.

31 '20세기 가톨릭세계의 변화'라는 보다 넓은 관점에서 마리탱 사유의 변천과정을 살핀 작업은 다음을 참고하라. James Chappel, *Catholic Modern: The Challenge of Totalitarianism and the Remaking of the Church* (Cambridge: Harvard University Press, 2018).

캐버너는 마리탱의 교회론이 피노체트 독재에 맞서는 신학적 자원으로 '불충분했다'는 논쟁적 주장을 펼친다.[32] 정권이 고문정치로 파편화하고 무력화시킨 대상이 사회적 몸(사회단체)인 상황에서 교회의 역할을 사적 영역으로 제한할 경우, 공적 영역에서 정치적 저항 운동에 한계가 있다는 것이다. 피노체트가 정권을 장악한 직후 교회가 칠레평화협력위원회를 통해 실직자와 투옥자, 그 밖의 피해자들을 대상으로 돌봄 사역을 진행했지만, 공적인 장에서 국가에 저항하기는 어려운 상황이었다.

피노체트가 '마르크스-레닌주의자들이 위원회를 장악했다'고 주장하고 라울 실바 엔리케스 추기경에게 사임을 종용하면서 정세는 변하기 시작했다. 교회와 정권의 긴장은 고조되었고, 교회는 적극적으로 저항 운동에 나서게 된다. 캐버너에 따르면 칠레교회는 마리탱이 발전시킨 새로운 신학 용법을 여전히 차용하긴 했지만, 이후 강조점이 달랐다. 주교들은 "신앙이 비단 개인 내면의 양심 문제로 환원되지 않는다"는 점을 분명히 한다. 또한 성직자는 정치 참여 원칙만을 제시하고, 구체적인 정치적 실천은 평신도에게 주어진 책임으로 간주하는 것이 일반 원리이긴 하지만, 실제 정치 현장에서

32 캐버너는 마리탱의 접근뿐 아니라, 메데인 주교회의에서 논의된 교회론을 함께 검토한다. 공사 구분이라는 '이원적 구조'에 관해서는 캐버너와 이전의 해방신학자들이 동일하게 비판적 입장을 취한다. 캐버너와 이전의 해방신학자들의 간극은 '기초 공동체'(Base Communities)의 정치적 역할에 대한 해석에 있다. 증언 공동체의 관점으로 '기초 공동체'를 조망한 캐버너의 입장은 다음을 참고하라. William T. Cavanaugh, "The Ecclesiologies of Medellín and the Lessons of the Base Communities," *Cross Currents* 44.1 (1994): 67-84.

는 두 차원이 분리되지 않는다는 점을 강조한다. "구체적인 정부 정책이 그리스도교 휴머니즘의 근본 요소에 관여되어 있는 경우 교회는 신앙 윤리를 따라 판단 내리는 것"이 정당하다는 것이다.[33] 칠레교회는 '연대사목회'(Vicaría de la Solidaridad)와 '고문에 반대하는 세바스찬 아체베도 운동'(MCTSA, Movimiento Contra la Tortura Sebastián Acevedo)을 통해 적극적으로 독재 정권에 항거한다.

캐버너는 저항 운동의 흐름 속에서 정세변화를 계기로 새롭게 구성된 성찬례의 정치신학의 역할에 주목한다. '갱신된' 성찬례의 신학은 "영적인 것과 세속적인 것을 분리된 공간으로 간주하는" 기존 관념을 버리고, 국가폭력에 전면적으로 대항하는 정치신학으로 재구성되고 있었다.[34] 칠레 가톨릭교회는 성찬례를 통해 국가폭력을 단죄하고, 고문 기술자들이 성찬례에 참여하지 못하게 하고 이들에게 출교를 명했다. 또한 신부와 수녀 같은 성직자들과 평신도들은 거리를 점거하는 등 결속된 교회를 공적인 장에서 가시적으로 나타냈다. 고문은 성찬례에서 파문의 대상이 되고, 그 연장선상에서 거리에서의 전례에서도 단죄되고 있었다.

캐버너는 저항 운동에 투신한 이들과의 인터뷰를 통해 성찬례가 고문정치에 대항하는 중요한 신학적 자원이었음을 확인한다. 성찬례를 통해 공적 무대에서 고문과 학살을 당한 예수 사건이 기억되고 있었다. 교회 공동체는 성찬 전례를 통해서 고난받은 그리스도

33　Cavanaugh, *Torture and Eucharist*, 113.

34　Cavanaugh, *Torture and Eucharist*, 221.

의 십자가 사건을 반복적으로 기억하고, 거리로 나와 고문을 자행한 세속 권력을 단죄했다. 교회의 규율은 도래하는 하느님 나라 관점에서 현재의 참혹한 악을 축출하는 것으로 이해되었다. 고문 기술자에게는 영성체를 금지하고 집합적 차원에서 출교 조치를 명한 것은 이러한 규율의 일환이었다.

지금까지 박해 담론과 국가 공동체에 대한 교회 공동체의 자유 담론을 칠레의 독재 정권에 맞서는 저항신학이라는 맥락에서 논의했다. 그런데 '폭력 국가'에 대항하는 '성찬 교회'라는 대립 구도가 정치 현실 일반에서 유효한 범주인지 따지려면 추가로 검토해 보아야 한다. 고문정치라는 현실의 특수성을 일반화해서, 특정한 역사적 시·공간에서 유효한 '신학-정치적 상상'을 상이한 정치 현실에 곧바로 투영할 경우, "신학적 수사와 정치적 현실 사이"에 존재하는 다양한 긴장과 뒤얽힘을 무시할 수 있다. 또한 "지나치게 순수한 형태"의 비판적 시민성을 상정할 경우 다층적인 정치 현실에서 일어나는 "법과 정치, 교회의 모호한 경계 공간의 복잡성"에 주의를 기울이지 않는 오류를 범할 수 있다. 정치 세계의 복합성은 선악 구도로 단순화하는 마니교적 선악이원론으로 환원되지 않는다.[35]

---

35   Anna Rowlands, "Against the Manichees: Immigration Detention and the Shaping of the Theo-political Imagination," *Religion in the European Refugee Crisis*, eds. Ulrich Schmiedel and Graeme Smith (London: Palgrave Macmillan, 2018), 177. 캐버너는 해방의 신학 전통을 따라 가난하고 억눌린 자들의 시선으로 세상을 읽고 해석하고자 한다. 이와 동시에 (다음 절에서 살펴보겠지만) 그는 오늘날 너도나도 자신을 피해자로 서사화하면서 박해담론이 과잉된 공론장의 모습을 비판하기도 한다. 이는 오늘날 공론장에서 제기되는 한 가지 문제를 상기시킨다. 한편에서는 비대칭적인 권력구조 및

역사적 맥락과 지역적 차이를 고려하면서, 고문정치로 공론장이 폐쇄된 시·공간에서의 종교 자유 담론과 민주화된 세계의 공론장에서 제기되는 종교 자유 담론은 구분해서 다루어야 한다. 노골적인 방식으로 고문과 사살을 정당화하지 않는 사회에서 박해 담론과 국가권력에 대항하는 종교 자유 담론을 어떻게 평가할 것인지는 별도로 논의할 주제다.[36]

V. 공론장과 종교 자유: 박해 담론과 희생자 중심주의

종교·신념의 자유와 혐오 정치, 언론·출판의 자유와 종교적 금기 등 시민성과 종교 담론이 정치적·사회적으로 쟁점화되고 있다. 공

사회적 맥락을 베일로 덮어둔 채 이루어지는 '합리적' 숙의 제도가 형식적 공정함에 그칠 때가 많고 바깥에 내몰린 사회적 약자들의 절규를 소거한다는 점이 지적되고 있다. 다른 한편에서는 무엇을 쟁점화하고 우선적 해결과제로 풀어갈 것인지를 조율하고 심의해야 하는 상황에서, 자신이 정의의 편에 서 있다는 확신이 강할 경우 선악구도를 미리 단정 짓는 모습으로 진정한 의미의 숙의를 불가능하게 한다는 점이 지적된다. 억눌린 자들의 해석학적인 특권을 인정하는 동시에, 끊임없이 열린 태도로 상호 경청하면서 진정한 숙의에 도달하는 삶을 동시에 모색하는 것은 대단히 어려운 과제로 남아 있다.

36 캐버너는 자신의 첫 저작에서 피노체트 독재 정권 당시 투쟁에 앞장섰던 칠레 가톨릭 교회에 나타난 희망을 기록했지만, 이후에는 종교권력에 대한 비판적 논평을 제시해 왔다. 이는 1990년 칠레의 민주화 이후 교회가 불평등 문제에 적극적으로 응답하지 않고, 성적 학대와 은폐로 문제를 일으키는 상황과 무관하지 않았다. 근래 2019년 칠레에서 일어난 시위에서 성당이 방화 공격 및 약탈의 대상이 되었을 때, 캐버너는 교회가 과거와 달리 더 이상 대안적 평화 공간이 되어 시위의 건강한 촉매제가 되지 못한 채 시위대의 목표물로 전락하게 된 상황을 탄식한다. William T. Cavanaugh, "The church among idols"를 참고하라.

론장 일각에서는 자신들의 입장이 관철되지 않을 경우 공세적 태도를 취하거나 박해 담론을 표출하기도 한다. 희생의 언어와 박해 담론을 통해 내부자를 결속하고, 시선을 바깥으로 돌려 특정 개인 및 집단을 희생양으로 삼는 데 이런 언어와 담론이 사용되기도 한다. 희생자 의식과 박해 담론은 '종교' 쟁점 혹은 특정 종교 단체의 문제만으로 환원되지는 않고, 정치를 종교로 만드는 이들에게서 일반적으로 나타난다.

전 지구적 차원에서 살펴보면 문화정치 지형도에 따라 '존엄과 인격'을 지닌 주체로 대한다는 의미가 다르게 해석되기도 한다. 어떤 이가 표현의 자유의 이름으로 행한 퍼포먼스를 두고, 특정한 개인이나 집단을 멸시하고 이들의 종교 정체성을 심각하게 훼손하는 '신성모독'으로 받아들이는 경우가 있다. 또한 누군가 종교적 신념과 양심에 따른 입장 표명이 차별을 조장하고 인격적 가치를 훼손하는 '혐오'로 간주되기도 한다.

권리가 침해되었다고 간주될 때 이를 시정하는 절차 역시 법, 제도, 정치 문화에 따라 다양한 양상으로 전개된다. 과도기 국면에서 누군가는 기존 질서를 고수하기 위해 안간힘을 쓰고, 다른 누군가는 혁신적으로 그 변화를 주도한다. 어떤 이들은 보수와 혁신, 침묵과 연대 사이 어딘가에서 흔들림을 경험한다. 이 과정을 거치면서 서로를 존중하면서 각자의 신념이나 사상을 자유롭게 표현하는 방식이 다시 조율되기도 한다. 물론 조율이 언제나 순탄하게 진행되지는 않는다. 정치적·경제적 차원과 결부된 '문화 전쟁'은 격렬한 충돌을 넘어 테러를 수반하기도 한다.

이 절에서는 미국 공론장 일각에서 논의된 종교 자유와 박해 담론에 초점을 맞추어 논의를 진행한다. 미국에서는 종교 자유와 박해 담론, 혐오 정치와 관련된 논쟁이 뜨겁게 진행되고 있다. 2010년대를 지나면서 박해의 수사(rhetoric)가 쟁점이 되었을 때 캔디다 모스는 『박해의 신화』를 출간하면서 정세적 개입을 시도했다. 그녀는 초기 교회 순교 담론을 학문적 의제로 삼고, 과거 순교 담론에 대한 수정주의적 관점을 바탕으로 현대 공론장에서 진행 중인 박해 담론에 비판적으로 관여한다.[37] 모스는 "그리스도교도가 공격받는 세계가 창조"된 근저에는 그리스도교 전통을 박해의 역사로 이해하는 인식이 있다고 판단하고 이를 문제화한다. 자신에게 동의하지 않는 이들을 적으로 간주하고 상대를 지우는 것을 정당화하는 원천으로 그녀가 지목한 것은 박해 담론이다. 박해 담론이 정치적 담화에서 호전적 문법을 취한다는 점에서 바람직하지 않다는 것이다.[38]

모스를 자극했던 박해의 수사는 오바마 행정부 당시 정부의 낙

---

37 모스는 그리스도교 전통 이전부터 존재한 순교 관념의 원천을 추적하면서, 그리스도교도들이 이전 내러티브를 상당 부분 차용했음을 논증한다. 특히 초기 교회의 순교 담론 가운데 상당수가 꾸며진 것이라는 주장을 펴는 데 주력한다. 가령 에우세비오스의 교회사에는 당대 정치적 맥락 속에서 자신의 정적을 공격하는 한 가지 방법으로 순교자 이야기가 사용되었기 때문에, 에우세비오스의 저술에서 취할 수 있는 것은 박해의 현실이라기보다는 박해의 수사라는 것이다. Candida Moss, *The Myth of Persecution: How Early Christians Invented a Story of Martyrdom* (New York: HarperOne, 2013).

38 Candida Moss, *The Myth of Persecution*, 21.

태 및 피임약 보험 의무화 정책 등에 반대했던 대니얼 젠키 주교의 강론이었다. 젠키는 오바마의 건강보험 정책이 '히틀러나 스탈린의 종교박해 정책과 비슷하다'는 강론을 하면서 논란을 불러일으켰다. 모스의 저술 출간 전후로 미국 주교들은 『우리에게 가장 우선되는, 무엇보다 소중한 자유』를 출간하고 가톨릭의 종교적 신념과 충돌되는 정책에 반대를 표명하면서 종교 자유를 주장했다. 2016년 주제는 『자유의 증인들』이었는데, 이들은 자신들을 '순교자의 역사' 행렬에 위치시키면서 선전하고 있었다.

캐버너는 모스의 초기 그리스도교 순교 담론 해석에 대해 몇 가지 이견을 제시하기는 하지만, "현재 미국에서 진행되는 공적 토론에는 수많은 수사의 과잉이 있으며, 이를 해소하기 위해서는 공통의 근거와 시민교양(civility)을 갖추는 것이 바람직하다"는 점에서 그녀와 의견을 함께한다. 다만 "교회와 세상의 긴장"을 "그리스도교 내부의 병리적 증상으로만 환원"하는 시도에는 동의하기 어렵다고 지적한다.[39]

캐버너는 정치 세계의 종교적 국면을 진지하게 수용하면서, 공론장이 세속화된 '자유 공간'(free space)이라기보다 '성스러움'에 대한 다양한 이해와 실천을 둘러싸고 각축을 벌이는 '신들의 전쟁'(Krieg der Götter) 공간이라고 말한다. 가령 후기 자본주의 소비 사회에서

---

[39] William T. Cavanaugh, "Is it Good to Be Persecuted," *The Emerging Christian Minority*, eds. Victor Lee Austin and Joel C. Daniels (Eugene, OR: Cascade Books, 2019), 10.

'신이 된 시장'(Market as God)은 가톨릭 성찬 신학을 전도시킨다. 평범한 빵과 포도주가 '그리스도의 몸'으로 변화되는 가톨릭 성찬 신학과 달리, 시장 종교는 "신성하게 여겨지던 것들을 교환 가능한 판매 품목으로 변형"시킨다. 시장의 미사에서 종이 울리면, "어머니 대지, 조상의 안식처, 성스러운 산, 신비로운 숲, 미적 영감의 원천, 신성한 영역" 등 다층적 의미를 지닌 땅은 모두 "부동산으로 녹아든다."[40] 교황 프란치스코 역시 현대의 "비인간적인 경제 독재"를 "고대의 금송아지 숭배"의 변형이라고 말한다. "규제 없는 자본주의" 세계에서 많은 이가 고통스럽게 절규하면서 "사회 내부의 최하층으로 강등당하는 것을 넘어 사회 바깥으로 쫓겨나는" 현실을 마주하면서, 프란치스코는 강한 종교적 확신을 가지고 단죄한다.[41]

캐버너는 프란치스코가 문제를 제기할 때 자율적이고 세속적인 공론장 내부에서 기술적인 문제 해결책을 도모하기를 촉구하기보다 '우상숭배'라는 묵시론적 비판을 전면에 내세우는 것에 긍정적으로 호응한다. 캐버너에 따르면 프란치스코의 경고는 교회와 세상과의 정면충돌을 내포하고 있다. 동시에 그것은 교회와 세상의 긴장으로만 환원되지 않는 비판이었다. 시장전체주의에 대한 질타는 무엇보다 먼저 자본 권력에 기생하면서 자기 확장을 꾀하는 교회

---

40 하비 콕스, 『신이 된 시장: 시장은 어떻게 신적인 존재가 되었나』, 유강은 옮김(서울: 문예출판사, 2018), 19.

41 프란치스코, 『복음의 기쁨』, 한국천주교중앙협의회 옮김(서울: 한국천주교주교회의, 2014), 54-55.

를 향한 '자기비판'인 것이다.[42]

캐버너는 종교 공동체의 자유가 공론장에서 보호될 가치가 있다
는 주장에 대체로 동의한다.[43] 동시에 그는 종교 자유를 주장한 미
국 가톨릭 주교들의 캠페인이 미국 애국주의에 호소한다는 점과
그들이 내세운 의제가 미국 내 특정 정책에 지나치게 배타적인 방
식으로 초점을 맞춘 것에 유감을 표명한다. 그는 국제 뉴스를 보면
종교와 민족 분쟁이 서로 얽힌 채로 특정 지역에서 일어나는 학살,
사회 내 소수 종교 기관에서 일어난 테러 같은 사건들이 종교 자유
와 관련해서 주목을 받아야 함에도 그렇지 못하고 있음을 지적한
다.[44] 또한 캠페인에서 내세운 박해 담론은 모스가 비판한 '박해의
신화'를 전형적으로 드러낸 것이라고 말한다.[45]

캐버너는 미국에서 "종교 자유와 박해 담론이 과장되고 유해
한 방식으로" 전개된다는 주장에 동의한다. 그는 불일치(disagree-

---

42   Cavanaugh, "Return of the Golden Calf: Economy, Idolatry, and Secularization since *Gaudium et spes*," 716.

43   공동체적 실천을 강조하는 캐버너가 '혼종성'(hybridity), '다공성'(porosity) 문제를 철저히 다루었는지는 논쟁적이다. 가톨릭 전통의 '성직자 정치'(priestcraft)가 초래하는 문제 역시 남겨진 과제다. 다음의 비판을 참고하라. Katie Grimes, "Corporate Vices, Ecclesial Consequences: Poking Holes in the Ecclesiology of "Battened-Down Hatches"; Udi Greenberg, "Radical Orthodoxy and the Rebirth of Christian Opposition to Human Rights," *Christianity and Human Rights Reconsidered*, ed. Sarah Shortall, Daniel Steinmetz-Jenkins (Cambridge, U.K.: Cambridge University Press, 2020).

44   Cavanaugh, "Is it Good to Be Persecuted," 14-15.

45   Cavanaugh, "Is it Good to Be Persecuted," 12.

ment), 차별(discrimination), 박해(persecution) 같은 말의 용례를 주의 깊게 살펴야 한다고 지적한다.[46] 가령 차별과 의견 불일치는 주의 깊게 식별할 필요가 있다. 입장 차이가 있는 문제를 박해로 과장해서도 안 된다. 나아가 박해 문제는 세분화해서 이해할 필요가 있다. 생명의 위협을 받거나 박해받는 이들이 실제로 존재하기도 하지만, 박해 담론을 통해 무고한 희생자라는 지위를 확보함으로써 자신의 도덕적 우월성을 드러내고 상대를 의도적으로 비인간화, 나아가 '악마화'하는 이들이 있기 때문이다.

그리스도교 전통에서 발전한 박해 담론은 독특한 성격을 지닌다. 지라르가 발전시킨 것처럼 그리스도교 전통은 희생자가 무고한 자였음을 밝히면서 박해받은 이들에게 도덕적 정당성을 부여했다. 그런데 다른 한편으로 도덕적 정당성을 확보하여 권력을 취하는 방편으로 '피해자 코스프레'를 하면서 박해 담론을 오남용하는 이들도 나타난다. 자신의 권력 강화를 위해서라면 주류 사회에서 배제된 이들을 동원하고 수탈하기도 한다.[47]

캐버너는 박해 담론이 공론장에서 논의를 과도하게 부풀리는 부정적 효과를 경계하지만, 그렇다고 박해 담론 자체를 완전히 기각하지는 않는다. 세계에는 여전히 다양한 이유로 실제로 박해받고

---

46 Cavanaugh, "Is it Good to Be Persecuted," 15.

47 Cavanaugh, "Is it Good to Be Persecuted," 18. 지라르는 "오늘날에는 과거 어느 때보다 희생양에 대한 많은 관심 혹은 염려를 표명하고 있다"고 지적한다. 르네 지라르, 『나는 사탄이 번개처럼 떨어지는 것을 본다』, 김진식 옮김(서울: 문학과 지성사, 2004), 203.

울부짖는 목소리가 있기 때문이다. 캐버너는 모스와 달리, 긴장과 반대를 둘러싼 모든 논의가 '무고한 희생자의 지위에 서는 것을 좋아하는' 것으로 환원되는 것은 아니라고 지적한다. 반대에 부딪히고 고난받으리라고 예상하는 것과 '고통과 순교를 낭만화'하는 것은 명백히 구분된다는 것이다. 가령 마틴 루터 킹 목사는 「버밍엄 감옥에서 보낸 편지」에서 "시위자들의 숭고한 용기와 고통을 감내하고자 하는 마음"이라는 말을 사용하는데, 이를 두고 고난 자체가 좋다고 생각할 수는 없다.[48]

캐버너는 지라르의 희생양 기제를 참조하면서 주류 사회에서 배척된 희생자의 삶 곁에 머무르는 삶을 살 때 긴장과 반대는 수반될 수밖에 없다고 지적한다. 주류 사회와의 대립과 긴장은 사회적 배제를 은폐하는 규범에 안주하지 않고 억눌린 이들과 연대할 때 찾아오는 삶이다. 마틴 루터 킹 목사는 당시 "정의를 세우기 위해 존재하는 법과 질서"가 흑인들을 명백하게 배제하면서도 이를 은폐하고 있음을 지적한 바 있다. 그의 표현을 빌리면, "직접 행동을 하는 이들이 긴장을 만들어 내는 것이 아니었다." 그들은 "이미 존재하고 있으나 감추어져 있던 긴장을 드러낼 뿐이다."[49]

캐버너는 종교 자유가 과거에 장악했던 문화 권력을 탈환하는 방향을 취해서는 안 된다고 경고한다. 일부 신자들이 문화 전쟁에서

---

48 William T. Cavanaugh, "Is it Good to Be Persecuted," 17.

49 Martin Luther King Jr. "The Negro Is Your Brother (Letter from Birmingham City Jail)," *The Atlantic Monthly* 212.2 (1963), 78-88.

선명성의 기치를 더욱 분명하게 내세워야 한다고 말하지만, 캐버너가 보기에는 적지 않은 경우 명확한 가르침 선포는 명분에 지나지 않고 실제로는 권력 중독이라는 우상숭배에 빠져 있다. 캐버너는 오늘날 복음의 신뢰성이 무너지는 것은 오히려 '자기 비움의 사랑'(kenotic love)을 육화하는 실천이 부재하기 때문이라고 지적한다.

또한 캐버너는 다양한 형태로 인권과 생명의 사각지대에 놓인 이들이 존재할 때 국가에게만 공동선을 모색하라고 요청하는 것은 신앙적 책무를 방기하는 것이라고 주장한다. 그는 공공재를 제공하는 국가의 역할은 일정한 차원에서 존중될 필요가 있다고 말한다. "개인들에게 형식적 평등을 부여"한 국가는 불완전하게나마 "타자에 대한 돌봄을 제도화해 왔는데, 이는 선한 것으로 경축할 것이며, 어떤 면에서 그것은 '복음의 사역'(the outworking of the gospel)"이다.[50] 다만 캐버너는 근원적 수준에서 국가를 공동선을 담지하는 주체로 보기는 어렵다는 매킨타이어의 관점에 동의한다.[51] 그는 공동체가 붕괴되는 각자도생의 사회에서 가톨릭 일꾼 운동을 개시한 도로시 데이의 '인격주의'(personalism) 노선을 따라 지금 여기에서의 상호책임성을 강조한다.

50 Andre Forget, "The Public Square and the Kingdom of God," *Anglican Journal*, Oct. 16, 2015.

51 공동체주의 정치이론에 의존하는 캐버너는 매킨타이어가 국가의 역할을 불충분하게 다룬다는 비판에 동일하게 노출된다. 다음을 참고하라. Keith Breen, "The State, Compartmentalization and the Turn to Local Community: A Critique of the Political Thought of Alasdair MacIntyre," *The European Legacy* 10.5 (2005): 485-501.

나아가 캐버너는 국민국가의 경계를 넘어, 교회가 고통받는 이들과 연대하기를 촉구한다. 가령 그는 전운이 짙게 드리워졌을 때 이라크에 대한 미국의 금수 조치가 있었음에도 의약품, 음식, 아이들의 장난감을 가지고 이라크를 방문한 반전단체 '광야의 목소리'(Voices in the Wilderness)는 좋은 사례라고 말한다.[52] 국가권력에 대안적인 공간을 창출하기 위해 교회의 단독 행동만이 필요한 것은 아니다. 캐버너가 모범으로 제시한 '광야의 목소리' 역시 가톨릭 일꾼 운동에서 활동하는 캐시 켈리뿐 아니라 다양한 신앙 전통 및 세속 세계의 운동가들이 연대하는 단체였다.

캐버너는 도로시 데이를 따라, 성찬례를 통해 형성되는 그리스도의 몸을 종말론적 완성 차원에서 이해한다. 도로시 데이에 따르면 그리스도의 몸의 가장자리는 현실 제도 교회의 울타리를 넘어선다. 그리스도의 몸을 종말론적 관점에서 조망할 때 '우리'와 '그들'을 가르는 경계선은 급진적으로 해체되는데, 이는 "현재 모든 사람은 최소한 잠재적으로나마 그리스도의 몸의 지체"이기 때문이다.[53] 캐버너는 성찬례가 구성원들에게 인격성과 상호의존성을 향

---

52 William T. Cavanaugh, "From One City to Two: Christian Reimagining of Political Space," 68. 캐버너가 국가의 역할에 초점을 맞추는 '국민연대'에 거리를 두는 또 한 가지 이유는 이민자 이슈 때문이다. '불법체류자' 호칭에서 잘 드러나는 것처럼 국민국가 모델에서 미등록 이민자 문제는 근본적으로 딜레마를 안고 있다. 그는 국민국가 경계를 넘어서는 가톨릭 전통의 신학-정치적 상상(theopolitical imagination)을 그린다.

53 William T. Cavanaugh, "Dorothy Day and the Mystical Body of Christ in the Second World War," *Dorothy Day and the Catholic Worker Movement: Centenary*

한 힘을 부여한다는 점을 강조한다. '성찬례를 통해 형성되는 정체성'(Eucharistic Identity)을 지닌 이들은 그리스도의 살과 피로 구성된 공간을 걷는다. 성찬례를 받은 이들은 잠재적인 그리스도의 몸에 해당하는 모든 사람을 동료 시민으로 삼고 특히 사회적으로 소외되고 배제된 이들 안에 숨어 있는 그리스도를 발견하게 된다.[54] 캐버너는 일상 세계와 사람들 안에서 '성사적 심연'을 발견하고, 서로를 연결하는 화해와 회복, 평화운동에 동참하는 삶을 '성사적 삶'(Sacramental Life)으로 호명한다.

VI. 평가와 전망: '야전병원으로서의 교회'를 마음에 그린 정치신학

캐버너는 국가폭력에 맞선 교회의 공적 투쟁을 긍정한다는 점에서 '종교의 사사화'(privatization of religion) 담론과 거리를 둔다. 동시에 타자를 억압하는 '일그러진' 종교권력을 부정한다는 점에서, '종교의 특권화'(privileging of religion) 담론 역시 거부한다. 오늘날 종교화된 정치권력 혹은 정치화된 종교권력을 추구하는 이들은 다양한 형태로 권력 투쟁을 벌이고 있다. 광장에 선 종교가 중요한 정치 의

Essays, eds. William Thorn, Phillip Runkel and Susan Mountin (Milwaukee: Marquette University Press, 2001), 462.

54 캐버너처럼 전례의 개념을 확장하는 작업에 대한 전통적 전례주의자의 비판은 다음을 참고하라. Vincent Lloyd, "Liturgy in the Broadest Sense," *New Blackfriars*, 92.1037 (2011): 71-89.

제로 부각되는 시점에서 그의 논의는 종교의 공적 역할에 대한 한 가지 관점을 제공한다.

캐버너는 공동체에서의 관계성과 상호의존성을 중요하게 생각한다. 타자와 뒤얽힘(entanglement)과 사회적으로 연결된 세계에서 공유된 책임은 지워 낸 채, 개인 선택의 자유만을 맹목적으로 강조하는 삶은 진정한 인간다움을 훼손한다고 말한다. 또한 제도적·비제도적 차원에서 작동되는 억압과 불평등 구조를 외면한 채 시장자유주의만을 강조하고 결과적으로 타자 위에 군림하는 삶을 정당화하는 흐름을 비판한다. 캐버너는 인격적인 상호 나눔과 책임성 있는 응답을 모색하는 일환으로 교회를 비롯한 다양한 사회단체들(social associations)의 역할에 주목한다. 그는 현대 사회가 보다 더 '다원적 민주주의'를 향해 나아갈 필요가 있다고 말한다.[55] 그것은 국가가 개인을 직접 상대하면서 과도하게 국가 중심으로 구축하는 '단순 공간'(simple space)이 아니라 다양한 사회단체들의 충성과 투쟁, 충돌과 교섭 관계가 복합적으로 구성되는 '복합 공간'(complex space)을 복원하려는 시도다.[56]

---

[55] 캐버너는 초강대국인 현대 미국을 두고 '기업권력의 정치적 등장과 시민들의 정치적 탈동원화'를 특징으로 하는 '전도된 전체주의' 체제로 규정한 셸던 월린의 진단에 동의한다. 캐버너의 '다원적 민주주의'에 관해서는 다음을 참조하라. William T. Cavanaugh, "A Politics of Multiplicity: Augustine and Radical Democracy," *Field Hospital: The Church's Engagement with a Wounded World* (Grand Rapids: William B. Eerdmans, 2016), 140-156.

[56] William T. Cavanaugh, "A Politics of Vulnerability," *Migrations of the Holy: God, State, and the Political Meaning of the Church* (Grand Rapids, Mich.: William B.

한편 공동체의 관계성과 상호의존성에 대한 캐버너의 강조점이 적극적인 돌봄 국가론으로 발전되고 있지는 않다. 그의 담론에는 국가의 긍정적 역할이 주변화되어 있다. 그는 아우구스티누스의 관점 가운데 '지상 도성을 지배하는 지배욕'(*Libido Dominandi*)에 초점을 맞추면서, 국가권력의 기만성과 폭력성을 폭로해 왔다. 캐버너가 공공재를 효과적으로 제공하는 국가의 역할까지 부인하는 것은 아니다. "국가는 일부 한정된 주문에 기여하는 상품과 서비스를 제공"하고 있으며, "국가와 특정한 형식으로 임시로 협력하는 것은 칭찬할 만한 일이다." 하지만 그는 전반적으로 "국가에 대한 과도한 기대치"가 조정되어야 한다는 점을 강조한다.[57] 오늘날 돌봄 민주주의(caring democracy)에서 제시되는 포용적 돌봄 논의는 국가와 개인을 매개하는 지역 공동체 차원의 인격적 나눔뿐 아니라, 국가 차원의 구조적인 개선책을 함께 다룬다.[58] 이에 반해 캐버너에게

Eerdmans, 2011), 170-195.

57 William T. Cavanaugh, "If You Render Unto God What Is God's, What Is Left for Caesar?", *The Review of Politics* 71.4 (2009), 609. 전반적으로 국가권력에 대한 감시 담론을 발전시켰지만, 캐버너는 국가에 협력하면서 공동선을 모색하는 맥락 역시 완전히 간과하지는 않는다. 가령 팬데믹 사태에서 교회는 "질병에 대한 공포"를 넘어 "공동선과 연대의 원칙" 차원에서 교인들과 시민들을 설득하는 내러티브를 발전시킬 필요가 있다. Laren Cullotta, "Chicago Catholic Parishes Facing Steep Hardships During Pandemic, But Leaders Remain Hopeful," *Chicago Tribune*, Dec. 31, 2021.

58 다음을 참조하라. Daniel Engster, *The Heart of Justice: Care Ethics and Political Theory* (Oxford: Oxford University Press, 2007). 국역본: 『돌봄: 정의의 심장』. 김희강·나상원 옮김 (서울: 박영사, 2017); Joan Tronto, *Caring Democracy: Markets, Equality and Justice* (New York: New York University Press. 2013). 국역본: 『돌봄 민주주의』. 김희강·나상원 옮김 (서울: 박영사, 2021).

돌봄에 대한 정치적 책임을 국가에 따져 묻고 보다 적극적으로 국가정책에 관여해 제도를 개선하는 논의는 상대적으로 취약하다.

캐버너는 자신이 이상적인 정치 체제를 폭넓게 개진할 역량이 없다고 인정하면서, 다만 자신은 비판적 정치신학자의 관점에서 국가권력을 문제화하는 자리에 서 있다고 말한다.[59] 그는 가톨릭 전통의 '보조성의 원칙'(principle of subsidiarity)을 급진적으로 해석해 국가권력과 자본권력에 포획되지 않는 새로운 사회적 공간을 창출하고

---

59 Cavanaugh, "If You Render Unto God What Is God's, What Is Left for Caesar?", 607. 캐버너 논의가 현실의 정치세계에서는 종교적 신념윤리만 고수할 수 없으며, 손을 더럽히고 오물을 뒤집어쓰면서도 정치적 책임을 다해야 하는 고뇌를 회피하는 것은 아닌지 물음을 제기할 수 있다. 이와 관련해 정의로운 전쟁 이론가이자 그리스도교 윤리학자인 폴 램지는 공권력을 옹호하는 근거로 선한 사마리아인 비유를 사용한 바 있다. 여리고 가는 길에서 강도 만난 자들이 속출한다면, 길목에 무장한 경찰력을 배치하는 것은 정의의 문제일 뿐 아니라 사랑의 수고라는 것이다. Paul Ramsey. *The Just War: Force and Political Responsibility* (New York: Charles Scribner's Sons, 1968). 142-143. 캐버너는 '더 좋은 정치'의 모범으로 동일한 비유를 제시한 교황 회칙 『모든 형제들』에 주목한다. 그가 보기에 램지는 복음서의 비유를 가지고 "국가 강제력을 통한 사랑의 제도화"(institutionalization of love)로 화제를 전환하는 반면, 교황 회칙은 사마리아인 비유의 원래 맥락인 "지역적 수준에서의 인격적 상호작용"과 "국경을 넘어서는 신앙과 그에 힘입은 인도주의"에 초점을 맞춘다. William T. Cavanaugh, "Radical Truths: Francis's Lessons Are Both Obvious and Revolutionary," *Commonweal Magazine*, 2020. 그런데 회칙 역시 '우러나오는'(*elicito*) 사랑 뿐 아니라 '명령받은'(*imperato*) 사랑을 가치 있는 것으로 간주하고 "더 건전한 제도, 더 공정한 규칙, 더 견실한 조직들을 만들도록 이끄는 애덕의 행동들"을 요청하고 있다. 프란치스코, 『모든 형제들』, 한국천주교중앙협의회 옮김(서울: 한국천주교주교회의, 2021) 53-67, 130. 캐버너는 프란치스코 교황이 그러한 명령을 단순히 권력다툼으로 환원하는 시도에 저항하는 방식으로 공동선 논의를 풀어간다고 보지만, 정치적 차원에서 더 견실한 조직을 형성하는 과정에서 발생하는 '더러운 손의 문제'는 가볍게 치부하기 어려운 문제다. 이 문제를 씨름한 고전적인 정치담론은 다음을 참고하라. Michael Walzer, "Political Action: The Problem of Dirty Hands," *Philosophy & Public Affairs* 2:2. (1973): 160-180.

자 한다. 음식이 필요한 때 사람들을 다른 곳으로 보내려고 하는 제
자들에게 "너희가 먹을 것을 주라"고 도전한 예수의 부름에 응답하
는 상호 돌봄과 협력의 공간을 마련하고자 한다. 이처럼 캐버너는
공동체주의 정치이론과 돌봄 정치이론 가운데 지역 공동체 층위에
집중하면서 인간과 사회에 대한 관계의 연결망을 구상한다.[60]

신학자로서 캐버너의 주된 관심은 '야전병원'(field hospital)으로
서의 교회에 있다. 그것은 "특정 구역에 주둔하면서 침략에 방어하
는 정착 기관과 달리, 야전병원은 기동성이 있으며 제도 그 이상의
사건"으로 나타난다.[61] 그는 야전병원으로서의 교회 역할에 충실
하기 위해 교회가 모든 정치적 문제를 포괄적으로 해소하려고 하
는 '콘스탄티누스주의'(Constantinianism)의 환상에서 벗어나야 한다
고 말한다.[62] 로메로 대주교의 모범을 따라 교회가 중앙정치의 주류

---

60   Cavanaugh, "Eucharistic Identity in Modernity," 166-167. 이반 일리히, 『이반 일리
      히의 유언』, 이한·서범석 옮김(서울: 이파르, 2009), 100-102 참조. "너희가 먹을 것을
      주라"는 예수의 도전과 관련해서는 마가복음서 6장에 나타난 오병이어 이야기를 참조
      하라.

61   프란치스코를 따라 캐버너는 "중심이 되려고 노심초사하다가 집착과 절차의 거미줄에
      사로잡히고 마는 교회"가 되어서는 안 된다고 말한다. 그는 "자기 안위만을 신경 쓰고
      폐쇄적이며 건강하지 못한 교회보다는 거리에 나와 다치고 상처받고 더럽혀진 교회"
      를 그린다. 프란치스코, 『복음의 기쁨』, 49; Cavanaugh, *Field Hospital*, 3 참조.

62   캐버너는 '국가를 그리스도교화'(Christianizing the state)한다는 명분으로 교회가 제
      국의 폭력에 공모해 온 역사를 비판적으로 조망한다. 그는 '위에서 아래를 내려다보면
      서' 세계를 '읽어 내는'(readable) 장소로 배치하면서 질서를 구축하려는 시도에 부정
      적 입장을 표명한다. 세계를 체계적으로 재편하는 '전략'을 펼치기 위해서는 복합적이
      고 중층적인 현실을 단순화하는 것이 불가피하고, 이에 따른 폭력적인 권력 조작(ma-
      nipulation of power)이 수반된다는 점을 지적한 것이다. 콘스탄티누스주의 논쟁에
      대한 캐버너의 입장은 다음을 참고하라. William T. Cavanaugh, "What Constantine

권력과 결탁하기보다 '비판적 거리두기'를 통해 진전을 모색하자는 것이다. 그럴 때라야 지배 권력의 체계화된 '전략'(strategy)을 종교적으로 정당화하는 하위 파트너 역할에 머무르지 않고, 공간을 새롭게 구성하는 순례 공동체의 '전술'(tactics)을 펼칠 수 있다고 그는 말한다.[63]

캐버너는 지배 권력의 테크놀로지가 완벽하게 결집하지 못하고 끊임없이 미끄러지는 지점을 염두에 두면서, 경계를 가로지르는 대안적 실천의 잠재력에 희망을 품는다. 순례 길을 걷는 교회는 "특정한 장소를 방어하려고 애쓰거나" 자신의 영토를 특권화하는 대신에, "특정 장소를 통과하면서, 실천을 통해 장소를 다른 공간으로 변화시킨다." 순례 공동체는 "지역 이웃과 낯선 사람들을 구체적으로 대면"하면서 공간을 새롭게 구성한다.[64]

순례 공동체의 희망은 참회하는 여정 속에서 피어난다. 십자가를 중심으로 삼는 신앙 공동체는 그동안 사회 전역에 뻗어 있는 지배 권력에 공모해 온 내력을 참회하면서, 소외되고 억눌린 이들이 목소리를 낼 수 있는 공간을 마련한다. 오늘날 전 지구적 재난 사태는

Has to Teach Us," *Constantine Revisited: Leithart, Yoder, and the Constantinian Debate*, ed. John D. Roth (Eugene, OR: Pickwick Publications, 2013).

63   캐버너는 미셸 드 세르토의 '전략'과 '전술' 논의를 차용하면서 자신의 저항신학을 재구성한다. 캐버너의 세르토 전유는 다음을 참고하라. Antonio Eduardo Alonso, "Listening for the Cry: Certeau Beyond Strategies and Tactics," *Modern Theology* 33.3 (2017): 369-394.

64   윌리엄 캐버너, 『신학, 정치를 다시 묻다』, 187.

불평등을 더욱 심화하고, 사회에서 가장 취약한 고리를 타격하고 있다. 사회적 약자들은 숨쉬기조차 어려운 상황이지만 주류 사회의 표준화된 담론에서 이들의 절규는 소거되어 있다. 기업권력을 모방하는 주류 종교와 여기에 속한 이들 역시 표준화된 조직 관리를 넘어 응어리를 가슴에 안고 탄식하는 이들이 숨 쉴 수 있는 공간을 마련하지 못하고 있다. 배척받고 소외된 이들은 사회경제적으로뿐만 아니라 종교 이데올로기적으로 내몰리기도 한다. 복음서에 나타난 신의 부름을 듣는 이들은 자신 역시 부조리한 세계에 깊이 연루되어 있음을 참회하고, 억눌리고 희생당한 이들을 환대하는 순례자들의 행렬에 동참할 것을 초대받고 있다.[65]

---

65   Cavanaugh, "The Church as Political," 140. 캐버너는 엔도 슈사쿠의 『침묵』에서 신이 침묵을 깨는 순간에 주목한다. 신은 상처 입고 밟히면서 억눌린 자들과 함께한다는 것이다. William T. Cavanaugh, Roberto Sirvent, "Please Don't Go Out and Change the World: An Interview with William T. Cavanaugh," *Theologies of Failure*, eds., Roberto Sirvent and Duncan B. Reyburn (Eugene, OR: Cascade Books, 2019), 128.

더 읽을거리

『신학, 정치를 다시 묻다: 근대의 신학-정치적 상상과 성찬의 정치학』

• 윌리엄 캐버너 지음, 손민석 옮김, 서울: 비아, 2019.

국내에 소개된 그의 첫 번째 저작으로, 국가, 시민사회, 세계화를 둘러싼 그의 관점을 살펴볼 수 있다. 초기 근대 '종교 전쟁'에 대한 대안적 읽기와 현대 공공신학 논쟁에 대한 비판적 숙고, 경제적 세계화라는 현실과 성찬례의 경제신학에 대한 저자의 문제의식을 간명하게 살펴볼 수 있다.

『종교와 테러리즘』

• 제임스 루이스 편집, 하홍규 옮김, 서울: 한울, 2020.

케임브리지 길잡이 시리즈 가운데 종교와 테러리즘의 관계를 다룬 책으로 종교의 이름으로 자행되는 수많은 폭력에 관해서 다양한 관점과 저자들의 글이 수록되어 있다. 「종교, 폭력, 난센스 그리고 권력」 제목의 캐버너의 간략한 글도 소개되어 있다. 캐버너는 여기에서 종교 개념의 계보학을 짤막하게 다루면서 종교적인 것과 세속적인 것을 구분하고, 종교를 폭력성과 연계시키는 통념에 도전한다.

『정치신학연구』

• 피터 M. 스콧, 윌리엄 T. 카바노프 편집, 정승태 옮김, 서울: CLC, 2022.

블랙웰 길잡이 시리즈 가운데 정치신학을 다룬 책으로 성서 전통과 고전적인 예배 의식, 주요 정치신학자들에 대한 개관, 그리스도교 주요 교리에 대한 구성적인 정치신학, 현대 정치세계의 구조적 차원과 운동의 흐름, 이슬람, 유대 전통을 포함하는 아브라함계 종교의 관점을 제시하고 있다. 캐버너는 공동편집자로 참여해 서론과 구성적 정치신학 가운데 교회론을 집필했다. 정치체로서의 교회의 의미를 성서 안의 구속사 및 이후 역사적 관점에서 다룬 다음, 공동체 내부 권위의 문제, 세상과의 관계, 교회가 마주한 도전에 대한 질문을 던진다.

Torture and Eucharist: Theology, Politics, and the Body of Christ

● William Cavanaugh, Oxford, U.K.: Blackwell, 1998.

피노체트 치하 칠레에서의 고문 정치와 성찬례의 정치신학을 다룬 캐버너의 첫 번째 단독 저작으로 신학계에서 널리 호평을 받았다. 일례로 새라 코클리는 2010년 기준으로 지난 25년 동안 출판된 신학 저술 가운데서도 5권의 핵심 저작 중 하나로 선정하면서 '놀라운 성취'라고 평가했다. 월터 브루그만은 이 저작을 읽고서 자신의 "신학적 상상력에 대해 완전히 새로운 이해를 갖게 되었다"고 말했다. 민족지학 접근법을 활용한 교회론 연구를 통해 현장 연구와 신학적 성찰을 통합하는 연구를 보여 준다.

Field Hospital: The Church's Engagement with a Wounded World

● William Cavanaugh, Grand Rapids, Mich.: William B. Eerdmans, 2016.

2010년대에 출판된 글들을 묶어 펴낸 책으로 프란치스코 교황의 '야전 병원' 발언에 호응하여 동일한 제목을 붙여 출간했다. 크게 3부로 구성된 이 책은 현대 시장주의 경제에 대한 비판적 관여(1부), 국가와 교회의 관계에 대한 지성사 및 정치신학 담론(2부), 종교와 폭력성, 종교 자유와 비폭력적인 평화 운동(3부)을 담고 있다. 콘스탄티누스주의를 둘러싼 라잇하르트와 요더의 논쟁, 셸던 월린과 급진민주주의 기획, 마크 릴라와 정치신학 논쟁을 포함해 현대 정치 담론과의 생산적 대화를 엿볼 수 있다.

참고문헌

손민석. 「서구 정치이론과 국제정치사상에 있어서 '신학-정치적 상상'」. 『한국국제
　　정치학회소식』 제176호 (2021): 370-403.

월린, 셸던. 『정치와 비전 1』. 강정인·이지윤·공진성 옮김. 서울: 후마니타스, 2007.

일리히, 이반. 『이반 일리히의 유언』. 이한·서범석 옮김. 서울: 이파르, 2009.

정인철. 「칠레의 국가폭력과 미완의 과거사 청산」. 『역사비평』 제131호 (2020):
　　137-165.

지라르, 르네. 『나는 사탄이 번개처럼 떨어지는 것을 본다』. 김진석 옮김. 서울: 문
　　학과지성사, 2004.

캐버너, 윌리엄. 『신학, 정치를 다시 묻다』. 손민석 옮김. 서울: 비아, 2019.

콕스, 하비. 『신이 된 시장』. 유강은 옮김. 서울: 문예출판사, 2018.

프란치스코. 『복음의 기쁨』. 한국천주교중앙협의회 옮김. 서울: 한국천주교주교회
　　의, 2014.

_____. 『모든 형제들』. 한국천주교중앙협의회 옮김. 서울: 한국천주교주교회의,
　　2021.

Alonso, Antonio. "Listening for the Cry: Certeau Beyond Strategies and Tac-
　　tics." Modern Theology 33:3 (2017): 369-394.

Asad, Talal. "The Construction of Religion as an Anthropological Category."
　　Genealogies of Religion: Discipline and Reasons of Power in Chris-
　　tianity and Islam. 27-54. Baltimore: The Johns Hopkins University
　　Press, 1993.

Breen, Keith. "The State, Compartmentalization and the Turn to Local Com-
　　munity: A Critique of the Political Thought of Alasdair MacIntyre."
　　The European Legacy 10.5 (2005): 485-501.

Cavanaugh, William T. "A Politics of Multiplicity: Augustine and Radical Democracy." *Field Hospital: The Church's Engagement with a Wounded World*, 140-156. Grand Rapids, Mich.: William B. Eerdmans, 2016.

_____. "A Politics of Vulnerability." *Migrations of the Holy: God, State, and the Political Meaning of the Church*. 170-195. Grand Rapids, Mich.: William B. Eerdmans, 2011.

_____. "A Response to Radner's *A Brutal Unity*." *Syndicate* 1.1 (2014). https://syndicate.network/symposia/theology/a-brutal-unity/

_____. "Colonialism and the Myth of Religious Violence." *Religion and the Secular: Historical and Colonial Formations*. Edited by Timothy Fitzgerald. 241-262. London: Equinox, 2007.

_____. "Dorothy Day and the Mystical Body of Christ in the Second World War." *Dorothy Day and the Catholic Worker Movement: Centenary Essays*. Edited by William Thorn, Phillip Runkel and Susan Mountin, 457-464. Milwaukee: Marquette University Press, 2001.

_____. "Dying for the Eucharist or Being Killed by it?: Romero's Challenge to First-World Christians." *Theology Today* 58.2 (2001). 177-189.

_____. "Eucharistic Bodies in an Excarnated World." *Intersection Conference*, 2019.

_____. "Eucharistic Identity in Modernity." *Between the State and the Eucharist: Free Church Theology in Conversation with William T. Cavanaugh*. Edited by Joel Halldorf and Fredrik Wenell, 155-172. Eugene, OR: Pickwick Publications, 2014.

_____. *Field Hospital: The Church's Engagement with a Wounded World*. Grand Rapids, Mich.: William B. Eerdmans, 2016.

_____. "From One City to Two: Christian Reimagining of Political Space."

Migrations of the Holy: God, State, and the Political Meaning of the Church, 46-68. Grand Rapids, Mich.: William B. Eerdmans, 2011.

_____. "How to Do Penance for the Inquisition." *Migrations of the Holy: God, State, and the Political Meaning of the Church*, 109-114. Grand Rapids, Mich.: William B. Eerdmans, 2011.

_____. "If You Render Unto God What Is God's, What Is Left for Caesar?" *The Review of Politics* 71.4 (2009): 607-619.

_____. "Is it Good to Be Persecuted." *The Emerging Christian Minority*. Edited by Victor Lee Austin and Joel C. Daniels. Eugene, OR: Cascade Books, 2019.

_____. "Killing for the Telephone Company: Why the Nation-State is Not the Keeper of the Common Good." *Modern Theology* 20.2 (2004): 243-274.

_____. "Making Enemies: The Imagination of Torture in Chile and the United States." *Theology Today* 63 (2006): 307-323.

_____. "Radical Truths: Francis's Lessons Are Both Obvious and Revolutionary". *Commonweal Magazine* 2020. https://www.commonwealmagazine.org/radical-truths

_____. "Religion, Violence, Nonsense, and Power." *The Cambridge Companion to Religion and Terrorism*. Edited by James R. Lewis. 23-31. Cambridge: Cambridge University Press, 2017.

_____. "Return of the Golden Calf: Economy, Idolatry, and Secularization since *Gaudium et spes*." *Theological Studies* 76.4 (2015): 698-717.

_____. "The Church as Political." *Migrations of the Holy: God, State, and the Political Meaning of the Church*, 123-140. Grand Rapids, Mich.: William B. Eerdmans, 2011.

_____. "The Ecclesiologies of Medellín and the Lessons of the Base Communities." *Cross Currents* 44.1 (1994). 67-84.

_____. "The Liturgies of Church and State." *Liturgy* 20.1 (2005): 25-30.

_____. "The Mystical and the Real: Putting Theology Back into Political Theology." *Political Theology in Medieval and Early Modern Europe Discourses Rites and Representations*, Edited by M. Herrero, J. Aurell and A. C. Miceli Stout, 43-63. Turnhout: Brepols, 2016.

_____. *Torture and Eucharist: Theology, Politics, and the Body of Christ*. Oxford, U.K.: Blackwell, 1998.

_____. "What Constantine Has to Teach Us." *Constantine Revisited: Leithart, Yoder, and the Constantinian Debate*. Edited by John D. Roth, 83-99. Eugene, OR: Pickwick Publications, 2013.

Cavanaugh, William T. Roberto Sirvent, "Please Don't Go Out and Change the World: An Interview with William T. Cavanaugh." *Theologies of Failure*. Edited by Roberto Sirvent and Duncan B. Reyburn, 119-131. Eugene, OR: Cascade Books, 2019.

Chappel, James. *Catholic Modern: The Challenge of Totalitarianism and the Remaking of the Church*. Cambridge, Mass.: Harvard University Press, 2018.

Cullotta, Laren. "Chicago Catholic Parishes Facing Steep Hardships During Pandemic, But Leaders Remain Hopeful." *Chicago Tribune*, Dec. 31, 2021. https://www.chicagotribune.com/coronavirus/ct-covid-impact-chicago-catholics-20211231-4lsppofycrcxpcshlsmad54r74-story.html.

Engster, Daniel. *The Heart of Justice: Care Ethics and Political Theory*. Oxford: Oxford University Press, 2007. 국역본: 『돌봄: 정의의 심장』. 김희

강 · 나상원 옮김. 서울: 박영사, 2017.

Forget, Andre. "The Public Square and the Kingdom of God." *Anglican Journal*. Oct. 16, 2015. https://anglicanjournal.com/the-public-square-and-the-kingdom-of-god/.

Greenberg, Udi. "Radical Orthodoxy and the Rebirth of Christian Opposition to Human Rights." *Christianity and Human Rights Reconsidered*. Edited by Sarah Shortall, Daniel Steinmetz-Jenkins, 103-118. Cambridge: Cambridge University Press, 2020.

Gregory, Eric. *Politics and the Order of Love: An Augustinian Ethic of Democratic Citizenship*. Chicago: Chicago University Press, 2008.

Grimes, Katie. "Corporate Vices, Ecclesial Consequences: Poking Holes in the Ecclesiology of "Battened-Down Hatches." *Christ Divided: Antiblackness as Corporate Vice*. Minneapolis: Augsburg Fortress, 2017.

Kantorowicz, Ernst H. *The King's Two Bodies: A Study in Mediaeval Political Theology*, Princeton, N.J.: Princeton University Press, 1957.

King Jr., Martin Luther. "The Negro Is Your Brother (Letter from Birmingham City Jail)." *The Atlantic Monthly* 212.2 (1963): 78-88.

Lilla, Mark. *The Stillborn God: Religion, Politics, and the Modern West*. New York: Knopf, 2007. 국역본: 『사산된 신』. 마리 오 옮김. 서울: 바다출판사, 2009.

Lloyd, Vincent. "Liturgy in the Broadest Sense." *New Blackfriars*, 92.1037 (2011): 71-89.

Lubac, Henri De. *Corpus Mysticum: The Eucharist and the Church in the Middle Ages*. Translated by Gemma Simmonds, Richard Price. London: SCM Press, 2006.

Marvin, Carolyn. "Religion and Realpolitik: Reflections on Sacrifice." *Political*

Theology 15.6 (2014): 522-535.

Marvin, Carolyn and David W. Ingle. *Blood Sacrifice and the Nation: Totem Rituals and the American Flag*. Cambridge, U.K: Cambridge University Press, 1999.

Mathewes, Charles. *The Republic of Grace: Augustinian Thoughts for Dark Times*. Grand Rapids, Mich.: William B. Eerdmans, 2010.

Moss, Candida. *The Myth of Persecution: How Early Christians Invented a Story of Martyrdom*. New York: HarperOne, 2013.

Portin, Fredrik. "Liturgies in a Plural Age: The Concept of Liturgy in the Works of William T. Cavanaugh and James K. A. Smith." *Studia Liturgica* 49.1 (2019): 122-137.

Ramsey, Paul. *The Just War: Force and Political Responsibility*. New York: Charles Scribner's Sons, 1968.

Radner, Ephraim. *A Brutal Unity: The Spiritual Politics of the Christian Church*. Waco, Tex.: Baylor University Press, 2012.

Rowlands, Anna. "Against the Manichees: Immigration Detention and the Shaping of the Theo-political Imagination." *Religion in the European Refugee Crisis*. Edited by Ulrich Schmiedel, Graeme Smith, 163-186. London: Palgrave Macmillan, 2018.

Shklar, Judith. *Ordinary Vices*. Cambridge, Mass.: Harvard University Press, 1984.

Tierney, Brian. *Religion, Law and the Growth of Constitutional Thought, 1150-1650*. New York: Cambridge University Press, 1982.

Tronto, Joan. *Caring Democracy: Markets, Equality and Justice*. New York: New York University Press. 2013. 국역본: 『돌봄 민주주의』. 김희강 · 나상원 옮김. 서울: 박영사, 2021.

Walzer, Michael. "Political Action: The Problem of Dirty Hands", *Philosophy &*
Public Affairs 2:2. (1973): 160-180.

인명 찾아보기

저자 소개

안규식 | 1. 다석 유영모: 비움과 어둠의 아름다움을 추구한 통전적 그리스도교 사상가

충남대학교에서 역사학을 공부하고, 서울신학대학교 신학대학원에서 목회학 석사 학위를, 런던대학교 킹스칼리지런던에서 유럽 기독 민주주의 모델의 한국에서 발생 가능성을 연구한 논문으로 종교사회학 석사 학위를 받았다. 이후 연세대학교 대학원 신학과에서 후기 그리스도교 신학으로서 다석 유영모 신학 연구를 주제로 박사 학위를 받았고, 현재 연세대학교 한국기독교문화연구소에서 전문연구원으로 재직 중에 있으며, 인문학&신학연구소 에라스무스에서 강의와 집필 활동을 하고 있다. 주요 논문으로는 「다석 유영모의 없이 계신 하나님 연구—개방성과 무규정성, 생성과 비시원성의 비실체론적 자기 계시로서의 신론」이 있으며, 번역한 책으로는 『바울이라는 세계』(이레서원), 『신학의 역동성』(공역, 대한기독교서회) 등이 있다. 한국인의 역사와 삶, 문화 속에서 그리스도교 복음의 내용과 의미를 추구하며, 다석 유영모를 중심으로 한국신학과 문화신학, 그리고 민중신학에 관심을 가지고 연구 중에 있다.

최우혁 | 2. 에디트 슈타인: 진리와 화해하는 인간 이해

서강대학교 종교연구소 선임연구원, 가톨릭대학교 신학대학 겸임교수로 활동하고 있다. 로마 교황청립 테레지아눔에서 예수의 데레사와 에디트 슈타인을 연구하여 영성신학 석사학위를, 로마 교황청립 마리아눔에서 에디트 슈타인의 작품과 사상에 드러난 나자렛 마리아의 Fiat(피아트)를 연구하여 박사학위를 받았다.

김연희 | 3. 데이비드 트레이시: 신학, 모든 타자를 통한 그 타자(신)의 목소리가 되기 위하여

벨기에 루뱅 대학교(Katholieke Universiteit Leuven)를 졸업하고(학사, 석사) 동 대학원에서 교의신학 연구로 박사학위를 받았다. Mater Dei Institute of Education (A College of Dublin City University, Ireland)에서 전임강사를, 웨스트민스터신학대학원대학교에서 조교수를 역임했다. 현재 가톨릭 수도자 신학원 교수로 일하고 있다. 데이비드 트레이시에 관한 논문과 저서로는 "David Tracy's Postmodern Reflection on God: Towards God's Incomprehensible and Hidden Infinity," *Louvain Studies* 30, "From 'Limit' Experiences To God: A Critical Appraisal of David Tracy's Analysis of Religious Experience from the Perspective of Religious Pluralism," *Encountering Transcendence:*

Contributions to a Theology of Christian Religious Experience (Peeters), *The Quest for Plausible Christian Discourse in a World of Pluralities: The Evolution of David Tracy's Understanding of 'Public Theology'* (Peter Lang AG, Internationaler Verlag der Wissenschaften)가 있다.

최경환 | 4. 리처드 스윈번: 귀납논증을 통해 신의 존재를 증명하는 그리스도교 철학자
대학과 대학원에서 신학과 철학을 공부했다. 현재 기독교한국루터회 총회교육원에서 일하면서 인문학&신학연구소 에라스무스 연구원으로 활동하고 있다. 주요 관심사는 기독교와 정치철학, 공공신학, 본회퍼, 세속화와 후기 세속화, 기독교 철학 등이다. 지은 책으로는 『공공신학으로 가는 길: 공공신학과 현대 정치철학의 대화』, 『우리 시대의 그리스도교 사상가들』(공저, 이상 도서출판 100), 『신데카메론』(공저, 복있는사람), 『태극기를 흔드는 그리스도인』(공저, IVP)이 있다. 「뉴스앤조이」와 「좋은나무」 같은 온라인 매체에 꾸준히 글을 기고하고 있으며, 유튜브 채널 〈최경환의 신학공방〉을 운영하고 있다.

신현광 | 5. 엔리께 두셀: 타자의 외재성으로부터 사유하는 해방의 윤리학
라틴아메리카 파라과이에서 29년째 사역하는 선교사이다. 장로회신학대학교 대학원, 아르헨티나의 ISEDET(Instituto Superior Evangélico de Estudios Teológicos) 신학대학원에서 수학하고 연세대학교 연합신학대학원에서 엔리께 두셀의 타자성을 연구하여 박사학위를 받았다. 세계 기독교 관점에서 해방의 공동실현을 위한 라틴아메리카 사상에 관심을 가지고 연구하며 선교적 실천을 하고 있다. 선교 교육 활동과 인디헤나 부족의 주권과 인권을 지키는 사역에 대한 공로가 인정되어 제21회 언더우드 선교상을 수상하였다. 연세대학교 연합신학대학원 객원교수로 선교 신학을 강의하고 있다.

김승환 | 6. 던칸 B. 포레스터: 영국 공공신학의 개척자
장로회신학대학교에서 기독교와문화 전공으로 박사학위를 받았으며 현재 동대학교 초빙교수로 강의하고 있다. 공공신학과 도시신학을 전공했으며, 『도시를 어떻게 구원할 것인가?』(새물결플러스), 『공공성과 공동체성』(CLC), 『우리시대의 그리스도교 사상가들』(공저, 도서출판 100), 『혐오와 한국교회』(공저), 『바이러스에 걸린 교회』(공저, 이상 삼인) 등을 저술하였다.

김학봉 | 7. 토마스 토렌스: 그리스도 중심적 신학과 과학신학의 추구

목원대학교와 장로회신학대학교에서 신학을 공부하고 스코틀랜드 에든버러 대학교에서 신학 석사와 박사학위를 받았다. 데이비드 퍼거슨(David Fergusson) 교수의 지도 아래 토마스 토렌스의 삼위일체론과 기독론에 근간한 신학적 인간론에 대한 박사 논문을 썼으며, 이 논문은 Princeton Theological Monograph Series에서 *Person, Personbood, and the Humanity of Christ: Christocentric Anthropology and Ethics in Thomas F. Torrance* (Pickwick Publications)라는 제목으로 출간되었다. 국내 저서로는 『인간론』(공저, 대한기독교서회)이 있고, 번역서로는 『그리스도의 중재』(사자와 어린양, 근간 예정)가 있다. 아신대학교와 장로회신학대학교에서 조직신학을 가르치고 있으며 국내외 저널에 다수의 논문을 등재했다.

김동규 | 8. 메롤드 웨스트폴: 포스트모더니즘의 예언적 음성을 전유해 낸 프로테스탄트 철학자

총신대학교에서 신학을 공부하고, 서강대학교 대학원 철학과에서 폴 리쾨르 연구로 석사 학위를, 마리옹과 리쾨르의 주체 물음에 관한 연구로 철학박사학위를 받았다. 또한 벨기에 루뱅 대학교(KU Leuven) 신학&종교학과에서 마리옹의 계시 현상에 관한 연구로 석사 학위를 받았다. 옮긴 책으로는 장-뤽 마리옹의 『과잉에 관하여』(그린비), 메롤드 웨스트폴의 『교회를 위한 철학적 해석학: 누구의 공동체, 어떤 해석?』(도서출판 100) 등이 있고, 지은 책으로는 『미술은 철학의 눈이다』(공저, 문학과지성사), 『우리 시대의 그리스도교 사상가들』(공저, 도서출판 100), 『선물과 신비: 장-뤽 마리옹의 신-담론』(서강대학교출판부) 등이 있다. 현재 서강대학교 생명문화연구소 연구교수, 인문학&신학연구소 에라스무스의 운영위원으로 일하고 있으며, 네덜란드 암스테르담 자유대학교(VU Amsterdam) 종교&신학과 박사 과정에서 현대 유럽 대륙철학과 종교철학, 종교 간 대화 문제 등을 연구하고 있다.

손민석 | 9. 윌리엄 캐버너: 종교와 정치 관계를 탐색하는 비판적 정치신학자

조선대학교 사회과학연구원 학술연구교수로 일하고 있다. 정치와 종교 관계, 디지털 전환기 집단신화와 정치철학에 관심을 가지고 연구와 강의를 진행 중이다. 주요 논문으로는 「정치적 헤브라이즘과 근대 공화주의 담론」, 「레오 스트라우스의 고전적 자연권 탐구」, 「레오 스트라우스의 마키아벨리 해석과 '신학-정치적 문제'」 등이 있고, 지은 책으로는 『현대 정치의 위기와 비전: 니체에서 현재까지』(공저, 아카넷), 『우리 시대의 그리스

도교 사상가들』(공저, 도서출판100), 옮긴 책으로는『신학, 정치를 다시 묻다: 근대의 신학-
정치적 상상과 성찬의 정치학』(비아), 『서양을 번역하다』(공역, 성균관대학교출판부)가 있다.